Beck / Düe / Wieland (Hrsg.) · Normalisierung

Normalisierung: Behindertenpädagogische und sozialpolitische Perspektiven eines Reformkonzeptes

Herausgegeben von
Iris Beck · Willi Düe · Heinz Wieland

Mit Beiträgen von
Iris Beck · Ulrich Bleidick · Willi Düe · Werner Eike · Christian von Ferber · Gerhard Haack · Monika Hupasch-Labohm · Heiko Höfelmann · Robert Lenfers · Christel Meyners · Heinz Mühl · Mathilde Niehaus · Stephanie Pohl · Sybille Prochnow · Sabine Rasch · Waldtraut Rath · Burkhard Schiller · Klaus Struve · Heinz Wieland

Programm „Edition Schindele"
im Universitätsverlag C. Winter Heidelberg

Die Deutsche Bibliothek – CIP-Einheitsaufnahme

**Normalisierung : Behindertenpädagogische und sozial-
politische Perspektiven eines Reformkonzeptes** / hrsg. von
Iris Beck ... (Hrsg.). Mit Beitr. von Iris Beck ...
– Heidelberg : Winter, Programm Ed. Schindele, 1996
ISBN 3-8253-8236-2
NE : Beck, Iris

Alle Rechte vorbehalten · Printed in Germany
© 1996 Universitätsverlag C. Winter Heidelberg GmbH –
Programm „Edition Schindele"
Fotomechanische Wiedergabe, auch von Teilen des Buches,
nur mit ausdrücklicher Genehmigung durch den Verlag.
Umschlagdesign: Drißner-Design und DTP, Heidelberg
Druck: Strauss Offsetdruck GmbH, 69509 Mörlenbach

Inhaltsverzeichnis

Vorwort 9
Einleitung 13

**I Theoretische Legitimation und praktische
Rezeption des Normalisierungsgedankens** 17

IRIS BECK
Norm, Identität, Interaktion: zur theoretischen Rekonstruktion
und Begründung eines pädagogischen und sozialen Reformprozesses 19

GERHARD HAACK
Das Normalisierungsprinzip 1996. Fragen aus der Praxis 44

**II Von der institutionsbezogenen zur gemeindenahen
Unterstützung** 61

ROBERT LENFERS UND STEPHANIE POHL
»Auf der Suche nach Gemeinde« 63

BURKHARD SCHILLER
Die Umsetzung des Normalisierungsprinzips - 10 Jahre danach .. 75

WERNER EIKE
Normalisierung und Qualitätsentwicklung - Wege zur Unter-
stützung und Förderung von Menschen mit geistiger
Behinderung und Verhaltensauffälligkeiten 96

MONIKA HUPASCH-LABOHM UND CHRISTEL MEYNERS
Familienentlastende Dienste (FED) - Zwischen Alltagsorientierung und Pflegeversicherung 116

III Öffnung der Teilhabe im Bildungs- und Ausbildungssystem 131

WILLI DÜE
Pädagogische Netzwerkförderung - Eine Erweiterung von Optionen behinderter Menschen im Übergang von der Schule in das Arbeitsleben 133

HEIKO HÖFELMANN UND KLAUS STRUVE
Der Berufsschulbesuch von Menschen mit geistiger Behinderung - Mittel zur Normalisierung ihrer Lebensumstände 147

WALDTRAUT RATH
Integration und Rehabilitation behinderter und chronisch kranker junger Menschen im Studium 163

SABINE RASCH
«Gemeindeorientierte Hilfen für Menschen mit Behinderungen und ihre Angehörigen» als Studienschwerpunkt - Ein Beitrag zur Professionalisierung im System der Behindertenhilfe unter Normalisierungsgesichtspunkten 184

SYBILLE PROCHNOW UND HEINZ MÜHL
Zur Veränderbarkeit von Vorstellungen über geistige Behinderung bei Grundschulkindern durch Unterricht mit Hilfe eines Kinderbuches 194

IV Lebenslage und soziale Veränderung 221

CHRISTIAN VON FERBER
Altersbild und Generationenvertrag 223

MATHILDE NIEHAUS
Gesundheitswissenschaften und Behindertenpädagogik: Ansätze zur Kooperation 244

HEINZ WIELAND
Lebenslauf und Behinderung - Aspekte des demographisch-gesellschaftlichen Umbruchs und seine Bedeutung für die soziale Integration 257

Epilog: Konstruktive Dialoge 269

ULRICH BLEIDICK
Wissenschaftliches Zitieren: Versuch einer Konversationsanalyse am Beispiel behindertenpädagogischen Wissens 271

Bibliographie Walter Thimm 295

Autorinnen und Autoren 305

Vorwort

Die soziale Kategorie der Behinderung als eingeschränkte gesellschaftliche Teilhabe, als Störung und Erschwerung sozialer Beziehungen, bringt die empirisch nachweisbare Abhängigkeit der individuellen Lebenslage und Lebensbewältigung von sozialen Faktoren auf den Begriff. Sozialpolitische und gesellschaftliche Entwicklungen beeinflussen nicht nur das Rehabilitationssystem, sie wirken auch unmittelbar auf Lebensbedingungen und Lebenschancen behinderter Menschen. Das pädagogische Handeln, verankert in der direkten Begegnung und Beziehung, ist in das Spannungsfeld zwischen Systembedingungen und -grenzen und lebensweltlichen Hoffnungen, Erwartungen, Bedürfnissen eingebunden. Aktuelle Herausforderungen an die Behindertenpädagogik, wie die Fragen der sozialen Integration und der ethischen Positionierung in einer Zeit des Wertewandels und der Gefährdung des Lebensrechts behinderter Menschen, verdeutlichen die Abhängigkeit des pädagogischen Handelns von sozialpolitischen und gesellschaftlichen Entwicklungen und verweisen auf bedrängende Fragen der Sicherung und Förderung von Integrationsbemühungen.

Walter Thimms Schaffen ist genau in diesem Spannungsfeld von Lebenswelt, alltäglicher Begegnung und Systembedingungen verankert. Seine Forschungsbeiträge enthalten bedeutende Impulse einer reformorientierten Sozialpolitik und Behindertenpädagogik, auch und gerade in Zeiten verengter finanzieller Spielräume und eines Verlustes an Reformperspektiven. Seine eingehende Beschäftigung mit den systembedingten Grenzen rehabilitativer und integrativer Bemühungen begann zu einer Zeit, als die herkömmliche institutionsbezogene Sichtweise eines vorrangig auf die berufliche und medizinische Rehabilitation konzentrierten Hilfesystems noch kaum in Frage gestellt wurde. Die für diese Auseinandersetzung wesentliche Leistung ist im paradigmatisch zu nennenden Wechsel der Betrachtungsweise von Behinderung zu sehen. Mit der Begründung einer »Soziologie der Behinderten« rückte die Dimension des Sozialen, die Thematisierung der sozialen Bedingtheit von Behinderung anstelle der medizinisch-individualtheoretischen Sichtweise in den Mittelpunkt. Die Bestimmung der »Rehabilitationsbedürftigkeit«, des Bedarfs an Unterstützungsleistungen, muß sich an dem im Rehabilitationsbegriff implizierten sozialen Sachverhalt, der Integration orientieren. Dieser Wechsel der Betrachtungsweise von Rehabilitation erweitert ihre Ziele und Aufgaben entscheidend: Es gilt, über die schulische und berufliche Förderung hinaus ein umfassendes Verständnis rehabilitativer Bemühungen zu entwickeln. Die Perspektive wird so mehrdimensional und weitet sich auf unterschiedliche Lebensphasen und Lebensbereiche aus. Weiter wird es möglich, durch die Thematisierung der Grenzen der einzelnen, getrennt von einander existierenden Systeme, deren hemmende und fördernde Aspekte mit Blick auf die Verortung und Integration der Behinderung im Lebenszusammenhang zu untersuchen.

Auf der Ebene des sozialen Handelns sind Walter Thimms Untersuchungen zu Stigma, Vorurteil und Rolle entscheidend für eine Durchsetzung des interaktionstheoretischen Paradigmas in der Behindertenpädagogik gewesen. Mit zentralen Beiträgen zu minderheitensoziologischen Untersuchungen und zur Integration problematisierte Walter Thimm etablierte Denk- und Handlungsmuster und wies früh auf die negativen Folgen des professionellen Helfens und dessen Organisation hin. Vor allem war hier die eindimensionale Betrachtung von Arbeit als dem zentralen Integrationsfaktor und die Vernachlässigung der subjektiven Dimension und einer stützenden Struktur sozialer Beziehungen Gegenstand seiner Kritik, die sich in der Einführung des Konzeptes der Lebensqualität in die Behindertenpädagogik niederschlug.

Mit der Forderung nach einer Etablierung symmetrischer Kommunikationsstrukturen hat Walter Thimm bereits Ende der 70er Jahre ein neues Dienstleistungsverständnis beschrieben, das heute aktueller denn je ist. Diese Überlegungen fanden unter anderem ihren Ausdruck in Forschungsprojekten zu sozialen Netzwerken, zur Rezeption bzw. Umsetzung des Normalisierungsprinzips und zur Implementierung Familienentlastender Dienste (FED). Mit der Entwicklung eines Modells gemeindenaher Unterstützung und der wieder aufgegriffenen Auseinandersetzung mit kommunitären Ansätzen zeigt er pädagogische Aufgaben und Handlungsfelder sowie sozialpolitische Rahmenbedingungen auf, die für ein »Leben so normal wie möglich ...« erforderlich sind.

Walter Thimms Position läßt sich im Rahmen der Behindertenpädagogik und der Sozialpolitik als eine permanente Auseinandersetzung mit der Individualisierung grundlegender menschlicher Probleme und der Stärkung solidarischer Beziehungen zwischen nichtbehinderten und behinderten Menschen verstehen. Seine Thematisierung sozialer Normen, die ausgrenzende und entsolidarisierende Wirkungen haben, schließt Fragen des Menschenbildes und einer strikten ethischen Grundlegung des professionellen Handelns in Theorie und Praxis ein. Sein Wirken bezeugt eine solchermaßen verantwortete Haltung.

Der vorliegende Band ist Walter Thimm als Ausdruck der Verbundenheit gewidmet, die sich auf einer kollegialen und freundschaftlichen Beziehung gründet. Wir danken ihm auch für die gemeinsamen Jahre intensiver Kooperation und seine inspirierende Wegbegleitung - und freuen uns auf die weitere Zusammenarbeit.

Herzliche Gratulation zum 60. Geburtstag und »Glück auf« für die nächsten Schaffensjahre!

Iris Beck, Willi Düe, Heinz Wieland

Oldenburg, Schleswig, Münster im Mai 1996

Einleitung

Das Thema dieser Festschrift zeigt an, daß das wissenschaftliche Werk von Walter Thimm wesentlich durch Ideen, Werte und Ziele charakterisiert ist, die ihren Ausdruck im Normalisierungsprinzip gefunden haben. Dies ist zweifellos als sonderpädagogische und sozialpolitische Leitlinie in seinem theoretischen wie praktischen Einfluß in unserem Land kaum zu überschätzen. Die wissenschaftliche wie auch die handlungsbezogene Rezeption der skandinavischen Ursprünge (Bank-Mikkelsen, Nirje) und der Weiterentwicklung in Nordamerika (Wolfensberger) wurde im deutschsprachigen Raum vor allem von Walter Thimm und der Forschungsgruppe um Thimm und von Ferber vorangetrieben. Die wichtigste Erweiterung des Normalisierungsprinzips und eine tragende theoretische Begründung nahm Walter Thimm vor, indem er das Normalisierungsprinzip »in die Zusammenhänge menschlicher Kommunikation und Interaktion als Mittel der Identitätsfindung« (Thimm 1994, 66[1]) stellte.

Die bundesdeutsche theoretische Diskussion um »normal-unnormal« mit einer teilweise vehementen Ablehnung und mit den Mißverständnissen um das Normalisierungsprinzip lassen vergessen, »daß der normative Gehalt des Konzeptes sich auf etwas bezieht, das wir selbst im Rahmen unserer kulturellen und gesellschaftlichen Gegebenheiten als selbstverständlichen 'Anspruch' an das Leben empfinden: anständig zu wohnen, Arbeit zu haben, altersangemessenen Aktivitäten nachzugehen, über einen gewissen Konsumstandard zu verfügen usf.« (67[1]). Normalisierung als Aufbau und Stützung symmetrischer Kommunikations- und Interaktionsstrukturen zielt auf alle Menschen, deren Teilhabe an privaten und öffentlichen Beziehungskreisen, m.a.W. deren Identität durch ausgrenzende

---

[1] Thimm, W.: Leben in Nachbarschaften. Hilfen für Menschen mit Behinderungen. Freiburg im Breisgau 1994.

soziale Normen bedroht wird. Hier sind nichtprofessionelle Beziehungen ebenso wie das System professioneller Hilfen, das Alltagsleben wie der Bereich des öffentlichen Handelns umschlossen. Man braucht nicht Verhältnisse, wie sie noch immer in psychiatrischen Langzeiteinrichtungen herrschen, zu thematisieren, um den praktischen Gehalt dieser Gedanken zu veranschaulichen und die Bedeutung des Normalisierungsprinzips auch in scheinbar besseren Zeiten zu belegen. Aber diese Verhältnisse verlangen besonders dringlich nach der systemverändernden und notwendigen Wirkung »normalisierter Umstände«.

Auf den Begriff gebracht: »'Normalisierung' als Leitvorstellung für das sozialpolitische, sozialadministrative, soziale und pädagogische Interventionssystem und als Zielperspektive dieser Interventionen besagt: Mitbürgerinnen und Mitbürger mit geistigen, körperlichen oder psychischen Beeinträchtigungen sollen ein Leben führen können, das dem ihrer nichtbeeinträchtigten Mitbürgerinnen/Mitbürger entspricht. In aller Kürze: 'Ein Leben so normal wie möglich'. Dieses ist am ehesten erreichbar, wenn die dabei eingesetzten Mittel so normal wie möglich sind« (Thimm 1992, 283[2]).

Die Beiträge des vorliegenden Bandes verdeutlichen entlang der von Walter Thimm beschriebenen Konsequenzen und Handlungsdimensionen des Normalisierungsprinzips: Deinstitutionalisierung und Dezentralisierung - Lebenswelt- und Alltagsorientierung - Partizipations- und Selbstbestimmungsförderung - Aspekte einer normalisierungsnahen Gestaltung von Unterstützungsleistungen für behinderte Menschen in Theorie, Praxis und Forschung. Sie spiegeln zugleich Arbeitszusammenhänge wider, die sich aus der Kooperation mit Walter Thimm entwickelt haben, von Aspekten seiner wissenschaftlichen Tätigkeit beeinflußt sind oder deutliche Bezüge zum »Programm«, den Konsequenzen und Handlungsdimensionen des Normalisierungsprinzips aufweisen. Somit liegt ein thematisch auf die Formel »ein Leben so normal wie möglich führen« bezogener Band vor, der, zugleich als Würdigung von Walter Thimm, sein Wirken für und im Sinne des Normalisierungsprinzips hervorhebt. Die Beiträge sind als aktuelle Nachweise und praktische Beispiele einer Qualitätsentwicklung im

---

[2] Thimm, W.: Normalisierung in der Bundesrepublik. Geistige Behinderung: Heft 4, 1992.

Sinne des Normalisierungsprinzips für wissenschaftlich und praktisch Tätige gleichermaßen von Interesse.

Iris Beck zeichnet in Kapitel I die tragenden Elemente der theoretischen Begründung nach, die von Thimm geleistet wurde. Gerhard Haack beschreibt die Geschichte der bundesdeutschen Rezeption, der ersten »normalisierungsnahen« Angebotsstruktur und problematisiert die sozialpolitischen und rechtlichen Rahmenbedingungen. Das Kapitel II »Von der institutionsbezogenen zur gemeindenahen Unterstützung« verdeutlicht den mit dem Normalisierungsprinzip implizierten Perspektiven- oder Paradigmenwechsel vom eher am Defekt oder den Erfordernissen einer Institution orientierten Denken, Planen und Handeln zum pädagogischen und sozialen Handeln für ein Leben in der Gemeinde. Dabei steht der Beitrag von Lenfers und Pohl, der die Veränderung einer Anstalt »von innen heraus« beschreibt, bewußt am Anfang, da die Anstalten gleichsam der Kristallisationspunkt für Normalisierung waren und sind. Dezentrale Angebotsstrukturen (Schiller) und deren interne Qualitätsentwicklung (Eike) sind die Grundlagen einer gemeindenahen Unterstützung. Hupasch-Labohm und Meyners beleuchten den derzeitigen Entwicklungsstand der Familien entlastenden Dienste (FED) vor dem Hintergrund der Pflegeversicherung.

Partizipationsförderung kann sich nicht nur auf die Bereitstellung entsprechender spezieller Hilfen in der Gemeinde beziehen. Alle gesellschaftlichen Bereiche, insbesondere das Bildungs- und Ausbildungssystem, sind so zu verändern, daß sie die Integration behinderter Menschen ermöglichen (Kapitel III). Aus der Perspektive der Sozialen Netzwerke zeigt Willi Düe notwendige Ressourcen und Unterstützungsleistungen beim Übergang von der Schule in das Arbeitsleben auf. Höfelmann und Struve thematisieren den Berufsschulbesuch von Menschen mit geistiger Behinderung als Mittel zur Normalisierung ihrer Lebensumstände. Die Hochschule ist ein relevanter Ausbildungsbereich für behinderte Menschen und zugleich für zukünftige Behindertenpädagoginnen und -pädagogen. Waldtraut Rath gibt Einblicke in die Situation behinderter Studierender und in ihre spezifischen Probleme und Belastungen. Wie ein Studiengang auf die Erfordernisse der Umsetzung von »Integration durch Normalisierung« bezogen und entsprechend gestaltet werden kann, stellt Sabine Rasch am Beispiel des Studiums der Diplom-Pädagogik in Oldenburg vor. Gleichsam im Vorfeld der Öffnung der Teilhabe befassen sich Prochnow und Mühl mit Möglichkeiten der Veränderung von Einstellungen gegenüber behinderten Menschen bei Grundschulkindern.

Lebenslagen sind dem sozialen Wandel unterworfen. Aktuelle Entwicklungen und Veränderungen erfordern neue Denk- und Handlungsweisen, interdisziplinäre Forschungs- und Handlungskonzeptionen und neue Formen solidarischer Beziehungen (Kap. IV).

Anknüpfend an Thimms Bemühen, neue Formen solidarischer Beziehungen zwischen nichtbehinderten und behinderten Menschen tragfähig zu machen und sozialpolitisch zu verankern, befaßt sich von Ferber mit der Einforderung solidarischer Verpflichtungen der Menschen im Rentenalter, einer Neuinterpretation des Generationenvertrages. Niehaus sucht Überschneidungsbereiche zwischen den Gesundheitswissenschaften und der Behindertenpädagogik, während Wieland den demographischen Umbruch in unserem Land zum Anlaß nimmt, das Thema soziale Integration im Hinblick auf den Lebenslauf behinderter Menschen zu diskutieren.

Die Mißverständnisse um das Normalisierungsprinzip, dessen Ignorieren durch Teile der behindertenpädagogischen Wissenschaft hat etwas mit Fragen der Interaktion und Kommunikation, mit Kooperation zu tun. Bleidick zeigt in seinem Beitrag die Praxis der »Schulen« und »Zitierkartelle« im Wissenschaftsbetrieb auf, wogegen der konstruktive Dialog zu setzen ist, wie Walter Thimm ihn in der Paradigmendiskussion führte, um den sozialwissenschaftlichen Begriff von Behinderung voranzubringen, Normendiskurse zu etablieren und Handlungsperspektiven zu öffnen.

In allen Beiträgen sind die Bezüge zu Themen der Forschung und Lehre des Geehrten unübersehbar.

I Theoretische Legitimation und praktische Rezeption des Normalisierungsgedankens

Norm, Interaktion, Identität: zur theoretischen Rekonstruktion und Begründung eines pädagogischen und sozialen Reformprozesses

IRIS BECK

> »Was die Zukunft bringen wird, das weiß ich nicht; und denen, die es zu wissen glauben, glaube ich nicht. Mein Optimismus bezieht sich nur auf das, was man von der Vergangenheit und der Gegenwart lernen kann; und das ist, daß vieles möglich war und möglich ist, Gutes und Böses; und daß wir keinen Grund haben, die Hoffnung aufzugeben - und die Arbeit für eine bessere Welt.«
>
> Popper 1984, 156

1. Wissenschaftliche Begründung und normative Prämissen des Erkenntnis- und Handlungsinteresses

Wenn neue Normen praktische Geltung und handlungsleitende Funktion erhalten sollen, Integration und Normalisierung als Leitideen praktisch durch- und umgesetzt werden sollen, dann bedarf dies der theoretischen Begründung, der politischen Durchsetzung und der praktischen, empirischen Bewährung (Thimm et al. 1985). Unter theoretischen Gesichtspunkten werden vorgefundene Praxis und soziale Normen in ihrer Bedeutung für die Lebensvollzüge behinderter Menschen analysiert und als veränderungsbedürftig bewertet. Aber »der theoretischen Einsicht, der Akzeptanz auf der Zielebene, braucht keine praktische Umsetzung zu folgen« (Thimm et al. 1985, 23). Die Richtung der Veränderung muß bestimmt werden, Tragfähigkeit und Reichweite der theoretischen Begründung müssen sich in der praktischen Umsetzung erweisen, der theoretischen Orientierung im Sinne der Entscheidung für bestimmte Wertprämissen praktische Handlungsvorschriften entsprechen. Damit wird ein Zusammenhang von theoretischer Reflexion und sozialer Praxis beschrieben, der sich aus der Analyse bisheriger Praxis und dort handlungsleitender Normen mit der Maßgabe ihrer Veränderung entwickelt und theoretisch wie praktisch mit Wertentscheidungen verknüpft ist, die Denken und Handeln verändern. Das Normalisierungsprinzip hat als Reformkonzept wie keine andere Zielformulierung das System der Hilfen und die Lebensbedingungen für behinderte Menschen verändert. Im Bereich der Hilfen für Menschen mit geistiger Behinderung kann es als die wichtigste internationale Leitidee überhaupt bezeichnet werden.

Die systemverändernde Kraft des Normalisierungsprinzips zeigt sich dort am eindrucksvollsten, wo es auf bestehende Verhältnisse wie ein »Antidogma« wirkt und eine überzeugende, in den grundlegenden Ableitungen einfach nachzuvollziehende Alternative darstellt. Dies wird nirgends deutlicher als im Alltag, in konkreten Lebenssituationen von Familien mit behinderten Angehörigen und in der Praxis der Einrichtungen und es waren und sind die praktischen Erfolge und Verbesserungen auf der Handlungsebene, die die breite Anerkennung bedingen und die Umsetzung voranbringen. Über das Normalisierungsprinzip waren lange Zeit ideologische Auseinandersetzungen entbrannt; der Gehalt des Konzepts wurde dabei teilweise fälschlich als Anpassung interpretiert. Häufig erfolgten und erfolgen Umsetzungsschritte nur bezogen auf einzelne, zum Teil nicht weiter begründete Dimensionen; die unterschiedlichsten Konzeptionen firmieren unter dem Begriff »Normalisierung«. Reformprozesse sind generell mit Ängsten vor Veränderungen, mit Handlungsunsicherheit und Systemerhaltungstendenzen verbunden. Widerstände gegenüber dem unterliegenden entwicklungsorientierten Menschenbild, ein Verhaften in defektbezogenen Denk- und Handlungsmustern, erschweren die Durchsetzung zusätzlich. Ein großer Teil der Konflikte ist aber auch in konzeptionellen Problemen begründet: die normativen Prämissen müssen offengelegt und geklärt werden, die systematische Ableitung von Handlungsschritten kann sich nur aus einer theoretisch geleiteten Konzeptualisierung entwickeln. Der Ansatz Wolfensbergers, der eine theoretische Klärung im Rahmen von Rollen- und Stigma-Theorie vornahm und mit »PASSING« ein umfangreiches Verfahren zur systematischen Entwicklung und Beurteilung einer normalisierungsnahen Angebotsstruktur vorlegte (Wolfensberger und Thomas 1980), fand in der BRD nur wenig Resonanz, auch aufgrund der impliziten Normativität des Ansatzes.

Das Normalisierungsprinzip findet seine normative Begründung in demokratischen Werten der Gleichheit und der Menschenwürde; die wissenschaftlich-theoretische Begründung entwickelt sich aus der Analyse des Verhältnisses von Individuum und Gesellschaft, von Prozessen der Interaktion und Kommunikation und der Störung und Behinderung dieser Prozesse. Ohne Transformation dieser Erkenntnisse in den Wirkungszusammenhang, ohne Aufschließung der »potentiellen Handlungswerte in unmittelbare Handlungswerte, in konkrete Handlungsregeln« (Thimm 1979, 172) bleibt die theoretische Wissensbasis entkoppelt von der praktischen Handlungsebene, die Theorie »liefert ... nicht mehr als eine pluralistische, halbierte Legitimierung« (ebd.). Wenn der Zusammenhang von Entstehungs-, Begründungs- und Wirkungszusammenhang von Erkenntnissen innerhalb der Wissenschaft im Blickfeld bleibt, dann sind normative Vorentscheidungen über die Funktion der Wissenschaft gegenüber der Praxis, der Gesellschaft, getroffen worden: nämlich im Sinne eines Verständnisses von Soziologie, »nach dem die Soziologie die Verantwortung für die praktischen Konsequenzen ihrer Aussagen und Befunde ausdrücklich in ihren Kompetenzbereich aufnimmt« (Thimm 1972a, 14) und ihre Aufgabe darin sieht, »das Wissen und Verständnis von den gesellschaftlichen Zwängen ... zu vergrößern und der Praxis dienstbar zu machen... . Steht doch zu erwarten, daß Menschen, die in ihrer psycho-physischen Verfassung von der 'Normalität' abweichen, sich im besonderen Maße gesellschaftlichen Zwängen ausgeliefert sehen. Was bedeutet es, als (irgendwie) physisch-psychisch Behinderter in dieser (oder jener) Gesellschaft zu leben, wie können die sozialen Lebenschancen vergrößert werden, diese Fragen stehen im Mittelpunkt einer Soziologie, die Behinderungen als soziale Kategorie in ihr Blickfeld nimmt« (ebd.).

Die Rekonstruktion und Analyse gesellschaftlicher und sozialer Einflußfaktoren auf die Lebenslagen behinderter Menschen war und ist Programm für eine Wende im Denken über Behinderungen und in der Rehabilitationspraxis. Obwohl die Relevanz der sozialen Dimensionen von Behinderungen theoretisch und praktisch anerkannt ist, sind individualtheoretische oder einseitig am Defekt, der Schädigung orientierte Denk- und Handlungsweisen noch nicht überwunden, die Umsetzung der Forderung nach einem »Leben so normal wie möglich« ist noch immer Gestaltungsaufgabe. Im folgenden werden Elemente einer theoretischen Rekonstruktion und Begründung des Normalisierungsprinzips aufgezeigt, die die weitreichenden Konsequenzen dieses Reformkonzepts für die Gestaltung der sozialen und pädagogischen Praxis für Menschen mit Behinderungen verdeutlichen. Das Normalisierungsprinzip kann dabei gleichsam als Leitformel für alle Bemühungen verstanden werden, die auf die Stützung und Förderung lebensweltlicher Funktionen (Sozialisation, soziale Integration, kulturelle Reproduktion) unter dem Primat »verständigungsorientierten Handelns« (Bächtold 1990, 96) gerichtet sind. Damit wird auf generelle Begründungsstränge einer Analyse von Lebenswelt, von Individuum und Gesellschaft verwiesen, in die das Normalisierungsprinzip eingeordnet werden kann. Die Untersuchung sozialer Lebenschancen und -bedingungen behinderter Menschen geht von Austauschprozessen zwischen Individuen und ihrer sozialen und materiellen Umwelt, den Grundlagen und sozialen Normen, die soziale Beziehungen konstituieren, zu sozialer Integration oder Isolation führen, Bedürfnisbefriedigung und Identitätssicherung fördern oder erschweren, aus. Mit dieser, in den Arbeiten von Walter Thimm begründeten Untersuchungsperspektive, ist ein Erkenntnisinteresse verbunden, das auf die Gestaltung und Veränderung gesellschaftlicher und individueller Lebensbedingungen gerichtet ist und indem die wissenschaftliche Tätigkeit zugleich als Teil dieser Lebenswirklichkeit verstanden wird. Mit der Formel »ein Leben so normal wie möglich führen«, deren wissenschaftliche Rezeption in der BRD im wesentlichen Thimm (u.a. 1978, 1978a, 1986, 1992, 1995) und Thimm et al. (1985) begründeten, wird dabei die theoretische Analyse auf einen praktischen Wirkungszusammenhang bezogen, den es mit Blick auf die jeweiligen gesellschaftliche Entwicklungen und Problemstellungen zu begründen und zu erweitern gilt.

Der vorliegende Beitrag ist ein Versuch, Aspekte der wissenschaftlichen Tätigkeit Walter Thimms nachzuzeichnen, die in der Rezeption des Normalisierungsprinzips ihren praktischen Ausdruck finden und zugleich dessen theoretische und praktische Begründung und systematische Anwendung leiten.

2. Die Beschränkung gesellschaftlicher Teilhabe: Determinanten der Lebenslage behinderter Menschen

»Die Frage nach der Entstehung der Behinderungen führt uns mit zunehmender Erkenntnis immer häufiger auf den Einfluß gesellschaftlicher Bedingungen. Die wissenschaftliche Beschäftigung mit dem Problem der Behinderung zeichnet je länger desto deutlicher seine gesellschaftliche Bedingtheit« (von Ferber 1972, 34). Die soziologische Sichtweise von Behinderung als prozessuales, relatives und komplexes Geschehen zwischen Individuen und ihrer näheren und weiteren sozialen Umgebung hat in die Behindertenpädagogik im Rahmen der Diskussion um Theorien der Behinderung Eingang gefunden. Gesellschafts- und interaktionstheoretische Sichtweisen und Erklärungsmuster bilden wesentliche Elemente einer Pädagogik, die ihr Aufgabenfeld gleichermaßen in der Förderung individueller Entwicklungs- und Lernprozesse wie in der Gestaltung förderlicher Situationen und Umgebungen hat. Die Aufnahme sozial und gesellschaftlich vermittelter Determinanten von Lernen und Bildung wird in programmatischen Aussagen über die Heil-, Behindertenpädagogik deutlich: »von der Defekt-Befund-Orientierung zur Befindlichkeit-Orientierung« meint, daß »Menschen mit Behinderungen in den verschiedenen Altersstufen vom Objekt sonderpädagogischer Interventionen zum Subjekt einer Lebenswelt werden sollen« (Thimm 1991, 7) oder, wie es Kobi beschreibt: Heilpädagogik bezieht sich auf »das psychosoziale Beziehungsfeld«, das sich zwischen Beeinträchtigungen einer Person, ihrem subjektiven Erleben, den sozialen Normen und den Bemühungen zur »Wiederherstellung der sozialen Homöostase« (1985, 130) auspannt. Die Formel »Integration durch Normalisierung der Hilfen« bringt diese Orientierung auf den Begriff und die breite Geltung, die die Integrationsbewegung in der Behindertenpädagogik mittlerweile erlangt hat, ist dafür beispielhaft zu nennen.

Im Verständnis von Normalität, das dem Normalisierungsprinzip unterliegt, sind zwei Dimensionen gleichermaßen umgriffen: auf der konkreten, empirisch feststellbaren Ebene der Lebensstandards geht es um die Ermöglichung eines Lebens, das im Sinne durchschnittlich vorfindbarer Bedingungen dem der Nichtbehinderten entspricht. Das ist die Forderung nach der Teilhabe an einer nicht weiter thematisierten gesellschaftlichen Normalität, gemessen an gleichen Lebensbedingungen, Rechten, Wahl- und Partizipationsmöglichkeiten. Die zweite, damit aber schon implizierte Dimension ist die normative Frage nach tragenden gesellschaftlichen Werten, die diese Teilhabe erschweren oder fördern und nach der Bewertung und Veränderung der vorfindbaren durchschnittlichen Lebenssituationen mit Blick auf die Qualität dieser »Normalität«. Das Normalisierungsprinzip konnte sich in den skandinavischen und angloamerikanischen Ländern in einer Zeit der bildungs- und sozialpolitischen Reformen, des Wandels von Werten und des gesellschaftlichen Bewußtseins durchsetzen, die Umsetzung erfolgte im Rahmen sozialpolitischer und rechtlicher Reformen. In den Sozialwissenschaften korrespondierte damit ein gesellschaftskritisches Paradigma mit der Thematisierung der gesellschaftlichen Entstehung sozialer Ungleichheit und einer veränderten Betrachtung der Funktion von Sozialpolitik und Wohlfahrtsstaat. Erst mit der Ablösung individualtheoretischer Sichtweisen auf Problemlagen durch Theorien sozialer Verursachung und ein damit einhergehendes verändertes Menschenbild wurde das Problem der Behinderung als soziologisch relevant »entdeckt«.

Aus soziologischer Sicht sind behinderte Menschen in der Gesellschaft in der Situation einer Minderheit. Minderheiten sind »Bevölkerungsgruppen mit einem sozialen, körperlichen, ethnischen oder anderen Kategorienmerkmal, das sie von der Bevölkerungsmehrheit unterscheidet« (Thimm 1985, 561). Aufgrund des Abweichens von gesellschaftlichen Normen, das negativ bewertet wird, kann der Ausschluß von sozialen Rollen erfolgen. Das gemeinsame Merkmal behinderter Menschen ist die Beschränkung ihrer gesellschaftlichen Teilhabe, ihre Isolierung: Behinderung, so von Ferber 1972, meint »eine spezifische Situation, in der diese Menschen zur Gesellschaft stehen... . Die Kategorie der Behinderung stellt auf die gesellschaftliche Teilhabe dieser Menschen ab« (31). Analysen gesellschaftlicher Determinanten der Lebenslagen behinderter Menschen sind so immer zugleich Analysen der Chancen und des Standes ihrer gesellschaftlichen Integration. Trotz der großen Bedeutung, die soziale Dimensionen in den Diskussionen um Behinderung erlangten, haben minderheitensoziologische Analysen der sozialen Lage behinderter Menschen im deutschen Sprachraum keine Tradition (Thimm 1989). Sie thematisieren aber nicht nur ein Kernproblem von Gesellschaften, nämlich eben die Frage der politischen, rechtlichen, wirtschaftlichen und sozialen Integration unterschiedlichster Bevölkerungsgruppen unter bestimmten strukturellen Prämissen. Mit der damit vorgenommenen Analyse von »Normalität« und »Abweichung« wird gleichzeitig auch die für Integration oder Segregation behinderter Menschen entscheidende normative Dimension analysiert. Die strukturellen Prämissen moderner, funktional differenzierter Gesellschaftssysteme, nämlich geforderte Funktionsleistungen einerseits und soziale Rollen mit den daran geknüpften normativen Erwartungen andererseits, geben gleichsam den Rahmen dessen vor, was man als »normales«, erwartbares, durchschnittliches Verhalten bezeichnet und damit sind die Abweichungen schon impliziert. »Nützlichkeit [im Sinne der Marktleistung], Verantwortlichkeit [für den Fortbestand der Gesellschaftsordnung] und Kontaktfähigkeit gehören zu den strategischen Funktionsleistungen, die die industrielle Vergesellschaftung bestrebt ist zu motivieren und auszuzeichnen. Die Behinderung aber stellt keine Funktionsleistung dar, sie ist alles andere als nützlich und steht einem Sozialkontakt häufig im Wege«, so von Ferber 1972 (32). Damit sind die mit der utilitaristischen Ideologie wirksam werdenden Prämissen und sozialen Rollen für die ausdifferenzierten sozialen Systeme moderner Industriegesellschaften benannt. Der empirische Nachweis der Wirksamkeit dieser Determinanten auf Lebensbedingungen behinderter Menschen wird über Sozialpolitik- und Rehabilitations-, Minderheiten-, Einstellungs- und Lebenslagenforschung geleistet.

Die stereotypisierende Bewertung von Blindheit, wie sie von Thimm (1971, 1985) in seinen minderheitensoziologischen Untersuchungen aufgezeigt wurde, steht beispielhaft für Diskriminierung und Vorurteilsbildung, der Behinderung unterliegt. Die soziale Benachteiligung besteht aber nicht nur in Stigmatisierungsprozessen, die wiederum die Entwicklung spezifischer (»abweichender«) individueller oder gruppenspezifischer Verhaltensweisen begünstigen können (z.B. Rückzug auf die eigene Gruppe, Ritualismus). Der Ausschluß von sozialen Rollen, dem oft schon abweichende Sozialisationsprozesse als Isolierungsprozeß vorgelagert sein können, verbindet sich mit weiteren Disparitäten wie Einkommens- und Versorgungsdefiziten, mangelnder Interessensvertretung und -durchsetzung, geringem Einfluß auf gesellschaftliche Entscheidungen.

Im Normalisierungsprinzip ist, so eingangs erwähnt, die normative Dimension in den Werten der Gleichheit, der Solidarität und Menschenwürde, in einem Verständnis von sozialer Politik als aktiver Gesellschaftspolitik der Umverteilung, Herstellung von Chancengleichheit und Gestaltung menschenwürdiger Lebensverhältnisse begründet. Durchschnittliche, »normale« Lebensbedingungen müssen sich an ihrer Kompatibilität mit diesen Werten, an ihrer Gültigkeit für alle gesellschaftlichen Gruppen messen lassen. Sowohl die Erhebung durchschnittlicher Lebensbedingungen (objektive Standards) als auch normativer Dimensionen (individuelle Bewertung dieser Standards, Erwartungen und Ansprüche an die Qualität des Lebens, bezogen auf unterschiedliche Lebensbereiche) werden im makrosoziologischen Forschungskonzept Soziale Indikatoren/Lebensqualität angezielt, das Thimm bereits 1978 (1978a) in die Behindertenpädagogik einführte. Ziel war es dabei, ein wissenschaftlich begründetes Konzept zur Operationalisierung von Integration und Normalisierung und ein Handlungskonzept anzubieten, in das unterschiedliche theoretische Perspektiven, sonderpädagogische als auch sozialpolitische, integrierbar sind. Das Forschungskonzept verspricht, das Wissen um Lebenslagen und -chancen behinderter Menschen zu vergrößern und zu einer Entideologisierung und Klärung der Debatten um Integration und ihre normativen Dimensionen beizutragen: »Unser Wissen von dem Grad an erreichter Lebensqualität bei Behinderten [stellt sich] erschreckend dürftig dar, ... sowohl auf der gesamtgesellschaftlichen Ebene als auch auf der gruppenspezifischen und individuellen Ebene. Haben die einzelnen sonderpädagogischen Sparten eigentlich zureichende Kenntnisse darüber, wie sich primäre Folgen eines Defektes in allen diesen Bereichen [den Zielbereichen, d.h. wichtigen Lebensbereichen der OECD zur Messung von Lebensqualität; siehe Thimm 1978a, 27] darstellen? Haben wir eine klare Vorstellung darüber, welche Standards in den Bereichen als erstrebenswert angezielt werden müssen?« (ebd.).

Von Vertretern des Normalisierungsprinzips schon vorgelegte Ausdifferenzierungen und Klärungen der Handlungsdimensionen und Ziele erfahren mit diesem Konzept eine breite Fundierung auf der Ebene der gesamtgesellschaftlichen, aber auch der regional- oder gruppenspezifischen Analyse von Lebenslagen und Lebenschancen behinderter im Vergleich zu nichtbehinderten Menschen anhand eines mehrdimensionalen Begriffs von Integration, der auf unterschiedliche Lebensbereiche, auf objektive Standards und subjektive Erwartungen gleichermaßen abhebt. Auf der Handlungsebene lassen sich weitreichende Konsequenzen für die Gestaltung sozialpolitischer, rechtlicher und wirtschaftlicher Bedingungen und der Strukturen des Hilfesystems im Sinne einer systematischen Qualitätsentwicklung und- beurteilung ableiten. Für den Bereich Arbeit und Qualität des Arbeitslebens sind von Thimm (1978a) beispielhaft Indikatoren und Untersuchungsfragen entwickelt worden, die breite Einsichten in tatsächlich erreichte Standards, die Berufschancen und Arbeitsbedingungen behinderter im Vergleich zu nichtbehinderten Menschen erbringen könnten. Gleichzeitig sind Einschätzungen der Faktoren, die zur Arbeitszufriedenheit beitragen, der Ansprüche und Erwartungen, die an diesen Lebensbereich gerichtet sind, möglich. Hierin sind dann auch Fragen nach der Geltung von Wertmaßstäben, nach normativen Orientierungen (z.B. Bedeutung von Erwerbstätigkeit für die Lebensqualität insgesamt; Indikatoren für Arbeitszufriedenheit usw.) bzw. ihrer Veränderung gleichsam schon umschlossen. Dimensionen der Lebenssituation geistig behinderter Menschen in der BRD und in Dänemark nach Normalisierungsgesichtspunkten sind 1985 von Thimm et al. untersucht worden. Diese breit angelegte empirische Untersuchung der Lebenslage geistig behinderter Menschen in der BRD erbrachte Daten und Analysen zu den sozialpolitischen Bedingungen, der Struktur und den Konzeptionen des Hilfeangebots, der Praxis der Angebote sowie zum Alltag von Familien. Die theoretische und (forschungs-) praktische Relevanz des Konzeptes für die Lebenslagen behinderter Menschen wird in der Behindertenpädagogik im Zusammenhang mit der Qualitätsentwicklung und -beurteilung sozialer und pädagogischer Dienste und Hilfen seit einigen Jahren verstärkt diskutiert. Neben empirischen Untersuchungen und Repräsentativerhebungen zur Lebenssituation pflegebedürftiger und behinderter Menschen in Familien und Einrichtungen (Bundesministerium für Familie und Senioren 1994; Häussler et al. 1994; Wacker 1995) ist die Übertragung und Anwendung des Konzepts im meso- und mikrostrukturellen Bereich sozialen Handelns und sozialer Dienste von besonderem Interesse. Die Operationalisierung von Indikatoren für Angebots- und (individuelle) Lebensqualität sowie die Entwicklung von Verfahren und Instrumenten zur Qualitätsentwicklung und -beurteilung werden derzeit im Bereich der Wohn- und Beschäftigungsangebote für behinderte Menschen intensiv vorangetrieben (u.a. Beck 1994, 1996; Bundesvereinigung Lebenshilfe 1992; Schwarte & Oberste-Ufer 1994; Wacker 1994).

3. »Normalität« und »Abweichung« im Spannungsfeld postkonventioneller Orientierungen

Die Pluralisierung von Lebensstilen und die Abnahme des Einflusses gesellschaftlicher Institutionen (wie Parteien, Kirchen, Gewerkschaften), die zugleich eine Entbindung des Individuums von traditionellen sozialen Rollen und Beziehungskreisen neben der Berufsrolle und eine Zunahme der Bedeutung der privaten gegenüber der Öffentlichkeitssphäre und Prozessen der öffentlichen Meinungsbildung mit sich bringt, sind derzeit vieldiskutierte Entwicklungen. Sie lassen danach fragen, von welcher Relevanz diese gesellschaftlichen Prozesse für individuelle und gruppenspezifische Lebenslagen sind. Welche Bedeutung haben diese Tendenzen der Individualisierung und Veränderung normativer Orientierungen für die Definition von Norm und Abweichung und für die Lebenssituation behinderter Menschen?

An die Stelle makrostruktureller Konzepte sind mittlerweile die mikrosoziologische und sozialpsychologische Analyse gertreten: individuell, ökologisch, bedürfnisorientiert, so lauten gängige und vieldiskutierte Deskriptionsschemata von Lebenslagen. Die soziale Bedingtheit dessen, was mit Behinderung als Benachteiligung und Segregation umrissen wird und die soziale Lage behinderter Menschen lassen sich auch nicht zureichend nur anhand makrostruktureller Ansätze, noch weniger monokausal oder eindimensional, erklären. Behinderte Menschen sind keine homogene Gruppe; sie gehören unterschiedlichen sozialen Statusgruppen an. Ursachen und Folgen von Beeinträchtigungen stellen sich in Abhängigkeit zahlreicher Faktoren je individuell und situationsspezifisch verschieden dar. Eine mehrperspektivische, somatische, psycho-soziale und gesellschaftliche Faktoren umfassende Sichtweise trägt dieser Relativität und Komplexität von Behinderung Rechnung. Die Reichweite, Relevanz und die Grenzen der einzelnen theoretischen Ansätze müssen in der Anwendung auf die jeweilige Problemstellung geprüft, die Spezifik des jeweils gewählten Betrachtungsrahmens (mikro- versus makrostrukturelle Betrachtung) und die Problematik der (vielfach ungeklärten) Wirkungsbeziehungen zwischen den unterschiedlichen Einflußfaktoren beachtet werden. In der Praxis kehren diese Probleme in Steuerungs- und Handlungsgrenzen in der Problembewältigung wieder: eine normalisierungsnahe Sozialpolitik stellt zwar die strukturellen Rahmenbedingungen für verbesserte

Lebensbedingungen bereit, die Umsetzung in alltagspraktisches Handeln und eine tatsächliche Integration werden damit jedoch nicht zwangsläufig erreicht.

Jenseits »klassischer« makrostruktureller Analyseschemata, die die Situation von einzelnen oder Gruppen nach Merkmalen wie z.b. dem Sozialstatus betrachten, wird der Blick auf das »einsame Individuum« gerichtet, das sich aber doch nur in der Interaktion und Kommunikation, in eben der sozialen Dimension durch Prozesse der Sozialisation und Enkulturation innerhalb sozialer Beziehungen, entwickeln kann. Wie diese, für Individuen notwendige Integration in soziale Beziehungen gelingt und welche Werte und Normen für Integrationsprozesse maßgeblich sind, diese Fragen führen zur Betrachtung primärer Interaktionssysteme, alltäglicher Begegnungen und größerer sozialer Systeme wie Organisationen. Schließlich geht es auch und immer noch um Gesellschaft als »das umfassende Sozialsystem aller kommunikativ füreinander erreichbaren Handlungen« (Luhmann 1975, 11), als das, was möglich, sinnvoll, wünschenswert auf der Grundlage der strukturell möglichen und ermöglichten Kommunikationen erscheint. Die Frage nach gesellschaftlicher Teilhabe und dem Einfluß gesellschaftlicher Determinanten wendet sich in die Betrachtung von erwünschten und ermöglichten Kommunikationen, Interaktionen und Kooperationen im sozialen System Gesellschaft. Dieses gibt über strukturelle Prämissen den Rahmen für alle anderen sozialen Subsysteme vor, aufgrund dessen sie handeln und zugleich in ihren Handlungsmöglichkeiten begrenzt werden. Tragende Ordnungsprinzipien und Funktionen möglicher und erwünschten Handlungs- und Kommunikationsprozesse beeinflussen Organisationen und lebensweltliche Systeme. Individualisierungstendenzen können sich so betrachtet gerade nur vor dem Hintergrund bestimmter gesellschaftlicher Prämissen entwickeln. Allerdings sind gesellschaftliche Determinanten nicht linear oder monokausal wirksam, Gesellschaft kein starres Konstrukt, und ehemals tragende Prinzipien gesellschaftlicher Integration und Systemerhaltung verändern sich. Insofern ist die Sicht auf Gesellschaft nicht weniger bedeutsam geworden, vielmehr ist zu fragen, welchen Ordnungsprinzipien und Werten Prozesse der Integration, Formen der Kooperation und Kommunikation in unterschiedlichen sozialen Handlungsbereichen gegenwärtig folgen und was das Mögliche und Erwünschte, »die gesellschaftliche Normalexistenz« (von Ferber 1972, 31), heute ist.

Die Frage nach der Normalität wurde oben mit dem Verweis auf strukturelle Prämissen moderner, funktional differenzierter Gesellschaften, geprägt von utilitaristischen Orientierungen, beantwortet. Japp (1986) kennzeichnet die gegenwärtig leitenden gesellschaftlichen Ordnungsprinzipien dagegen als postkonventionelle Prinzipien: Zunehmende funktionale Differenzierung mit der Tendenz der Verselbständigung von Teilsystemen und des Vermehrens von Handlungsmöglichkeiten läßt an die Stelle konventioneller Normsysteme mit handlungsleitender Funktion neue Handlungsspielräume, Kontingenz, treten: die einzelnen sozialen Systeme können von ihrer ursprünglichen Funktion abgekoppelte Leistungen definieren und bringen zugleich neue soziale Normen hervor. Das kann sich als Reflexionsdruck und als Komplexitätserhöhung, aber auch als Chance zur Veränderung, des Erlebens von Kontingenz als »anders möglichem«, neuen Handlungsspielräumen, auswirken. Dem entsprechen die Diskussionen um den Verlust verbindlicher Moralvorstellungen, Sinnkrisen, die »Tendenz zur Diskursivität gesellschaftlicher Zentralwerte« (Japp 1986, 29), der Wertepluralismus und die Kritisierbarkeit sozialer Ordnungen, die Thematisierungschancen von Norm und Abweichung. Abnehmende Bindung an zentrale Werte heißt auch abnehmende Bindung an Institutionen als deren Regelungsinstanzen, wenn Motive und Bedürfnisse nicht mehr immer und überall als gleich vorausgesetzt (und damit eindeutig in bestimmter Form erfüllbar angesehen) werden können und der Anpassungsdruck abnimmt. Ein verringerter Anpassungszwang an utilitaristische Orientierungen wie Nützlichkeit, überhaupt die Diskursivität solcher Werte, macht die Integration, d.h. die gleichberechtigte Anerkennung behinderter Menschen und nicht ihre Anpassung, wahrscheinlicher, da es gerade diese Werte sind, die ihre volle Teilhabe erschweren.

Die Kritisierbarkeit von Institutionen und die Differenzierung von Bedürfnissen zwingt diese, sich auf veränderte Vorstellungen hin umzustellen. Kritik sozialer Ordnung und Chancen für diskursförmige Verständigungs- und Aushandlungsprozesse erweitern die Spielräume für neue Interpretationen dessen, was als »normal« oder »abweichend« gilt und welche Mittel zur Lösung bestimmter Probleme am geeignetsten sind. Die Konflikte um Sonderschulen versus integrative wohnortnahe Beschulung, zentralisierte Versorgung versus gemeindenahe, differenzierte und ambulante Angebote sind Beispiele dafür. Neben diesen postkonventionellen Orientierungen können aber gerade aufgrund der dadurch vermehrten Kontingenzspielräume traditionelle Normsysteme weiterbestehen. So läßt die bürokratische, komplexitätsreduzierende Bearbeitung eines zersplitterten, schematisierten und an spezialisierte Teilsysteme verwiesenen Bedarfs an Hilfen den behinderten Menschen »als ein in seine physischen, psychischen, sozialen und gesellschaftlichen Einzelteile zerlegtes Objekt [erscheinen]. Niemand weiß, ob die Entwicklung einer unzerteilbaren Subjektivität dabei überhaupt noch möglich ist« (Thimm 1978, 302). Individualisierung bedeutet dagegen die Chance zur Entwicklung unterschiedlicher, nicht mehr starr vorgegebener Lebensstile, Anerkenntnis eines breiten Spektrums von »Lebensmodellen« und von Bedarfssituationen. Dies heißt gleichermaßen, die Einmaligkeit und Personalität jedes Menschen vor jedem definierenden Zugriff anzuerkennen (Thimm 1987) und der Verrechtlichung, Entmündigung und Bürokratisierung entgegenzuwirken, die der Anpassung an traditionelle »Systemnor- men« dienen.

In der Sozialpolitik ist die Anwendung des Individualisierungsprinzips in der Leistungsgestaltung entscheidend für eine auf individuelle Bedürfnisse und Lebenssituationen abgestellte Hilfe. Die Durchsetzung des Bedarfs- und der Finalprinzips in der Hilfegewährung bedeutet Anerkenntnis von Problemlagen und eines individuellen Hilfebedarfs unabhängig von der Ursache und Orientierung einzig an den Folgen für die individuelle Lebensführung. Eine Gewichtung der Notlagen nach Kriterien (z.B. Schlechterstellung nicht erwerbstätiger oder -fähiger behinderter Menschen) sollte damit ausgeschlossen sein. In der Durchsetzung dieser Prinzipien wird die Abkehr von einseitigen Leistungsprinzipien und die Anerkennung eines an den sozialen Folgen orientierten Behinderungsbegriffs deutlich. Die sozialpolitische Verwirklichung des Normalisierungsprinzips ist denn auch an die konsequente Umsetzung von Final-, Bedarfs- und Individualisierungsprinzip und die Verbesserung der Partizipation und Selbstbestimmung behinderter Menschen gebunden.

Die Integration behinderter Menschen hat zweifellos Fortschritte gemacht: »Der Stand der Normalisierungsdiskussion in der Bundesrepublik wurde auf größeren Kongressen 1985 und 1989 dokumentiert [Bundesvereinigung Lebenshilfe 1986; Beck & Thimm 1989]. Wichtige Dokumente mit programmatischen Aussagen zur Sozialpolitik für behinderte Menschen beziehen sich ausdrücklich auf den Normalisierungsgedanken [Bundesministerium für Arbeit und Sozialordnung 1989; Bundesministerium für Jugend 1990]. Normalisierung ist das Thema vieler Beiträge in Sammelbänden und Fachzeitschriften. In der (sonder-)pädagogischen Diskussion um die gemeinsame Beschulung behinderter und nichtbehinderter Kinder erfolgt häufig der ausdrückliche Bezug auf den Normalisierungsgedanken. In der administrativen und pädagogischen Praxis insbesondere bezogen auf Menschen mit geistiger Behinderung spielen normalisierungsorientierte Leitsätze eine große Rolle. Und schließlich: Normalisierung als gemeinsame Leitidee beginnt eine große Rolle zu spielen im Zusammenwachsen der Behindertenhilfe im westlichen und östlichen Teil der neuen Bundesrepublik. ... Zusammenfassend kann gesagt werden: Normalisierung als sozialpolitische, sozialadministrative und als pädagogische Leitidee scheint in hohem Maße das System der Hilfen für behinderte Kinder, Jugendliche und Erwachsene beeinflußt zu haben« (Thimm 1992, 284f.). An vielen Beispielen wie dem Auf- und Ausbau von gemeindenahen differenzierten Wohn- und Beschäftigungsmöglichkeiten und Integrationsmodellen, offenen und ambulanten Diensten, an lebensphasenbezogenen, bedürfnisorientierten Handlungskonzeptionen usw. läßt sich dies aufzeigen.

Auch wenn sich angesichts der Diskursivität traditioneller Werte und einer Abnahme von Anpassungszwängen das Rehabilitationssystem verändert hat, ist der große Einfluß tragender Zielsetzungen utilitaristischer Prägung wie Leistung und Tüchtigkeit auf die Entwicklung der Rehabilitation und die Situation behinderter Menschen nach wie vor belegbar. Welch hohen Stellenwert die Anpassung an zentrale Werte wie dem der Arbeit als »Königsweg« zur gesellschaftlichen Integration und beherrschende Rehabilitationsphilosophie noch immer besitzt, zeigt sich zum Beispiel in den Rehabilitationsgesetzen und in den programmatischen Aussagen der Bundesregierung zur Lage der Behinderten (Bundesministerium für Arbeit und Sozialordnung 1994). Angesichts der »erheblich unter der Erwerbstätigenquote der Nichtbehinderten« (Thimm 1994) liegenden Zahl berufstätiger Schwerbehinderter und der tatsächlichen Berufs- und Aufstiegschancen diese Anpassung zu problematisieren und »für ein Leben Sinn zu konstituieren, dessen Bedeutung jenseits des ökonomisch Meßbaren liegt« (ebd.) bedeutet, das gesellschaftliche Verständnis von Normalität im Sinne einer einseitigen Leistungsorientierung aufzubrechen und zu erweitern, um Lebensweisen und -leistungen jenseits einer

»Marktfähigkeit« Anerkennung und Geltung zu verschaffen. Genau hier zeigt sich die systemverändernde oder -kritische Kraft des Normalisierungsprinzips, indem eben nicht die Anpassung an bestimmte Wertvorstellungen, sondern die Thematisierung ihrer Kontingenz gefordert wird.

Die schulische Integration behinderter Kinder stößt entsprechend der weiterbestehenden Dominanz des Leistungsprinzips und der Allokationsfunktion der Schule genau dort an Grenzen, wo es um die zieldifferente Unterrichtung und um die Kinder geht, deren behinderungsbedingter Hilfebedarf eine erhebliche Umstellung des Systems Schule und mehr Ressourcen verlangt. Im gegliederten System sozialer Sicherheit mit seiner dominanten Ausrichtung an den Standardrisiken der (erwerbstätigen) Bevölkerung ist nach wie vor die Sozialhilfe für zahlreiche behinderte Menschen zuständig, eine Eingliederung dieses Personenkreises in das Versicherungssystem, eine sozialversicherungsrechtliche Lösung des Problems »Behinderung« insgesamt, wird nicht realisiert. Leistungen zur sozialen Rehabilitation, die die Integration über oder jenseits der Erwerbstätigkeit fördern und der sozialen Bedingtheit und den sozialen Folgen von Behinderung Rechnung tragen, sind neben den beruflichen Leistungen von untergeordneter Bedeutung. In der Eingliederungshilfe nach dem Bundessozialhilfegesetz (BSHG) sind Maßnahmen zur sozialen Eingliederung aufgenommen. Zur Funktion der Eingliederungshilfe aber stellt die Bundesregierung fest: »Hierzu gehört in einer Leistungsgesellschaft wie der Bundesrepublik vor allem, den Behinderten die Ausübung eines angemessenen Berufs oder einer sonstigen Tätigkeit zu ermöglichen« (Bundesministerium für Arbeit und Sozialordnung 1994, 243).

Mit der Einführung der Pflegeversicherung, die die Sozialhilfeträger finanziell entlasten soll, zeichnet sich die Tendenz ab, die soziale und pädagogische Rehabilitation gegenüber an der Pflege orientierten Hilfen zu reduzieren. Die Pflegeversicherung enthält außerdem bisherige Steuerungsmechanismen sozialer Hilfen außer Kraft setzende Merkmale einer Marktorientierung und auch die Novellierungen der BSHG §§ 93 und 94 führen zu einer »Stärkung marktwirtschaftlicher Elemente bei der Leistungserbringung« (Allemeyer 1995, 3). Durch die BSHG - Novellierungen wird der Grundsatz der Individualisierung der Hilfen zugunsten einer auf vergleichbare Fallgruppen bezogenen Hilfe eingeschränkt. »Das Modell der bedarfsgerechten Hilfe wird (...) abgeschwächt durch die Begrenzung auf eine 'ausreichende, zweckmäßige und wirtschaftliche Leistung, die das Maß des Notwendigen nicht überschreitet' (§ 93,1 Abs. 1 BSHG)« (Frühauf 1995, 4), auch das Wunsch- und Wahlrecht des Hilfeempfängers wird begrenzt.

Ein freier Markt sozialer Dienste und Hilfen zwingt die freie Wohlfahrtspflege, die gegenwärtig ihre Vorrangstellung gegenüber privaten Trägern einbüßt, zur Markt- und Konkurrenzorientierung. Die sozialpolitische Steuerung durch eine aktive Leistungspolitik zugunsten der auf Hilfe angewiesenen Bevölkerungsgruppen wird mehr und mehr durch eine ordnungspolitische Regulierung dieses entstehenden »Marktes« ersetzt. Mit diesen Veränderungen ist eine Abnahme der Bereitschaft, eine von solidarischen Werten getragene gemeinschaftliche Hilfe zu gewähren und eine Marginalisierung behinderter Menschen, deren Bedürfnisse aufgrund fehlender oder eingeschränkter Interessensdurchsetzung und Konfliktfähigkeit kaum »marktfähig« sind, zu konstatieren. Verengte finanzielle Rahmenbedingungen zusammen mit den weiterbestehenden traditionellen normativen Orientierungen utilitaristischer Prägung und einer sich abzeichnenden Begrenzung von wohlfahrtsstaatlichem und solidarischem Handeln verschärfen bestehende Interessenskonflikte und Verteilungsprobleme und verhindern oder erschweren Reformprozesse. Wie weit dabei die Marginalisierung behinderter Menschen (und hier ist die oben angesprochene Minderheitenproblematik aktuell zu interpretieren) geht, wird in einer Aussage der Bundesregierung im programmatischen Teil des Berichts zur Lage der Behinderten von 1994 deutlich, wonach »die Pflichten der Gesellschaft gegenüber behinderten Menschen nicht unbegrenzt [sind], insbesondere soweit für ihre Rehabilitation und Eingliederung menschliche und finanzielle Ressourcen in Anspruch genommen werden, die dann für andere, ebenfalls wichtige Aufgaben nicht mehr zur Verfügung stehen« (Bundesministerium für Arbeit und Sozialordnung, 8).

Die skizzierte Entwicklung gesellschaftlicher Orientierungen erweist sich so als durchweg zweischneidig: Individualisierung kann auch die Privatisierung von Lebensproblemen und damit Rückverlagerung auf die »kleinen Netze« anstelle deren (präventiver) Förderung und eine Umdeutung sozialer in individuelle Probleme bedeuten. Die Diskursivität und Relativität zentraler Werte kann zum Verlust der Geltung des Solidaritätsprinzips, der Bindungsformen gegenseitiger Unterstützung, zur Relativierung moralischer Kategorien und zu einer rein individualistischen Deutung von Lebensqualität anstelle einer vorrangig sozialen führen. Die gewünschte Akzeptanz individueller (eben: auch anders möglicher, »abweichender«) Lebensstile kann sich als nur vordergründige Toleranz erweisen, die ihre Grenzen dort findet, wo diese individuellen Orientierungen an Lebensqualität scheinbar berührt werden. Gerichtsurteile zur Einschränkung der »Urlaubsfreude« durch die Anwesenheit behinderter Menschen am Urlaubsort sprechen hier eine deutliche Sprache. Utilitaristische Wertorientierungen können so vor dem Hintergrund postkonventioneller Orientierungen deren diskursive, partizipative und kritische Tendenzen geradezu pervertieren. Gerade wegen der impliziten Relativität und Handlungsunsicherheit sollten daher postkonventionelle Orientierungen mit transparenten sozialen und partizipativen Inhalten gefüllt werden.

In der Schwächung solidarischer Hilfen (und damit der diese leitenden Werte und Normen) liegt ein Kernproblem mit Blick auf die Weiterentwicklung eines normalisierungsnahen Reformprozesses. Die Durchsetzung des Normalisierungsprinzips ist an eine Stärkung solidarischen Handelns, das die Bereitschaft zum Helfen nicht an Kriterien bindet und die Interessen behinderter Menschen als gleichberechtigt anerkennt, gebunden. Der Einfluß von Institutionen wie Gewerkschaften und freien Wohlfahrtsverbänden, die ihre Funktion ja gerade darin haben, stärkend auf solche Werte und die gesellschaftliche Verantwortungsübernahme zu wirken, schwindet. Die wirtschaftlichen und sozialpolitischen Rahmenbedingungen sind einer weiteren Reformorientierung nicht förderlich. Das derzeitige Dilemma kann vielleicht so gefaßt werden: eine breite Umsetzung des Normalisierungsprinzips bedarf der sozialpolitischen und rechtlichen Verankerung, eines gesellschaftlichen Konsenses über ganz bestimmte leitende Werte (solidarische Hilfen) und gleichzeitig muß die Kontingenz von Normen anerkannt werden, ja es setzt die Bereitschaft zum Normendiskurs geradezu voraus. Notwendige Handlungsspielräume in der Frage des gesellschaftlich »Richtigen«, des Anerkannten einerseits treffen aber auf die gleichzeitig bestehende Handlungsunsicherheit in der Frage des »guten« Lebens und auf Relativierungen von Werten andererseits, die gerade auf die Absicherung der »Diskursziele«, nämlich bestimmter Vorstellungen über ein »gutes Leben für alle«, auch unter Beschränkung individueller Orientierungen und Ansprüche, gerichtet sind.

4. Partizipations- und Interaktionsstrukturen für ein »Leben so normal wie möglich«

> «Die Gesellschaft, die man so oft gedanklich dem »Individuum« gegenüberstellt, wird ganz und gar von Individuen gebildet, und eines dieser Individuen ist man selbst.«
>
> Elias 1986, 9

Das Normalisierungsprinzip hat sich in der BRD auch ohne den »Schub« sozialpolitischer Reformen durchsetzen können, weil es seine Wirkung nicht nur als sozialpolitisches, sondern auch vor einer gesetzlichen oder ohne gesetzliche Fixierung als alltagsnahes Handlungskonzept für die Gestaltung der Beziehungen zwischen behinderten und nichtbehinderten Menschen und des Angebots an Hilfen entfaltet. Ausgangspunkt für eine theoretische Verortung des Normalisierungsprinzips war für Thimm der Gedanke, daß dem Normalisierungsprinzip eine kommunikationstheoretische Prämisse vorgelagert ist (Thimm 1978a, 1986; Thimm et al. 1985). Betrachtet man die zentralen Termini: Verwirklichung gleicher Rechte und Lebensbedingungen (kollektive Ebene), Respektierung individueller Wünsche und Bedürfnisse, Entwicklungsorientierung (individuelle Ebene), sind sie klar aus einer Sichtweise von menschlicher Entwicklung als auf Austauschprozessen zwischen einer Person und ihrer sozialen und materiellen Umwelt beruhend gewonnen worden. Behinderung als ein Problem sozialer Beziehungen, in denen Benachteiligungen und Stigmatisierungen erfolgen, stellt eine Gefährdung bedürfnisbefriedigender und identitätsfördernder Prozesse aufgrund eingeschränkter, ungleichgewichtiger Kommunikations- und Interaktionsprozesse dar. Normative Erwartungen und Bewertungen, die nur einseitig, an der Schädigung ansetzen, können Partizipation verhindern und identitätsgefährdend wirken: der behinderte Mensch wird zum Objekt degradiert, seine biographische Einmaligkeit tritt hinter der auf die Beeinträchtigung reduzierte Perspektive zurück, seine Bedürfnisse werden auf einen »schädigungsbedingten Bedarf« reduziert. Prozesse der Gefährdung und Beschädigung von Identität und deren Bewältigung sind Alltagsgeschehen, alltäglich im sozialen

Handeln auf der Ebene primärer Begegnungen beobachtbar. Am »schädigungsbedingten« Bedarf, an der Beeinträchtigung bestimmter Funktionen oder Nichterfüllung von Erwartungen können sich die gesamte Struktur und die Handlungsroutinen eines Hilfesystems aufbauen. Fremddefinition von Hilfebedarf, Reduktion möglicher Beziehungs- und Handlungsprozesse auf institutionell gewährte, ungleichgewichtige Kommunikationsprozesse und reduzierte Erfüllung von Bedürfnissen lassen die Institutionalisierung von Hilfeprozessen zur potentiellen Gefährdung und Schädigung der Identität werden, geleitet von strukturellen Prämissen der Gesellschaft, die Funktion und Leistung ihrer Organisationen beeinflussen. Die Forderung nach der »Aufwertung der sozialen Rolle«, wie sie Wolfensberger (1980) stellt, hat hier ihren Ursprung und für Wolfensberger sind die Handlungsschritte entsprechend auf allen Ebenen, von der unmittelbaren Begegnung über die Organisationen bis zum Gesellschaftssystem, anzusiedeln.

Der Kern des »kommunikativen Paradigmas« mit dem zentralen Begriff der Identität, wie er von Thimm herausgearbeitet wurde, geht jedoch über die Aufwertung der sozialen Rolle behinderter Menschen hinaus. Für das Erleben sinnhafter Handlungen sind aufeinander bezogene Interaktions- und Kommunikationsprozesse notwendig. Selbstnormierungen und geforderte motivationale Leistungen in sozialen Beziehungen (soziale Identität, Leistungen sozialen Rollenhandelns) müssen in Übereinklang gebracht und als befriedigend erlebt werden. Das setzt gleichberechtigte Kommunikations- und Interaktionsstrukturen voraus, in denen »Aushandlungsprozesse« möglich sind. Selektionsmöglichkeiten dessen, was übernommen und was abgelehnt wird, müssen verfügbar, die eigenen Erwartungen und die anderer integrierbar sein, um bei der Übernahme von Normen nicht in seinem Selbstbild bedroht zu werden und die Handlungsprozesse als sinnvoll für die eigene Bedürfniserfüllung zu erleben. Die Normalisierung der Beziehungen zwischen behinderten und nichtbehinderten Menschen kann sich so nicht nur an der Umkehr oder Verbesserung der Abwertung orientieren, sondern sollte darauf gerichtet sein, den binären Code von Norm und Abweichung zugunsten eines kontingenten Verständnisses von Normalität selbst in Frage zu stellen. Gesellschaftliche Entwicklung und Identitätssicherung behinderter und nichtbehinderter Menschen sollten so verstanden insgesamt nicht über einseitige (asymmetrische) Beziehungsstrukturen und normative Orientierungen erfolgen. Ein Leben so normal wie möglich bedeutet dann, die Person als Person, als eigenständiges Subjekt und die Kontingenz von Normen anzuerkennen sowie symmetrische Kommunikationsstrukturen als Basis identitätsfördernder Prozesse aufzubauen. In der Identitätssicherung liegt auch die Bedeutung solidarischen Handelns und Helfens als grundlegendem und deshalb immer wieder durchzusetzendem Bestandteil einer Gesellschaft und sozialer Beziehungen theoretisch begründet: das Wissen um die eigene existentielle Unsicherheit läßt die Erfahrung gegenseitiger Hilfe zu einer identitätssichernden und deshalb individuell wie gesellschaftlich *not*wendigen Funktion werden. Das Normalisierungsprinzip trägt zu ihrer Durchsetzung bei und läßt sie dort, wo sie verankert sein muß, im Alltagshandeln, im täglichen Erleben, zur unmittelbaren Erfahrung werden.

Die Stützung und Förderung symmetrischer Beziehungen zwischen behinderten und nichtbehinderten Menschen findet ihre konsequente praktische Entsprechung im Modell einer gemeindenahen Behindertenhilfe. Bächtold (1990) hat deren Funktion im Anschluß an den kommunikationstheoretischen Ansatz von Thimm als Förderung der für die Reproduktion von Lebenswelten notwendigen Prozesse der Sozialisation, der sozialen Integration und der kulturellen Reproduktion mit dem Modus des »verständigungsorientierten Handelns« (Bächtold 1990, 91) beschrieben. Lebenswelt meint dabei die kommunikativ strukturierte Sphäre privaten und öffentlichen Handelns im Gegensatz zu rational-funktionalistisch ausgerichteten Handlungsbereichen (Organisationen), die dazu tendieren, lebensweltliche Bedürfnisse ihren »Systemimperativen« unterzuordnen. In diesem Spannungsfeld wirkt das Normalisierungsprinzip als kritisches Regulativ auf die Stützung und Förderung lebensweltlicher Funktionen und harmonisiert mit postkonventionellen Orientierungen. Das unterliegende entwicklungsorientierte Menschenbild und die normativen Prämissen können gleichsam als gegen bürokratische und entmündigende Strukturen ebenso wie gegen strukturelle Prämissen, die die Partizipation behinderter Menschen in den unterschiedlichen Handlungsbereichen erschweren und solidarisches Handeln schwächen, gerichtet angesehen werden. Bezogen auf die moderne Organisation des Helfens läßt es sich vor diesem Hintergrund deshalb auch zwanglos der Reihe kritischer Konsumenten- und Selbsthilfebewegungen, die vor allem die Partizipation und Selbstbestimmung der Betroffenen fordern, zuordnen.

Symmetrische Kommunikations- und Interaktionsstrukturen als Basis identitätsfördernder Prozesse sind in der Folge auch konstitutiv für die Organisation sozialer Dienstleistungsprozesse (Thimm 1978).»Effizienz der Leistungserbringung und Effektivität des Dienstes sind unbestimmbar ohne Einbezug des Klienten, die effiziente und effektive Produktion undenkbar ohne seine mehr oder weniger aktive Teilnahme. Teilnahme aber ist gleichbedeutend mit Zusammenwirken, Kooperation, Interaktion und Kommunikation (Gross und Badura 1977, 366). Die Zielsetzung personenbezogener sozialer Dienste (Helfen, Beraten, Bilden), so Gross und Badura, erzwingt eine Organisation der Dienste im Sinne der »Produktion« immaterieller Güter, deren Erfolg in erster Linie in Kategorien des Erlebens sinnhaften Handelns und der Identitätssicherung zu fassen ist.

Die Konsequenzen für das System einer solchermaßen begründeten »Behindertenhilfe als soziale Dienstleistung« (Thimm 1978, 305) lassen sich mit einigen zentralen Begriffen zusammenfassen:»Deinstitutionalisierung, Dezentralisierung, Regionalisierung des Hilfesystems. Das Handeln ist zunehmend auf gemeindenahe, integrierte, flexible Servicesysteme ausgerichet, die an den alltäglichen Sozialbeziehungen (den sozialen Netzwerken) von Klienten anknüpfen und nicht primär auf zentralisierte (Sonder-)Einrichtungen« (Thimm 1989, 3). Deinstutionalisierung als gegen Hierarchisierung, Bürokratisierung, Zentralisierung und Entmündigung gerichteter Prozeß erstreckt sich auf äußere Versorgungsstrukturen und Rahmenbedingungen wie auf innere Handlungsdeterminanten:»vom institutionsbezogenen Denken, Planen und Handeln zum integrativen Denken, Planen und Handeln« (ebd., 2). Adressatenbeteiligung und entsprechende Partizipationsstrukturen, die die Selbsthilfe- und Selbstbestimmungsmöglichkeiten behinderter Menschen und ihrer Angehörigen stützen und fördern, kommunale Verankerung der Verantwortung für Bedarfsplanung und -entwicklung und verbindliche Koordinations- und Kooperationsstrukturen der (v.a. offenen, ambulanten und teilstationären) Dienste und Hilfen sind die mit einer solchen Dienstleistungsorientierung korrespondierenden Erfordernisse. Als zentrale Aufgaben auf der individuellen Handlungsebene leiten sich ab: Förderung von Kompetenzen und der Persönlichkeitsentwicklung, von individuellen Bedürfnissen und sozialer Integration, Vermittlung von Erfahrungen mit der sozialen und räumlichen Umwelt, Stützung und Entlastung der Familien, Förderung nichtprofessioneller, alltäglicher Begegnungsmuster und -chancen zwischen behinderten und nichtbehinderten Menschen, von Partizipation und Selbstbestimmung. Das in der Forschung zur Bewältigung belastender Lebenssituationen und zur Erfassung von Alltagshandeln und Bedürfnisvermittlung wegweisende Konzept der Sozialen Netzwerke/Sozialen Unterstützung begründet hier die Interventionsperspektive (Thimm, Schiller und Beck 1987, Schiller 1987; Beck 1994).

Die Lebensqualität in einer Gesellschaft bemißt sich auch an der Möglichkeit, ein sinnvolles Leben vor aller Zumessung von Kriterien wie Leistung und Nützlichkeit führen zu können, an dem Grad an vorgefundenen Partizipationschancen und solidarischem Handeln. Die Förderung der Teilhabe behinderter Menschen an der Sphäre privaten und öffentlichen Handelns kann ein Mittel sein, stärkend auf eine solchermaßen als vorrangig sozial vermittelt begriffene Lebensqualität zu wirken. Das Normalisierungsprinzip stellt sich gegenwärtig vielleicht mehr denn je als Mittel zum »Reflexivwerden«, zur Veränderung traditioneller und postkonventioneller Orientierungen, die identitätsgefährdende und entsolidarisierende Anteile aufweisen, in allen sozialen Handlungsbereichen dar und kann dazu beitragen, die Entwicklung solidarischer und »verständigungsorientierter« Beziehungen zu fördern. Unabdingbar ist dafür die Thematisierung der Normativität des Handelns in sozialen Systemen und der Kontingenz von Norm und Abweichung: »nicht 'in' den Normen, sondern 'über' die Normen denken« (Thimm 1975, 154). Durch theoretische, forschungsbezogene und praktische Aktivitäten Walter Thimms und sein großes Engagement, in dem die Verantwortung für das theoretische und praktische Tun vorgelebt wird, sind viele direkte Veränderungen und Fortschritte bewirkt, reformorientierte Entwicklungen vorangebracht und beeinflußt worden. Die Verbindung von theoretischer Analyse, normativer Legitimation und empirischer Überprüfung in seinen Arbeiten läßt das »Wissen von den gesellschaftlichen Zwängen, den sozialen Lebenschancen behinderter Menschen« ohne »halbierte Legitimierung« in Handlungsperspektiven münden.

Literatur

ALLEMEYER, J.: Freie Wohlfahrtspflege und Markt - Bedrohung oder Chance? - Theorie und Praxis der sozialen Arbeit 1 (1995): 2-13.

BÄCHTOLD, A.: Gemeindenahe Hilfen für Behinderte. Ein Spannungsfeld zwischen System und Lebenswelt. - In: Speck, O. & Martin, K.R. (Hg.): Sonderpädagogik und Sozialpädagogik. Handbuch der Sonderpädagogik Band 10. Berlin 1990: 87-106.

BECK, I.: Neuorientierung in der Organisation pädagogisch-sozialer Dienstleistungen für behinderte Menschen: Zielperspektiven und Bewertungsfragen. Frankfurt/M. 1994.

DIES.: Qualitätsentwicklung im Spannungsfeld unterschiedlicher Interessenlagen. Das Problem von Partizipation und Kontrolle in der Organisation von Hilfen für Menschen mit geistiger Behinderung. - Geistige Behinderung 1 (1996): 3-17.

DIES. & Thimm, W.: Integration heute und morgen. Kongreßbericht der REHA '89. Düsseldorf: Düsseldorfer Messegesellschaft 1989.

BUNDESMINISTERIUM für Arbeit und Sozialordnung (Hg.): Behinderte und Rehabilitation. Zweiter Bericht der Bundesregierung über die Lage der Behinderten und die Entwicklung der Rehabilitation. Bonn 1989.

DASS. (Hg.): Die Lage der Behinderten und die Entwicklung der Rehabilitation. Dritter Bericht der Bundesregierung. Bonn 1994.

BUNDESMINISTERIUM für Familie und Senioren (Hg.): Hilfebedürftige Behinderte in privaten Haushalten. Stuttgart 1994.

BUNDESMINISTERIUM für Jugend, Familie, Frauen und Gesundheit (Hg.): Wohnen Behinderter. Berichtsband und Literaturstudie. 2 Bände. Stuttgart 1990.

BUNDESVEREINIGUNG Lebenshilfe für geistig Behinderte e.V. (Hg.): Normalisierung - eine Chance für Menschen mit geistiger Behinderung. Große Schriftenreihe der Bundesvereinigung Lebenshilfe Band 14. Marburg 1986.

DIES. (Hg.): Qualitätsbeurteilung und -entwicklung von Wohneinrichtungen für Menschen mit geistiger Behinderung. Bericht über eine Fachtagung. Marburg 1992

ELIAS, N.: Was ist Soziologie? Weinheim 1986.

VON FERBER, Ch.: Der behinderte Mensch und die Gesellschaft. In: Thimm, W. (Hg.): 1972: 30-41.

FRÜHAUF, Th.: Leistungsbeschreibung, Entgeltberechnung und Qualitätssicherung. Fachliche Überlegungen aus Sicht der Lebenshilfe für geistig Behinderte. Bundesvereinigung Lebenshilfe: Eigendruck. Marburg 1995.

HÄUSSLER, M., Wacker, E. & Wetzler, R.: Haushaltserhebung zur Lebenssituation von Menschen mit Behinderung in der Bundesrepublik Deutschland. Stuttgart 1994.

JAPP, K.-P.: Wie psychosoziale Dienste organisiert werden. Widersprüche und Auswege. Frankfurt/M. 1986.

KOBI, E.E., 1985: Die Heilpädagogik auf dem Wege von einer bloß separativen Disziplinlosigkeit zu einer integrativen Wissenschaft. In: Gerber, G. et al. (Hg.): Der Beitrag der Wissenschaften zur interdisziplinären Sonder- und Heilpädagogik. Universität Wien (Selbstverlag). Wien 1985: 121-134.

LUHMANN, N.: Soziologische Aufklärung 2. Aufsätze zur Theorie der Gesellschaft. Opladen 1975.

POPPER, K.R.: Auf der Suche nach einer besseren Welt. München 1984.

SCHILLER, B.: Soziale Netzwerke behinderter Menschen. Das Konzept sozialer Hilfe- und Schutzfaktoren im sonderpädagogischen Kontext. Frankfurt/M. 1987.

SCHWARTE, N. & Oberste-Ufer, R.: Indikatoren für Lebensqualität in Wohnstätten für erwachsene Menschen mit geistiger Behinderung. Geistige Behinderung 4 (1994): 282-296.

THIMM, W.: Blinde in der Gesellschaft von heute. Untersuchungen zu einer Soziologie der Blindheit. Berlin 1971.

DERS. (Hg.): Soziologie der Behinderten. Neuburgweier 1972.

DERS.: Soziologie - Soziologie der Behinderten-Rehabilitation. In: Thimm, W. (Hg.) 1972: 9-23 (1972a).

DERS.: Behinderung als Stigma. Überlegungen zu einer Stigma-Alternative. Sonderpädagogik 4 (1975): 149-157.

DERS.: Versuch einer Ortsbestimmung professioneller Behindertenhilfe. Bundesarbeitsgemeinschaft der Werkstätten für Behinderte: Dokumentation Werkstättentag '78, 1. Bundeskonferenz Werkstätten für Behinderte. 1978: 299-313.

DERS.: Behinderungsbegriff und Lebensqualität. Ansätze zu einer Vermittlung zwischen sonderpädagogischer Theorie und Praxis. In: Brennpunkt Sonderschule Bad Godesberg 1978: 24-30 (1978a).

DERS.: Zur Handlungsrelevanz von Behinderungsbegriffen. Sonderpädagogik 4 (1979): 169-175.

DERS.: Soziologische Aspekte von Sehschädigungen. In: Rath, W. & Hudelmayer, D. (Hg.): Pädagogik der Blinden und Sehbehinderten. Handbuch der Sonderpädagogik Band 2. Berlin 1985: 535-568.

DERS.: Leiden und Mitleiden - ein unbewältigtes Problem der Behindertenpädagogik. - Vierteljahresschrift für Heilpädagogik und ihre Nachbargebiete 2 (1985): 127-141 (1985a).

DERS.: Normalisierung und alltägliche Lebensbedingungen. In: Bundesvereinigung Lebenshilfe (Hg.) 1986: 228-233.

DERS.: Zur Normativität heil-(sonder-, behinderten-)pädagogischen Handelns.- Theoretische und praktische Vermittlungsprobleme. In: Haeberlin, U. & Amrein, Ch. (Hg.): Forschung und Lehre für die sonderpädagogische Praxis. Bern 1987: 66-76.

DERS.: Entwicklungsperspektiven kommunaler Behindertenpolitik. In: Sozialreferat der Stadt München (Hg.): Zur Situation Behinderter in München. Bericht des Hearings vom 14. April. München: Sozialreferat. 1989.

DERS: Integration oder: ein Versuch, etwas Diffuses auf den Begriff zu bringen. Sonderpädagogik 1 (1991): 4-11.
DERS.: Normalisierung in der Bundesrepublik. Versuch einer Bestandsaufnahme. Geistige Behinderung 1992 (4) 283-291.
DERS.: Soziologische und sozialpolitische Aspekte. In: Kommunikation zwischen Partnern. Reihe der BAG Hilfe für Behinderte, Teil 1. Düsseldorf 1994, 62-78.
DERS.: Das Normalisierungsprinzip - eine Einführung. Kleine Schriftenreihe der Bundesvereinigung Lebenshilfe Band 5. Marburg 1995.
DERS., von Ferber, Ch, Schiller, B. & Wedekind, R.: Ein Leben so normal wie möglich führen... Zum Normalisierungskonzept in der Bundesrepublik Deutschland und in Dänemark. - Große Schriftenreihe der Bundesvereinigung Lebenshilfe Band 11. Marburg 1985.
DERS., Schiller, B. & Beck, I.: Soziale Netzwerke behinderter Menschen. Bericht an die Deutsche Forschungsgemeinschaft. Carl von Ossietzky-Universität Oldenburg. 1987.
WACKER, E.: Familie als Ort der Pflege. Leben mit einem behinderten Kind in bundesdeutschen Haushalten. - Geistige Behinderung 1 (1995): 19-35.
WACKER, E.: Qualitätssicherung in der sozialwissenschaftlichen Diskussion. Grundfragestellungen und ihr Transfer in die bundesdeutsche Behindertenhilfe. - Geistige Behinderung 4 (1994): 267-279.
WOLFENSBERGER, W. & Thomas, S.: PASSING. Program Analysis of Services Systems' Implementation of Normalization Goals. Downsview 1980.

Das Normalisierungsprinzip 1996

GERHARD HAACK

Fragen aus der Praxis

Seit den fünfziger Jahren hat sich die Hilfe für Behinderte von ihren überkommenen Formen und Inhalten gelöst und ist neu bestimmt worden. Diese Entwicklung vollzog sich zunächst in den verschiedenen Staaten sehr unterschiedlich und uneinheitlich. Für Industriestaaten läßt sich die Entwicklung am besten dadurch kennzeichnen, daß sich die Fragestellung veränderte, unter der die Hilfe für Behinderte gedacht und konzipiert wurde. Die überkommene Hilfe für Behinderte war die Antwort auf die Frage: »Wie schaffen wir für geistig Behinderte, die in der normalen Lebenswelt überfordert sind, menschenwürdige Hilfen in ihnen gemäßen speziellen Milieus?« Die neue Frage war: »Wie gestalten wir die allgemeine Lebenswelt, damit geistig behinderte *Mitbürger* in ihr ein menschenwürdiges Leben führen können?« Der aus Skandinavien kommende Denkansatz, daß es darauf ankommt, die Lebensbedingungen für einen Menschen mit geistiger Behinderung so zu gestalten, daß er in die Lage versetzt wird, »ein Leben so normal wie möglich zu führen«, hat sich in den vergangenen Jahrzehnten als hilfreichste Metapher erwiesen und sich international durchgesetzt. Walter Thimm faßt - fernab aller dogmatischen Stringenz - die wachsende Akzeptanz des Normalisierungsgedankens in der Bundesrepublik Deutschland unter folgender Definition zusammen: »Normalisierung als sozialpolitische, sozialadministrative und als pädagogische Leitidee scheint in hohem Maße das System der Hilfen für behinderte Kinder, Jugendliche und Erwachsene beeinflußt zu haben. Das gilt insbesondere in Bezug auf Menschen mit geistiger Behinderung... Normalisierung als *Leitvorstellung* für das sozialpolitische, sozialadministrative, soziale und pädagogische Interventionssystem und als *Zielperspektive* dieser Intervention besagt: Mitbürgerinnen und Mitbürger mit geistigen, körperlichen oder psychischen Beeinträchtigungen sollen ein Leben führen können, das dem ihrer nichtbeeinträchtigten Mitbürger/

Mitbürgerinnen entspricht. Dieses ist am ehesten erreichbar, wenn die dabei eingesetzten Mittel so normal wie möglich sind.«[1]

Als Leiter einer Einrichtung für Hilfen für Behinderte habe ich in über 30 Jahren die Entwicklung der Behindertenhilfe miterlebt und in einer größeren Region eine neue Praxis mitgestalten können. Aus dieser Perspektive sehe ich es als meine Aufgabe an, kurz vor Ende meiner beruflichen Tätigkeit zu resümieren. Der Anlaß, eine Festschrift zum 60. Geburtstag von Professor Walter Thimm, ist dafür besonders geeignet, hat er doch aus der Perspektive der Wissenschaft viel zur Systematisierung der Gedanken zum Normalisierungsprinzip und vor allen zu dessen Verbreitung auch und gerade für die Praxis beigetragen.

Neue Wege in der Hilfe für Behinderte

Eine neue Praxis entwickelt sich

Das Normalisierungsprinzip stand in der Bundesrepublik Deutschland nicht am Anfang einer Entwicklung zu einer Neubestimmung der Hilfen für Behinderte. Kein Bundeskanzler, kein Ministerpräsident eines Bundeslandes hat je eine Neubestimmung der Hilfen für geistig behinderte Mitbürger zu seinem Regierungsprogramm gemacht. Und es gab keine Partei, die in ihr Programm geschrieben hätte, daß nach ihrer Ansicht die Hilfe für Behinderte künftig von dem Normalisierungsprinzip ausgehen sollte. Dieses war bis in die siebziger Jahre hinein in Deutschland weitgehend unbekannt. Und doch hatten sich seit Beginn der sechziger Jahre in der Praxis Formen der Hilfe entwickelt, die diesem Denkansatz weitgehend entsprachen.

Die Reformüberlegung für die Praxis ging von der Ende der fünfziger Jahre gegründeten »Bundesvereinigung Lebenshilfe für geistig Behinderte« aus. Es ist ein bleibender Verdienst dieser Organisation, die Eltern geistig behinderter Kinder, Jugendlicher und Erwachsener örtlich organi-

---

[1] Walter Thimm: Normalisierung in der Bundesrepublik - Versuch einer Bestandsaufnahme. Manuskript eines Referates 1992

siert zu haben. Durch die Forderungen der Elternschaft in den Orts- und Kreisvereinigungen der Lebenshilfe nach umfassenden regionalen Angeboten der Hilfe trat der tatsächliche quantitative und qualitative Bedarf der Hilfe überhaupt erst in seiner wirklichen Dimension zutage. Bis zu dieser Zeit standen die Eltern vor der Alternative, entweder ihr Kind ohne begleitende Hilfen in der Familie zu behalten oder sich von dem Kind zu trennen, um es in einer Heil- und Pflegeanstalt, meist weit entfernt vom Wohnort, betreuen und pflegen zu lassen.[2]

Mitte der fünfziger Jahre stieg der Anteil der geistig behinderten Kinder an einem Geburtsjahrgang sprunghaft an. Dieses Phänomen ist in den Altersstatistiken aller Einrichtungen abzulesen. Es ist hier nicht der Platz, die Ursachen dafür aufzuzeigen. Die Folge war, daß es in den folgenden Jahren überall mehr Eltern als je zuvor gab, die vor der Frage standen, welche Chancen ihre Kinder haben würden. Und aus den Fragen: »Warum soll mein Kind keinen Kindergartenplatz bekommen?« »Warum gibt es keine Schule für unser Kind?« »Wird unser Kind einmal eine Arbeitsstätte haben?« »Wo wird unser Kind einmal wohnen, wenn wir ausfallen?« entstand das Konzept des Aufbaus von regionalen Hilfssystemen. Woher kamen die Anregungen zur Neugestaltung der Hilfen? In Deutschland gab es für die Regionalisierung der Hilfssysteme keine Vorbilder, an denen man sich hätte orientieren können. Es war somit ein Glücksfall, daß der Niederländer Tom Mutters Gründer und Motor der Bundesvereinigung Lebenshilfe war, der Erfahrungen und Denkansätze aus seinem Heimatland mit in seine Arbeit einbrachte. Dadurch gewann die Bundesrepublik Deutschland auf dem Gebiet der Hilfe für Behinderte Anschluß an eine Entwicklung, die sich im benachbarten Ausland schon seit Jahren vollzog. Es kam hinzu, daß die Praktiker, die sich daran machten, die in Marburg entwickelten Ideen zu verwirklichen, selbst ins Ausland, das uns Deutschen lange verschlossen war, reisen konnten, um sich von der dort entwickelten Praxis inspirieren zu lassen.

---

[2] Gerhard Haack: »Die vermeidbare Entwicklung von Schwerbehindertenzentren«, eine Stellungnahme zu dem gleichnamigen Beitrag von Christian Gaedt... - Geistige Behinderung 3/92

Durch die in den Niederlanden und in der Schweiz, erst später in Dänemark und Schweden gesammelten Eindrücke und durch die Arbeit in den Ausschüssen der Bundesvereinigung der Lebenshilfe entstand das Konzept der Regionalisierung, Dezentralisierung und der altersspezifischen Form der Hilfen.

Die Orts- und Kreisvereinigungen der Lebenshilfe beschränkten sich aber nicht alleine darauf, die Forderung zu stellen, daß in einem *regionalisierten System* Hilfsangebote mit *altersspezifischer Orientierung* entstehen sollten, sondern stellten sich auch als Träger solcher Einrichtungen zur Verfügung. Es entstanden Sonderkindergärten, Schulen für geistig behinderte Kinder im Schulalter, Werkstätten für Behinderte (für geistig behinderte Jugendliche und Erwachsene im berufsfähigen Alter) und Ausgang der sechziger Jahre die ersten Wohnheime. Alle diese Hilfsangebote waren aufeinander bezogen und gegenseitig durchlässig.[3]

Bei der Entwicklung der Konzeptionen der einzelnen Teilbereiche dieses im Entstehen befindlichen Systems der regionalen Hilfen gab es zwei Grundrichtungen, die besonders im Bereich »Arbeit« miteinander im Widerstreit lagen. Unter dem Einfluß von Sonderpädagogen wurden die entstehenden Sondereinrichtungen als Bildungseinrichtungen definiert. Sonderkindergärten, Tagesbildungsstätten, Beschützende Werkstätten hatten vor allen anderen Zielen einen Bildungsauftrag für die geistig behinderten Kinder, Jugendlichen und Erwachsenen. Zentraler Bereich war aus dieser Perspektive die Schule. Der Kindergarten wurde als Vorschule gesehen und die Beschützende Werkstatt als eine Art »Nachschule« oder als eine Bildungseinrichtung mit besonderen Inhalten. Die Sozialarbeiter und Sozialpädagogen mit ihrem berufsspezifischen Denkansatz vom Spannungsverhältnis zwischen Individuum und Gesellschaft vertraten die Auffassung, daß auch dem geistig Behinderten ein dem Lebensalter entsprechender Lebensbereich der Nichtbehinderten erschlossen werden sollte.[4] Sie leiteten Funktionen und Inhalte aus dem Leben Nichtbehin-

---

[3] Siehe auch Gerhard Haack, »Aufgaben des Sozialarbeiters in der Hilfe für Behinderte«, Bericht zum deutschen Fürsorgetag 1967; »Der behinderte Mensch in unserer Zeit«, Schriftenreihe des deutschen Vereins für öffentliche und private Fürsorge, 417

[4] Gerhard Haack: »Sozialarbeit« .In: Handbuch der Sonderpädagogik, Bd. 6, Pädagogik der Geistigbehinderten. Berlin 1979

derter ab: Für sie war also der Sonderkindergarten die geeignete Form des Kindergartens. Die Tagesbildungstätte ersetzte die Schule und die *Werkstatt für Behinderte* sollte die Arbeitswelt sein. Und jeder dieser Einrichtungstypen sollte seine Hauptimpulse aus dem entsprechenden Bereich für die Nichtbehinderten erhalten. Dabei war der bei weitem problematischere Teilbereich in der Öffnung der Arbeitswelt für geistig Behinderte zu sehen.

Die *sozialpolitische* Option, eine grundlegende Neugestaltung der Behindertenhilfe in bewußtem Gegensatz zu den traditionellen Formen zu versuchen, wurde kaum ins Auge gefaßt. Für die Elternschaft vor Ort ging es nicht um sozialpolitische Reformen sondern darum, daß für ihre Kinder überhaupt etwas geschah; und wenn es denn geschehen sollte, die richtige Richtung zu nehmen hatte. Die Entwicklung vollzog sich neben den traditionellen Betreuungsformen in Heil- und Pflegeanstalten her und wurde von diesen Institutionen zunächst gar nicht wahrgenommen. Die Heil -und Pflegeanstalten wurden seitens der Lebenshilfe aber auch nicht ernsthaft in Frage gestellt.

Die Sozialbehörden der Länder und der Gebietskörperschaften unterstützten die neuen Initiativen ebenso wie die Sozialpolitiker. Die stark ansteigende Anzahl der geistig Behinderten bei einem ohnehin unzureichenden Platzangebot in den traditionellen Heil- und Pflegeanstalten ließ die öffentliche Hand in zu vielen Fällen mit leeren Händen dastehen, wenn Eltern ihr Recht auf Hilfe geltend machen wollten. Denn dieses Recht auf Hilfe gab es durch das 1962 in Kraft getretene Bundessozialhilfegesetz.

Es war eine für eine neue Konzeption von Hilfe außergewöhnlich günstige Konstellation, die sich in den sechziger Jahren ergeben hatte: steigender quantitativer Bedarf, keine entsprechenden Hilfsmöglichkeiten in den bestehenden Einrichtungen, eine mobilisierte und überregional organisierte Elternschaft und ein neues Recht; dabei Vollbeschäftigung und die Beseitigung der großen Notlagen nach dem 2. Weltkrieg, wie Flüchtlingselend, Wohnungsnot und Arbeitslosigkeit: Eine günstigere Konstellation für Reformen ist kaum vorstellbar.

In dieser, jetzt über 30 Jahre zurückliegenden Zeit wurden, die wesentlichsten Aspekte des Normalisierungsprinzips ohne Kenntnis der skandinavischen Gedankenführung in der Bundesrepublik Deutschland eigenständig entwickelt.

Die Übernahme des Normalisierungsprinzips als fachliche Leitlinie- Die Zusammenfassung der Praxis unter einem Begriff

Es besteht viel Grund zu der Annahme, daß die Gemeinnützige Gesellschaft für paritätische Sozialarbeit mbH (GPS) in Wilhelmshaven die erste Einrichtung in Deutschland gewesen ist, die das Normalisierungsprinzip zu ihrer fachlichen Leitlinie für ihre Hilfe für Behinderte gemacht hat und den Versuch unternahm, die Hilfen für behinderte Kinder, Jugendliche und Erwachsene in den Bereichen Erziehung und Bildung, Arbeit und Wohnen von dieser Grundlage abzuleiten. Dieses geschah zu Beginn der siebziger Jahre unter dem Eindruck intensiver Gespräche anläßlich einer Studienreise in Schweden und Dänemark im August 1970. Durch Gespräche mit Kollegen in Einrichtungen, mit Vertretern in Ministerien und nachgeordneten Behörden bekam ich einen tiefen Eindruck von einem Gedankengebäude, das sowohl den praktischen Bereich der Hilfen wie auch den politischen und sozialadministrativen Sektor abdeckte. Nach langen und gründlichen Diskussionen in dem damaligen Mitarbeiterkreis der GPS haben wir uns in unserer Arbeit von da ab von dem Normalisierungsgedanken leiten lassen.

Seither haben sich die Einrichtungen der Hilfen für Behinderte unter unserer Trägerschaft wie folgt entwickelt:

	Tagesbildungsstätten und Sonderkindergärten		Werkstätten für Behinderte		Wohnheime für Behinderte		Betreute Wohngruppen	Wohngemeinschaften mit ambulanter Betreuung	Anzahl der Mitarbeiter
	Einrichtungen	Plätze	Einrichtungen	Plätze	Einrichtungen	Plätze	Plätze	Plätze	
1970	3	56	2	170	1	43	-	-	63
1995	4	216	4	737	6	237	82	62	587

Gemessen an der heutigen Größe des Trägers standen wir damals am Anfang einer Aufbauphase. Die Anzahl der Plätze hat sich seither verfünffacht, die Anzahl der beschäftigten Mitarbeiter nahezu verzehnfacht. Da diese Entwicklung seinerzeit voraussehbar war, standen wir nicht nur vor der Frage der Planung und Finanzierung von Investitionen, sondern vor allem vor dem Problem, wie es gelingen könnte, die Arbeit inhaltlich so zu bestimmen, daß die Mitarbeiter ihr Handeln aus einer verbindlichen Grundlage selbständig ableiten könnten.

Zurückschauend kann gesagt werden, daß das Normalisierungsprinzip sich als hervorragend geeignet erwiesen hat, sowohl die Grundlage für die vorzunehmenden Investitionen als auch für die Entwicklung und Sicherung der fachlichen Arbeit in den Einrichtungen zu bestimmen. In der Untersuchung »Ein Leben so normal wie möglich führen ...«[5] wird dargestellt, daß für unsere Mitarbeiter das Normalisierungsprinzip handlungsanleitend ist. Ich denke, daß auch 10 Jahre nach Veröffentlichung dieser Studie eine neuerliche Untersuchung zu keinen schlechteren Ergebnissen führen würde. Die Praxisbewährung des Normalisierungsprinzips ist bei uns erwiesen. Die Anwendung hat bewirkt, daß die *Regionalisierung* der Hilfen verwirklicht ist. In jedem Teilbereich unseres Versorgungsgebietes sind Heilpädagogische Kindergärten, Tagesbildungsstätten als schulische Einrichtungen, Werkstätten für Behinderte, Wohnheime, betreute Wohnungen und ambulant betreute Wohngemeinschaften entstanden. Die *quantitative Bedarfsdeckung* ist seit vielen Jahren gegeben. Jeder geistig Behinderte kann die Hilfe in einer der Einrichtungen erhalten, der er *altersspezifisch* bedarf. Die *Dezentralisierung* der einzelnen Hilfen nimmt zu. Einige Beispiele aus dem Bereich des Wohnens: Von 381 behinderten Bewohnern unseres Wohnbereiches werden 38 % in »normalen« Mietwohnungen betreut. Bis auf eine Ausnahme, unser Wohnheim Tannenhof, ist kein Heim mehr größer als 32 Wohnplätze. In allen Wohnstätten wohnen Behinderte beiderlei Geschlechts. Paarwohnen ist möglich. Jeder Bewohner hat freie Arztwahl. Jeder Bewohner hat ein eigenes Bankkonto, über das er selbständig, ggf. zusammen mit seinem gesetzlichen Betreuer, verfügen kann. Hilfen setzen da ein, wo ein behin-

---

[5] Walter Thimm, u.a.: »Ein Leben so normal wie möglich führen...«, Große Schriftenreihe der Bundesvereinigung Lebenshilfe e.V., Bd. 11. Marburg 1985

derter Bewohner überfordert wäre; sie haben kompensatorischen Charakter.

Als die GPS Wilhelmshaven zu Beginn der siebziger Jahre das Normalisierungsprinzip zu ihrer Leitlinie machte, faßte sie unter diesem Begriff konzeptionelle Entwürfe zu sammen, die in den sechziger Jahren in der Bundesrepublik erarbeitet worden waren. Wenn es uns als Träger von Einrichtungen im Regionalbereich also darum ging, Vorgedachtes, schon Vorhandenes unter einem Begriff zusammenzufassen, der in der praktischen Arbeit die Chance bot, aus sich selbst heraus verständlich zu sein, dann meine ich damit, daß wir nur die in ihrer Schlichtheit so überzeugende Gedankenführung von Bank-Mikkelsen und Nirje adaptiert haben, nicht aber die weit in den allgemein-gesellschaftlichen und auch politischen Bereich hineinreichenden Gedanken von Wolfensberger und anderen.[6] Das Normalisierungsprinzip als gemeinsame Handlungsmaxime für Erzieher, Heilpädagogen, Heilerziehungspfleger, Meister und Facharbeiter als Gruppenleiter in den Werkstätten, Sozialarbeiter, Sozialpädagogen, Beschäftigungstherapeuten, Sprachtherapeuten, Diplompädagogen, Psychologen, Soziologen u.a.m., das war es, was an dem Normalisierungsprinzip uns hilfreich zur Führung einer Einrichtung erschien. Und unter dem gedanklichen Dach dieses Prinzips die Vielfalt der berufsspezifischen und persönlichen Einstellungen wirksam werden zu lassen, das verheißt Flexibilität und Dynamik, die erforderlich sind, jedoch nur dann fruchtbar bleiben, wenn sie sich selbst tragen. Bei einem späteren Besuch in Schweden im Jahr 1976 traf ich in einer Wohneinrichtung eine Raumpflegerin, die mir in drei Sätzen erklärte, worum es in der fachlichen Arbeit der schwedischen Behindertenhilfe ging:

1. Geistig Behinderte sollen so wie wir alle leben.

2. Wir müssen ihnen aber da helfen, wo sie selber nicht können.

3. Dafür brauchen wir keine großen Einrichtungen und lösen sie auf.

Welch eine Perspektive für die Arbeit in der von mir geleiteten Einrichtung, wenn von dem Hochschulabsolventen bis zur Raumpflegerin jeder Mitarbeiter genau wüßte, worum es uns im Prinzip geht... und sein eige-

---

[6] Zusammenfassung in: Thimm u.a.: Ein Leben so normal wie möglich führen...« 5ff.

nes Handeln aus diesem Wissen ableitete! Ich denke, in den vergangenen Jahren ist ein gutes Stück dieser Vision verwirklicht worden.

Die rechtlichen Probleme bei der Anwendung des Normalisierungsprinzips

»Ein Leben, so normal wie möglich führen...«, dieses den geistig behinderten Menschen zu ermöglichen, stößt aber auch auf Probleme, die bei allem Wollen aus einer Einrichtung heraus nicht zu lösen sind. Die Hilfen müssen finanziert werden. Die Finanzierung kann nur gesichert sein, soweit der einzelne Behinderte Rechtsansprüche geltend machen kann. An diesem Punkt gibt es Lücken, die sich außerordentlich hinderlich auswirken. Mit Ausnahme des Trainingsbereiches in der Werkstatt für Behinderte (in der Regel die ersten zwei Jahre nach Aufnahme in die WfB) richtet sich der Rechtsanspruch des Behinderten gegen die Sozialhilfe.[7] Die Sozialhilfe ist das unterste soziale Netz in unserem Sozialsystem. Sozial*hilfe* setzt Not voraus. Hilfe und Not bedingen einander. Zwar gibt es im BSHG das Wort »Not« an keiner Stelle, doch liest man die Hilfeversprechen, so sollte man immer fragen, welcher Not abgeholfen werden soll.

Der Rechtsanspruch für Behinderte ist nach § 39 BSHG die *Eingliederungs*hilfe. Diese setzt den Nottatbestand der *Ausgliederung* voraus. Konkreter: Nach § 39 (3) BSHG ist es Aufgabe der Eingliederungshilfe,... die Folgen einer Behinderung zu mildern und den Behinderten in die Gesellschaft einzugliedern... und vor allem, dem Behinderten die Teilnahme am Leben der Gemeinschaft zu ermöglichen oder zu erleichtern... Das heißt im Umkehrschluß: Anspruch auf Eingliederungshilfe hat nur der Behinderte, der keine Teilnahme am Leben der Gemeinschaft hat. Unter enger Auslegung dieser Bestimmung heißt das beispielsweise: Wenn einem Behinderten nach § 39 BSHG die Teilnahme am Leben der Gemeinschaft durch den Besuch einer Werkstatt für Behinderte ermöglicht wird, bedarf es nur dann einer Erweiterung der Hilfe auf den Wohnbereich, wenn der Werkstattbesuch dadurch gefährdet wäre, daß er in der

---

[7] Bundessozialhilfegesetz §§ 39 u. 40

Familie nicht mehr versorgt werden kann. Die Sozialhilfe gewährleistet hier eben nicht, daß ein Behinderter ein Leben so normal wie möglich führen kann. Denn dann müßte sie auch Leistungen erbringen, wenn ein behinderter Mitbürger sich mit spätestens 25 Jahren aus dem Familienhaus lösen will. Wunsch und Wille sind noch keine Notlage, die die Sozialhife zur Leistung verpflichten würde.

Die völlig unnormale Lohnzahlung ohne tarifliche Zahlungsverpflichtung allein aus den erwirtschafteten Produktionserlösen für Behinderte in der WfB ist ein anderes Beispiel für die Unzulänglichkeit unseres Rechtssystems, dem Normalisierungsgedanken zur Wirkung zu verhelfen. Die Begründung für diesen Fall: die Sozialhilfe kann nur Not abhelfen (oder in der Sprache des Gesetzes, einen gesetzesrelevanten Bedarf befriedigen). Einkommen aus Arbeit zu erzielen, sei zwar wünschenswert, begründet jedoch solange keinen Bedarf, wie die Kosten des Lebensunterhaltes durch Dritte, z. B. auch durch Unterhaltsverpflichtete abgedeckt werden können. Ist dieses nicht gewährleistet, tritt die *Hilfe zum Lebensunterhalt* nach dem BSHG ein.

Für die dem Normalisierungsgedanken verpflichtete Praxis bedeuteten diese Unzulänglichkeiten seit jeher, daß das Prinzip nur in dem Umfang realisiert werden kann, wie es durch den hinter dem Hilfeanspruch stehenden Notlagenbegriff gedeckt ist.

Seitens der Sozialpolitik ist noch niemals der Versuch unternommen worden, das Ziel der Eingliederungshilfe so zu beschreiben, daß sie dem Behinderten garantieren soll, ein Leben so normal wie möglich leben zu können. Lediglich in Niedersachsen hat die von der Regierung eingesetzte »Fachkommission Behinderte« in ihren »Leitlinien und Empfehlungen zur Behindertenpolitik in Niedersachsen«[8] 1992 empfohlen, das Normalisierungsprinzip auch für den sozialpolitischen Bereich zur Handlungsmaxime zu machen. Der Adressat des Berichts ist die Niedersächsische Landesregierung. Diese hat jedoch keine Gesetzgebungskompetenz und kann insofern nur freiwillig mehr tun als das Bundesgesetz vorgibt.

---

[8] Niedersächsisches Sozialministerium: »Leitlinien und Empfehlungen zur Behindertenpolitik in Niedersachsen. Hannover 1993

Das Fazit: die Hilfe in den Einrichtungen kann sich nur insoweit am Normalisierungsprinzip orientieren, wie dieses durch die Bestimmungen des BSHG gedeckt ist.

Sozialpolitische Perspektiven

Im August 1970 hörte ich in Kopenhagen einen Vortrag über die Fürsorge für geistig Behinderte in Dänemark. Der Referent, ein leitender Beamter im dänischen Sozialministerium begann seinen Vortrag mit folgenden Worten: »Meine Damen und Herren! Wir in Dänemark versuchen in Bezug auf die Betreuung geistig behinderter Menschen die Prinzipien der französischen Revolution zu verwirklichen: Freiheit, Gleichheit, Brüderlichkeit. Zwar beginnen wir damit 200 Jahre zu spät, doch wir fangen jedenfalls damit an!« Es schloß sich eine Darstellung des Normalisierungsprinzips an. Ich war fasziniert: Welch eine Ableitung der Arbeit, welch ein Atem! (Und wir in Deutschland hatten uns jahrelang über die Frage erregt, ob der örtliche oder der überörtliche Träger der Sozialhilfe für die Behindertenhilfe zuständig sein sollte.) Die Rückbesinnung auf 200 Jahre altes Gedankengut mag in heutigen Ohren wie hohles Pathos klingen, damals jedoch wurden mindestens in Skandinavien aus solchen Ableitungen politische Entwürfe gemacht. Man lese den Bericht der Arbeitsgruppe für Gleichheitsfragen an den Parteitag der Sozialdemokratischen Partei Schwedens 1969 nach! Der als Alva-Myrdal-Report bekannt gewordene Bericht stellt die Frage, wie eine Gesellschaft gestaltet sein muß, die sich dem Prinzip der Gleichheit verpflichtet fühlt.[9] Es heißt dort bespielsweise: »Ein anderer Einwand fragt, ob es möglich und gerechtfertigt ist, Gleichheit herstellen zu wollen, da doch die Menschen in ihren physischen, intellektuellen und psychischen Voraussetzungen nachweisbar ungleich sind. Auch hier ist die Antwort im Sinne der Gleichheitspolitik einfach: ... dort wo die Voraussetzungen für die Individuen gleich sind, sollen auch die tatsächlichen Chancen gleich sein.....wo wesentliche Unterschiede vorliegen, dürfen sie sich nicht entscheidend auf die Lebensbedingungen des einzelnen auswirken. Hier

---

[9] Ungleichheit im Wohlfahrtsstaat. Der Alva-Myrdal-Report der schwedischen Sozialdemokraten. Herausgegeben von Walter Menningen. 1971

muß vielmehr die Gesellschaft eingreifen. Sie muß da das Gleichgewicht wieder herstellen, wo die Natur allzu große Ungleichheiten geschaffen hat. Ungleichheiten etwa durch physische oder intellektuelle Behinderung werden niemals verschwinden, aber sie können in einer solidarischen Gesellschaft verringert werden. Man kann verhindern, daß sie zu sozialer Diskriminierung führen. Es muß als selbstverständlich gelten, daß zum Beispiel im Schulwesen für seh- oder hörgeschädigte Kinder mehr finanzielle Mittel aufgebracht werden als für die Gesunden, daß für die Schwa- chen besondere Anstrengungen gemacht werden, eben weil man die Ungerechtigkeit der Natur korrigieren will.«[10]

Es ist mir nicht bekannt, daß in Deutschland aus einer ähnlichen Ausgangslage heraus in politisch relevanten Kreisen diskutiert worden ist. Aber ich unterstelle, daß das Normalisierungsprinzip als Gestaltungselement für Sozialpolitik gebunden ist an das Postulat Gleichheit. In dem Buch »Sozialstaat und Freiheit« von Herbert Ehrenberg und Anke Fuchs[11] findet sich im Register dieses fast 500 Seiten umfassenden Werkes nur der Begriff Gleichberechtigung. Herstellung von Gleichheit ist aber weit mehr als die Verwirklichung von Gleichberechtigung. Wenn sich aber die Forderung nach Herstellung von Gleichheit in den Programmen der politischen Parteien nicht findet, kann sich das Normalisierungsprinzip auch nicht in unseren Gesetzen niederschlagen. Zu fragen ist allerdings auch, ob selbst in dem gesellschaftlich homogeneren Schweden heute noch in den Kategorien wie vor 25 Jahren gedacht wird. Mit dem oben zitierten Referenten traf ich 1976 in Frankfurt wieder zusammen. Ich fragte ihn nach den Fortschritten der französischen Revolution in Dänemark. Er antwortete: »Wir haben eine ökonomische Krise. Ich warte auf meine Pensionierung!«

Gleichheit ist ein Grundprinzip des Wohlfahrtsstaates. Ist das Normalisierungsprinzip als politische Handlungsmaxime ein Ergebnis der Vorstellung vom Wohlfahrtsstaate als Ziel allen gesellschaftlichen Strebens? Wenn man bedenkt, daß der Wohlfahrtsstaat Vollbeschäftigung und Wohlstand voraussetzt, um durch Umverteilung des vorhandenen Wohlstandes mehr Wohlfahrt für alle Bürger zu bewirken, dann sieht die

---

[10] Alva-Myrdal-Report. Seite 50.
[11] Herbert Ehrenberg/Anke Fuchs: »Sozialstaat und Freiheit« Frankfurt/Main 1980

Wirklichkeit in den neunziger Jahren so völlig anders aus als zu der Zeit, als das Normalisierungsprinzip entwickelt wurde. Deshalb sind in Hinblick auf die Fortentwicklung der Rahmenbedingungen für eine an diesem Prinzip orientierte Hilfe für Behinderte so lange Zweifel angebracht, wie es politisch nicht mehr um die Fortentwicklung des Sozialstaates, sondern um Einschnitte in die sozialen Sicherheitssysteme geht.

Zweifel an der Vermittelbarkeit des Normalisierungsprinzips aus der Praxis heraus in den sozialpolitischen Bereich sind auch auch aus einem anderen Grund angebracht. Bank-Mikkelsen sagte 1971: »Es ist normal, daß Erwachsene eine Arbeit haben.« Die Folgerung: auch Menschen mit einer geistigen Behinderung sollen Arbeit haben. Diese Überlegung war damals auch in der Bundesrepublik Deutschland ohne Schwierigkeiten zu vermitteln. Der Arbeitsmarkt war gekennzeichnet durch Überbeschäftigung. Das heißt, die Nachfrage nach Arbeitskräften überstieg bei weitem das inländische Angebot. In den Jahren 1970 bis 1974 stieg die Zahl der ausländischen Arbeitnehmer von 1,8 Millionen auf 2,33 Millionen an. 1970 gab es 149.000 Arbeitslose in Deutschland. Die Arbeitslosenquote betrug:[12]

1970	0,5 %
1971	0,6 %
1972	0,8 %
1973	0,8 %

Vor 20 - 25 Jahren war es in der Tat normal, daß ein Mensch im berufsfähigen Alter Arbeit hatte. 1972 besuchte ich eine Werkstatt für Behinderte in den Slums einer Großstadt in den USA. In diesem Stadtbezirk herrschte damals eine Arbeitslosigkeit von 25 %. Während auf den Straßen und Plätzen die beschäftigungslosen Väter und Brüder sich den Tag

---

[12] Statistisches Taschenbuch 1993. Bundesministerium für Arbeit und Sozialordnung Bonn

vertrieben, waren die geistig behinderten Erwachsenen in der WfB vollbeschäftigt, so daß der Leiter dieser Einrichtung über ein Zuviel an Aufträgen klagte. Gerade von einem Kongreß über das Normalisierungsprinzip kommend, erschien meinen Kollegen und mir diese Situation absurd.

Wie sieht es heute in unserem Land aus? In unserer Stadt und im Umland liegt die Arbeitslosigkeit bei 20 %. Alle geistig Behinderten im berufsfähigen Alter haben aber einen Arbeitsplatz in unseren Werkstätten. Absurd? Wenn es normal ist, daß 1/5 der erwerbsfähigen Bevölkerung ohne Arbeit ist, könnte da nicht gefragt werden, ob unter der Anwendung des Normalisierungsprinzips nicht das Risiko der Arbeitslosigkeit auch von den geistig und seelisch behinderten Erwachsenen mitzutragen sei?

Mir scheint, allein mit dem Normalisierungsprinzip zu argumentieren, greift heute zu kurz. Es geht für den Behinderten um mehr als nur um Arbeit. Die Arbeit ist der Schlüssel zu seiner Chance, eine *Teilnahme am Leben der Gemeinschaft* außerhalb seiner engeren Familie zu haben. So gesehen ist die Arbeit das Mittel zum Zweck der Eingliederungshilfe nach dem BSHG. Wobei wir bei der Frage wären, ob das Normalisierungsprinzip vielleicht doch nur ein Leitgedanke aus besseren Tagen ist, das seine verführerische Überzeugungskraft in schlechteren Zeiten verliert? In dieser Zeit, in der in allen Industrienationen das jeweils entwickelte Sozialsystem infrage gestellt wird, weil es angesichts der hohen Arbeitslosigkeit und den damit verbundenen finanziellen Problemen als nicht mehr finanzierbar scheint, liegt die Vermutung nahe, daß das Normalisierungprinzip als Argument für eine verbesserte politisch-administrative Handlungsmaxime notleidend geworden ist.

Die nächsten Jahre

Selbst wenn die Normalisierung als Leitidee für *sozialpolitisches* Handeln für die voraussehbare Zukunft wohl keine Relevanz haben sollte, und selbst dann, wenn Rückschnitte im sozialen Sicherungssystem auch die Hilfe für Behinderte nicht verschonen sollte, so meine ich doch, daß für Pessimismus kein Anlaß ist.

Der Normalisierungsgedanke hat sich als *Leitidee in der Paxis* weitgehend durchgesetzt. Lediglich aus den noch bestehenden traditionellen Einrichtungen und aus Trägerschaften mit einer spezifischen weltanschaulichen, z.B. anthroposophischen Tendenz, kommen Einwände. Die sich entwickelnde Praxis hat in den vergangenen Jahrzehnten zu massiven Verschiebungen im Hilfsangebot geführt. Während es Ausgang der fünfziger Jahre in Niedersachsen nur die vollstationäre Versorgung in Heil- und Pflegeanstalten mit rd. 7ooo Plätzen gab, so ist Mitte der neunziger Jahre folgender Stand der Entwicklung festzustellen:

a. Es gibt ein flächendeckendes Netz von heilpädagogischen Kindergärten mit der Tendenz, von Integrationsbetreuung behinderter Kinder in Regelkindergärten abgelöst zu werden.

b. Alle behinderten Kinder sind schulpflichtig. Die Ableistung der Schulpflicht ist flächendeckend gesichert.

c. In den vergangenen Jahren sind 15.000 Arbeitsplätze in Werkstätten für Behinderte entstanden. Jeder Behinderte kann »seine« WfB von seiner Wohnung aus erreichen.

d. Wohnheime, Trainingswohnungen, betreute Wohngruppen und ambulante Hilfen im Wohnbereich bilden in den meisten Gebietskörperschaften abgestufte Hilfen für den privaten Bereich.

e. Frühförderung und familienentlastende Dienste sind im Aufbau und werden in absehbaren Zeiträumen überall vertreten sein.

f. Diesem System der regionalen Versorgung stehen die zentralen Großeinrichtungen mit nach wie vor 7000 Plätzen gegenüber.

Damit können wir feststellen:

1. *Die Regionalisierung der Hilfen ist erreicht. Die Differenzierung der regionalisierten Hilfen schreitet voran.*
2. *Die jeweils altersgerechten Hilfen sind überwiegend vorhanden.*
3. *Wohnen und Erziehung und Bildung sowie Arbeit vollziehen sich in voneinander getrennten Lebensbereichen.*
4. *Die neu entwickelten Hilfen sind gegenseitig durchlässig.*

Ich bin mir sicher, daß diese Entwicklung sich auch in der Zukunft fortsetzen wird. Diese Strukturverschiebung der Hilfen ist nicht rückgängig zu machen. Die Richtigkeit dieser Entwicklung wird, soweit ich es sehe, von niemandem mehr ernsthaft bestritten. Der heutige Standard der Hilfen ist bei allen Mängeln, die noch vorhanden sind, ohne gesetzliche Normierung des Normalisierungsprinzips entstanden. Das häufig verachtete unterste Netz des sozialen Sicherungssystems, die Sozialhilfe, hat den Aufbau und die damit verbundene Strukurveränderung gewährleistet. Man mag einwenden, die Sozialhilfe sei unter dem Druck der organisierten Elternschaft und der durch sie ausgelösten Initiativen der Praxis mehr in die Finanzierung hineingeschlittert als daß sie es unter dem Normalisierungsgedanken bewußt gesteuert hätte. Wie dem auch sei: die normative Kraft des Faktischen hat sich in ihrer Wirksamkeit hier deutlich bewiesen. Diese Erfahrung der Vergangenheit sollte uns nicht pessimistisch in die Zukunft blicken lassen.

Der für mich wesentlichste Aspekt des Normalisierungsgedankens wird sich weiterhin für die erforderliche Flexibilisierung der Hilfen als unentbehrlich erweisen. Es ist das Bewußtsein von der Notwendigkeit der Alltagsorientierung unseres Tuns. Wie sich die Lebensformen im allgemeinen Leben wandeln, so hat sich auch jeweils die Hilfe zu ändern. Und diese Hilfe geschieht zwischen dem einzelnen Mitarbeiter und dem einzelnen geistig Behinderten. Es kommt also auf das Bewußtsein von der Zielrichtung der Hilfe bei uns Mitarbeitern an und darauf, daß wir eine sich rasch ändernde gesellschaftliche Alltagswirklichkeit als Orientierung nicht aus dem Auge verlieren.

»Der Prophet gilt nichts im eigenen Hause,« sagt das Sprichwort. Deshalb sind hier Ausbildung und Fortbildung auch an Universitäten gefragt, wenn es darum geht, den erforderlichen Standard der fachlichen Kenntnisse der Mitarbeiter zu vermitteln und zu erhalten. Wer könnte das besser als Professor Walter Thimm, dem die Praxis schon das so hilfreiche Büchlein »Das Normalisierungsprinzip« verdankt.[13]

---

[13] Thimm, W. Das Normalisierungsprinzip - Eine Einführung. Kleine Schriftenreihe der Bundesvereinigung Lebenshilfe e.V., Bd. 5. Marburg 1984

Zwischen dem aus fachlicher Sicht *Wünschbaren* und dem gesetzlich vorgegebenen *Notwendigen* liegen erhebliche Differenzen. Das Bewußtsein über diese Kluft kann sich lähmend auf die Realisierung des unter den jeweils gegebenen Rahmenbedingungen *Möglichen* auswirken. Für eine Anhebung des Standards durch gesetzgeberische Maßnahmen wird in den kommenden Jahren kein Raum sein. Aber vielleicht ist eine wissenschaftliche Untersuchung sinnvoll, die die Abhängigkeit des Normalisierungsgedankens von bestimmten Vorstellungen von der Gesellschaft und von den ökonomischen Rahmenbedingungen zum Thema hat. Und wie haben sich in den letzten Jahrzehnten die sozialpolitischen Prioritäten verschoben? Welchen Rang nimmt unsere Arbeit in Konkurrenz zu anderen Politikfeldern heute ein? Ist die Kluft zwischen dem *Wünschbaren*, dem immerhin noch Realisierbarkeit unterstellt werden kann, und dem Notwendigen nicht schon, ohne daß wir das richtig gemerkt haben, zu einem tiefen Graben zwischen Illusion und *verdrängter Realität* geworden? Ein weites Feld, ein gefährliches Gelände, denn es birgt die Gefahr der Resignation der in der Praxis Handelnden. Ein dankbares Feld aber für die Wissenschaft, hier Antworten zu finden!

II Von der institutionsbezogenen zur gemeindenahen Unterstützung

»Auf der Suche nach Gemeinde«

ROBERT LENFERS UND STEPHANIE POHL

Unter diesem Wahlspruch hat Haus Hall 1980 sein 125jähriges Bestehen gefeiert. So lange schon unterwegs und noch immer auf der Suche? Eine alte »stationäre« Einrichtung wollte sich nicht mit sich selbst zufrieden geben, ihre Jubiläumsfeier sollte vielmehr ihren Standort bestimmen und Perspektiven für die Zukunft suchen.

Neben vielerlei Veranstaltungen im Rahmen einer Festwoche sollte dazu auch der Festvortrag dienen, den Professor Dr. Walter Thimm am 21.09.1980 gehalten hat. Er hat dabei die professionelle Hilfe problematisiert, die sich anstelle der ursprünglichen »archaischen« entwickelt hat. Sie bringt die Gefahr mit sich, den Menschen funktional zu zerlegen und atomisiert zu therapieren. Wo das geschieht, wird die Ganzheitlichkeit aus den Augen verloren. Der Festredner stellte dem die Forderung nach gleichwertiger Kommunikation zwischen Helfendem und Hilfebedürftigem entgegen, denn der behinderte Mensch (und ebenso der helfende) können zu ihrer Identität nicht anders finden. Die Selbstwerdung des Menschen gelinge eben nur auf dem »Umweg« über andere Menschen. Aus dieser Feststellung leitete sich die Forderung ab, alle Maßnahmen einer Einrichtung der Behindertenhilfe daraufhin zu überprüfen, ob sie der Forderung nach gleichberechtigter Kommunikation entsprechen und damit der Identitätsfindung der behinderten Menschen förderlich sind oder nicht.

Differenzierung und Annäherung - Antworten der Institution

Die Ansprache setzte Haus Hall einen Stachel ins Fleisch. War damit der Abschied von der professionellen Hilfe angesagt? Stand die Forderung nach Selbstauflösung im Hintergrund? Dem mußte die Einrichtung widersprechen - nicht nur aus dem Selbsterhaltungstrieb eines Systems, vielmehr auch aus der Erfahrung, daß es sehr viele Anfragen nach Plätzen im Heim, im Kindergarten, in der Schule und in der Werkstatt für Behinderte gibt. Sie zu ignorieren, wäre wirklichkeitsfremd und würde sowohl den behinderten Menschen wie deren Angehörigen nicht gerecht. Auch auf die Gefahr des Vorwurfs hin, der Gesellschaft als Alibi zu dienen, wurden also andere Lösungen gesucht. Sie sollten die Skepsis des Festredners gegenüber professioneller Hilfe in stationären Einrichtungen zwar mitbedenken, sie sollten aber doch im Rahmen professioneller Hilfe bleiben.

Schon vor ihrer 125Jahr-Feier mit dem Motto »Auf der Suche nach Gemeinde« hatte die stationäre Einrichtung Haus Hall zwei kleine Wohneinheiten in der Stadt Gescher (westliches Münsterland) errichtet. Sie sollten solchen Heimbewohnern und -bewohnerinnen mehr Möglichkeiten zur Selbstentfaltung und selbstbestimmtem Leben geben, die den Schutz im großen Heimbereich einer stationären Einrichtung nicht nötig hatten, für die dieser Schutz eher eine Beschränkung werden könne. Es bestand die Hoffnung, daß diese ersten »Aussiedler« von der größeren Freizügigkeit profitieren könnten, und die Hoffnung erfüllte sich. Das war ein erster Schritt auf Integration hin. Weitere Schritte sollten folgen. Die Ausführungen von Prof. Dr. Walter Thimm führten zu größerer Bewußtheit und dem festen Entschluß, die Einrichtung Haus Hall auf keinen Fall größer wachsen zu lassen. Vielmehr sollten weitere Wohnheime im Ort und in den umliegenden Gemeinden gegründet werden.

Nach 15 Jahren gibt es jetzt 9 Außenwohngruppen, und die 10. ist in Vorbereitung. Keine hat mehr als 10 Bewohner/Bewohnerinnen. Gegen Ende der 80er Jahre konnte das Wohnheim Marienburg in Coesfeld mit gut 100 Plätzen errichtet werden. Wenn diese Zahl auch hoch erscheint: die Plätze dienen vornehmlich Menschen mit so schweren geistigen Behinderungen, daß ihre Unterbringung in kleinen Außenwohnheimen für sie eher isolierend statt ihrer Integration dienlich erschiene. Zugleich konnte damit Haus Hall verkleinert werden und - ein ganz wichtiger Gesichtspunkt - eine weitere Stadt konnte für das Zusammenwohnen mit Menschen mit Behinderung und deren Integration aufgeschlossen werden.

Für das Arbeitsleben wurde eine ähnliche Linie verfolgt. Der stetig wachsende Bedarf nach Plätzen in der Werkstatt für Behinderte wurde nicht mit einer Vergrößerung der Hauptwerkstatt gedeckt, vielmehr wurden in 4 umliegenden Gemeinden Außenstellen der Werkstatt errichtet. Sie haben den Vorteil, für die »Externen« ortsnah zu sein. Ihnen soll auch ein gemeindenahes kleines Wohnheim zur Verfügung gestellt werden, wenn sie bei ihren Eltern nicht mehr leben können oder wollen. Als kleinere Einheiten sind die Außenstellen zudem gut überschaubar und der Kommunikation förderlich, und dennoch sind sie durch den Verbund mit dem Ganzen reich an Arbeitsmöglichkeiten und flexibel bei der Auftragsbeschaffung.

Alle Überlegungen zu Neubauten, Sanierungsmaßnahmen und zur Personalentwicklung wurden von dem Anliegen geleitet, möglichst günstige Voraussetzungen zu schaffen, unter denen hilfreiche und identitätsstiftende Kommunikation geschehen kann. Die Bewohnerzahlen in den Heimgruppen wurden verkleinert, das Verhältnis von Helfenden und Hilfebedürftigen verbessert. Der Personalschlüssel entspricht zwar noch nicht allen Wünschen, aber er gibt doch weithin die Möglichkeit, auf die individuellen Bedürfnisse der Bewohner/Bewohnerinnen einzugehen. Zudem wurden die Autonomie und Selbständigkeit jeder einzelnen Gruppe gestärkt, und das Verhältnis der Wohngruppen zu den Fachdiensten ist so geregelt, daß letztere zwar hilfreiche Beratung vornehmen, aber nicht das Recht zur therapeutischen Bevormundung haben.

Einige besonders verhaltensschwierige Bewohnerinnen und Bewohner wurden zum Prüfstein für die Ernsthaftigkeit unserer Bemühungen nach individueller Hilfe. Es wurde klar, daß für sie die Wohngruppe nicht das Maß aller Dinge sein kann. Darum mußte ein individuelles Wohn- und Betreuungskonzept entwickelt werden, bei dem durch flexiblen Mitarbeitereinsatz und individuelles Wohnen im Heimgelände auf die Bedürfnisse und Eigenarten gerade dieser Menschen eingegangen wird. Erst nach jahrelangen Investitionen, die sächlich und personell von der Institution erbracht wurden und die durch ganz persönlichen Einsatz kompetenter Mitarbeiter/Mitarbeiterinnen geleistet werden, zeigt sich ganz allmählich Entkrampfung bei den ungeheuren Schwierigkeiten, die diese Menschen mit sich selbst und ihrer Umwelt haben.

In die Werkstatt für Behinderte wurden auch Menschen mit sehr schwerer geistiger Behinderung aufgenommen. Jeder und jede soll einen zweiten Lebensraum haben, in den er außerhalb seiner Wohngruppe gehen kann, um dabei im Sinn des Arbeitslebens den (Werk)tag zu strukturieren. So ist es im normalen Leben der Menschen unserer Gesellschaft, so soll es auch jeder Heimbewohner, jede Heimbewohnerin erfahren. In der Begegnung mit Beschäftigten und Arbeitserziehern, die eben nicht mit den Mitbewohnern und den Heimerziehern identisch sind, erfährt auch der Mensch mit schwerer geistiger Behinderung andere Anregungen und Kommunikationsmöglichkeiten.

Schon lange gibt es einen Elternbeirat für die gesamte Einrichtung. Dazu entwickelten sich in den letzten Jahren Elternvertretungen, die speziell für die jeweiligen Bereiche gewählt werden - Wohnen, Lernen, Arbeiten. Damit vervielfältigte sich die Zahl beteiligter Eltern (dieses Wort steht immer auch für Angehörige, Sorgeberechtigte und Betreuer). Doch nicht nur quantitativ nahm die Zahl der Beteiligten zu, vor allem wuchs die Qualität der Beteiligung, weil die Beratungen dieser Gremien näher an den eigentlichen Problemstellungen sind und somit konkret und für beide Seiten hilfreich. Ähnliches läßt sich von der Beschäftigtenvertretung in der Werkstatt für Behinderte sagen. Ihre Kompetenz ist durch konkretes Mitberaten ständig gewachsen, und inzwischen sind gute Kontakte zu den entsprechenden Vertretungen in den umliegenden Einrichtungen aufgenommen.

Besuchergruppen sind für eine Einrichtung der Behindertenhilfe eine zweischneidige Sache. Einerseits sollen die Menschen, die in der Einrichtung leben und arbeiten, nicht zur Schau gestellt werden. Andererseits darf nicht der Eindruck der Abkapselung entstehen, ja es muß der Einrichtung daran gelegen sein, ihre Tätigkeit transparent zu machen, die Sympathien von Menschen zu gewinnen und vor allem jüngere Menschen für die Mitarbeit zu interessieren. Entsprechend mußte ein gestuftes Konzept für die Öffentlichkeitsarbeit und für die Führung von Besuchergruppen entwickelt werden, das Begegnung statt Besichtigung ermöglicht.

Besuche einer Journalistin und einer Fotografin, die jeweils einige Wochen dauerten, sind besonders erwähnenswert. Die Einladung an diese Frauen hatte den Sinn, die Frage »Haus Hall, wer bist Du?« nicht durch Selbstdarstellung zu beantworten, sondern eben auf dem »Umweg« über andere Menschen. Die Journalistin hat mitgelebt und beobachtet und gefragt und aufgeschrieben, was sie erfahren hat. Die Fotografin hat mitgelebt und gesehen und mit der Kamera festgehalten, wer und was ihr begegnet ist. Aus der Zusammenarbeit der beiden ist ein Buch entstanden in Bild und Schrift. Die Autorinnen haben ihrem Buch den behutsamen Titel »Annäherung« gegeben. Dieser Titel und das Buch bringen auf ganz andere Weise zum Ausdruck, was Professor Thimm Jahre vorher problematisiert und gefordert hat. Die gute Aufnahme dieses Buches gibt dem Versuch recht, die Identitätsbildung auch einer Einrichtung auf dem Umweg über andere zu suchen.

Der zuvor genannte »Stachel im Fleisch« führte auch zu Anregungen und Wirkungen über Haus Hall hinaus. Als Mitglied im Verband Katholischer Einrichtungen für Lern- und Geistigbehinderte hat Haus Hall wesentliche Anregungen gegeben und durch seine Mitarbeiterinnen und Mitarbeiter tatkräftig mitgeholfen, daß die Frage von Kommunikation und Identität in der professionellen Hilfe caritativer Einrichtungen auch auf Bundesebene thematisiert und zu einem zentralen Ansatz in der fachlichen Diskussion wurde.

Personale Begegnung und professionelle Hilfestrukturen - ein Widerspruch?

Die caritative Behindertenhilfe in Deutschland - zumindest was Menschen mit geistiger Behinderung betrifft - ist heute weitgehend und umfassend professionalisiert, strukturiert und institutionalisiert. Als Fachverband fördert der Verband katholischer Einrichtungen für Lern- und Geistigbehinderte e.V. (VKELG) die fachliche Diskussion in seinen Mitgliedseinrichtungen, setzt Impulse, gibt Orientierung und entwickelt Standards (vgl. Unser Standpunkt). Die Entwicklung der Behindertenhilfe in den letzten Jahrzehnten brachte den Menschen mit geistiger Behinderung mehr Rechte, z.B. unabhängig vom Ausmaß der Behinderung das Recht auf schulische Bildung, das Recht auf einen angemessenen Arbeitsplatz, und damit zunächst mehr Entfaltungs- und Entwicklungsmöglichkeiten. Gleichzeitig wurde ihre Teilhabe an der Gemeinschaft, an der Gesellschaft zum Ziel und zur Norm aller Hilfe. (Ob dieses Ziel je erreicht wurde oder werden kann, sei hier einmal dahingestellt.)

Ein geistigbehinderter Mensch, sofern er auch im Wohnen betreut wird, erhält heute umfassend und für alle seine Lebenssituationen professionelle Hilfe. Professionelle Hilfe ist hier Synonym für Hilfen durch fachlich ausgebildete und dafür bezahlte Helfer (Erzieher, Betreuer, Heilpädagogen etc.). Hilfe (oder Betreuung) bedeutet vom Ursprung her immer die Beteiligung von mindestens zwei Personen: die Begegnung zwischen dem, dem geholfen wird, und dem, der hilft. In spontanen (natürlichen) Hilfesituationen bestimmt letztlich derjenige, dem geholfen wird, wieviel und welche Hilfe er benötigt. Dies und das beiderseitige Bewußtsein, sich - wenn auch nicht aktuell, so doch prinzipiell - auch in umgekehrter Position befinden zu können, helfen den beiden Beteiligten von der aktuellen Abhängigkeit abstrahieren zu können, und die Beziehung zwischen ihnen symmetrisch werden zu lassen. Genau an dieser Stelle besteht jedoch die große Gefahr der professionellen Hilfe für geistigbehinderte Menschen - und auch der professionellen Hilfe allgemein: Der Helfer besitzt in der Regel mehr oder weniger die Definitionsmacht für die (Hilfe-) Situation. Der professionelle Helfer bestimmt, welche Hilfen in welcher Form er gibt, und immer ist er derjenige, der dem anderen Hilfe gibt; er ist immer der Helfende, nie der Hilfeempfänger gegenüber dem geistigbehinderten Menschen. Damit stabilisieren und zementieren professionelle Hilfestrukturen jedoch eindeutig asymmetrische Beziehungsformen.

Mit der o.g. professionellen Einstellung, deren zunächst begrüßenswertes Ziel es sicher ist, dem Menschen mit geistiger Behinderung die zur Bewältigung seiner Lebenssituation notwendige und fachlich richtige Hilfestellung zu geben, wird jedoch bereits im Kern die eigentlich zweiseitige personale Begegnung in der helfenden Situation nur noch unidirektional wahrgenommen und erlebt: es gibt einen Geber und es gibt einen Nehmer; die potentielle (und tatsächliche) Gegenläufigkeit wird aufgehoben bzw. wird nicht zugelassen. Diese Abspaltung und Abgrenzung beinhaltet eine deutliche Distanzierung vom behinderten Menschen; damit wird der geistig behinderte Mensch zum Objekt der Tätigkeiten des Helfers, statt daß er ihm als Subjekt weiterhin begegnet.

Das Defizit menschlicher Erlebens- und Erfahrensqualität, die Beschränkung persönlicher Identitätsbildung und sozialer Begegnung, die dies für die behinderten Menschen bedeutet, ist von Thimm immer wieder beschrieben worden. Der Helfer selbst schützt sich zunächst mit dieser Form der Professionalität (er grenzt sich ab - wie man so schön sagt), aber er verliert dadurch auch die Chance, mehr über sich selbst zu erfahren: über die Hilflosigkeit, die entsteht, wenn alle Bemühungen nicht fruchten und der geistigbehinderte Mensch sich weiterhin in seinen Autoaggressionen verliert - über die Ohnmacht (und vielleicht die Wut), die sich einstellt, wenn eine Abmachung zum tausendsten Male nicht eingehalten wird - über die Freude, als Person sich wahrgenommen zu fühlen, ausgelöst durch ein kleines Zeichen des Wiedererkennens bei einem schwerstmehrfachbehinderten Menschen.

Was für die professionellen Helfer gilt, gilt natürlich erst recht für die Menschen mit Behinderungen, die zu ihrer Identitätsfindung gerade auf diese Dimensionen personaler Begegnung der professionellen Helfer angewiesen sind. Ihre Möglichkeiten zu Kontakt und Kommunikation sind in der Regel überwiegend reduziert auf die professionellen Helfer und diese verweigern sich u.U. aus falsch verstandener Professionalität (Professionalität als Abstinenz), statt sich genau aus reflektierter Professionalität auf die personale Begegnung zwischen Ich und Du einzulassen. Dieser Ansatz zu personaler Begegnung als Professionalität ist in der Entwicklung der institutionalisierten Behindertenhilfe quasi die dritte Stufe: Vom Versorgen und Betreuen über das Fördern und Trainieren hin zum Begegnen und Beziehung gestalten. Der VKELG hat in seiner Jahrestagung 1980 in Würzburg zu seinem 75jährigen Bestehen genau diesen Paradigmenwechsel eingeleitet. Das Tagungsthema lautete »Gemeinsam unterwegs« und als Symbol waren zwei nur gemeinsam bewegliche Figuren gewählt. Natürlich sind die institutionalisierten Strukturen der Behindertenhilfe dazu nicht von vornherein ausgerüstet, sondern es bedarf schon einer bewußten Auseinandersetzung, es bedarf einer ethisch-moralischen Fundierung - und nicht nur einer professionell-fachlichen.

Die aktuellen Diskussionen um die Finanzierung der Hilfen für behinderte Menschen - verschärft vor allem durch die Auswirkungen des Pflegeversicherungsgesetzes, durch die Kostendämpfungsbemühungen im Gesundheitswesen und in der Sozialgesetzgebung, in der Sozialhilfe - verstärken die Tendenzen einer sich distanzierenden Professionalisierung: der pflegebedürftige Mensch (gleich ob er alt oder ob er behindert ist) wird zum Objekt der Helfer, die bestimmte »Verrichtungen« an ihm vornehmen; die notwendige Hilfe und damit der Mensch wird funktionalisiert, seine Ganzheitlichkeit, seine Person, die mehr ist als die Summe aller Funktionen, wird nicht mehr gesehen. Mit dem »System der Leistungs- und Qualitätsbeschreibung sowie Entgeltfindung (SYLQUE)« (vgl. Bichler, Fink & Pohl 1995) hat der VKELG ein Verfahren entwickelt, das die gesetzlich vorgeschriebenen Notwendigkeiten (individueller Anspruch, Qualität der Leistungen, Leistungsbeschreibung, Wirtschaftlichkeit, Transparenz) mit dem Selbstverständnis caritativer Behindertenhilfe als umfassende und ganzheitliche Lebensbegleitung der Menschen mit Behinderungen zusammenführt. Unter gleichzeitiger Berücksichtigung, daß anerkennenswerter Weise die rechtliche Position geistigbehinderter Menschen auf Hilfen zur Pflege durch das Pflegeversicherungsgesetz verbessert wird (gegenüber dem Anspruch auf Hilfe nach dem BSHG).

Ein Mensch mit geistiger Behinderung hat einen Anspruch auf Hilfe zur Bewältigung seiner Lebenssituationen, in einer Art und einem Ausmaß, wie es der Menschenwürde entspricht. Dieser Hilfebedarf eines geistigbehinderten Menschen entsteht nicht durch die Behinderung an sich, durch die Schädigung, sondern er entsteht erst und täglich wieder neu durch die Lebensbedingungen der von uns geschaffenen Welt, durch unser Zusammenleben; dieses bestimmt letztlich das Ausmaß des Hilfebedarfs. Hilfebedarf entsteht erst in der Interaktion, er ist keine von den Menschen unabhängig meßbare Größe und das Ausmaß der zugrundeliegenden Schädigung ist dabei sekundär. Dennoch muß der Hilfebedarf in irgendeiner Weise meßbar gemacht werden, um die notwendigen Hilfe- oder Betreuungsleistungen durch die professionellen Helfer bestimmen zu können. Dem Hilfebedarf eines Menschen mit Behinderungen steht komplementär die Betreuungsleistung oder der Betreuungsaufwand auf Seiten der MitarbeiterInnen (HelferInnen) gegenüber, operationalisiert in Zeiten und letztlich in Kosten. Dem Hilfebedarf nachzukommen ist Aufgabe der (professionellen) HelferInnen, ihn zu finanzieren ist Aufgabe der Gesellschaft (über die Kostenträger).

In dem »Erhebungsbogen zum individuellen Hilfebedarf von Menschen mit Behinderungen (EHB) « (vgl. Bichler, Fink und Pohl 1995) wird der Umfang des Hilfebedarfs eines behinderten Menschen für seine alltäglichen Lebenssituationen erfaßt, nicht das Ausmaß der Schädigung. Dabei gilt als Standard und damit als Maßstab für den Hilfebedarf, daß jedem behinderten Menschen ein selbstbestimmtes Leben möglich sein sollte, in dem er in seiner Individualität und Personalität, in seiner Identität und Eigenständigkeit wahrgenommen, geachtet und gefördert wird.

Ein Beispiel: Ursula T. ißt allein mit einem Löffel entsprechend vorbereitete Mahlzeiten; eine weitergehende Verselbständigung durch Verbesserung der manuellen Fertigkeiten ist nicht zu erwarten. Ursula T. muß beim Essen ständig begleitet werden, auch weil sie, je nach Art der Nahrung, Schwierigkeiten hat, den Löffel zu füllen. Ginge es nur um das Sattwerden, dann würde sie gefüttert, aber sie zeigt deutlich, daß sie stolz darauf ist, den Löffel selbst zu führen; sie erlebt ihre Kompetenz. Darüber hinaus wird es ein zusätzliches Ziel sein, Ursula T. eine weitere Differenzierung ihrer Geschmacksfindung zu ermöglichen. Aus diesem Grund geben und benennen die Mitarbeiterinnen beim Essen z.B. Gemüse, Fleisch, Eier etc. immer gesondert, um Ursula T. das sonst nur unmittelbare Geschmackserleben bewußter und damit verfügbarer zu machen; um sie dadurch selbständiger und unabhängiger, sie im wörtlichen Sinne selbst-bewußter zu machen; um ihr mehr ihre Umwelt zu erschließen, und sie dadurch letztlich mehr zu einem handelnden Subjekt zu machen, als sie weiterhin Objekt unserer Tätigkeiten sein zu lassen. Nur wer differenzieren kann, kann »nein« oder »ja« sagen und damit über sich selbst verfügen.

Ein weiteres Beispiel: Andreas S., ein geistigbehinderter Mann mit einer zusätzlichen Spastik, badet jeden Morgen. Die Mitarbeiterinnen müssen ihm sehr viel dabei helfen, sie seifen für ihn den Waschlappen ein, sie führen ihm die Hand mit dem Waschlappen, waschen ihm die Haare etc. Als Ziel dieser pflegerischen Versorgung von Andreas S. wird nicht nur seine Sauberkeit fokussiert, sondern viel wesentlicher seine Selbständigkeit, auch wenn es für ihn trotz der Hilfen immer eine große Anstrengung bedeutet, sich zu waschen, und auch wenn es für die MitarbeiterInnen einen ungleich höheren Zeitaufwand bedeutet, Andreas

S. in der beschriebenen Weise zu begleiten, statt ihn selbst zu waschen. Assoziiert an dieses erste ist ein weiteres Ziel: Andreas S. soll eigene Kompetenz erleben, sein Selbstgefühl soll gestärkt werden. Es gibt keine größere Erfahrung von Hilflosigkeit und Abhängigkeit als die körpernahe Versorgung durch andere Menschen; die Grenzen des Ich, der eigenen Person, der Intimität, werden im wahrsten Sinne des Wortes hautnah überschritten, tagtäglich. Für Menschen mit einer schweren geistigen Behinderung ist es überhaupt erst wichtig, diese Grenzen zu entwickeln, sich als eigenständige Person zu erleben und zu fühlen. Über die alltäglichen lebensnotwendigen Maßnahmen zur Pflege und Versorgung wird ihm zunächst seine eigene unmittelbare Lebensumwelt erschlossen. Das Wissen um die eigene Person, angefangen beim Wissen um den eigenen Körper, und darauf fußend die Entwicklung einer eigenen Identität sind Voraussetzung zur Teilnahme an der Gemeinschaft. Erst ein »Ich« führt zum »Du«.

Aus einem solchen Verständnis heraus läßt sich der notwendige Betreuungsaufwand nicht nach einzelnen Tätigkeiten oder Verrichtungen bemessen, wie es häufig in der Altenpflege schon geschieht und wie es das Pflegeversicherungsgesetz einfordert, sondern muß ganzheitlich und umfassend für den einzelnen Menschen bestimmt werden, obwohl im EHB der Umfang des Hilfebedarfs detailliert für unterschiedliche Lebenssituationen dargestellt werden kann, z.B. beim Ankleiden oder Auskleiden, beim Einkaufen oder bei Arzt- und Behördenbesuchen, bei der Orientierung (in der Wohnung, im Heim, in der Nachbarschaft, im Ort und in der weiteren Umgebung) und vieles mehr.

Welche Hilfe und in welchem Umfang der behinderte Mensch in der konkreten Situation benötigt, wird jeweils ad hoc in der einzelnen Situation von den MitarbeiterInnen entschieden werden (müssen), aber die insgesamt zur Verfügung stehende Zeit muß einen Zeitrahmen für die Betreuung zur Verfügung stellen, der es gestattet, daß gerade auch die gegenseitige Beziehung gestaltet werden kann. Deshalb gehört zur Qualitätsbeschreibung der Leistungen in SYLQUE der oben beschriebene Ansatz personaler Begegnung in der professionellen Hilfe, festgehalten durch die Bestimmung einer Personalmeßzahl (PMZ) über definierte »Standardgruppen«, die diesen Qualitätsstandard der Leistung in ihrer

Arbeit bereits repräsentieren und die in dieser Form auch schon finanziert werden.

Die Personalmeßzahl ist die aus dem Hilfebedarf eines behinderten Menschen abgeleitete notwendige wöchentliche Betreuungszeit, die es ermöglicht, die erforderlichen Hilfeleistungen in personaler Zuwendung zu gestalten und nicht nur die notwendigen Betreuungs- oder Pflegehandlungen zu verrichten. In die PMZ gehen Standards caritativer Behindertenhilfe ein, die in der heutigen Zeit durchaus nicht (mehr) unumstritten sind, z.B.:

- Höherer Hilfebedarf bedeutet mehr Betreuung. Je schwächer, je hilfebedürftiger Menschen sind, umso mehr Hilfe steht ihnen zu. Dieser Standard ist eine klare Absage an die »Satt-und-Sauber«-Betreuung.

- Verhaltensauffälligkeiten haben eine höhere Gewichtung als der Hilfebedarf, der in den konkreten Lebensvollzügen entsteht. Dieser Standard trägt der Forderung Rechnung, daß behinderte Menschen Hilfebedarf aufgrund von Verhaltensauffälligkeiten entwickeln können, weil ihnen z.B. andere Kommunikationsmöglichkeiten fehlen, oder weil sie diese als Reaktion auf einschränkende Lebensumstände entwickelt haben. Eine individuelle Begleitung und Hilfestellung muß sich aus dieser Sicht mit Ursachen und Hintergründen befassen, statt nur symptomorientiert diese Verhaltensweisen z.B. durch sedierende Medikamente zu unterbinden, (womit das dritte »s« einer entpersönlichenden Betreuung erreicht wäre: satt-sauber-sediert).

In einem dritten Schritt ermöglicht SYLQUE dann dennoch eine Aufsplittung der Kosten - nicht der Leistungen - nach den verschiedenen Leistungsträgern, trägt damit dem Pflegeversicherungsgesetz Rechnung und hilft auch den geistigbehinderten Menschen, ihren rechtlichen Anspruch durchzusetzen. Eine detaillierte Beschreibung des Systems und der Standards ist nachzulesen in Bichler, Fink und Pohl (1995).

Es wird die Aufgabe der nahen Zukunft sein, dieses Verständnis, diesen Standard professioneller Hilfe in personaler Begegnung in der Behindertenhilfe, also in den professionellen Hilfestrukturen, in seiner notwendig qualitativen und nicht nur in der quantitativen (mehr MitarbeiterInnen, mehr Betreuungszeit) Dimension tatsächlich zu verankern.

In der politischen und allgemeinen Öffentlichkeit muß dieser als erstrebenswerter Standard auf eine breite Basis gestellt werden, um ihm damit Verbindlichkeit auch für die Finanzierung zu geben. Die Qualität professioneller Hilfe ist immer sowohl eine fachliche als auch eine ethische Frage, und nur wenn beides zusammengeführt wird, kann die Gefahr der professionellen Hilfe der in der Überschrift genannte Widerspruch - dialogisch bearbeitet werden.

Literatur

BICHLER, J., Fink, F. & Pohl, S.: Leistungsgerechtes Entgelt für ein Leben mit Behinderung. Ein System der Leistungs- und Qualitätsbeschreibung sowie Entgeltberechnung. Freiburg 1995.

GEWECKE, S. & Hösch, A.: Annäherung. Haus Hall 1994.

THIMM, W.: Leben mit Behinderten. - Auf der Suche nach Ortsbestimmungen für die Behindertenhilfe -. Ansprache zum 125-jährigen Jubiläum von Haus Hall. 1980.

DERS.: Was ist Würde? Der Mensch als des Menschen »heilige Sache«. Referat auf der Arbeitstagung für Heimleiter/innen des VKELG. Essen 1994.

DERS.: Leben in Nachbarschaften. Freiburg 1994.

Unser Standpunkt Nr. 15: Hilfe für Menschen mit geistiger Behinderung: Begründung und Empfehlungen. Caritas Beiheft Nr.2. Freiburg 1992.

Die Umsetzung des Normalisierungsprinzips - 10 Jahre danach

BURKHARD SCHILLER

1985 erschien in der Großen Schriftenreihe der Bundesvereinigung Lebenshilfe für Geistig Behinderte »Ein Leben so normal wie möglich führen...«, an dessen Entstehen der Verfasser beteiligt war, bevor er 1986 zur Arbeiterwohlfahrt nach Bremen wechselte, um dort die Auflösung der Klinik Kloster Blankenburg und den Aufbau von - damals sogenannten - Nachfolgeeinrichtungen in Bremen zu planen und durchzuführen. Damit ergab sich die wahrscheinlich seltene Möglichkeit, eine längere »Theoriephase« mit der unmittelbar darauf folgenden Umsetzung in der Praxis zu verknüpfen.

Führt man sich heute die damaligen Forschungsergebnisse und mehr noch die daraus abzuleitenden Konsequenzen vor Augen, sieht man sich zwei scheinbar gegensätzlichen Reaktionen ausgesetzt. Man ist zugleich enttäuscht und beeindruckt. Enttäuscht, weil scheinbar nicht allzuviel des Notwendigen inzwischen umgesetzt ist. Beeindruckt, weil die damaligen Forderungen offensichtlich punktgenau waren. Sie wiesen auf Schwachstellen der Versorgung und Förderung, ja der Lebenssituation geistig behinderter Menschen hin, die offensichtlich innerhalb einer Generation nicht abzustellen sind.

Insofern sind die Ergebnisse und Forderungen auf seltsame Art zeitlos. Aus eben diesem Grund kann an dieser Stelle auf die erneute Darstellung der Forschungsergebnisse verzichtet und der nach vorn gerichtete Versuch unternommen werden, aktuelle Postulate zu formulieren und diese mit einer reihe von Praxisbeispielen zu illustrieren.

Dabei wird bewußt die seinerzeitige Linie, das Normalisierungskonzept in Bezug auf die Gesamtheit geistig behinderter Menschen hin zu untersuchen, verlassen. Es erfolgt eine Konzentration auf geistig und mehrfach behinderte Menschen, da nach meiner Auffassung dieser Personenkreis einerseits immer noch am weitesten ausgegrenzt lebt, andererseits Reformbemühungen gezeigt haben, daß gerade dieser Personenkreis es ist, an dem jede Veränderung anzusetzen hat.

Das im folgenden mehrfach aufgegriffene Bremer Beispiel zeigt, wie wichtig es ist, bei einer Auflösung oder auch nur bei einer Differenzierung mit dem sogenannten »harten Kern« zu beginnen, und nicht mit den leichter Behinderten. Damit wurde gezeigt, daß eine Ausgliederung aus psychiatrischen (und anderen) Großeinrichtungen auch für Menschen mit schwerster geistiger Behinderung möglich ist, daß auch dieser Personenkreis in kleinen dezentralen Wohneinheiten leben kann und dieses ein persönlicher Gewinn und eine deutliche Verbesserung der Lebensqualität darstellt.

Der hier gemeinte Personenkreis umfaßt geistig behinderte Menschen mit zusätzlichen Mehrfachbehinderungen, die neben körperlichen Einschränkungen vor allem in Form von Verhaltensauffälligkeiten und psychischen Behinderungen auftreten. Dieser Personenkreis wird in der Mehrzahl der einschlägigen Fachliteratur als »geistig und mehrfach behinderte Menschen« benannt. Der ebenfalls verwendete Begriff der »Schwerstmehrfachbehinderung« wird wegen seiner diskriminierenden Auslegungsmöglichkeiten nicht benutzt.

1. Der herrschende Utilitarismus

Normalisierung stellt ein Leitbild dar, das auch in Deutschland längst zum führenden Paradigma geworden ist, übrigens nicht nur im Rahmen der Hilfen für behinderte Menschen. Jedoch folgt die Realität der helfenden Institutionen der anerkannten Ideologie bislang oftmals nur ansatzweise. Die Grenzen der tatsächlichen Umsetzung sind abgesteckt durch die Vorurteile der Gesellschaft, die nicht ausreichend zur Verfügung gestellten finanziellen Ressourcen, das gegliederte System der Sozialen Sicherheit und nicht zuletzt durch die Träger der freien Wohlfahrtspflege, die den Großteil der Einrichtungen für behinderte Menschen betreiben.

Fokus der behindertenfeindlichen Vorurteile unserer Gesellschaft waren zuletzt die Auseinandersetzung um die Thesen Peter Singers und die Debatte um die Logik und Konsequenz pränataler Diagnostik. Vielen ist dabei offensichtlich gar nicht bewußt geworden, daß sich jede Ausgrenzung nur scheinbar auf das Objekt der Ausgrenzung richtet. Tatsächlich grenzen wir ein Stück oder ganze Teile von uns aus. Im Rahmen der Pränataldiagnostik werden Leben, Lebensglück und Lebenswert zur Disposition gestellt. Damit ist eine Qualität erreicht, die letztlich jedes individuelle Leben in Frage stellt. Jeder Mensch kann krank und/oder behindert werden! Ausgeblendet wird, daß die Frage, wer oder welcher Zustand als krank, behindert und eventuell lebensunwert definiert wird, von willkürlicher Definitionsmacht abhängen kann.

Setzen sich derartige utilitaristische Positionen durch, ist massiv zu befürchten, daß damit alle Gesellschaftsmitglieder einen Verlust an Sicherheit und Identität erleiden und ein solidarisches Miteinander der Gesellschaftsmitglieder deutlich gefährdet ist.

Nicht zuletzt Walter Thimm hat engagiert darauf hingewiesen, daß es deshalb gute Gründe gibt »sich aus durchaus eigennützigen Motiven für geschädigtes Leben einzusetzen«.

Wir sind immer wieder gefordert, ein humanes Gegenbild und eine humane Praxis zu entwerfen. Was ist veränderbar, was nicht? Kaum veränderbar erscheint derzeit das Organisationsprinzip unserer sozialen Sicherung. Statt einer Vereinfachung wird das Sozialsystem derzeit z.B. durch die Einführung der Pflegeversicherung als fünfte Säule weiter verkompliziert.

Veränderbar erscheint jedoch die Grundorientierung der Hilfen: weg von einer überwiegend angebotsorientierten Systematik, hin zu einem nachfrageorientierten Dienstleistungsmodell, das die Lebenswelt und Selbsthilfepotentiale Betroffener zum Ausgangspunkt der Hilfen macht.

Daraus ergibt sich die Forderung nach gemeindeorientierten Verbundlösungen, die allerdings ohne die Einbeziehung nicht-professioneller Kräfte und Selbsthilfepotentiale nicht denkbar ist. In die Planung, Organisation und Gestaltung sollen insbesonders Familien, Selbsthilfegruppen und Laienhelfer verstärkt einbezogen werden.

Wer helfen will, wer sich auf das Helfen vorbereitet, wer professionell hilft, wer Hilfen organisiert und verantwortet, muß sein Tun und Handeln an den Bedürfnissen und der Nachfrage der Konsumenten ausrichten. Das Normalisierungsprinzip zwingt uns gleichsam, Hilfen in einer Weise zu planen und zu gestalten, die strukturell Aussonderung und Selektion verhindert.

Das Normalisierungsprinzip stellt konkrete Anforderungen an jeden von uns und an gesellschaftliche Institutionen. Normalisierung zielt direkt auf soziales Handeln. Für behinderte Menschen gelten prinzipiell gleiche Rechte, Bedürfnisse und Wünsche wie für alle anderen Mitglieder der Gesellschaft. Abweichende Bedürfnisse rechtfertigen sich ausschließlich aus den konkreten und durch die spezifische Behinderung gegebenen Umständen, jedoch niemals aus einer Andersbetrachtung behinderter Menschen. Behinderung ist in diesem Sinne als eine normale Ausprägung menschlicher Existenz anzusehen, die keine Aussonderung duldet, sondern die aktive Einbeziehung in den Alltag erfordert.

2. Normalisierung und Integration muß auch für geistig und mehrfach behinderte Menschen verwirklicht werden

Die Reformen in Behindertenpolitik und Behindertenarbeit der letzten 10 Jahre haben für geistig behinderte Menschen sicherlich generelle Verbesserungen ihrer Lebenssituation erbracht. Das heute bestehende Angebot in den Bereichen Wohnen, Frühförderung, Beschulung und WfB ist Ergebnis dieser Entwicklung. Von diesen Hilfen weitgehend nicht erfaßt werden jedoch nach wie vor geistig und mehrfach behinderte Menschen mit Verhaltensauffälligkeiten und zusätzlichen psychischen und körperlichen Behinderungen. Angemessene Hilfen wurden für diesen Personenkreis nur in Ausnahmen aufgebaut, obwohl konzeptionelle Vorstellungen entwickelt wurden. Statt dessen sind stationäre Langzeit- und Großeinrichtungen zu Auffangstationen geworden. Das Recht auf Hilfe und Förderung zur gesellschaftlichen Teilhabe wird diesen Menschen damit vorenthalten - sie sind von Normalisierung und Integration bis heute weitgehend ausgeschlossen.

Die belastenden Lebensbedingungen in den Großeinrichtungen sind oft mitverantwortlich für zusätzliche psychiatrische Symptome und Verhaltensauffälligkeiten, die neben der geistigen und körperlichen Behinderung auftreten.

Immer noch können wir davon ausgehen, daß allein in stationären psychiatrischen Einrichtungen ca. 5.000 - 6.000 geistig und mehrfach behinderte Erwachsene leben müssen. Diese Schätzung gilt nur für die alten Bundesländer, in den Psychiatrien der ehemaligen DDR ist die Zahl (trotz geringerer Bevölkerungszahl) noch höher anzusetzen. Es gibt wohl niemanden, der bestreitet, daß diese Menschen fehlplaziert sind. Gerade angesichts dieses Personenkreises muß sich die vielbeschworene enge Kooperation zwischen öffentlichen und freigemeinnützigen Trägern erst noch bewähren.

Aufgrund des langjährigen Aufenthalts in psychiatrischen und anderen Großeinrichtungen und der damit verbundenen Entfremdung vom alltagspraktischen Handeln, besteht bei diesen Menschen ein ausgesprochen hoher Bedarf an heilpädagogischer und pflegerischer Hilfe und Förderung. Die Notwendigkeit ergibt sich nicht nur wegen der Mehrfachbehinderungen, sondern auch wegen der in aller Regel vorhandenen Hospitalisierungsschäden. Hilfe und Förderung zur Bewältigung lebenspraktischer Aufgaben und zur Gewinnung sozialer Fertigkeiten können jedoch nur in einer fördernden Umgebung in kleineren Einheiten mit räumlichen, zeitlichen und milieubezogenen Differenzierungen im Alltag fruchten.

3. Angemessene und differenzierte Hilfen sind in einem regionalen Verbund zu organisieren und koordinieren

Die Hilfen für geistig- und mehrfachbehinderte Menschen müssen konsequent an erlebbaren kommunalen Größenordnungen orientiert sein. Sie müssen sich möglichst auf Planungseinheiten von der Größe einer Gemeinde oder eines Kreises beziehen. Die hierzu gemachten Aussagen der Expertenkommission der Bundesregierung zum Bereich der psychiatrischen Hilfen sind durchaus übertragbar.

Die Organisation von Aufgaben in der Kommune sollte im Rahmen von »Pflichtversorgung« erfolgen und durch Versorgungsaufträge abgesichert sein. Die Verbände der freien Wohlfahrtspflege sollten sich verbindlich an diesem Prozeß beteiligen - ohne deren Beteiligung ist ein solches Vorhaben sinnvoll nicht durchführbar.

Um Bedarfe frühzeitig zu erkennen und um die Hilfen zeitnah und fachgerecht erbringen zu können, sind alle Träger von Hilfen zur Zusammenarbeit verpflichtet. Hierzu dienen als Ergänzung zu »Versorgungsaufträgen« formalisierte Arbeitstreffen (z.b. Regionalkonferenzen oder Psychosoziale Arbeitsgemeinschaften).

Alle beteiligten Träger sind finanziell und personell in die Lage zu versetzen, auch diejenigen geistig behinderten Menschen aufzunehmen, die einen hohen Hilfebedarf haben, sei es wegen der notwendigen Unterstützung im lebenspraktischen Bereich und/oder wegen vorhandener Verhaltensschwierigkeiten.

Die Hilfen für diesen Personenkreis sind nach meiner Auffassung am besten in einem Verbund unterschiedlicher Dienste, Hilfen und Einrichtungen zu leisten. Ein Verbund ermöglicht die Realisierung von unterschiedlichen Wohnbedürfnissen, einen Wohnortwechsel und die Durchlässigkeit im Wohn- und Arbeitsbereich. Er bietet die Voraussetzung, angemessene und differenzierte Hilfen in einem wirtschaftlich vertretbaren Rahmen anbieten zu können.

Die wesentlichen Funktionsbereiche eines gemeindeorientierten Versorgungssystems bilden der Bereich »Wohnen«, der Bereich »Tagesstrukturierung/Beschäftigung/Arbeiten« sowie der Bereich »Ambulante bzw. Familienentlastende Dienste«.

- Ambulante und familienentlastende Dienste

In Familien lebende, alleine oder in Kleingruppen wohnende geistig und mehrfach behinderte Menschen benötigen in unterschiedlichen Lebensbereichen Hilfen, die ambulant organisiert sein können. Diese ambulanten (z.T. familienentlastenden) Hilfen sind ein wirksamer Beitrag zur Vermeidung von Hilfen in Einrichtungen. Sie tragen dazu bei, daß geistig behinderte Menschen nicht frühzeitiger als notwendig und nicht länger als nötig auf ein Leben in Einrichtungen verwiesen sind. Gleichermaßen helfen sie, die Pflege- und Betreuungsbereitschaft von Familien zu stützen.

Ambulante Hilfen sind in diesem Sinne Hilfen vor und nach der institutionellen Hilfe. Sie umfassen z.b. stunden- und tageweise Betreuung und Pflege innerhalb der Familie, beratende und unterstützende Gespräche, Kurzzeitwohnen, Freizeithilfen u.a.m..

- Wohnen

Allen erwachsenen geistig und mehrfach behinderten Menschen soll ein dezentrales, in ihren Gemeinden liegendes Wohnangebot gemacht werden, dies können z.b. Wohnungen, Wohngruppen, Wohngemeinschaften, Betreutes Wohnen, Wohnheime sein. Damit soll eine Ausgliederung von geistig behinderten Menschen in Sondereinrichtungen verhindert werden. Für diejenigen, die sich in gemeindefernen (Groß-)Einrichtungen aufhalten, muß den Gemeinden die Verantwortung zurückgegeben werden.

- Beschäftigung und Arbeit

Allen geistig behinderten Menschen ist weiterhin ein Beschäftigungs- und/oder Arbeitsangebot zur Verfügung zu stellen. Dies setzt ein breites Angebot an Tagesstätten, Werkstätten für Behinderte, Selbsthilfefirmen und Arbeitsplätzen auf dem allgemeinen Arbeitsmarkt voraus.

4. Geistige Behinderung und Psychiatrie

Um die Lebensbedingungen geistig behinderter Menschen zu normalisieren, ist es notwendig, daß in psychiatrischen Kliniken nur die geistig behinderten Menschen aufgenommen werden, die psychisch krank sind und stationär behandelt werden müssen. Weiterhin müssen sich Großeinrichtungen, Anstalten und Wohnheime so verändern, daß adäquate Hilfestrukturen entwickelt werden. Dies gilt für alle genannten Lebensbereiche. Gerade für den überwiegenden Teil der Psychiatrien (Landeskrankenhäuser) gilt in Bezug auf geistig behinderte Menschen leider nach wie vor, daß pädagogische Inhalte und Probleme immer noch bzw. wieder zunehmend medizinisch-psychiatrisch formuliert werden, daß die Professionalisierung - und damit die Durchsetzungsfähigkeit - der medizinischen Berufe ungleich weiter fortgeschritten ist als die der pädagogischen. Selbst im Zusammenhang der Reformbemühungen der letzten Jahre ist zu konstatieren, daß nicht selten halbherzige Kompromißbildungen zu großen Schritten verklärt wurden, und daß somit der generell erzielte Fortschritt für Menschen mit einer geistigen Behinderung in der Psychiatrie überschätzt wird.

Das im nächsten Abschnitt beschriebene Bremer Modell ist ohne Zweifel der avancierteste Versuch der Verschiebung stationärer Versorgung in die Gemeinde. Andere Bundesländer, wie zum Beispiel Hessen und Nordrhein-Westfalen, sind in der Folge der Diskussion um die Psychiatrie-Enquête nicht so weit gegangen, sondern haben mit einer Binnendifferenzierung der Landeskrankenhäuser (LKH's) begonnen.

Was mit »Differenzierung« gemeint ist, läßt sich am besten am Beispiel Nordrhein-Westfalens aufzeigen. In Westfalen und im Rheinland sind in den LKH's eigene Abteilungen für geistig behinderte Menschen geschaffen worden. Im Rheinland wurden diese eigenen Abteilungen darüber hinaus 1980/81 als Heilpädagogische Heime (HPH's) auch verwaltungstechnisch verselbständigt. In einer dritten Phase der Stabilisierung konnten alle HPH's zu einem zentralen Eigenbetrieb zusammengefaßt werden. Eine verstärkte Dezentralisierung mit Außendienststellen konnte seit 1987 durchgesetzt werde.

Die Erfolge können sich auch hier durchaus sehen lassen. So konnten in den rheinländischen HPH's z.B. bis 1982 12% aller Bewohner in gemeindenahe, kleinere Einrichtungen entlassen werden, weitere 13% folgten bis 1989.

Im Rahmen von »Differenzierung« bewegen sich mehr oder weniger alle Ansätze in den alten Bundesländern. Theunissen hat diesen Ansatz das »Zwei-Phasen-Modell« genannt. Außer Bremen, das gleichsam ohne es zu wissen ein »Ein-Phasen-Modell« umsetzte, haben sich alle Bundesländer auf einen sehr mühsamen Weg großer (politischer und fachlicher) Kompromisse und kleiner Schritte begeben.

Die Nachteile dieser Politik sehe ich vor allem darin, daß der Druck auf komplementäre Einrichtungen und deren Betreiber, den LKH's bzw. HPH's Klienten abzunehmen, relativ gering ist. Die doch eher langfristig angelegte Veränderung ist geknüpft an »Konjunkturzyklen« in ihrer doppelten Bedeutung: sie ist gebunden an die finanziellen Ressourcen der öffentlichen Hand, die sich bekanntermaßen ja nicht gerade als Erfolgsstory lesen. Darüber hinaus sind sie angewiesen auf ein über Jahre nimmermüdes Engagement der beteiligten Fachleute, Politiker und Administrationen. Man braucht sich in diesem Zusammenhang nur zu fragen, ob die Auflösung Blankenburg's in einem Schlag unter heutigen Bedingungen noch möglich wäre....

Auch inhaltliche Nachteile sind zu beschreiben. Die differenzierten Teile der LKH's werden in aller Regel noch zentral bewirtschaftet, die Auswahl der Mitarbeiter erfolgt zentral, Arbeitsweise und -zeit unterliegen klinikartigen Rhythmen. Kurz: Die Schaffung eines pädagogisch-therapeutischen Milieus ist zumindest erschwert.

Diese Probleme hat sich Bremen mit seinem großen Befreiungsschlag erspart. Aus Bremer Sicht war entscheidend, daß es eine eindeutige politische Willenserklärung und damit verbundene konkrete Planungsvorgaben der Verwaltung (ein senatorisches Rahmenkonzept) gab. Wäre das nicht geschehen, hätte es die Auflösung der Klinik Kloster Blankenburg wahrscheinlich nicht gegeben. Die Auflösung belegt, daß mit entsprechendem politischen Willen völlig veraltete und verkrustete Strukturen von Anstalten aufzubrechen sind.

Beispiel: Regionalversorgung im Verbundsystem

In Bremen wurden neben anderen Hilfen auch die Hilfen für geistig behinderte Menschen regionalisiert. Nach der Auflösung der psychiatrischen Klinik Kloster Blankenburg bauten in zuerst drei Stadtregionen (Mitte, Ost, Süd) freigemeinnützige Träger jeweils einen Verbund von Einrichtungen auf.

Ein Verbundsystem meint die organisatorische und inhaltliche Verbindung dezentraler Wohneinrichtungen mit unterschiedlichen Betreuungsangeboten (z.B. Kleinstwohnheime, Gruppenwohnen, Wohngemeinschaften, Einzel- und Paarwohnen). Diese Wohnangebote sollen mit rehabilitativen und tagesstrukturierenden Angeboten verbunden sein. Handlungsleitend war die Idee, die Hilfen für geistig behinderte Menschen zu einem vernetzten Angebot abgestufter Hilfen zusammenzufassen.

Die unterschiedlichen, dezentralen und inhaltlich abgestimmten Wohnangebote im Verbund orientieren sich an den Bedürfnissen und dem Bedarf an notwendigen Hilfestellungen, die ein behinderter Mensch hat, um am Leben in der Gemeinschaft teilnehmen zu können. Die einzelnen Angebote eines Einrichtungsverbundes (der AWO in Bremen-Süd) haben folgende Struktur:

- Tagesstätte Amersfoorter Straße

Das Arbeits- und Beschäftigungsangebot der Tagesstätte richtet sich an 40 Klienten, die nicht, noch nicht oder nicht mehr in der beschützten Werkstatt aufgenommen werden. Die Tagesstätte bietet in Kleingruppen kreative, handwerkliche, hauswirtschaftliche und lebenspraktische Arbeitsschwerpunkte. Die Besucher kommen aus den Wohnstätten des Einrichtungsverbundes, aus Familien oder von anderen Trägern der Region. Die Tagesstätte arbeitet kooperativ mit der regionalen Werkstatt für Behinderte (WfB) zusammen.

- Kleinwohnheim Amersfoorter Straße

Hier leben 16 Menschen in 4 autonomen Wohngruppen. 18 MitarbeiterInnen sichern eine 24-stündige Betreuung. Besondere Hilfe- und Betreuungsnotwendigkeiten auch für schwer geistig behinderte Menschen mit zusätzlichen massiven Verhaltensauffälligkeiten sind konzeptionell und inhaltlich umgesetzt bzw. abgesichert.

- Kleinwohnheim Bokellandsweg

Hier leben 11 Menschen, die einen etwas geringeren Bedarf an Begleitung und Betreuung haben. Insgesamt 7 MitarbeiterInnen gewährleisten eine 24-stündige Betreuung. Ein Kurzzeitwohnplatz ist vorhanden.

- Wohngruppe Kirchhuchtinger Landstraße

In diesem Kleinwohnheim (Gruppenwohnungen) für 7 Klienten soll auch für Menschen mit massiven Verhaltensauffälligkeiten eine weitere Möglichkeit eröffnet werden, in kleinen dezentralen Wohneinrichtungen zu leben. Es ist eine 24-stündige Betreuung durch 7 Planstellen gesichert.

- Betreutes Wohnen

Im Betreuten Wohnen leben über 40 geistig behinderte Menschen in 8 ortsüblichen Mietshäusern und Wohnungen. Die Wohngruppen bestehen aus 3-7 BewohnerInnen. Betreutes Einzelwohnen ist möglich. Die individuelle Betreuungszeit der BewohnerInnen ist nach Begutachtung geregelt. In diesem Bereich gibt es derzeit 12 Stellen.

- Ambulanter Dienst

Dieser wird derzeit in gemeinsamer Trägerschaft zwischen AWO und Verein für Innere Mission betrieben. Folgende Hilfen sind vorgesehen: Hilfen im Haushalt, Betreuung in der Familie, Unterstützung bei der Freizeitgestaltung, Kurzzeitwohnen etc.

Mit dieser differenzierten Versorgungsstruktur sind Hilfen entstanden, die sich an den Bedürfnissen von Menschen orientieren, die teils über 30 Jahre mit einer medizinischen Versorgung in einer totalen Institution leben mußten.

Beispiel: Pflichtversorgung

1987 wurden in Bremen erstmals in der Bundesrepublik »Versorgungsaufträge für geistig und mehrfach behinderte Menschen« mit freigemeinnützigen Trägern abgeschlossen.

Die Versorgungsaufträge verpflichten den Träger, jeden geistig und mehrfach behinderten Menschen aus der Region, unabhängig vom Schweregrad seiner Behinderung aufzunehmen und ihm Hilfe anzubieten. Weiterhin regelt der Vertrag die Abgrenzung von Versorgungsaufgaben in Zusammenarbeit mit anderen Trägern und Diensten, die Teilnahme an den schon genannten Gremien und die Verpflichtung des Trägers, seinen Mitarbeitern Fortbildung und Supervision zu ermöglichen und sich an evaluativen Forschungsvorhaben zu beteiligen. Der Träger verpflichtet sich zu einer sowohl bedarfsgerechten als auch wirtschaftlichen Versorgung der Klienten, die Stadtgemeinde Bremen stellt die Erfüllung des Vertrages (bislang) durch angemessene Pflegesätze sicher.

Die Versorgungsverträge haben sich bewährt. Ein Träger mit Versorgungsauftrag hält ein differenziertes Angebot vor, in dessen Rahmen Übergänge in andere Betreuungsformen gewährleistet sind, ohne daß es in jedem Fall zu einer Erweiterung des Angebotes kommen muß. Bei der Hinzuziehung weiterer Träger mit jeweils spezifischen Angeboten würden sich dagegen auf Dauer die Versorgungsstrukturen tendenziell verdoppeln. Zudem haben die Träger sich auf ihre jeweilige Region begrenzt, und bieten nur dort Hilfen an. Auch diese Konzentration trägt einiges zu einer bedarfsgerechten Streuung von Hilfen bei. Insofern ist die auf eine Region bezogene Pflichtversorgung nicht zuletzt wirtschaftlich.

Versorgungsaufträge schließen keinen Träger und kein Engagement aus. Sollte ein Träger ein neues Angebot aufbauen wollen, kann er dieses Interesse in den einschlägigen Gremien einbringen und mit anderen Trägern abstimmen. Er sollte dann jedoch auch die Bereitschaft mitbringen, ebenfalls in die Versorgungsverpflichtung einzutreten, um nicht in den Verdacht zu geraten, sich die »Rosinen« herauszupicken.

Neben den erstmals durchgesetzten Versorgungsaufträgen wurden in jeder Region in Bremen zwei »Regionalkonferenzen« eingerichtet, und zwar je eine für geistig behinderte Menschen und für psychisch kranke Menschen. Teilnehmer sind alle in der Region tätigen Träger und Dienste. Zusätzlich zu den Regionalkonferenzen wurde eine »Zentrale Arbeitsgruppe« (ZAG) installiert. Dort fällen die zuständigen Behörden unter Beteiligung der freigemeinnützigen Träger und unter Berücksichtigung der Voten der Regionalkonferenzen ihre fachpolitischen Entscheidungen.

5. Weiterentwicklung der professionellen Strukturen

Basis des professionellen Handelns in diesem Arbeitsfeld ist die pflegerische und pädagogische Grundversorgung geistig und mehrfach behinderter Menschen zur Kompensation behinderungsbedingter Einschränkungen. Hierzu bedarf es qualifizierten Fachpersonals. Der Einsatz von angelerntem Personal und von Laien kann darüber hinaus nur äußerst begrenzt erfolgen, wenn der pädagogische Anspruch dieser Arbeit Ernst genommen wird.

Gerade in kleineren, dezentralisierten Einrichtungen mit geistig und mehrfach behinderten Menschen sind erhöhte Anforderungen an die MitarbeiterInnen gestellt. Diese resultieren aus den pädagogisch-pflegerischen Anforderungen des betreuten Personenkreises und aus den strukturellen Bedingungen (z.B. besonderer Aufwand der Vereinheitlichung des pädagogischen Handelns in verstreuten Angeboten) kleiner dezentraler Einrichtungen.

Die MitarbeiterInnen dürfen bei der Wahrnehmung ihrer Aufgaben nicht allein gelassen werden. Der Einrichtungsträger ist gehalten, stützende Strukturen aufzubauen, zu unterstützen und lebensfähig zu erhalten. Dieses kann durch unterschiedliche Maßnahmen erreicht werden, wie z.B. durch

- einvernehmliche inhaltliche Konzeptionen, Arbeitsstrukturen und professionelle Handlungsbedingungen. Diese müssen für die MitarbeiterInnen nachvollziehbar und diskutierbar sein. Sie sollten möglichst mit identitätsbildenden Leitbildern verknüpft sein.

- die Umsetzung von Personalentwicklungskonzepten. Professionelles Handeln muß gewährleistet sein, und durch angemessene Maßnahmen (Fortbildung und Supervision) gestützt werden.

- die Akzeptanz der Notwendigkeit einer modernen Mitarbeiterführung, die auf der Basis eindeutiger professioneller Handlungsmuster klare Mitwirkungs- und Entscheidungsstrukturen beinhaltet.

Mitarbeiterführung dient dem Zweck der Verbesserung und möglichst dauerhaften Sicherung der Leistungsfähigkeit der Sozialen Hilfen und Dienstleistungen einer Non-Profit-Organisation. Mitarbeiterführung muß authentisch sein. Sie darf nicht auf branchenfremde Maßstäbe zurückgreifen, sondern muß eigene generieren. In diesem Fall hat es der Soziale Bereich übrigens ausnahmsweise leichter als z.B. ein Industrie- oder Wirtschaftsbetrieb. Und zwar deshalb, weil qualitative Ziele vorrangig sind, während in der Wirtschaft objektive Zwänge erst subjektiv aufbereitet werden müssen. Der Einzelne muß z.B. immer neue finanzielle Stimuli zur Leistungserbringung bekommen. In Non-Profit-Organisationen hingegen kann die Führung der MitarbeiterInnen dem Produkt »Soziale Dienstleistung« in Form und Inhalt relativ bruchlos entsprechen. Ziel ist immer die Herstellung einer möglichst weitreichenden Identität von Inhalt und Methode. Die Führung der MitarbeiterInnen ist umso authentischer und dauerhaft wirksam, je enger wir sie mit allgemeinen Zielen sozialer Arbeit und dem allgemeinen Erfahrungshintergrund verknüpfen können.

Ein Beispiel für eine solche Verknüpfung: Wenn wir Integration und Normalisierung als Ziel formulieren, möchten wir die Klienten unter anderem dazu befähigen, ihre eigenen Wünsche und Bedürfnisse zu formulieren und umzusetzen. Dieses Normalisierungsziel hat Konsequenzen für die Mitarbeiterführung, da Klienten nur unter der Bedingung ihre eigenen Wünsche und Interessen formulieren können, wenn sie MitarbeiterInnen begegnen, die selbst Sprecher in ihren eigenen (beruflichen) Angelegenheiten sind. Daraus ergibt sich zwingend, daß entsprechende Handlungsspielräume von MitarbeiterInnen in der Aufbau - und Ablauforganisation verankert sind (Entscheidungsbefugnisse, Beteiligung, Verantwortung). MitarbeiterInnen sind in ihrer Fähigkeit, sich und ihr Verhalten wahrzunehmen, zu reflektieren und zu verändern, ernst zu nehmen und zu unterstützen.

Die alltäglich wirksamste Form der Unterstützung bietet die Arbeit in Teams: Die Umsetzung der Ziele (Leitbild und Konzept) und die fachlich-organisatorischen Erfordernisse der Einrichtung sollen in kooperativen Strukturen in Teamzusammenhängen erfolgen.

Beispiel: Leitbild

MitarbeiterInnen bringen eine je verschiedene Motivation in die Arbeit ein. Wir können keine allgemeingültige Werthaltung (z.B. Barmherzigkeit, Nächstenliebe, Opferbereitschaft o.ä.) unterstellen. Diese Werthaltungen haben sich gesellschaftlich weitgehend aufgebraucht, viele MitarbeiterInnen machen eine Arbeit, um sich vorrangig schlichtweg den Lebensunterhalt zu verdienen. Diese Haltung sei hier nicht bewertet oder beklagt - ich gehe lediglich davon aus, daß wir gemeinsam mit den MitarbeiterInnen Werte herstellen müssen, die wir ohne Zweifel benötigen, aber nicht in jedem Fall voraussetzen können.

Es bietet sich deshalb an, die Auffassung von der Arbeit mit geistig und mehrfach behinderten Menschen, die Philosophie der Arbeit, in einem Leitbild zu beschreiben.

Das Leitbild soll zur Bildung und Stärkung einer gemeinsamen Identität des Einrichtungsverbundes beitragen. Es will die Motivation für eine bestimmte, den Klienten dienende, berufliche Haltung fördern und fachpolitisches Engagement über den beruflichen Alltag hinaus anregen. Auf diesem Wege soll auch die Transparenz und die Identifikation mit der Einrichtung erhöht werden.

Initiierung, Formulierung und dauerhafte Arbeit am und mit dem Leitbild kann und soll darüber hinaus anregen, effiziente Arbeit im Sinne der Klienten zu leisten.

Beispiel: Veränderung professioneller Handlungsmuster

Die Umsetzung des Normalisierungsprinzips erfordert ohne Zweifel bestimmte berufliche Handlungsmuster und Einstellungen.

Zur Verdeutlichung: Normalisierung fordert die Abkehr von ausschließlich medizinisch-pflegerischen Hilfen zugunsten einer therapeutisch-pädagogischen Orientierung. Hilfen sind nicht primär auf einen Defekt, sondern auf Lern- und Entwicklungsmöglichkeiten zugeschnitten.

Die Klienten sind nicht als oligophren (Debilität, Imbezillität, Idiotie), sondern als Menschen mit einer geistigen Behinderung zu bezeichnen. Der geistig behinderte Mensch ist kein medizinischer Fall, sondern in seinem subjektiven Person-Sein, seiner Persönlichkeit ernst zu nehmen. Behinderte Menschen haben prinzipiell die gleichen Bedürfnisse, Wünsche und vor allem Rechte wie alle anderen Menschen.

Der geistig behinderte Mensch soll gefördert und begleitet werden, seine Bedürfnisse, und nicht die Bedürfnisse der Organisation, stehen im Mittelpunkt.

Die MitarbeiterInnen geben dem behinderten Menschen Hilfestellung zur Kompensation seiner Behinderung. Sie können auf die Anforderung zur Hilfe zuwarten und vermeiden möglichst Überbehütung und unnötige Hilfen. Diese Auffassung vom geistigbehinderten Menschen als einem Mensch, der prinzipiell seine eigenen Angelegenheiten regeln kann (bzw. Hilfe einfordern kann), setzt voraus, daß im pädagogischen Einrichtungsalltag entsprechende Alltagssituationen eingeübt werden können.

Der Einrichtungsalltag muß Strukturen bieten, die ein solches Üben ermöglichen. Lernen ihre eigenen Bedürfnisse zu vertreten, können geistigbehinderte Menschen nur dann, wenn sie MitarbeiterInnen begegnen, die selbst Sprecher in ihren eigenen (beruflichen) Angelegenheiten sind. Anders gesagt: Der Weg der Befähigung von geistig behinderten Menschen zu eigenen Entscheidungen, zur Durchsetzung eigener Wünsche und Bedürfnisse setzt institutionelle Entscheidungsspielräume der MitarbeiterInnen voraus.

Beispiel: Mitwirkungs- und Entscheidungsstrukturen

Die Strukturen von Einrichtungen haben keinen Selbstzweck. Sie sind durch tätige Menschen mit Leben zu erfüllen, indem Festlegungen getroffen werden hinsichtlich der Aufgabenverteilung, der Verantwortlichkeit für Entscheidungen und dem Grad der Mitwirkung an Entscheidungen.

Grundsätzlich hat jede MitarbeiterIn einen Anspruch auf eine detaillierte, konzeptionell orientierte Stellenbeschreibung. Darin werden Tätigkeiten, Anforderungen, Ziele, Erwartungen etc. beschrieben. Sie bieten einen Orientierungsrahmen, der darüber hinaus auch bei der Gewinnung und Einarbeitung von MitarbeiterInnen Hilfestellung leistet und Unterstützung bei Mitarbeiterbeurteilungen gibt.

Daneben sollte ebenfalls der Rahmen der Mitwirkungs- und Entscheidungsstrukturen gemeinsam diskutiert und entwickelt werden.

Mitwirkungs- und Entscheidungsstrukturen stellen einen Versuch dar, Verantwortlichkeiten im Arbeitsfeld zu beschreiben und festzulegen. Der Grundgedanke ist relativ simpel: Es gibt ein gewisses Spektrum an Aufgaben. Diese Aufgaben sind mehr oder weniger häufig mit der Notwendigkeit von Entscheidungen verbunden. Es stehen MitarbeiterInnen zur Verfügung, die eine bestimmte Funktion haben und Entscheidungen fällen sollen.

Hier wird nun festgelegt, wer welche Entscheidungen trifft bzw. wer an welchen Entscheidungen in welchem Grad beteiligt ist. Dabei sollen Entscheidungen jeweils soweit unten wie möglich gefällt werden - nur wenn eine Entscheidungsvollmacht aus zwingenden, d.h. darstellbaren Gründen, auf einer bestimmten Ebene nicht gesehen werden kann, wird sie von der höheren Ebene wahrgenommen. Die Entscheidungsstrukturen sollten von allen Beteiligten entscheidungsreif diskutiert werden.

Die Mitwirkungs- und Entscheidungsstrukturen und die je individuelle Stellenbeschreibung sind ein Gesamtpaket.

6. Qualitätssicherung als Aufgabe der Zukunft

Qualitätssicherung richtet sich nicht nur an MitarbeiterInnen, sondern auch (wenn nicht noch stärker) an die Anbieter, die Träger der Einrichtungen.

Es gibt keine Inseln und Idyllen mehr, durch einschlägige Veränderungen des Bundessozialhilfegesetzes (Novellierung §93 BSHG) und die Einführung des Pflegeversicherungsgesetz (SGB XI) ist eine Marschrichtung hin zum Markt vorgegeben. Neue Dienstleistungsstrategien werden zwingend erforderlich. Die Träger der Hilfen und die MitarbeiterInnen in den Einrichtungen werden vermehrten Anstrengungen ausgesetzt, sie werden, um marktfähig zu bleiben, gleichsam einen »Willen zur Erstklassigkeit« im Alltag beweisen müssen.

Im Mittelpunkt der Strategie steht der Konsument der Dienstleistung, also der Klient. Jeder Ansatz von Qualitätssicherung, jede Beschreibung von Qualität, z.B. in Leistungskatalogen oder Standardbeschreibungen, hat den Klienten zum Ausgangspunkt zu nehmen. Vor allem stationäre Dienste haben zukünftig stärker als bislang die Bedürfnisse und Wünsche der Hilfeempfänger zu berücksichtigen. Die Schaffung und dauerhafte Verankerung einer möglichst guten und zufriedenstellenden Qualität ist nur durch eine systematisch angeleitete Hinwendung zu einer Qualitätsentwicklung und zu einem Qualitätsmanagement zu bewältigen. Zentrale Aufgabe ist es, die Wünsche, Bedürfnisse und Anforderungen der Konsumenten, unserer Kunden, aufzunehmen, zu verstehen und zu erfüllen.

Qualitätssicherung soll der Absicherung der Qualität der Dienste dienen. Sie muß also unterschiedliche Niveaus von Qualität beschreiben können (Mindestqualität, Standardqualität). Darüber hinaus soll sie auch Ziele formulieren (Zielqualität), und Umsetzungsstrategien entwickeln. Darin liegt eine große Chance, die bislang vorherrschende Festlegung von Betreuungs- und Pflegestandards durch monetäre Vorgaben (Grenzen durch Haushaltszwänge der Kostenträger) zu verlassen und zu Festlegungen zu kommen, die durch Betreuungs- und Pflegenotwendigkeiten bestimmt sind. Weiterhin werden Qualitätssicherung und daraus entwickelte Pflegestandards dazu dienen, die Ziele, die Ausrichtung und die konkreten Tätigkeiten im Einrichtungsalltag zu homogenisieren. Es ist vorteilhaft und wünschenswert, zu einem möglichst einheitlichen Vorgehen aller MitarbeiterInnen zu gelangen. Von diesem Vorteil profitieren die MitarbeiterInnen bei der Einarbeitung, bei alltäglichen Arbeitsverrichtungen und bei der Planung und Reflexion von Arbeitsabläufen ebenso wie die Klienten.

Um Akzeptanz zu finden, müssen »Pflegestandards« praxisorientiert sein, ihre Umsetzung muß zwingend mit den schon beschriebenen Ansätzen moderner Mitarbeiterführung verbunden werden. Qualitätssicherung soll nicht nur zur Beschreibung und Festlegung von Leistungskatalogen und Standards führen, sondern ist auch als betriebliches Führungsinstrument anzusehen.

7. Planung und Entwicklung von Versorgungsstrukturen müssen auf örtlicher Ebene wahrgenommen werden

Die Integration behinderter Menschen in die Gemeinde und die Verknüpfung ambulanter, teilstationärer und stationärer Hilfen kann nur auf örtlicher Ebene geleistet werden. Die Verantwortung für die Versorgung geistig und mehrfach behinderter Menschen muß daher auf die kommunale Ebene übertragen werden. Hier sind Bedarfsermittlung, Planung, Steuerung und Entwicklung des Hilfesystems vorzunehmen.

Diese Form der Planung und Steuerung des Hilfenetzes wird die Gefahr der Vernachlässigung bestimmter Personenkreise minimieren. Zur effektiven Umsetzung von Planungen und zur Gestaltung verbindlicher Versorgungsstrukturen sind Einrichtungsträger in gebietsbezogene Versorgungsverträge einzubinden. Auf diesem Wege ist zu vermeiden, daß Personengruppen mit erheblichem Pflege- und Betreuungsbedarf bei der Belegungspraxis ausgegrenzt werden.

8. Forderungen an die Kostenträgerschaft

Die auf Seiten des Kostenträgers »Sozialhilfe« derzeit überwiegend geltende Aufteilung der Zuständigkeit für ambulante und stationäre Hilfen für behinderte Menschen auf den örtlichen und den überörtlichen Sozialhilfeträger steht der Realisierung des Grundgedankens der Normalisierung und Integration und dem dafür erforderlichen Ausbau ambulanter Hilfenetze entgegen. Die getrennte Kostenträgerschaft fördert letztlich Aussonderungstendenzen und Verdrängungsprozesse in unserer Gesellschaft.

Die unglückliche Trennung der Kostenträgerschaft auf seiten des Sozialhilfeträgers wird auch durch das Pflegeversicherungsgesetz wahrscheinlich nicht verändert, sondern perpetuiert. Die im Gefolge des Pflegeversicherungsgesetzes zu debattierenden Landespflegegesetze werden nach bisherigen Informationen weiterhin davon ausgehen, daß die Kommunen für ambulante Pflegeeinrichtungen zuständig sind, während sich die Zuständigkeit des Landes auf die teilstationären und stationären Einrichtungen für Menschen mit Behinderung bezieht.

Weitgehend ungeklärt sind bislang Fragen der Abgrenzung der Leistungen der Pflegeversicherung und der Eingliederungshilfen (Bundessozialhilfegesetz) und das Verfahren und der Umfang der Anerkennung von Einrichtungen der Eingliederungshilfe als Pflegeeinrichtungen durch die Pflegekassen. Die Sozialhilfe (BSHG) ist nicht mehr alleiniger Kostenträger in diesem Bereich. Die bisher in der Eingliederungshilfe nach §39/40 geleisteten Pflegeanteile (Annexleistungen) sollen aus der Eingliederungshilfe in die Pflegeversicherung übertragen werden. Die Träger von Einrichtungen in der Behindertenhilfe sehen hier einen großen Konflikt und eine Veränderung ihrer inhaltlichen Arbeit. Die Pflege rückt anscheinend wieder in die vordergründige Perspektive und damit wird ein erneuter Paradigmenwechsel - von der Eingliederungshilfe wieder zur medizinisch pflegerischen Versorgung - befürchtet.

Daraus ergeben sich folgende Postulate:

- Der Schwerpunkt der Hilfen für Menschen mit geistiger Behinderung liegt im Regelfall im pädagogischen Bereich und damit in der Zuständigkeit der Eingliederungshilfe (BSHG). Die vernünftige Verzahnung von Eingliederungshilfe und Pflegeversicherung muß den ganzheitlichen Ansatz der Hilfen und die entwickelten Konzepte und qualitativen Standards gewährleisten.

- Der Begriff der »Pflegefachkraft« muß die Berufsgruppen der Behindertenhilfe einbeziehen (insbesonders: Heilerziehungspfleger und Heilpädagogen).

- Der Rechtsanspruch der Pflegebedürftigen gegenüber der Pflegeversicherung muß eingelöst werden. Damit eine Aufsplitterung der ganzheitlichen Leistung der Eingliederungshilfe vermieden wird, sollte der Sozialhilfeträger eine Kostenerstattung für integrierte Pflegeleistungen gegenüber den Pflegekassen geltend machen und abrechnen. Hierfür gilt es ein entsprechendes Verfahren zum Kostenausgleich der Kostenträger zu entwickeln.

- Ambulante Pflegedienste sind in die Arbeit einzubeziehen und können in spezifischen Wohnangeboten (z.B. betreutes Wohnen) durchgeführt werden.

9. Zusammenfassung

Trotz ansatzweiser Veränderungen in den letzten 10 Jahren sind die meisten Forderungen aus »Ein Leben so normal wie möglich führen...« nach wie vor aktuell.

Bei den hier beschriebenen Postulaten erfolgt eine Konzentration auf geistig- und mehrfachbehinderte Menschen, da dieser Personenkreis immer noch am weitgehend ausgegrenzt ist.

Reformbemühungen wie in Bremen haben gezeigt, daß gerade dieser Personenkreis es ist, an dem jede Veränderung anzusetzen hat.

Die Hilfen für geistig und mehrfach behinderte Menschen müssen konsequent auf erlebbare kommunale Größenordnungen orientiert sein. Sie müssen sich möglichst auf Planungseinheiten von der Größe einer Gemeinde oder eines Kreises beziehen.

Die Organisation von Aufgaben in der Kommune sollte im Rahmen von »Pflichtversorgung« erfolgen und durch Versorgungsaufträge abgesichert sein.

Die Verbände der freien Wohlfahrtspflege sollten sich verbindlich an diesem Prozeß beteiligen - ohne deren Beteiligung ist ein solches Vorhaben sinnvoll nicht durchführbar.

Alle Träger von Hilfen sind zur Zusammenarbeit verpflichtet. Hierzu dienen als Ergänzung zu Versorgungsaufträgen formalisierte Arbeitstreffen.

Die Hilfen für diesen Menschenkreis sind fachlich am besten in einem Einrichtungsverbund zu leisten, der Übergänge (Wohnkarrieren) ermöglicht und tagesstrukturierende Angebote enthält.

Die MitarbeiterInnen dürfen bei der Wahrnehmung ihrer Aufgaben nicht allein gelassen werden. Der Einrichtungsträger ist gehalten, stützende Strukturen aufzubauen und lebensfähig zu erhalten. Dieses kann durch unterschiedliche Maßnahmen erreicht werden, indem z.b. Konzepte der Mitarbeiterführung entwickelt, Leitbilder formuliert und Entscheidungsstrukturen herausgearbeitet werden.

Die Träger müssen sich dem zunehmenden Markt stellen und geeignete Methoden der Qualitätsicherung einführen und umsetzen.

Die Nachteile des gegliederten Systems der Hilfen sind scheinbar kaum veränderbar - trotzdem ist bei jedem sich bietenden Anlaß der Erhalt ganzheitlicher Leistungen einzufordern.

Literatur

THIMM, VON FERBER, SCHILLER, WEDEKIND: Ein Leben so normal wie möglich führen..., Zum Normalisierungskonzept in der Bundesrepublik Deutschland und in Dänemark. Empirische Untersuchungen zum Normalisierungskonzept. Marburg 1985.

LEBEN IN NACHBARSCHAFTEN - Hilfen für Menschen mit Behinderungen; Herder Verlag Freiburg i. B. 1994.

Normalisierung und Qualitätsentwicklung
Wege zur Unterstützung und Förderung von Menschen mit geistiger Behinderung und Verhaltensauffälligkeiten

WERNER EIKE

Noch immer leben ca. 30 - 40 % (ungefähr 40 000) der Erwachsenen mit geistiger Behinderung in zentralen Großeinrichtungen und ca. 27 000 schwerstbehinderte Menschen in psychiatrischen oder klinischen Einrichtungen in den neuen und alten Bundesländern. Die Verbesserung ihrer unzureichenden Lebensbedingungen bedarf auch weiterhin verstärkter Anstrengungen und Neuorientierungen. Es gilt, praktische Umsetzungsmodelle zur Enthospitalisierung zu entwickeln und praktisch umzusetzen. Der notwendige Paradigmenwechsel vom psychiatrischen Modell zu einer heilpädagogischen Orientierung ist zwar in den Jahren von 1975 bis 1990 in vielen Projekten (Theunissen, 1991) in Ansätzen umgesetzt worden. Weitere Veränderungsprozesse scheinen durch die Verschärfung der finanziellen Rahmenbedingungen ins Stocken zu geraten. Die Träger der Behindertenhilfe schlagen Alarm, weil durch die sich verschärfenden finanziellen Einsparungen im sozialen Bereich ein Sozialabbau droht und eine »vergessene Mehrheit« weiterhin unter menschenunwürdigen Bedingungen leben muß. Dies betrifft besonders den Personenkreis mit schwersten Behinderungen und Verhaltensauffälligkeiten.

Es gilt auch weiterhin Positionen zu beziehen, um dem sogenannten harten Kern, den Systemsprengenden oder »größten Individualisten« wie Dörner sie nennt, Möglichkeiten anzubieten, die ihnen ein Leben in der Gemeinde, ein Leben so normal wie möglich, garantieren.

«Die Wohlfahrtsverbände müssen sich (hierfür) ändern« lautete bereits 1990 die Aufforderung zur Erneuerung wohlfahrtsverbandlicher Strukturen. Die sozialpolitisch gewollten finanziellen Veränderungen und die anstehenden Neuorientierungen in der sozialen Arbeit (z. B. Klientenorientierung, Sozialmanagement in Non-Profit-Organisationen) der letzten Jahre verstärkten den Veränderungsdruck auf die Institutionen sozialer Arbeit. Zudem zwingen uns die angestrebten Veränderungen des BSHG

z. B. im § 93 förmlich zu Innovationsstrategien und Veränderungen im Non-Profit-Bereich.

Mit neuen Innovationsstrategien sind dabei nicht nur die reinen Anpassungsmodernisierungen der sozialen Arbeit gemeint, sondern eine generelle Infragestellung und Überarbeitung der alten Strukturen, Hierarchien, Arbeitsweisen und Konzepte. Die erste Antwort der Wohlfahrtsverbände auf diese Innovationsforderungen sind ansatzweise in der auflebenden Diskussion um ein verbessertes Sozialmanagement, Überarbeitung von betrieblichen Strukturen, Transparenz und Leistungsbeschreibung der angebotenen Dienste und Dienstleistungen, Verbesserung der Ressourcenausnutzung, Einbeziehung der Nutzer und Entwicklung von Controllingverfahren gegeben. »In der Praxis entsteht angesichts dieser Entwicklungen Handlungsdruck und Unsicherheit: Traditionelles pädagogisches Berufs- und Handlungsverständnis soll sich nun mit »Marktorientierung«, Management und Sponsoring usw., Gestaltungsfreiheit und die Offenheit pädagogischer Handlungskonzepte mit Effektivitätsnachweisen und Kontrolle verbinden« (Beck 1996, 6).

Diesem Handlungsdruck müssen sich die Wohlfahrtsverbände stellen und konsequent die Diskussion zur Qualitätsentwicklung und Qualitätssicherung in Non-Profit Unternehmen gemeinsam aufnehmen.

Am Beispiel des Einrichtungsverbundes für Menschen mit geistiger und mehrfacher Behinderung der AWO Bremen möchte ich einige Erfahrungen und mögliche Wege zur Qualitätsentwicklung und -sicherung aufzeigen.

Ebenen der Qualitätsentwicklung und -sicherung

Die theoretische Betrachtung zur Entwicklung der Konzepte zur Qualitätsentwicklung und -sicherung läßt sich auf 5 Ebenen darstellen und unterteilen.

Auf jeder dieser Ebenen werden sowohl von der Politik, den Sozialbehörden als auch den Trägern derzeit inhaltliche Konzepte entwickelt, die bei der praktischen Umsetzung immer auch Auswirkungen auf die anderen Ebenen haben.

1. Sozialpolitische/gesellschaftliche Ebene

Aufgabe: Formulierung sozial-ökonomischer und gesetzlicher Standards

⇕

2. Kommunale Ebene der Regionen und Gemeinden

Aufgabe: Übertragung und Durchführung der sozio-ökonomischen Standards

⇕

3. Träger-Ebene

Aufgabe: Entwicklung, Durchführung und Sicherung von Qualitätsstandards der Dienstleistungsangebote

⇕

4. MitarbeiterInnen-Ebene

Aufgabe: Durchführung der Konzepte, Sicherung und Überprüfung der Qualität des Arbeitslebens

⇕

5. Klienten-Ebene

Aufgabe: Sicherung und Überprüfung der individuellen Lebensqualität

Am Beispiel der Leistungen und Anforderungen nach dem SGB XI (Pflegeversicherung) werden die unterschiedlichen Auswirkungen auf den verschiedenen Ebenen besonders deutlich. Die Schaffung der gesetzlichen Grundlagen auf der sozialpolitischen Ebene hat sowohl auf der kommunalen Ebene als auch auf allen weiteren Ebenen weitreichende Umstrukturierungen notwendig gemacht. Als ein Beispiel sei nur die zur Anerkennung der Einrichtung als Versorgungseinrichtung gegenüber den Pflegekassen notwendige Pflegefachkraft mit der Berufsqualifikation Kranken- oder Altenpfleger genannt. Die kommunalen Behörden haben alle Einrichtungen aufgefordert, umgehend Krankenschwestern oder Altenpfleger als Pflegefachkraft auszuweisen oder gegebenenfalls einzustellen, damit die Einrichtungen gegenüber den Pflegekassen zur Abrechnung der Pflegeleistungen anerkannt werden können. Nur wenige

Einrichtungen in der Behindertenhilfe hatten diese Berufsgruppen in den Eingliederungseinrichtungen nach BSHG § 39/40 für behinderte Menschen vorgehalten und sahen in dieser Veränderung eine Konzeptverlagerung in Richtung Pflegeeinrichtung, oder eine erneute Medizinisierung des Hilfesystems. Trotz aller Ängste und fachlicher Vorbehalte haben die Träger mittlerweile in vielen Fällen reagiert und interdisziplinäre Mitarbeiterteams aus Pflegefachkräften und pädagogischen Berufsgruppen in den Einrichtungen konzeptionell abgesichert. Für die MitarbeiterInnen ergeben sich durch diese Strukturveränderung zum Teil ganz neue Handlungsmuster und Arbeitsinhalte. Stichpunktartig seien an dieser Stelle exemplarisch beispielsweise die Darstellung der Pflegeleistungen, Verbesserung der Leistungsdokumentationen, Erstellung von Leistungsprofilen etc. genannt, also Aufgaben, die umfassend als Qualitätsentwicklung umschrieben werden können.

Schritte zur Qualitätsentwicklung auf Träger-Ebene

Die Qualitätsentwicklung bei einem Träger ergibt sich allerdings nicht von alleine. Sie muß auf der Träger-Ebene gewollt, geplant und als eine gemeinsame Werthaltung von allen Verantwortlichen und MitarbeiterInnen mitgetragen werden. Die Qualitätsentwicklung muß demnach den Anspruch auf Transparenz erfüllen und für alle Beteiligten nachvollziehbar sein. Sie kann nicht von «Oben» verordnet werden und sie muß als «Philosophie» und Handlungsorientierung gemeinsam entwickelt werden.

Seit Jahren bemühen sich die freigemeinnützigen Träger, mit den vorhandenen fachlichen Standards und finanziellen Ressourcen ein vielfältiges Dienstleistungsangebot für behinderte Menschen aufzubauen. Dazu gehören besonders die in den letzten Jahren diskutierten und beschriebenen zukünftigen Programme zur Qualitätsentwicklung der Angebotsstrukturen in Non-Profit-Unternehmen. Durch die derzeitigen BSHG-Novellierungen und die Sparpolitik wird es noch dringlicher, die in Zukunft benötigten Standards abzusichern und die Effizienz der Angebotsstruktur transparent zu beschreiben und an den Auswirkungen auf die Lebensqualität der Klienten hin zu überprüfen.

Zur Qualitätsverbesserung und -sicherung der Dienstleistungsangebote von Non-Profit-Unternehmen können 9 Punkte genannt werden, die ein

Träger zur Entwicklung einer internen Qualitätsdiskussion berücksichtigen sollte.

Die im nachfolgendem dargestellte Qualitäts- und Organisationsentwicklung auf der Trägerebene hat sich in den letzten 5 Jahren bei der AWO Bremen kontinuierlich entwickelt und kann in diesem Rahmen nur stichpunktartig dargestellt werden.

Innovation, Sozialmanagement und Qualitäts- und Organisationsentwicklung auf der Trägerebene (Schwarz 1992)

1. Leitbild, Unternehmensphilosophie, Fachlichkeit

Das Leitbild bestimmt die Wert- und Normhaltung des Trägers und der MitarbeiterInnen, ihre gemeinsame Unternehmungsphilosophie, Zielsetzungen und die Konzepte zur Qualitätsbeurteilung des Dienstleistungsangebotes des Trägers.

2. Zieldefinition und Zielfindung

Konzeptionelle Darstellung und Umsetzung des Normalisierungskonzeptes, der Arbeitsschwerpunkte und deren Inhalte.

3. Aufgabendefinition und Leistungsprofile

Unterteilung und Beschreibung der Aufgabenbereiche und Arbeitsschwerpunkte (Leistungsprofile). Formulierung von Stellenbeschreibungen, Verantwortungsbereichen, Leitungs-, Mitwirkungs- und Entscheidungsstrukturen.

4. Aufbau- und Ablauforganisation der verschiedenen Einheiten

Zusammensetzung der einzelnen Einrichtungen und deren Gesamtzusammenhang, z.B. Dienst - und Fachaufsicht, Leitungsteam, Team; Verknüpfung der Leitungs- und Kommunikationsstrukturen etc.

5. Lenken, Gestalten und Verändern

Kommunikationsstrukturen und Kooperationen, Mitwirkungs- und Entscheidungsstrukturen.

6. Vernetzung

Möglichkeiten der Einbeziehung in die Sozialplanung; Vernetzungsmöglichkeiten und Kooperationen mit anderen Trägern, Aufbau von Konferenzsystemen.

7. Projektentwicklung

Projektentwicklung wird hierbei als ein Innovationsverfahren verstanden, an dem alle MitarbeiterInnen beteiligt werden, damit neue Inhalte und Qualitäten in den Gesamtprozeß mit einbezogen werden können. Bildung von Qualitätszirkeln.

8. Sozialmarketing

Darstellung der Arbeit, z. B. in Form von Öffentlichkeitsarbeit und Jahresberichten.

9. Controlling/Überprüfung der eigenen Arbeit

Dokumentationsverfahren, Qualitätsüberprüfung, Qualitätsverbesserung und Qualitätsentwicklung als fester Bestandteil des Trägers/Einrichtung; Modelle des Innen-Controlling und Controllingverfahren von Außen (z.B. Forschung und Evaluation).

Jeder dieser einzelnen Punkte steht nicht für sich alleine und muß in der Zusammenfassung als ein Gesamtpaket zur Qualitätsentwicklung betrachtet werden.

Trägerverantwortung

Zur Umsetzung und als Argumente für ein Management in sozialen Organisationen als Trägerverantwortung lassen sich 5 Punkte benennen (Gehrmann, 1993, S. 41 ff.):

1. Überprüfung der Ziele und der Dienstleistungen der sozialen Organisationen
2. Verbesserung der Kooperationsbeziehungen zwischen sozialen Einrichtungen und die Einbeziehung der Sozialen Organisationen in die regionale Planung.
3. Innovationsfähigkeit herstellen und erhalten

4. Personalplanung und Personalführung

5. Verbesserung der Effektivität der Einrichtung und der Effizienz der Arbeit

Mit der Auflösung der psychiatrischen Klinik Kloster Blankenburg im Jahre 1988 hat die AWO Bremen institutionelle Rahmenbedingungen und konzeptionelle Vorgaben entwickelt, die die pädagogisch-therapeutische Arbeit handlungsleitend darstellen und für alle MitarbeiterInnen verbindlich und transparent beschreiben. Angesprochen sind damit die Konzepte, wie:

- Grundsätze und Leitideen der Arbeit (Menschenbild)
- Qualitätsstandards und -kriterien (z. B. räumliche und personelle Standards),
- handlungsleitende Arbeitsprinzipien (Normalisierung als Grundhaltung),
- Organisationsstrukturen (Arbeitsteilung und Verantwortung),
- Mitwirkungs- und Entscheidungsstrukturen (Verantwortung und Beteiligung)
- Rolle der MitarbeiterInnen (Aufgaben und Beziehungsstrukturen),
- Kooperationsstrukturen (Unterstützung und Zusammenarbeit),
- und Kriseninterventionsmodelle (Umfang miteinander).

(Eike, 1992; Eike und Schiller, 1992)

Die genannten Einzelkonzepte weisen deutlich auf den zentralen Mittelpunkt besonders in der Arbeit mit Menschen mit Verhaltensauffälligkeiten hin, es geht um die Qualität der Beziehungen und Kooperationsstrukturen in einem Verbundsystem unterschiedlicher Einrichtungen in einer definierten Region. Zudem hat sich die AWO mit dem abgeschlossenem Versorgungsauftrag gegenüber der Stadtgemeinde verpflichtet, die Betreuung und Förderung unabhängig vom Grad der Behinderung sicherzustellen und zu gewährleisten und Kooperationsstrukturen in der Gemeinde aufzubauen. Diese Verantwortung alleine hat den Träger schon zur Qualitätssicherung verpflichtet, damit die übernommenen Aufgaben und Verpflichtungen wahrgenommen werden können.

Die Entwicklung eines Leitbildes war hierfür sehr hilfreich.

Konkrete Beispiele: Das Leitbild und die Mitwirkungs- und Entscheidungsstrukturen

Die MitarbeiterInnen bringen unterschiedliche Vorerfahrungen und verschiedene Motivationen in die Arbeit ein. Ihre Werthaltungen können dabei sehr unterschiedlich sein. Für die Arbeit muß es daher eine vordringliche Aufgabe des Träger sein, eine mit den MitarbeiterInnen gemeinsam entwickelte Haltung und Philosophie anzuwenden.

»Das Leitbild soll zur Bildung und Stärkung einer gemeinsamen Identität aller Mitwirkenden im Einrichtungsverbund beitragen, eine den Klienten dienende, berufliche Haltung fördern und fachpolitisches Engagement über den Alltag hinaus anregen« (Eike und Schiller, 1992).

Abb.: Leitbild der AWO Bremen

Leitbild des Verbundes

1) Der Einrichtungsverbund versteht sich als modernes, soziales Dienstleistungsangebot für geistig und mehrfach behinderte Menschen in der Region Bremen-Süd.

2) Er sieht deshalb seine zentralen Aufgaben darin, geistig und mehrfach behinderte Menschen zu fördern und zu betreuen und an der sozialpolitischen Weiterentwicklung der heutigen und zukünftigen Hilfeangebote für geistig behinderte Menschen mitzuwirken.

3) Das Selbstverständnis des Einrichtungsverbundes begründet sich in der Auffassung, daß sich Einrichtungen und Hilfeangebote für geistig behinderte Menschen an Prinzipien von Integration und Normalisierung ausrichten. Unser Menschenbild sieht den behinderten Menschen als einen Menschen wie jeden anderen an.

4) Normalisierung zielt direkt auf soziales Handeln. Für behinderte Menschen gelten prinzipiell gleiche Rechte, Bedürfnisse und Wünsche wie für alle anderen Mitglieder der Gesellschaft. Abweichende Bedürfnisse rechtfertigen sich ausschließlich aus konkreten, durch eine je spezifische Behinderung gegebene Umstände, jedoch niemals aus einer Andersbetrachtung behinderter Menschen. Behinderung ist in diesem Sinne als eine normale Ausprägung menschlicher Existenz anzusehen, die keine Aussonderung duldet, sondern die aktive Einbeziehung in den Alltag erfordert. In diesem Sinne müssen alle Hilfsangebote eine kulturspezifische und altersgemäße Form der Bedürfnisbefriedigung ermöglichen.

5) In seiner fachlichen Arbeit orientiert sich der Einrichtungsverbund an einem emanzipatorischen Menschenbild, das von den Bedürfnissen und Bedarfen geistig und mehrfach behinderter Menschen ausgeht. Wir treten dafür ein, daß in der Gemeinde jedem geistig und mehrfach behinderten Menschen sowohl ambulante Hilfen, als auch ein differenziertes, aufeinander abgestimmtes Wohnangebot zur Verfügung stehen muß. Jedem muß ein Arbeits- oder Beschäftigungsplatz zur Verfügung stehen, entweder in einer Werkstatt für Behinderte oder in einer Tagesstätte. Die Einbindung in die Gemeinde soll die Aktivierung der familiären, verwandtschaftlichen Strukturen und damit den Aufbau sozialer Netzwerke ermöglichen. Die Lebensbereiche Wohnen, Arbeit und Freizeit sid soweit als möglich zu trennen.

6) Der Einrichtungsverbund ist mit einem Versorgungsvertrag ausgestattet. Dem entsprechend ist der Einrichtungsverbund prinzipiell bereit, jedem Klienten unabhängig von der Schwere seiner Behinderung zu fördern und zu betreuen.

7) Wir treten dafür ein, daß auch schwerst geistig und mehrfach behinderte Menschen nicht mehr in Großeinrichtungen aufbewahrt werden müssen. Mit den von uns betreuten Klienten haben wir gezeigt, daß auch dieser Personenkreis in kleinen dezentralen Wohneinheiten leben kann. Die Ausgliederung in kleine, überschaubare Milieus ist auch für die schwerst geistig und mehrfach behinderten Menschen ein persönlicher Gewinn, eine deutliche Verbesserung der Lebensqualität.

8) Eine konsequente Hinwendung zu Normalisierung und zu einem veränderten Menschenbild vom behinderten Menschen hat Konsequenzen für die beruflichen Handlungsmuster der MitarbeiterInnen des Einrichtungsverbundes. Die Zusammenarbeit zwischen Referatsleitung, EinrichtungsleiterInnen, KoordinatorInnen und Teams des Einrichtungsverbandes beruht auf kooperativen Prinzipien.

9) Institutionelle Entscheidungsspielräume, in denen MitarbeiterInnen im Rahmen der übertragenen Kompetenzen selbständig handeln, haben eine überragende Bedeutung im Alltag der Hilfen: behinderte Menschen können nur dann lernen, eigene Wünsche und Interessen zu formulieren, wenn sie MitarbeiterInnen begegnen, die selbst Sprecher in ihren eigenen (beruflichen) Angelegenheiten sind.

10) Dabei hat eine an entsprechenden Standards orientierte Fortbildung und Supervision der beteiligten MitarbeiterInnen einen besonders hohen Stellenwert.

Quelle: AWO-Einrichtungsverbund für geistig und mehrfach behinderte Menschen

Mitwirkungs- und Entscheidungsstrukturen

Das Leitbild und die o. g. genannten Einzelkonzepte werden durch die mit allen MitarbeiterInnen besprochenen Mitwirkungs- und Entscheidungsstrukturen des Einrichtungsverbundes ergänzt. Die Entwicklung der Mitwirkungs- und Entscheidungsstrukturen sind als Ergänzung der bestehenden Stellenpläne zu sehen und geben jedem/jeder MitarbeiterIn eine genaue Kenntnis seiner Möglichkeiten zur Mitbestimmung, seiner persönlichen Verantwortung und Informationspflicht. Das nachfolgende Beispiel ist lediglich ein plakativer Auszug aus der MitarbeiterInnen-Einführungsmappe des Einrichtungsverbundes.

Mitwirkungs- und Entscheidungsstrukturen im Einrichtungsverbund der AWO Bremen
Beispiele

Aufgabe	RL	EL	GL	T
Übergeordnete Aufgaben/ Träger				
Dienst- und Fachaufsicht	S			
Konzeptentwicklung	S	S	V	M
Pflegesatzverhandlungen	S	V	I	
Administration/Einrichtung				
Einstellung von MitarbeiterInnen	S	S	V	M
Beurteilung von MitarbeiterInnen	S	S	M	
Etat bis 500,- DM		S	S	M
Leitung der Einrichtung				
Leitung der Einrichtung	I	S	S	
Fachl. Konzept der Einrichtung	S	S	V	M
Dienstpläne/Mitarbeitereinsatz	I	S	S	V
Betreuungsarbeit				
Krisenintervention	I	S	S	S
Alltag in den Wohngruppen		I	I	S
Einkauf (Essen/Haushalt)		I	I	S

Zeichenerklärung:
S Selbständige Entscheidung/Letztverantwortung RF Referatsleiter
V Vorbereitung/Beteiligung an der Entscheidung EI Einrichtungsleiter
M Mitwirkung/Mitsprache an der Entscheidung GL Gruppenleiter
I Information über Entscheidung/Sachverhalt T Team

Die Entscheidungsstrukturen sind nicht statisch und werden in regelmäßigen Abständen diskutiert und entsprechend der sich veränderten Aufgaben und Konzeptionserneuerungen verändert und angeglichen.

Sie sind für die MitarbeiterInnen eine Verpflichtung, aber bieten zugleich auch den Raum für eigene Entscheidungsmöglichkeiten. Sie sind transparent für alle, «einklagbar» und dienen der kooperativen MitarbeiterInnenführung.

Die Qualitätsentwicklung in der sozialen Arbeit bleibt reine Makulatur, wenn durch sie nicht die Lebensqualität der KlientInnen verbessert wird. In den folgenden Abschnitten möchte ich die Umsetzung des voran aufgezeigten für die Praxis darstellen und Mut machen für neue Ideen.

Qualitätsentwicklung verändert die Praxis

In den letzten Jahren hat sich ein bedeutsamer Wertewandel in der pädagogischen Arbeit vollzogen. Mit den Begriffen »Dienstleistungsorientierung« und »Selbstbestimmung der Klienten« wird ein Wertesystem beschrieben, daß die grundsätzliche Anerkennung der Person und ihrer Würde voranstellt. Dieses »neue Menschenbild« haben wir versucht in Einklang mit allen therapeutischen und pädagogischen Maßnahmen zu bringen und als neue Betrachtungs- und Handlungsmuster für die MitarbeiterInnen zu beschreiben. Nicht die Institution steht im Vordergrund, sondern der Klient als Persönlichkeit und Individuum. Das veränderte Menschenbild beinhaltet, »den Einfluß und die Gestaltungsmöglichkeiten behinderter Menschen auf ihre Lebensumstände zu stützen; so qualitativ »gute« Dienstleistungen anzubieten, daß diese Behinderungen in ihren Auswirkungen kompensieren und echte Teilhabe ermöglichen« (Gromann-Richter, 1991, 149).

Bewertung von Behinderung und Verhaltensauffälligkeiten

In der Klinik haben wir während der Auflösung der Klinik Kloster Blankenburg Menschen kennengelernt, die z.T. seit über 15 Jahren von einer medizinischen, d.h. defektorientierten Sichtweise beschrieben, beurteilt und behandelt worden sind. Die zeitlich geführten Aktenverläufe enthielten ausschließlich störende und verhaltensauffällige Vorfälle und Beschreibungen. Die »Patienten« wurden in ihren Defiziten dargestellt, nicht aber in ihren Wünschen, Interessen, Bedürfnissen, Kompetenzen und Bedarf an Hilfen. Das auffällige Verhalten stand im Vordergrund, Förderungsangebote und Betreuungsziele waren nicht vorhanden.

Besonders in der Arbeit mit verhaltensauffälligen Klienten sollte man das Bedingungsgefüge aller möglichen Ursachen, die zu einem auffälligen Verhalten geführt haben können, versuchen herauszufinden, um daraus entwicklungsfördernde Betreuungsziele zu erarbeiten. Dies ist die Aufgabe einer prozeßbegleitenden Diagnostik.

Die Diagnostik hat dabei einen besonderen Stellenwert und muß möglichst viele Faktoren berücksichtigen:

Biographie und Lebenslauf		bisherige Lebensbedingungen
Kompetenzen	**Diagnostik**	Berücksichtigung der körperlichen Befindlichkeit
Wünsche und Bedürfnisse		Institutionelle Rahmenbedingungen und Möglichkeiten

In der Regel sind es Arzt- und Klinikberichte, Entwicklungsberichte und Gespräche mit früheren MitarbeiterInnen, über die wir eine Person zuerst kennenlernen. Ergänzende Informationen zur Person und ihrer Biographie erhalten wir allerdings meist erst über längere strukturierte Verhaltensbeobachtungen in konkreten Alltagsabläufen. Die Beobachtungen müssen schriftlich festgehalten und dokumentiert werden, damit sie für alle Beteiligten transparent dargestellt und nachvollziehbar sind. Die »Häufigkeiten, Intensitäten und Qualitäten aggressiven Verhaltens, mögliche Auslöser usw. sind in einem Verlaufsdiagramm darstellbar. Die parallele Erhebung von Stimmung, Wachheit, Aktivität, Sozialkontakt, Spannung und motorischer Erregung geben, im Verlauf von Monaten gesehen«, Hinweise auf »phasische Verläufe» und über die Wirkung von »inneren Faktoren« (Schmerzen, Medikation etc.) und »äußeren Faktoren (Personalveränderungen, Veränderungen im Alltag etc.)«, die die Beobachtungen ergänzen (Heinrich 1989, 29 ff.).

Zur Vorbereitung und Planung der pädagogischen Arbeit haben wir in der Praxis folgende Schritte eingehalten:

1. Informationssammlung und Problemdiagnostik,
2. Bedingungsanalyse und Hypothesenbildung,
3. Zielbeschreibung und Gewichtung,
4. Therapieplanung und Durchführung,
5. Kontrolle, Bewertung und Änderung der Durchführung (HEINRICH, 1989, S. 29).

Unter Berücksichtigung der o.g. Schritte und am Beispiel einer ausgewählten Biographie möchte ich einige unsere Ansätze und Arbeitsweisen und Umsetzungen der Qualitätsentwicklung für die Klienten in der Praxis skizzenhaft vorstellen.

Niemand in der Klinik
Kloster Blankenburg hätte diese Entwicklung erwartet

Die folgende 13jährige Biographie in Blankenburg zeigt deutlich, welche Auswirkungen eine geschlossene Unterbringung in einer Psychiatrie auf die Sozialisation eines Menschen gehabt hat. Sie zeigt aber auch, daß mit einem guten Konzept, dem Willen zur Innovation und Veränderung, den notwendigen Rahmenbedingungen, einem Konzept zur Qualitätsentwicklung, der Umsetzung des Normalisierungsgedankens als Ziel und Mittel Möglichkeiten gegeben sind: um die Lebensqualität für Menschen mit geistiger und mehrfacher Behinderung zu verbessern.

Biographie: Der heute 38jährige Herr H. hat seit seinem 17. Lebensjahr in psychiatrischen Langzeiteinrichtungen gelebt. Im Alter von 3 Jahren hat eine Gehirnhautentzündung sein Leben verändert. Als Krankheitsfolge sind in den Berichten Artikulationsstörungen, Nicht-Sprechen, Nicht-Erkennen der Eltern, völlige Apathie sowie motorische Erregungszustände und Bewußtseinstrübungen vermerkt. Er wird taub, die Behinderung macht ihn zum Außenseiter. Er reagiert darauf aggressiv, läßt sich nichts bieten, prügelt und terrorisiert seine Mitmenschen und Eltern in seiner Umgebung. Bereits im Kindesalter wird er von Einrichtung zu Einrichtung überwiesen. Zuletzt wird der damals 17jährige medikamentös in einer psychiatrischen Langzeitklinik behandelt und 1974 nach Blankenburg abgeschoben. Der Versuch der Rückkehr ins Elternhaus scheitert nach kurzer Zeit und er wird erneut in die geschlossene Station eingewiesen. Der Patient macht dann auf der Station eine traurige Karriere. Er wird seine »Unterbringung« nicht hinnehmen und entwickelt in den folgenden Jahren massive Verhaltensweisen: Er schlägt wild um sich, verprügelt Mitpatienten, belästigt weibliche Mitarbeiterinnen auf massive Weise, steht nackt und lethargisch auf dem Flur, ist nicht »ansprechbar« und verbarrikadiert sich immer öfter auf der Toilette. Die Strafen folgen: Er verbringt viele Nächte in einer Isolierzelle im Keller der Station. Keiner traut sich in seine Nähe. Seine Isolierung auf der Station nimmt ständig weiter zu und der »Patient« verwahrlost mehr und mehr und die Pfleger in Blankenburg stehen ihm hilflos und ratlos gegenüber. Eine regelmäßige Tätigkeit auf der Station oder in den »Therapiegruppen« wird ihm nicht angeboten, da er als »nicht gruppenfähig« gilt. Zu seinen Mitpatienten bestehen keine sozialen Kontakte. Vielfältige medikamentöse Behandlungsversuche beeinflussen sein Verhalten in keiner Weise.

Wir haben den Schritt gewagt und Herrn H. in Bremen eine neue Heimat gegeben. Alle damaligen Klinikmitarbeiter haben prognostiziert:

»Das schafft Ihr niemals, Herr H. ist und bleibt der »Stationsschreck« und kommt immer wieder auf eine geschlossene Station«.

Bereits nach 3 Jahren konnten wir bewußt sagen, wir haben es gemeinsam mit Herrn H. geschafft, daß er nicht mehr auf einer geschlossenen Station leben muß und am Leben in der Gemeinschaft teilnehmen kann, einer regelmäßigen Beschäftigung in der Tagesstätte nachgeht und bei den vielfältigsten Aktivitäten inner- und außerhalb der Wohneinrichtung beteiligt ist.

Die Vorbereitung auf den Umzug nach Bremen

Innerhalb von einem halben Jahr mußten die neuen Träger-MitarbeiterInnen die KlientInnen in der Klinik kennenlernen, sich in der Atmosphäre einer geschlossenen Station zurechtfinden, mit den täglichen körperlichen Auseinandersetzungen auf der Station fertigwerden und ein tragbares Handlungskonzept für den Umzug vorbereiten.

Die »Kennenlernphase« wurde uns durch die vorherrschende medizinische Betrachtungsweise der Klienten in den Tagesprotokollen der Station unmöglich gemacht. Dieses Protokollsystem haben wir schnellstens verändert und über jeden Klienten wurde jeden Tag ein »Kurzbericht« seiner persönlichen Aktivitäten und Befindlichkeiten angefertigt. Für den einzelnen Klienten wurden verantwortliche MitarbeiterInnen unter Berücksichtigung von Sympathie und Erfahrung benannt, die ein Bezugs- und Beziehungssystem zu den KlientInnen aufbauen konnten.

Unter Berücksichtigung der täglichen Beobachtungen und vorhandener Klinikberichte sind bereits nach kurzer Zeit individuelle Betreuungspläne für jeden Klienten in der Klinik entstanden, die auf den Umzug und das Leben in der neuen Einrichtung vorbereiten sollten. Die bisherigen Alltagsabläufe auf der Station, z.B. gemeinsames Duschen, wurden sofort verändert und die geschlossene Station wurde langsam geöffnet. Mit dem Aufbau von tagesstrukturierenden Angeboten wurden erste Beschäftigungsmöglichkeiten angeboten.

Für Herrn B. war die Vorbereitung für den Umzug in die Einrichtung auf eine der 4 autonomen Wohngruppen mit jeweils 4 Plätzen von besonderer Bedeutung, da er durch seine Verhaltensauffälligkeiten von allen

Klienten gemieden wurde. Über Monate hinweg wurden immer neue Gruppenzusammensetzungen unter dem Blickwinkel diskutiert, mit wem nimmt Herr. H. Kontakt auf, wer geht ihm nicht aus dem Weg und wer kann sich ansatzweise ihm gegenüber behaupten. Die persönlichen Möglichkeiten und Grenzen der MitarbeiterInnen, die in dieser Wohngruppe arbeiten sollten, mußten ebenfalls in die Überlegungen einbezogen werden.

Tagesstruktur

In den ersten Monaten nach dem Umzug stellte sich der morgendliche Tagesablauf für Herrn H. folgendermaßen dar: Gegen 7.00 Uhr wurde er geweckt. Zu diesem Zeitpunkt war er regelmäßig eingenäßt und eingekotet. Er selbst schien davon keine Notiz zu nehmen. Die Aufforderung und Begleitung zur Toilette ergab bereits erste Auseinandersetzungen, da er sofort eine Zigarre haben wollte. In den ersten Monaten saß er morgens z.T. länger als eine Stunde auf der Toilette und mußte mehrmals zum Duschen aufgefordert und dabei kontinuierlich angeleitet und begleitet werden. Ließ man ihn ohne Begleitung duschen, konnte dieses schon 1 Stunde dauern. Der Gang zurück in sein Zimmer und das Anziehen konnten nochmals gut 2 Stunden in Anspruch nehmen. Der gesamte Ablauf wurde immer wieder durch das Rauchen von Zigarrenkippen, Bewegungsstereotypien (Hin- und Herbewegen auf der Stelle in einer Art Trancezustand) unterbrochen, aus denen heraus er sich nur schwer erneut motivieren ließ. Ein Mitarbeiter war dabei ausschließlich nur für ihn zuständig und der Frühdienst in der Gruppe mußte grundsätzlich von 2 MitarbeiterInnen gemacht werden. Diese Einzelbetreuung konnte nur durch eine eigens eingerichtete zusätzliche ABM-Stelle geleistet werden.

Das Ziel dieser individuellen Betreuung war in der ersten Phase, Herrn H. darin zu unterstützen, ein positives Körpergefühl zu entwickeln und einen persönlichen Tagesrhythmus zu bekommen. So war es wichtig, ihm auch die benötigte Zeit unter der Dusche zu geben, sich als MitarbeiterIn auch die Zeit zu nehmen und für eine Sensibilisierung seiner Körperwahrnehmung und -erfahrung zu nutzen. Im Laufe der Zeit entwickelte sich aus seiner Abwehrhaltung »laß mich in Ruhe« die Haltung »komm und helf' mir doch«. Positive Körperkontakte wurden zunehmend möglich. Herr H. begann zu den Mitarbeitern Vertrauen aufzubauen.

Wenn wir Grenzen setzen mußten z.B. Diebstahl von Zigaretten, hatte dies auch weiterhin meist körperliche Auseinandersetzungen zur Folge. Oftmals waren wir danach ratlos, verärgert und betroffen. Die Motivation zur weiteren Arbeit, die Reflexion des eigenen Verhaltens und die beharrliche Suche nach neuen Ansätzen war Thema vieler Teamsitzungen, Fortbildungsmaßnahmen und Supervisionssitzungen. In die Gespräche wurden ein Psychiater und ein beratender Konsiliararzt miteinbezogen.

In der zweiten Phase wurde mit Herrn H. ein individueller Tagesablauf entwickelt und besprochen, der ihm eine Teilnahme am Arbeits- und Beschäftigungsangebot der Tagesstätte ermöglichen und seine Einbindung in die Wohngruppe - z.B. durch das gemeinsame Frühstück - verbessern sollte. Diese kontinuierliche Tagesstrukturierung gab ihm und den MitarbeiterInnen Halt und Sicherheit. Dieses immer wieder überprüfte, veränderte und mit Herrn H. abgesprochene »Trainingsprogramm« führte nach anderthalb Jahren dazu, daß er mittlerweile weitestgehend alleine duscht, sich anzieht, mit seinen Mitbewohnern frühstückt und um 9.OO Uhr selbständig in die Tagesstätte geht. Sein Tagesablauf hat sich in den letzten 5 Jahren in Bremen grundsätzlich verändert und unterscheidet sich nur noch unwesentlich von dem der anderen BewohnerInnen. Die Tagesabläufe Aufstehen, Körperpflege, Frühstücken, zur Arbeit gehen und nach 16.00 Uhr Feierabend, hat er angenommen.

Im Wohngruppenalltag und bei den anfallenden Verrichtungen des täglichen Lebens ist Herr H. mittlerweile beteiligt und hat einzelne Aufgaben wie z.B. Tischabräumen übernommen. Nur noch selten verfällt Herr H. in die alten Verhaltensmuster. In den letzten zwei Jahren sind für Herrn H. - wie für alle BewohnerInnen- individuelle Betreuungstage eingerichtet wurden, um seine sozialen und lebenspraktischen Kompetenzen zu erweitern. An diesen Betreuungstagen werden nach Absprache die unterschiedlichsten Aktivitäten in und außerhalb der Einrichtung gemacht. Die Aktivitäten orientieren sich dabei immer an den Bedürfnissen, Wünschen und Interessen von Herrn H.. So wurde z. B. sein Interesse am Radfahren sofort aufgegriffen und zu einer regelmäßigen Freizeitbeschäftigung gemeinsam mit MitarbeiterInnen.

Integration in die Tagesstätte

Nach der Stabilisierungsphase im Wohnheim haben wir die Integration in die Tagesstätte begonnen. Die Einbindung von Herrn H. in die Tagesstätte stellte die MitarbeiterInnen vor große Probleme. Er sah die Tagesstätte als einen Freiraum an, in dem er Kaffee und Cola trinken konnte, aber sonst nichts von ihm verlangt werden durfte. Die Tagesstättenbesucher lehnten Herrn H. ab, da sie ihn alle aus Blankenburg kannten. Zudem hatte er regelmäßige Tätigkeiten bisher noch nie wahrgenommen und sah auch keinen Sinn darin. Erst die Einsicht, durch die Arbeit Geld zu verdienen und eine Monatsprämie zu erhalten, motivierte ihn überhaupt zur Teilnahme an den Arbeits- und Beschäftigungsangeboten.

Die Einbeziehung in eine bestehende Arbeitsgruppe ist erst nach einem halben Jahr durch eine gezielte Einzelförderung und Begleitung gelungen. Seine Konzentrationsfähigkeit bei einer Tätigkeit beschränkte sich zuerst dabei lediglich auf ca. 5 Minuten, aber auch nur mit Begleitung durch einen Mitarbeiter. Die Motivation zur Arbeit konnte nur durch die Berücksichtigung seiner Interessen - Körbe flechten und schmale Holzspäne mit dem Treibeisen und Hammer spalten, aus denen dann Kaminholz hergestellt wird - gesteigert werden.

Im Alltag kam es immer wieder zu verbalen und körperlichen Auseinandersetzungen in der Gruppe, die zu starken Spannungen untereinander führten. Gemeinsame Gruppenaktivitäten haben die Gruppe als Ganzes stabilisiert und die Distanz zwischen den Arbeitsgruppenmitgliedern verringert.

Nachuntersuchung im Herbst 1992

Die Auflösung der Klinik Kloster Blankenburg und der Aufbau des Einrichtungsverbundes für Menschen mit geistiger Behinderung wurde durch ein mehrjähriges Forschungsprojekt des Bundesministeriums für Gesundheit begleitet. In der Nachuntersuchung von 1992 wurde auch die Entwicklung von Herrn H. dokumentiert.

»Herr H. legt jetzt mehr Wert auf sein Äußeres als vor zwei Jahren. Im gesamten Bereich der Körperpflege erledigt er alles selbständig. Insgesamt ist Herr. H. viel ruhiger geworden, das ständige Umhergehen und Betteln nach Zigaretten hat erheblich abgenommen. Er ist stärker als früher um Kommunikation und Kontaktaufnahme bemüht. In der Tagesstätte ist Herr H. nicht mehr nur auf seine Bezugsmitarbeiter fixiert und hat das Arbeits- und Beschäftigungsangebot grundsätzlich angenommen. Es besteht weiterhin die Perspektive, ihn in ferner Zukunft in eine Gehörloseneinrichtung zu integrieren. Dies setzt jedoch eine weitere Reduzierung seines auffälligen Verhaltens (bedrohlich wirkendes, impulsives und vehementes Auftreten, sexuell belästigendes Berühren von Frauen) voraus« (Bundesministerium für Gesundheit 1995, 156).

Das Forschungsprojekt kam in seinem Bericht zu einer zusammenfassenden Bewertung: Selbst innerhalb der Klinik Blankenburg hat das Verhalten zu seiner Ausgrenzung geführt. Ohne den mit dem Träger vereinbarten Versorgungsvertrag wäre er nicht in das Verbundsystem übernommen worden. Seine individuelle Entwicklung belegt, daß auch derart gravierende Problemlagen nur im Rahmen eines Verbundsystems aufgefangen werden können und notwendige fachliche, konzeptionelle und finanzielle Ressourcen zur Verfügung stehen müssen.

Zusammenfassung

Das Normalisierungskonzept und die Konzepte zur Qualitätsentwicklung und -sicherung bedingen einander und sind nicht unabhängig voneinander umzusetzen. Sie müssen im Einklang miteinander weiterentwickelt und kontinuierlich umgesetzt werden. Die Wohlfahrtsverbände müssen sich ihrer Verantwortung stellen, Konzepte zu entwickeln und Umsetzungsmöglichkeiten aufzeigen. Das vorrangige Ziel kann dabei nicht die Festigung der Institutionen sein, sondern es bedarf einer grundsätzlichen systemischen Sichtweise von den institutionellen Vorgaben und Rahmenbedingungen als Ursache und Wirkung für die Lebenszufriedenheit und Lebensqualität der KlientInnen. Der Leistungsfähigkeit, der Fähigkeit, Konzepte umzusetzen, den Möglichkeiten zur Mitbestimmung und Mitwirkung etc. der MitarbeiterInnen muß vom Träger mehr Aufmerksamkeit gewidmet werden. Sie sind es, die die gesetzlichen und konzeptionellen Vorgaben und Bedingungen mit den KlientInnen gemeinsam umsetzen müssen.

Literatur

BECK, I.: Qualitätsentwicklung im Spannungsfeld unterschiedlicher Interessenlagen. In: Geistige Behinderung 1 (1996), 3 - 17.
BECK, I.: Neuorientierung in der Organisation pädagogisch-sozialer Dienstleistungen für behinderte Menschen: Zielperspektiven und Bewertungsfragen. Frankfurt/M. u.a. 1994.
BUNDESMINISTERIUM für Gesundheit (Hg.): Modellprojekt. Integration von Patienten einer psychiatrischen Langzeitklinik in dezentrale gemeindenahe Versorgungseinrichtungen. Endbericht des Evaluationsprojektes zur Entwicklung der psychiatrischen Versorgungsstruktur in Bremen im Zuge der Auflösung der Klinik Kloster Blankenburg. Baden-Baden 1995.
EIKE, W.: Regionale Versorgung im Einrichtungsverbund der Arbeiterwohlfahrt Bremen. Qualitätsbeurteilung und -entwicklung im Wohnbereich für geistig und mehrfach behinderte Menschen. In: Bundesvereinigung Lebenshilfe (Hg.): Qualitätsbeurteilung und -entwicklung von Wohneinrichtungen. Marburg 1992, 127-136.
EIKE, W. und Schiller, B.: Regionale Pflichtversorgung in Bremen. Lebensqualität für verhaltensauffällige und schwer behinderte Menschen. In: Geistige Behinderung 1 (1992), 292-302.
GEHRMANN, G.(Hrsg.): Management in sozialen Organisationen. Berlin u.a. 1993.
GROMANN-RICHTER, P. (Hrsgin.): Was heißt hier Auflösung? Die Schließung einer Klinik. Werkstattschriften zur Sozialpsychiatrie Band 48. Bonn 1991.
HEINRICH, J.(Hrsg.): Aggression und Streß. Weinheim 1989.
SCHWARZ, P.: Management in Nonprofit-Unternehmen. Eine Führungs-, Organisations- und Planungslehre für Verbände, Sozialwerke, Vereine, Kirchen, Parteien usw. Bern/Stuttgart 1992.
THEUNISSEN, G.: Wege aus der Hospitalisierung. Förderung und Integration schwerstbehinderter Menschen. Bonn 1991.
THIMM, W. u.a.: Ein Leben so normal wie möglich führen... Große Schriftenreihe der Bundesvereinigung Lebenshilfe Band 11. Marburg 1985.
THIMM, W.: Leben in Nachbarschaften. Freiburg 1994.

Familienentlastende Dienste (FED)
Zwischen Alltagsorientierung und Pflegeversicherung

MONIKA HUPASCH-LABOHM UND CHRISTEL MEYNERS

Einleitung

Ambulante Familienentlastende Dienste (kurz: FED) können inzwischen auf eine etwa 20jährige Entwicklung zurückblicken. Noch heute ist es aber schwierig, sie einer eindeutigen Definition zuzuordnen. Im allgemeinen können sie beschrieben werden als ambulante Dienste, die Familien bzw. familienähnlichen Haushalten mit behinderten Kindern, Jugendlichen und Erwachsenen eine stunden- oder tageweise Entlastung von der alltäglichen Betreuung und Pflege anbieten.

Die ersten Familienentlastenden Dienste entstanden bereits in den siebziger Jahren. Die meisten FED wurden dann Mitte der 80er Jahre aufgebaut, so daß sich bis heute etwa 250 Dienste in den alten und ab 1990 etwa 100 Dienste in den neuen Bundesländern etabliert haben, überwiegend in Trägerschaft lokaler Lebenshilfevereinigungen. Um den Ausbau und die konzeptionelle sowie finanzielle Absicherung Familienentlastender Dienste stärker voranzutreiben, förderte die Bundesvereinigung Lebenshilfe Marburg e.V. zunächst in der ehemaligen Bundesrepublik (ab 1987), dann auch in den neuen Bundesländern (ab 1990) je einen FED, der die Vorreiterrolle im jeweiligen Bundesland übernehmen sollte.

Die sich entwickelnden Dienste zeigten eine vielfältige Praxis, wobei die Konturen dieser neuen Formen personenbezogener Dienstleistungen im System der Hilfen für Behinderte eher unscharf blieben.

Auch von Seiten der Bundesregierung wurde 1989 im Zweiten Bericht »Über die Lage der Behinderten und die Entwicklung der Rehabilitation« zum ersten Mal der Ausbau »ambulanter familienentlastender Dienste« als sozialpolitische Aufgabe benannt (vgl. Bundesminister f. Arbeit und Sozialordnung 1989, Ziff. 8.1 8.3).

Der eindeutigen sozialpolitischen Forderung nach einem verstärkten Ausbau Familienentlastender Dienste stand eine vielschichtige Praxis gegenüber, welche aber eher von Zufälligkeiten, Unsicherheiten und mangelnder Koordination geprägt war.

Diese Ausgangslage führte zur Formulierung des praxisbegleitenden Forschungsvorhabens »Quantitativer und qualitativer Ausbau ambulanter Familienentlastender Dienste (FED)« an das damalige Bundesministerium für Jugend, Familie, Frauen und Gesundheit. Das Projekt nahm Ende 1990 seine Arbeit unter der Leitung von Prof. Dr. Walter Thimm auf. Zunächst blieb das Projekt auf das Gebiet der ehemaligen Bundesrepublik ausgerichtet. Ab 1992 konnte das FED-Projekt durch eine Zusatzbewilligung des Ministeriums auch auf die Begleitung der Entwicklung von Familienentlastenden Diensten in den neuen Bundesländern ausgerichtet werden. Wertgeleitetes Ziel des Forschungsprojektes war: »Die Situation von Familien mit behinderten Angehörigen soll durch ambulante Familienentlastende Dienste verbessert werden«. Alle Forschungsaktivitäten des Projektes wurden durch diesen Leitgedanken getragen. Im folgenden möchten wir einen kleinen Einblick in unsere gemeinsame Forschungsarbeit[1] mit Herrn Thimm geben und den derzeitigen Entwicklungsstand FED kritisch beleuchten.

Was ist das Spezifische am FED?

Familienentlastende Dienste werden immer wieder als eine neue Form der Dienstleistung im System der Hilfen für Familien mit behinderten Angehörigen bzw. in der Behindertenhilfe allgemein angesehen. Was aber ist das Neue, das Besondere am FED?

Was waren und sind die Kerngedanken des FED? Das globale Ziel Familienentlastender Dienste ist es, die Familie zu entlasten, ihr zur Aufrechterhaltung eines »normalen« Alltags zu verhelfen, wobei »normal« in

---

[1] Ausführliche Betrachtungen der einzelnen Teilbereiche sind dem Endbericht des Forschungsprojektes zu entnehmen. Der Endbericht ist unter dem Titel »Familienlastende Dienste (FED). Zur Entwicklung einer neuen Hilfeform für Familien mit behinderten Angehörigen« in der Schriftenreihe des Bundesministeriums für Gesundheit erschienen.

Anlehnung an den Normalisierungsgedanken nichts anderes bedeutet als gleichberechtigter und chancengleicher Zugang zu Standards, die in unserer Gesellschaft als legitim erachtet werden.

Familienentlastende Dienste sind eine Reaktion auf offensichtliche Lücken im bestehenden System der Behindertenhilfe, welches sich durch einen hohen Grad der Professionalisierung ausdrückt. Im Gegensatz zu diesen professionellen Dienstleistungen (rechtlich definiert; programmiert und sektorisiert, z.B. in medizinisch-therapeutische, pädagogische, soziale Hilfen; organisiert in Institutionen erbracht; zeitlich, räumlich, inhaltlich begrenzt; aber auch zuverlässig und kontinuierlich) sind die Hilfen über den FED eher spontan, unspezifisch, nicht festgelegt, variierend; zeitlich, räumlich, inhaltlich flexibel.

Adressat der Hilfen - auch das ist neu - ist nicht die behinderte Person selbst, sondern das Familiensystem und hier vor allem die Hauptbetreuungsperson(en), in erster Linie sind dies die Mütter. FED verfügen nicht über ein von vornherein festgelegtes Angebot, mit ihrer Angebotspalette reagieren sie vielmehr auf die Wünsche der Familien.

Familienentlastende Dienste wenden sich wieder dem Alltag zu. Sie orientieren sich an den wirklichen Alltagsbedürfnissen der Familien. Sie greifen Hilfebedürftigkeiten auf, die bisher von den Betroffenen nicht auf einen sozialpolitischen »Begriff« gebracht werden konnten. Hilfebedürftigkeit und Helfen erscheinen wieder in ursprünglicher Form, eingebettet in alltägliche kommunikative Strukturen, basierend auf dem unmittelbaren Austausch zwischen Hilfebedürftigen und zur Hilfe bereiten Menschen. Familienentlastende Dienste weisen nichtprofessionelle Strukturen auf. Sie orientiern sich nicht an einem Befund, zu dem eine vorformulierte Hilfe paßt, sondern gehen Befindlichkeiten der Hilfeadressaten nach. Helfen wird hier nicht als »Bewerkstelligen« verstanden, sondern als »gemeinsame Daseinsgestaltung« (Kobi 1986). Diese Positionen hat Thimm bereits auf dem 1. Offenen Lebenshilfetreffen der Familienentlastenden Dienste 1990 deutlich gemacht. Er forderte auch, daß, will man diesen Prinzipien Rechnung tragen, die »Regiekompetenz« nicht bei den Experten, sondern bei den Familien und ihren Helferinnen und Helfern liegen muß. »Helfen als Ausdruck gemeinsamer Bewältigung von Alltagsproblemen - so könnte man programmatisch die Aufgaben Familienentlastender Dienste kennzeichen. Das setzt voraus, daß in der weiteren Entwicklung dieser Alltag nicht wieder wegorganisiert wird« (Thimm 1991,7).

Wie sehen die Hilfen aus und wer erbringt sie?

Die konsequente Hinwendung zum Alltag der Betroffenen und die in die Familien hineinverlagerte Regiekompetenz bedeutet konsequenterweise, daß der FED kein spezifisches, von vornherein festgelegtes Angebot vorhält, sondern die konkrete Hilfeleistung sich vielmehr aus den Wünschen und Bedürfnissen der Familien heraus ergibt.

Dies bringt eine bunte Vielfalt von Angeboten an Hilfeleistungen mit sich, die grob in drei Bereiche gegliedert werden können.

Zu dem ersten, wohl auch umfassendsten Bereich, gehören die Betreuungsangebote. Möchte(n) die Hauptbetreuungsperson(en) für eine bestimmte Zeit von der Betreuung des behinderten Familienmitgliedes entlastet werden, vereinbart bzw. vereinbaren sie mit dem FED, d.h. mit der Leitungskraft den genauen Zeitpunkt, Umfang und Inhalt der Betreuung. Eine Helferin oder ein Helfer des FED kommt dann in die Familie und übernimmt die Betreuung des behinderten Familienmitgliedes, währenddessen die anderen Familienmitglieder eigenen Interessen nachgehen können.

Die Ausgestaltung der Betreuungszeit kann sehr vielfältig sein. Das belegt auch eine Auswertung von Tagesprotokollen über die konkreten Tätigkeiten von HelferInnen in den Familien. Während der Betreuungszeit stehen die Bedürfnisse des behinderten Angehörigen im Vordergrund. Je nach Alter, Hilfebedürftigkeit oder Interessen werden unterschiedliche Schwerpunkte gesetzt. Nehmen in einer Betreuung mit hoher Hilfebedürftigkeit vielleicht grundpflegerische Hilfen oder Hilfen bei der Versorgung im lebenspraktischen Bereich mehr Raum ein, so ist in einer anderen Betreuung mit größerer Selbständigkeit des behinderten Angehörigen der Schwerpunkt meist in die Freizeitgestaltung gelegt. In wiederum einer anderen Betreuung reicht es aus, z.B. abends nach dem Zubettbringen des Kindes anwesend zu sein. Konkrete Fördermaßnahmen spielen in der FED-Betreuung eine untergeordnete Rolle. Allerdings wird in den Betreuungen darauf geachtet, daß vorhandene Fertigkeiten im Sinne einer Selbständigkeitsförderung genutzt und unterstützt werden, aber auch neue Fertigkeiten erlernt werden. Es wird generell versucht, die zu betreuende Person soweit wie möglich aktiv am Alltags- und Freizeitgeschehen teilhaben zu lassen bzw. sie dabei zu unterstützen, diese selbst zu gestalten oder mitzugestalten.

FED-Betreuung bedeutet nicht die alleinige Interaktion zwischen HelferInnen und behindertem Familienmitglied. Die nichtbehinderten Familienmitglieder - Geschwisterkinder, Ehepartner, Eltern - können mehr oder weniger intensiv in das Tätigwerden der HelferInnen einbezogen sein, abhängig von der jeweiligen Familiensituation und den Bedürfnissen der einzelnen Familienmitglieder. Die (Mit-) Betreuung von Geschwisterkindern scheint dabei genauso zum FED-Alltag zu gehören, wie die gemeinsamen Gespräche mit Eltern oder Ehepartnern. Die Tagesprotokolle der HelferInnen und auch Interviews mit Familien, die den FED nutzen, lassen erkennen, daß viele HelferInnen sowohl für die zu betreuende Person als auch für die nichtbehinderten Familienmitglieder eine starke psychosoziale Unterstützungsfunktion übernehmen. *»Bloß inzwischen hat sich über Jahre dort auch, möchte ich mal sagen, ein freundschaftliches Verhältnis entwickelt, ein sehr freundschaftliches und sehr kameradschaftliches und sehr ehrliches und offenes Zueinander. Das heißt auch, daß H. hier miteinbezogen ist«* (Aussage eines Vaters über die Helferin).

Die hier nur kurz angeschnittenen Betreuungsinhalte bzw. Tätigkeiten der HelferInnen eines FED spiegeln das wider, was eingangs als das Neue im System der Hilfen genannt wurde; sie stellen fachlich unspezifische spontane, zeitlich, räumlich, inhaltlich flexible und eher nicht professionelle Hilfen dar, die sich konkret am Alltag der Familien orientieren.

Neben der hauptsächlich stundenweisen Betreuung in der familiären Umgebung wird immer stärker auch der Wunsch nach einer längerfristigen Entlastung von den Familien artikuliert. In diesem 2. großen Bereich der FED-Angebote, der zusammengefaßt mit '*Kurzzeitentlastung*' beschrieben werden kann, zählen z.B. Urlaubvertretungen der Eltern/der Mutter im Hause oder auch außer Haus, Wochenendbetreuungen, Ferienprogramme für das behinderte Familienmitglied u.ä.

»*Ja, daß man so einmal im Jahr die Chance hätte, [...] statt Wochenendbetreuung mal die vier Wochen [...] So'n Urlaub.* Das würde mir vorschweben, nicht nur so 'ne Woche, sondern vier Wochen« (Aussage einer Mutter über ihren Wunsch nach Entlastung über längere Zeiträume).

Den dritten Schwerpunkt in der FED-Angebotspalette bilden die Beratungsangebote. Der FED ist Ansprechpartner für die Familie mit ihren alltäglichen Sorgen und Nöten. Den Familien werden Informationen über weitere Hilfen gegeben und es wird an zuständige Stellen vermittelt. Gerade auch in sozialrechtlichen Fragestellungen steht der FED den Familien oft zur Seite.

Für diese Hilfeangebote sind in der Regel in einem FED eine Leitungskraft und die sogenannten Helfer und Helferinnen eingesetzt. Werden die Hilfeleistungen, die sich aus den ersten beiden großen Bereichen der FED-Angebote ergeben, hauptsächlich von den HelferInnen eines FED erbracht, so gehören die Beratungsangebote eher zum Arbeitsfeld der Koordinations- bzw. Leitungskraft des FED.

Zu den wesentlichen Aufgaben der Leitungskraft gehören, neben den bereits genannten beratenden Tätigkeiten, die Suche, Auswahl und Begleitung der HelferInnen sowie die Begleitung der Familien. Insgesamt ist die Leitungskraft für die Sicherstellung der Angebote des FED bzw. die Koordination der Hilfen, für die konzeptionelle Weiterentwicklung des FED, die Suche nach geeigneten Finanzierungsmöglichkeiten, Öffentlichkeitsarbeit und vieles mehr verantwortlich.

In der Diskussion um Familienentlastende Dienste herrscht deshalb weitgehend Einigkeit darüber, daß ein FED von einer vollberuflich tätigen pädagogischen Fachkraft (diplomierte Sozialpädagogin oder Sozialarbeiterin) koordiniert und geleitet werden sollte.

Der relativ eindeutigen Position zum notwendigen Personenkreis der Leiterinnen steht eine bunte Palette von Personen gegenüber, die unmittelbar in den Familien zum Einsatz kommen. Die Zusammensetzung des HelferInnenkreises ist bezüglich des Anstellungsverhältnisses im FED und auch des beruflichen Status generell heterogen. Die meisten HelferInnen befinden sich in einem nebenberuflichen Beschäftigungsverhältnis und erhalten für ihre Tätigkeit ein Entgelt. Von der Zusammensetzung her bilden StudentInnen den weitaus größten Anteil an den nebenberuflichen HelferInnen. Weitere größere Gruppen sind z.B. Zivildienstleistende und Hausfrauen.

Sowohl über den Grad der »Verberuflichung« als auch über Art und Umfang der fachlichen Zurüstung dieser HelferInnen gehen die Meinungen weit auseinander. Unsicherheit besteht im Gebrauch der Begriffe »Laien«, »ehrenamtliche HelferInnen«, »Professionelle« und »Fachkräfte«. Die unterschiedlichsten Meinungen, die sich in den Diskussionen um den Einsatz Ehrenamtlicher ergeben, resultieren im wesentlichen aus den verschiedenen Assoziationen zu dem Begriff »Ehrenamt«, dessen Ursprünge sich vor allem aus dem Wandel des Verständnisses vom alten zum neuen Ehrenamt aufzeigen lassen. Das alte Ehrenamt, gekennzeichnet durch aufopferungsvolle Hilfe, unentgeltlich und unter Hintanstellung eigener Bedürfnisse (vgl. OLK 1988) hat sich gewandelt hin zu einem neuen Verständnis von Ehrenamt. Im neueren Verständnis zeigen die ehrenamtlichen Hilfen eine Vielfalt von Erscheinungsformen, die eine Abgrenzung zu den anderen Hilfeformen nicht immer eindeutig ermöglichen. Das ehrenamtliche soziale Engagement bietet zwar keine dauerhafte Erwerbschance, wird heute aber in der Regel auch nicht unentgeltlich erbracht. Es gibt vielmehr fließende Übergänge, die eine Abgrenzung zu den Bezahlungen der vorübergehend gegen Entgelt Teilzeitbeschäftigten erschweren. Auch das Kriterium der Fachlichkeit ergibt keine eindeutigen Abgrenzungen zwischen ehrenamtlichen und beruflich Tätigen. Ehrenamtliche besitzen nicht selten fachliche Kompetenzen. Die Gleichsetzung von Ehrenamtlichkeit und Laienhaftigkeit ist nicht mehr zutreffend.

Wo stehen die FED heute?

Bei den vielfältigsten Kontakten mit MitarbeiterInnen aus der FED-Praxis wurden wir permanent mit der meist allen anderen Diskussionen übergeordneten Frage nach der finanziellen Absicherung des FED und der damit einhergehenden existenziellen Gefährdung der Dienste konfrontiert.

Trotz der inzwischen weit verbreiteten Existenz von Familienentlastenden Diensten konnte bisher in den meisten Bundesländern keine zufriedenstellende Finanzierung des Hilfeangebotes durchgesetzt werden. Ein wesentliches Hindernis für die Abrechnungsmöglichkeiten über gesetzliche Leistungsträger ergibt sich aus der primären Zielgruppe von Familienentlastenden Diensten, nämlich den nichtbehinderten Familienmitgliedern, da es bisher keinen gesetzlichen Anspruch für diese Personengruppe auf regelmäßige Entlastung gibt. Die Kostenträger (Sozialämter, Krankenkassen, Landesbehörden) scheinen die Tatsache nur schwer einsehen zu wollen, daß neben den bestehenden, gesetzlich geregelten Maßnahmen ein Anspruch auf regelmäßige Entlastung auch außerhalb von »Geschäftszeiten« gerechtfertigt ist, um eine Überforderung der gesamten Familie zu vermeiden und 'ein Leben so normal wie möglich' zu gewährleisten.

Unterstützungsleistungen der Sozialleistungsträger richten sich im allgemeinen direkt an die behinderte Person. Der Versuch einer Abrechnung über Hilfeleistungen für diesen Personenkreis mit der Familienentlastung als »Nebeneffekt« wird durch die verschiedenen Zuständigkeiten der jeweiligen Sozialleistungsträger erschwert. Hinzu kommt, daß Unterstützungsleistungen nur für bestimmte, eng umschriebene Hilfebereiche erfolgen und daher nur partielle Kostenerstattungspflichten für einzelne Hilfsmaßnahmen bestehen. Leistungen, die auf die Unterstützung und Entlastung der Familie ausgelegt sind, beziehen sich i.d.R. nur auf Notsituationen und sind von vornherein zeitlich begrenzt. Bei der Finanzierung von FED nehmen sie daher nur eine geringe Stellung ein.

Um einigermaßen kostendeckend arbeiten zu können, sind die FED auf zusätzliche pauschale Zuwendungen z.B. von dem überörtlichen Träger der Sozialhilfe, von Kommunen und Ländern angewiesen. Da diese Leistungen i.d.R. freiwillig sind, kann von einer dauerhaften Finanzierung nicht ausgegangen werden.

Untersuchungen unseres Forschungsprojektes zur Finanzierung von FED ergaben, daß es nicht einmal annähernd einheitliche Finanzierungskonzepte von FED gibt. Die Finanzierungsmöglichkeiten sind von Bundesland zu Bundesland, ja sogar innerhalb einer Region recht unterschiedlich. Je nach örtlichen Gegebenheiten und den Bedingungen innerhalb eines Bundeslandes scheinen alle Möglichkeiten der Finanzierung ausgeschöpft zu werden. Für fast alle befragten FED gilt, daß sie durch eine Mischfinanzierung versuchen, alle bzw. einen Teil der Kosten zu decken.

Während unserer Projektarbeit erfuhren wir immer wieder von Diensten, die ihre Arbeit aufgrund fehlender finanzieller Mittel einstellen mußten.

Immer wieder ist versucht worden, insbesondere auch von der Bundesvereinigung Lebenshilfe Marburg e.V., Familienentlastung im Sinne von alltags- und kundenorientierten Hilfen als Leistung im Bundessozialhilfegesetz zu etablieren. Hierzu ergaben sich Vorschläge, die Eingliederungshilfe nach §39 BSHG um den Anspruch auf Entlastung für die Familie zu erweitern. Eine solche rechtliche Verankerung des Anspruches auf Entlastung von Familien mit behinderten Angehörigen wäre ein deutliches politisches und gesellschaftliches Zeichen dafür, das Recht aller Familienangehörigen auf »ein Leben so normal wie möglich« auch auf sozialrechtlicher Ebene ernstzunehmen und in sozialpolitisches Handeln umzusetzen. Überlegungen dazu wurden aber in Hinblick auf die geplante Neuformulierung des Sozialgesetzbuches IX zurückgestellt. Alle Bemühungen wurden dann jedoch überrannt von der vorrangig behandelten Einführung der Pflegeversicherung.

Die Hoffnungen auf eine bessere finanzielle Absicherung von FED stützten sich bei vielen FED nun auf das Pflegeversicherungsgesetz (PflegeVG). Erwartet wurde durch dieses neue Gesetz eine Reihe von Verbesserungen auch für Familien mit behinderten Angehörigen und die Möglichkeit der Finanzierung entlastender Hilfen (vgl. §§ 36,37 SGB XI). Bisherige Leistungen z.B. über das Gesundheitsreformgesetz (§§ 53ff SGB V) oder über das BSHG (§§ 68,69) sollen ergänzt, differenziert und erweitert werden. Insbesondere durch die Aufsplittung der Pflegebedürftigkeit in drei Stufen (§ 13 SGB XI) und dem damit verbundenen gestaffelten Anspruch auf Leistungen erhoffte man sich auch für Familien mit geistigbehinderten Angehörigen eine finanzielle Verbesserung, zumal ein erweiterter Pflegebegriff herangezogen werden sollte, der z.B. die Beaufsichtigung oder Anleitung eines pflegebedürftigen Menschen mit der unmittelbaren Übernahme der Verrichtungen des täglichen Lebens gleichstellen sollte (vgl. § 12 Abs. 3 SGB XI).

Dennoch wurden die vielen Erwartungen an die Pflegeversicherung bisher nicht oder kaum erfüllt. Im Gegenteil wurden und werden immer deutlicher auch die Gefahren der Benachteiligung für Familien mit behinderten Angehörigen sichtbar und die nur geringe Heranziehung der neuen Regelungen zur Finanzierung familienentlastender Hilfen.

Die FED müssen für die Erbringung von Leistungen nach dem PflegeVG bestimmte Voraussetzungen erfüllen (vgl. §§ 71,72 SGB XI). Hierzu gehört die Anerkennung als Pflegedienst, die zusammengefaßt dann erfolgt, wenn der Dienst eine selbständig wirtschaftende Einrichtung ist und unter ständiger Verantwortung einer ausgebildeten Pflegefachkraft steht. In den Qualitätsmaßstäben nach § 80 SGB XI sind dann die genauen Voraussetzungen benannt, die zur Anerkennung als Pflegedienst führen. Demnach werden als Pflegefachkraft nur die Berufsgruppen aus dem pflegerischen Bereich anerkannt (Krankenschwester/-pfleger, Kinderkrankenschwester/-pfleger, AltenpflegerIn). Eine Erweiterung des Begriffes Pflegefachkraft um die pädagogische Dimension ist bisher von den Pflegekassen, wahrscheinlich unter Druck der eventuell zu hohen Kosten durch das PflegeVG, zurückgewiesen worden. Es steht zu befürchten, daß die FED mit ihren sozial-pädagogisch ausgebildeten Leitungskräften keinen Versorgungsauftrag von den Pflegekassen erhalten werden.

Generell ergeben sich Probleme mit dem Begriff der Pflege. Es bleibt abzuwarten, ob die der Pflege gleichgestellten Verrichtungen (§ 12 Abs. 3 SGB XI) wie 'Beaufsichtigung' oder 'Anleitung' auch zur Anspruchberechtigung von Familien führen, deren Angehörigen hauptsächlich der zuletzt genannten Hilfen bedürfen. Befürchtet werden muß hier aber eine enge Orientierung an medizinisch-pflegerischen Tätigkeiten bzw. Verrichtungen. Diese enge Orientierung ist dann auch für die Erbringung der Hilfeleistungen zu befürchten.

Zusätzlich zu dieser eingeschränkten Definition von Hilfeleistungen gibt es ernste Signale von den zuständigen Länderbehörden, die bislang den FED bereitgestellten freiwilligen Zuwendungen einzustellen und zwar mit dem Verweis auf die Leistungen der Pflegeversicherung.

Aus dieser Situation heraus stellt sich die Frage, wie die FED ihre ursprüngliche Konzeption mit der Ausrichtung auf alltags-, bedürfnisorientierter und damit weniger vorab definierter, Hilfe bewahren können. Die finianzielle Situation der Familienentlastende Dienste wird sich eher noch verschlechtern, wenn sie an ihrer ursprünglichen Konzeption festhalten, es sei denn, ihnen werden auch weiterhin pauschale Zuwendungen zugestanden.

Der Sicherung der Existenz wegen werden sich immer mehr FED gezwungen fühlen, sich strikt an die gesetzlich vorgegebenen Bedingungen zu halten. Mancherorts sind bereits medizinisch-pflegerisch ausgebildete Koordinationskräfte eingesetzt worden, um Leistungen nach dem Pflege VG zu erbringen und damit die Existenz des Dienstes zu sichern. Unter dem Druck der Zuordnung der geleisteten Hilfen zu etablierten (gesetzlich vorgegebenen) Leistungskategorien laufen die praktischen Hilfen Gefahr, sich entweder doch wieder primär als pädagogisch-therapeutische Tätigkeiten für das behinderte Familienmitglied zu verstehen oder aber im Sinne des PflegeVG auf rein pflegerische, ebenfalls fachlich definierte Hilfen zu beschränken. Bei vielen Familienentlastenden Diensten zeigen sich bereits verstärkt Strukturen, wie sie bei den herkömmlichen sozialen Diensten immer kritisiert wurden. So mancher FED orientiert sich inzwischen genauestens an den gesetzlich definierten Maßnahmen. Die Folge sind Stunden und Leistungsbegrenzungen bzw. ein Abnehmen der Inanspruchnahme der Leistungen von seiten der Familien aufgrund zu hoher Stundensätze.

In der Behindertenhilfe wurde jahrelang dafür gekämpft, sich von den rein medizinisch-pflegerisch orientierten Hilfen zu lösen und diese um die pädagogische Dimension zu erweitern. In den letzten Jahren ist auch gerade im Zuge der Normalisierungsdiskussion immer wieder auf die Notwendigkeit einer verstärkten Zuwendung zum Alltagsgeschehen hingewiesen worden. Sowohl die pädagogische Dimension, insbesondere aber auch die konsequente Alltagsorientierung, verbunden mit dem weitgehenden Laiencharakter der Hilfen, gehen durch diese neue Entwicklung wieder verloren. In der Behindertenhilfe ist das ein trauriger Schritt zurück in die Vergangenheit.

Strebt ein FED den vollen Weg in die »Mühle« des PflegeVG an, so wird es in einigen Jahren sicherlich wieder den berechtigten Wunsch von den Familienangehörigen nach einem neuen Hilfeangebot geben, das sich ganz unbürokratisch und flexibel an ihre Alltagsbedürfnisse und Sorgen richten soll.

Eben auf diese Gefahren hatte Thimm bereits 1990 in dem Einführungsreferat des '1. Offenen Lebenshilfetreffen' und später im Austausch mit MitarbeiterInnen aus der FED-Praxis immer wieder hingewiesen. Die Ausrichtung der eher nichtprofessionellen Hilfen an den individuellen (Alltags-) Bedürftigkeiten der Familien kann »verlorengehen, wenn diese Hilfen unter das Diktat der Anbieter professionalisierter Hilfen ... [bzw., d.V.] staatlicher Dienstleistungsstrategien geraten. ... Der Weg in die volle Professionalisierung dieser neuen Hilfen für Familien mit behinderten Angehörigen dürfte ein Irrweg sein« (Thimm 1991, 12)

Haben die FED eine Überlebenschance?

Am Beispiel der Finanzierungsproblematik Familienentlastender Dienste werden wieder einmal die Mängel im System der Hilfen seitens der Sozialpolitik sichtbar.

Zwar wird in der Aufgabenstellung unseres Sozialstaates der Familie eine besondere Stellung eingeräumt (§ 1 SGB-1); der Familie sollen Schutz und Förderung zukommen, besondere Belastungen des Lebens sollen abgewendet bzw. ausgeglichen werden, zur Gewährleistung eines Lebens mit angemessenem Lebensstandard und adäquaten Entfaltungsmöglichkeiten. Im Blickpunkt sozialpolitischen Handelns steht aber oft nur der Mensch mit einer Behinderung selbst, vernachlässigt wird nach wie vor die Familie als primäre Bezugsgruppe, welche den behinderten Angehörigen darin unterstützt, 'ein Leben so normal wie möglich' zu führen. Der Anspruch des Sozialstaatsprinzips und die Realität der Sozialpolitik klaffen hier auseinander. Bereits 1983 wies von Ferber darauf hin, daß unsere Sozialpolitik immer noch zu Lasten der Familien gehe. Er forderte, daß »Sozialpolitik für Behinderte ... gleichzeitig auch immer Familienpolitik« sein müsse (v. Ferber 1983, 8ff). Eine grundlegende Änderung der Sozialpolitik zur Verbesserung der Familien hat in den darauffolgenden Jahren nicht stattgefunden. Auch mit Einführung des PflegeVG sind keine einschneidenden Verbesserungen im Alltagsgeschehen für Familien mit behinderten Angehörigen absehbar. Hier scheint ganz offensichtlich nicht der richtige Weg eingeschlagen worden zu sein.

Die Etablierung Familienentlastender Dienste kann als Teil eines Reformprogramms gekennzeichnet werden, in dem der alltagsweltliche

Bezug bei der Definition sozialpolitisch relevanter Problemlagen wiederhergestellt werden soll. Forderungen aus der Normalisierungsperspektive nach Lebensweltbezug, Dezentralisierung und Adressatenbeteiligung verlangen eine Neubestimmung des Verhältnisses zwischen Expertenhandeln, Laienhilfe und Selbsthilfe im Rahmen einer Theorie personenbezogener sozialer Hilfen (Thimm 1994, 112ff). Die Entwicklungen der letzten Jahre haben gezeigt, daß dieser ursprüngliche Reformkern in der Idee Familienentlastender Dienste auf einem relativ niedrigen Stand der normativen Akzeptanz stehengeblieben ist und sich nicht weiter entfalten konnte. Sollen Familienentlastende Dienste aber eine Überlebenschance im Sinne ihrer ursprünglichen Konzeption erhalten, muß an diesem Reformkern wieder angeknüpft und dieser weiterentwickelt werden.

Was das bisherige System der Hilfen für behinderte Menschen allgemein und Familien mit behinderten Angehörigen insbesondere betrifft, fordert Thimm zu einem Umdenken auf. Wir müssen uns verabschieden von einem Betreuungsmodell, das an den Klienten eine vorformulierte, definierte und organisierte Palette an Hilfen heranträgt, die dieser dann auch so anzunehmen hat. Vielmehr müssen wir uns hinwenden zu einem »Dienstleistungs- oder Kundenmodell«, das »die Konkretisierung und Umsetzung von Hilfen den Klienten und ihren Familien sowie den mit ihnen verbundenen Berufshelferinnen und Helfern« überläßt. »Das beschneidet natürlich die Kontrolle der weitgehend bürokratisierten Dienstleistungsanbieter sowie der kommunalen und staatlichen Sozialbehörden. Kontrollprobleme müssen nun umformuliert werden als Probleme der Verantwortungsverlagerung nach unten« (Thimm 1994, 116).

Die Durchsetzung der ursprünglichen Konzeption wird in entscheidendem Maße davon abhängen, wie die in die betroffenen Familien hineinverlagerte »Regiekompetenz« (Thimm 1991) gesichert werden und mit den vorhandenen kommunalen wie übergeordneten Strukturen verknüpft werden kann.

Eine vernünftige sozialrechtliche Absicherung auf entlastende, am Alltagsgeschehen orientierte Hilfen für Familien mit behinderten Angehörigen bietet nach wie vor das Bundessozialhilfegesetz. Wir möchten an dieser Stelle noch einmal dazu ermutigen, sich weiterhin für eine Erweiterung der §§ 39/40 BSHG um entlastende Hilfen einzusetzen.

Die Zielformulierung des § 39 BSHG 'Eingliederung bzw. Integration' findet in ihrer konkretesten Form zunächst in der Familie des behinderten Angehörigen statt. Von hier aus nehmen alle Integrationsbestrebungen ihren Ausgang. Es sollte daher auch Ziel der §§ 39/40 BSHG sein, die Familie in ihren Integrationsbestrebungen zu unterstützen und ihre Pflege- und Betreuungsbereitschaft durch eine zeitweilige Entlastung zu stärken.

Die Hinwendung zu einem Dienstleistungs- oder Kundenmodell und der den Familien zugedachten 'Regiekompetenz' verlangt aber auch eine verstärkte Auseinandersetzung mit dem Spannungsverhältnis zwischen BerufshelferInnen und zum Engagement bereiten freiwillige,n ehrenamtlichen HelferInnen. »Beruflich erbrachte Hilfen allein können die Lebensproblematik eines Behinderten [und ihrer Familie, d. V.] nicht auflösen. Solchen Hilfen fehlt die emotionale und soziale Nähe unmittelbarer Solidarität. Denn die von Berufs wegen erbrachten Hilfen beruhen primär nicht auf Solidarität, sondern auf Verträgen« (Thimm 1994, 139). Thimm weist darauf hin, daß eine moderne Sozialpolitik für Menschen mit Behinderungen und ihren Familien, wenn sie sich als zukunftsorientierte Gesellschaftspolitik mit einer Hinwendung zu gemeindeintegrierten ambulanten Hilfeformen versteht, die nichtberuflichen Hilfepotentiale im Umfeld des behinderten Menschen und seiner Familie mit ins Auge fassen muß (vgl. ebenda, 140). Die FED sind hier an einem Scheideweg. Sie stehen in der Gefahr, zu einer professionell bestimmten Hilfeart (unter anderen) zu werden. Sie haben aber auch noch die Chance, sich als Modell einer Neuorganisierung sozialer Dienste zu etablieren: lebensweltlich orientiert, die Regiekompetenz der Hilfeadressaten ernstnehmend, ehrenamtliche HelferInnen als notwendiges Scharnier zwischen »Lebenswelt« und »System« einbindend.

Auch Ausbildungskonzepte wird man von ihrer Struktur her ändern müssen. Diese müssen in Zukunft verstärkt Inhalte haben, die BerufshelferInnen dazu befähigen, tragfähige soziale Beziehungen zwischen MitbürgerInnen und behinderten Menschen im näheren Umfeld zu stiften und zu begleiten. Professionell Tätige haben dann ihre Rolle nicht mehr als Experten und Spezialisten aufzufassen, sondern eher »als persönliche Assistenten bei Alltagsproblemen, als Begleiter im Alltag, als Partner gemeinsamer Daseinsgestaltung, als Konstrukteure von Lebenswelten, in denen sich Menschen mit einem Handicap entfalten können« (Thimm 1994, 142).

Literatur

BUNDESMINISTER FÜR ARBEIT UND SOZIALORDNUNG: Zweiter Bericht der Bundesregierung über die Lage der Behinderten und die Entwicklung der Rehabilitation 1989.

VON FERBER, C.: Staatliche Sozialpolitik und die Familien Behinderter. Geistige Behinderung 1983, 2-12.

FORSCHUNGSGRUPPE FED: Familienentlastende Dienste (FED). Zur Entwicklung einer neuen Hilfeform für Familien mit behinderten Angehörigen. Schriftenreihe des Bundesministeriums für Gesundheit 1995.

KOBI, E. E.: Das schwerstbehinderte Kind. Grenzmarke zwischen einer persönlichkeitsorientierten »Pädagogik des Bewerkstelligens« und einer personorientierten »Pädagogik gemeinsamer Daseinsgestaltung«. In: Thalhammer, M. (Hrsg.): Gefährdungen des behinderten Menschen im Zugriff von Wissenschaft und Praxis. München/ Basel 1986, 81-93.

OLK, T.: Zwischen Hausarbeit und Beruf. Ehrenamtliches Engagement in der aktuellen sozialpolitischen Diskussion. In: Müller, S.; Rauschenbach T.: Das soziale Ehrenamt. Nützliche Arbeit zum Nulltarif. Weinheim/ München 1988, 19-36.

THIMM, W.: Familienentlastende Dienste - ein Beitrag zur Neuorientierung in der Behindertenhilfe. In: Dokumentation des 1. Offenen Lebenshilfetreffens der Familienentlastenden Dienste. Bundesvereinigung Lebenshilfe Marburg e.V. 1991.

THIMM, W.: Leben in Nachbarschaften. Freiburg/ Basel/ Wien 1994.

# III Öffnung der Teilhabe im Bildungs- und Ausbildungssystem

Pädagogische Netzwerkförderung - eine Erweiterung von Optionen behinderter Menschen im Übergang von der Schule ins Arbeitsleben

WILLI DÜE

Der Übergang von der Schule ins Arbeitsleben ist für junge Menschen eine Phase zusätzlicher Neuorientierung. Sie fordert ihnen in der Regel wichtige Entscheidungen ab. Handelt es sich jedoch um junge Menschen mit einer Behinderung, ist mit Besonderheiten und Erschwernissen bei dem Prozeß, die dieser Übergang auslöst, zu rechnen. Die Bewältigung von Anforderungen im Berufswahlprozeß und in der Berufstätigkeit setzt bei den jungen Menschen und den Personen ihres sozialen Umfelds ein hohes Maß eigener Handlungsmöglichkeiten voraus.

1. Lebenserschwernisse in der Übergangssituation

In der Folge einer veränderten Arbeitsmarktsituation werden die in der beruflichen Rehabilitation angestrebten Ziele einer sozialen Teilhabe nur von einem ständig kleiner werdenden Kreis schwerbehinderter junger Menschen unter großen Erschwernissen erreicht (Blaschke und Stegmann 1993, 158). Der technologische Wandel, ein angestrebtes Wachstum ohne Beschäftigungserhöhung, eine zunehmende Automatisierung und Computerisierung im gewerblichen und kaufmännisch-verwaltenden Bereich bedeutet für Schwerbehinderte einen Abbau von Arbeitsmöglichkeiten nicht nur in an- und ungelernten Berufen. Die verbliebenen Arbeitsplätze weisen erheblich höhere Qualifikationsanforderungen und -ansprüche an kompetentem Verhalten auf. Für schwerbehinderte Jugendliche und junge Erwachsene sind in diesem Prozeß zusätzliche Schwierigkeiten in der Bildung und Entwicklung von Handlungskompetenzen deutlich bemerkbar. Auf der einen Seite ist das zur Verfügung stehende Zeitbudget bereits durch lebensnotwendige Tätigkeiten stark ausgefüllt; auf der anderen Seite geben erst gutausgeprägte Kompetenzen überhaupt die Chance einer gleichwertigen Teilhabe am gesellschaftlichen Leben. Wenn diese soziale Teilhabe nicht nur eindimensional unter den Aspekten beruflicher, arbeitsplatztechnischer Rehabilitation betrachtet wird, so sind für junge Behinderte sachliche und personelle Ressourcen bereitzustellen, die einmal dazu beitragen, Bewältigungsstrategien zu entfalten und Menschen zu ermöglichen, zu neuen Handlungskompetenzen zu gelangen.

In der Auseinandersetzung mit den Lebenserschwernissen behinderter junger Menschen sind die Rehabilitationsbemühungen daher zu orientieren an den Lebenchancen von Menschen in der Gesellschaft. Lebenschancen, als Rahmen der Betrachtung, sind nach Dahrendorf (1979,50) »eine Funktion von zwei Elementen, Optionen und Ligaturen, die unabhängig von einander variieren können und in ihrer je spezifischen Verbindung die Chancen konstituieren, die das Leben der Menschen in der Gesellschaft prägen«. Optionen sind in sozialen Strukturen gegebene Wahlmöglichkeiten, über die eine Person in einer jeweiligen gesellschaftlichen Position und Situation verfügt. Ligaturen stellen Zugehörigkeiten, Bindungen dar. Sie geben dem Ort, den ein Mensch innehat, eine Bedeutung. Betroffen von diesen Überlegungen sind Ziel und Horizont des Handelns (Optionen), die Wahlentscheidung verlangen und die Fundamente des Handelns (Ligaturen), die Sinn und Bezüge stiften. Sie ergeben die Grundlagen eines sozialen Netzes (Keupp 1990, 35). In der komplexen und komplizierten Phase des Übergangs von der Schule ins Arbeitsleben ist das Ausbalancieren der beiden grundlegenden Dimensionen sozialer Existenz für Menschen mit Behinderung die Möglichkeit zur Überwindung einer eingegrenzten Rehabilitation.

In dem sozialen Netzwerkkonzept sieht Keupp (1988, 702) »eine analytisch vielversprechende Möglichkeit, einen mikrosozialen Strukturzusammenhang durchsichtig zu machen, in dem sich der gesellschaftliche Alltag strukturiert und vollzieht. Es erschließt einen Wirklichkeitsbereich, der weder aus makrosoziologischen Strukturmustern deduziert, noch additiv aus individuellen Motiven und Handlungen rekonstruiert werden kann. Das Netzwerkkonzept bildet 'ein Scharnierkonzept' zwischen individuellen und sozialstrukturellen Prozessen und Gegebenheiten«. In diesen Prozessen und Gegebenheiten vollzieht sich die »fortschreitende gegenseitige Anpassung zwischen dem aktiven, sich entwickelnden Menschen und den wechselnden Eigenschaften seiner unmittelbaren Lebensbereiche. Dieser Prozeß wird fortlaufend von den Beziehungen dieser Lebensbereiche untereinander und von den größeren Kontexten beeinflußt, in die sie eingebettet sind«, und wird als Ökologie der menschlichen Entwicklung betrachtet (Bronfenbrenner 1981, 37). Strukturen einer solchermaßen gekennzeichneten Umwelt werden von Bronfenbrenner als Mikro-, Meso-, Exo- und Makrosysteme benannt. Im Mesosystem, das Wechselbeziehungen zwischen den Lebensbereichen umfaßt, an denen die sich entwickelnde Person aktiv beteiligt ist, überspannt ein soziales Netzwerk diese Lebensbereiche. Als Netzwerk erster Ordnung sieht Bronfenbrenner die Lebensbereiche an, an denen die sich entwickelnde Person direkt beteiligt ist. Wenn zwei Lebensbereiche nicht direkt durch die aktive Beteiligung einer Person verbunden sind, kann eine Verbindung zwischen ihnen durch einen dritten hergestellt werden, der als vermittelnde Verbindung dient. In diesem Fall begegnen sich die Beteiligten beider Lebensbereiche nicht persönlich. Bronfenbrenner bezeichnet dies als soziales Netzwerk zweiter Ordnung zwischen den Lebensbereichen. »Solche Verbindungen zweiter Ordnung können auch über zwei oder mehrere vermittelnde Verbindungen im Netzwerk gehen« (ebd. 200). Die Existenz eines solchen Netzwerkes - und damit eines Mesosystems - beginnt (also) in dem Augenblick, in dem die sich entwickelnde Person zum ersten Mal in einen neuen Lebensbereich eintritt...«(ebd. 41). Hierin wird ein ökologischer Übergang von Lebensbereich zu Lebensbereich gesehen. Ein derartiger ökologischer Übergang findet statt, »wenn eine Person ihre Position in der ökologisch verstandenen Umwelt durch einen Wechsel ihrer Rolle, ihres Lebensbereiches oder beider verändert« (Bronfenbrenner 1981, 43). Im Berufswahlprozeß befinden sich Jugendliche und junge Erwachsene in dieser ökologischen Übergangssituation.

2. Soziale Teilhabe und Netzwerkkonzept

Für die soziale Teilhabe junger Menschen mit Behinderung in der Gesellschaft läßt sich aus den Überlegungen zu sozialen Netzwerken und dem pragmatisch-theoretischen Ansatz der »Normalisierung der Hilfen« im Hinblick auf die Optionen eine Bewertung ableiten. Der Gedanke des Normalisierungsprinzips weist auf die Gestaltung von Hilfen für behinderte Menschen hin. Um den Grundgedanken: »Ein Leben so normal wie möglich führen« zu verwirklichen, ist es erforderlich, das Zusammenleben Behinderter und Nichtbehinderter neu zu bedenken (Thimm 1994,

70). War die Konzeption des Normalisierungsprinzips ursprünglich auf die Aufhebung krasser sozialer Benachteiligung und Isolation geistigbehinderter Menschen gerichtet, wird heute dieses Prinzip ebenfalls auf die Belange anderer behinderter Menschen bezogen (Wolfensberger 1986, 47). Die Normalisierung der alltäglichen Lebensbedingungen ist ein Prozeß, in dem schrittweise die Lebensbedingungen behinderter Menschen so gestaltet werden, daß ihr soziales Ansehen sowie ihre Fähigkeiten gefördert werden, sich möglichst selbständig mit den Lebensbedingungen auseinanderzusetzen.

Der Prozeß vollzieht sich auf der Basis der moralischen Forderung nach Durchsetzung der allgemeinen Menschenwürde in den Alltag der Behinderten, ihrer Angehörigen und auch der mit ihnen verbundenen Professionellen. Eine physische, soziale und personale Integration behinderter Menschen wird in diesem Vorgang angestrebt (Thimm 1986, 101). Mit dem Prinzip der Normalisierung der Hilfen für Behinderte ist ein Maßstab gegeben, der sich in der Bereitstellung der Ressourcen an der Lebenssituation Nichtbehinderter ausrichtet. Hinsichtlich der Methoden der Unterstützung Nichtbehinderter, ihrer pädagogischen Förderung sowie der sozialen Arrangements, in denen dies geschieht, ergibt sich eine von Grund auf veränderte Betrachtung.

Nur Teilbereiche der grundlegenden Bedürfnisse zur menschlichen Lebensgestaltung: Physiologisches Bedürfnis, Sicherheitsbedürfnis, Bedürfnis nach Zugehörigkeit und Liebe, Bedürfnis nach Achtung, Bedürfnis nach Selbstverwirklichung und den ästhetischen Bedürfnissen (Maslow 1975) können in materieller Form erfüllt werden. Wesentliche Teile werden im sozialen Zusammenleben zuerkannt oder müssen errungen werden: Entweder aufbauend, anknüpfend an die im Elternhaus, in den Institutionen, in der sozialen Umgebung bereits erworbene Kompetenzen, oder sie sind in einem Neuangebot zu vermitteln. Die an dieser Stelle ebenfalls anzusprechenden grundlegenden Fertigkeiten wie zum Beispiel Lebenspraktische Fertigkeiten, Bewegungstraining, Mobilitätstraining oder ein Training der Restsinne sind dabei als Mittel, nicht als Ziel zu einer neuen Form der Lebensgestaltung anzusehen. So schwer diese Fertigkeiten zu lernen sind, geben sie doch erst die Basis für das Lernen von Problemlösungsverhalten komplexer sozialer Vorgänge und so auch für die geforderte höchstmögliche Teilhabe am gesellschaftlichen Leben ab. Überlegungen zur Lebenssituation junger Menschen mit Behinderung und der Bewältigung von aktuellen Lebensereignissen (z. B. Krankheit, Arbeitslosigkeit) oder andauernden Lebensproblemen, wie sie eine ausgeprägte Schädigung für die betroffenen Menschen ist, sind grundlegender Bestandteil einer Diskussion über die soziale Teilhabe in der Gemeinde. Eine Lebensbewältigung hängt im hohen Maße von den persönlichen (internen) und sozialen (externen) Hilfsquellen ab, die einem Individuum zur Verfügung stehen. Hier haben sich zwei Forschungsrichtungen herausgebildet. Es wird zwischen Belastungs- und Bewältigungsforschung unterschieden. Die sich zum einen mit einem bedrückenden Lebensereignis fertig zu werden, beschäftigten (Coping); und zum anderen mit den sozialen Unterstützungsleistungen (social supports) die dabei eine entscheidende Rolle spielen (Thimm 1985, 12). Werden diese internen und externen Ressourcen um die Variable »Lebensqualität des Individuums« erweitert, sind Grundbestandteile eines sozialen Netzwerkes gegeben.

Bei der Betrachtung der Teilhabe Behinderter in der Gesellschaft erweisen sich Bestandteile dieser sozialen Netzwerke als empirisch feststellbare Eigenschaften für die Bedürfnisbefriedigung der betroffenen Menschen. Netzwerke werden durch räumliche und durch soziale Nähe konstituiert. Gemeinsamkeiten, die durch räumliche Bedingungen, etwa des Wohnens oder des Arbeitens gegeben sind, oder auf bedeutungsvollen sozialen Beziehungen (Verwandtschaft, Freundschaft, Gleichbetroffenheit) beruhen, bilden die Grundlage sozialer Netzwerke. In dem Geflecht der sozialen Alltagsbeziehungen werden durch die Merkmale: Anzahl der Netzwerkmitglieder, räumliche Entfernung unter den Mitgliedern, Homogenität/Heterogenität der Netzwerkmitglieder, Kontakthäufigkeit mit den Behinderten, Einweg- oder Reziprokbeziehung, Intensität der Beziehungen und anderer Indikatornen für soziale Unterstützungleistungen gesehen (von Ferber 1983, 255). Die soziale Eingebundenheit eines Menschen, seine sozialen Kontakte lassen sich als Stufen sozialer Integration ansehen. Innerhalb des alltäglich sozialen Netzes werden: emotionale Unterstützung, soziale Unterstützung bei Gewinnung einer sozialen Identität, personenbezogene praktische Hilfe zur Lösung alltäglicher Probleme, finanzielle (informelle) Unterstützung und Leistungen im Bereich der Informationen bereitgestellt (Badura 1981; Schiller 1987).

3 Pädagogische Netzwerkförderung - eine Aktivierung des sozialen Kapitals

Pädagogisch bedeutsam ist das Netzwerkkonzept, da es präventive, kurative und rehabilitative Potentiale umfaßt. Es wird eine Lücke zwischen primären Bezugspersonen, unmittelbarer Umwelt und größeren gesellschaftlichen Strukturen mit ihren Entwicklungseinflüssen geschlossen. Das Netzwerkkonzept verweist neben der reaktiven auf die aktive Seite der Auseinandersetzung mit sozialer und natürlicher Umwelt und deren Aneignung und Gestaltung (Nestmann 1989, 110). Die pädagogischen Aufgaben leiten sich daher unmittelbar aus den Zielen sozialer Unterstützung ab. Aus diesen Aufgabenstellungen ergeben sich die übergreifenden Handlungsfelder: Analyse und Identifikation von Ressourcen - Zielprojektionen (Gestaltung der Übergänge, Lebenswelten, Normalisierung der Hilfen, Integration, Lebensplanung) - zu realisierendes Handlungskonzept (z. B. Arbeitsteilung) - Durchführung/Umsetzung des Konzeptes - Evaluation. Den Handlungsfeldern sind konkrete pädagogische Handlungen der Netzwerkförderung zuzuordnen (Braband und Düe 1994, 326).

Unter Netzwerkförderung, der Stärkung »persönlicher und aufgabenbezogener« Netze werden verstanden:

- Aktivitäten, die der Entlastung und 'Pflege', Erweiterung, Aktivierung, Stärkung und Qualifizierung persönlicher Netzwerke dienen

- Aktivitäten, die der Erhaltung, Befähigung und Weiterentwicklung vorhandener aufgabenbezogener (gesundheitsrelevanter) Netzwerke in Arbeits- und Lebenswelt dienen,

- Aktivitäten, die der Anregung neuer aufgabenbezogener (gesundheitsrelevanter) Netzwerke in Arbeits- und Lebenswelt dienen, (Faltis u. a. 1989, 176).

Da soziale Netzwerke ein soziales Kapital verkörpern, gilt es darüber hinaus den Bereich der professionellen Netzwerke in die verbindende Arbeit stärker einzubeziehen, und die vorhandenen Ressourcen günstiger im Sinne einer umfassenden Integration der jungen Erwachsenen zu nutzen. In diesem Zusammenhang gewinnt für die Gestaltung des ökologischen Übergangs von der schulischen in die berufliche Bildung die interdisziplinäre/transdisziplinäre Zusammenarbeit mit dem darauf basierenden Beratungs- und Unterstützungsangebot eine zentrale Bedeutung. Dabei geht es vorrangig darum, durch die Zusammenführung verschiedenster Kompetenzen dem Anspruch einer umfassenden und ganzheitlichen Beratung und Unterstützung weitestgehend gerecht zu werden. Pädagogische Arbeit im Berufswahlprozeß behinderter junger Menschen vor Ort setzt dabei voraus, deren soziale Netzwerke zu kennen oder kennenzulernen und ihre Lebenswelt systematisch zu erkunden. Dabei ist sie auf die Zusammenarbeit und Kooperationsbereitschaft unterschiedlicher Personen des sozialen Netzwerks der jungen Menschen angewiesen und muß hierfür spezifische Arbeitsformen und Strategien des Handelns entwickeln. Aspekte einer netzwerkorientierten Arbeit sind nach Gottlieb (1985) und Nestmann (1989, 116):

1. Verbesserung der Unterstützung und Versorgung in den existierenden alltäglichen sozialen Netzwerken:

   Solche Möglichkeiten struktureller Eingriffe in soziale Netzwerke sind sehr unterschiedlich intensiv und umfassend. Neuaufbau, Veränderung oder Umstrukturierung sind Extrempositionen, häufig geht es in der Netzwerkarbeit um ein Netzwerkmanagement, z. B. in Form eines »network coaching«, wenn bestimmte Bezüge intensiviert, andere hingegen vermindert werden sollen. Oder es geht um »network sessions«, in denen die verschiedenen, z. B. weiter auseinander liegenden Personen und Gruppen eines Netwerks enger und dichter zusammengeführt werden. Häufig handelt es sich um »network-construction«, wenn z. B. neue Kontakte und Bezüge aufgebaut werden, die bisherige Lücken füllen oder entstandene Lücken kompensieren sollen, oder wenn ein Netzwerk multidimensional werden soll.

2. Entwicklung und Förderung von Unterstützungsbezügen:

   Die vorhandenen Netzwerke sollen ergänzt oder nicht vorhandene ersetzt werden. Es geht hier um die Neuschaffung von künstlichen Netzwerken oder Unterstützungsbezügen. Ansatzpunkte liegen hier in der Aktivierung, Initiierung und Stabilisierung von Selbsthilfeaktivitäten in Unterstützungsgruppen Gleichbetroffener.

3. Ausweitung größerer sozialer Beziehungssysteme über die Verbreitung von netzwerkförderlichen Einstellungen, Klimata und Voraus-

setzungen: Hier ist an eine Beteiligung am »community-support-system« zu denken. Ein Bewußtsein für die Stärken einer Gemeinde oder Nachbarschaft und ihre Bedürfnisse sind zu schaffen,

- die sozialen Gruppen und die Laienpotentiale, aber auch die professionellen Hilfe- und Versorgungsnetzwerke sind zu stärken und beide zu verknüpfen,
- die Verknüpfung auch auf der Makroebene der politischen und gesellschaftlichen Einflußnahme für bessere Lebensbedingungen und bessere Versorgung ist zu aktivieren.

4. Anknüpfungspunkte im Rahmen von Erziehung, Bildung und Beratung:

Die/Der Einzelne soll die vorhandenen Ressourcen sozialer Unterstützungen besser erkennen, sich entsprechende Ressourcen schaffen und selber zur Unterstützung anderer angemessen beitragen, somit werden reziproke Systeme alltäglicher gegenseitiger Hilfe aufgebaut.

5. Stärkung der Netzwerkorientierung professioneller Versorgungssysteme in der Gemeinde:

Unterschiedliche Versorgungssysteme und die darin tätigen PraktikerInnen sind zu einer verstärkten Berücksichtigung existierender informeller Unterstützungsnetzwerke sowie der Entdeckung und Akzeptierung ihrer Potentiale und Grenzen anzuleiten. Diese Sichtweise soll Einfluß nehmen auf (sozial-)pädagogische Organisationsentwicklung.

6. 'linkage' (Verbindung/Verknüpfung):

Strategie der geplanten Verknüpfung professioneller und nicht-professioneller Netzwerke und Unterstützungsressourcen, die sich gegenseitig konstruktiv ergänzen. Beide können nur in ihren vollen Potentialen zur Entfaltung gebracht werden, wenn jeweils der andere Bereich miteinbezogen wird.

7. Sozialökologische Fundierung und Sicherung von sozialen Netzwerken und sozialen Unterstützungen:

Soziale Netzwerke und soziale Unterstützungen sind abhängig von sozialökologischen Grundlagen und Rahmenbedingungen. Nur unter bestimmten materiellen, ökologischen und allgemeinen sozialen Bedingungen können unterstützende Netzwerke entstehen, entwickelt und stabilisiert werden. Dies bedeutet eine Einmischung und Beteiligung an Planung und Realisierung von Veränderungen in der Umwelt.

8. Stützung der UnterstützerInnen:

Die Anforderungen an die Mitarbeiterinnen und Mitarbeiter sind sehr groß. Es muß daher das Augenmerk auf die Belastung derer gelenkt werden, die die Belastung der anderen verhindern, abpuffern, teilen oder gar übernehmen, indem sie soziale Unterstützung gewähren.

Netzwerkarbeit fordert somit nicht nur vernetztes Denken, sondern auch gelungenes vernetztes Handeln, da sonst die angestrebten Synergieeffekte als soziales Kapital nicht wirksam werden.

4. Sozialer Kontext und präventive Beratung

»Jugendliche mit Behinderung brauchen eine kontinuierliche Unterstützung, wenn sie den Übergang in das Erwerbs- und Erwachsenenleben erfolgreich bewältigen sollen. Es ist entscheidend, daß Behörden, Ämter und Mitarbeiter zur Gewährleistung dieser Kontinuität auf übereinstimmende Ziele hinarbeiten, so daß Unabhängigkeit im Berufsleben von allen Menschen erlangt werden kann«. (OECD/CERI 1993, 93).

Behinderte junge Menschen benötigen diese Hilfe nicht nur zur Kompensation der unmittelbaren Folgen ihrer Behinderung. Das erforderliche pädagogische Handeln ist auf den ganzen Menschen in seiner Lebenswelt und auf die Entwicklung einer Identität abzustimmen, die auch die Bedingungen von Behinderungen einbezieht. Aus dieser pädagogischen Grundposition ergibt sich, daß pädagogisches Handeln alle Entwicklungsmöglichkeiten und Lebenschancen des einzelnen im Blickfeld haben muß. Eine entsprechende pädagogische Netzwerkarbeit für behinderte junge Menschen, für ihr soziales Umfeld und andere am Bildungsprozeß, der Berufswahlvorbereitung und der beruflichen Ausbildung beteiligte ist somit ein entwicklungsbegleitendes Angebot.

Ein solcher »Integrationsgedanke widerspricht nun aber offensichtlich dem ökonomischen Prinzip und dem der Rationalisierung« (Kobi 1988,

26), so daß unter den zugrundeliegenden Schwierigkeiten andere Formen der Unterstützung behinderter Jugendlicher geprägt werden müssen. Zu denken ist hier vor allem an das Design präventiver Beratung:

1. »Jeder soziale Kontext hat eine begrenzte Anzahl von Ressourcen, um ein System (eine Organisation oder Gruppe) zu erhalten und so zu erweitern und um neue Mitglieder zu werben und zu fordern.

2. Ein anpassungsfähiger sozialer Kontext hat Mitglieder, die über eine Vielfalt von Kompetenzen verfügen.

3. Ziel einer präventiven Intervention ist die Aktivierung und Entwicklung von Ressourcen« (Kelly 1989, 129).

Das Ziel präventiver Beratung ist es, Wege zu finden und die Jugendlichen und jungen Erwachsenen dabei zu unterstützen, verfügbare Ressourcen zu erkennen und zu entwickeln bzw. weiterzuentwickeln. »Eine präventive Beratung wirkt ... als Katalysator für die Schaffung sozialer Kontexte, die individuelles Bewältigungsverhalten durch zusätzliche Prozesse, die von anderen Gruppenmitgliedern entwickelt und durchgeführt werden, ergänzen« (Kelly 1989, 140).

Als beispielgebend für den Bereich Übergang von der Schule ins Arbeitsleben behinderter Jugendlicher und junger Erwachsener kann die Konzeption der Staatlichen Schule für Sehgeschädigte in Schleswig angesehen werden. Eine Konzeption mobiler sonderpädagogischer Beratungsarbeit, die in modifizierter Form auch auf andere Behinderungsarten zu übertragen ist. Grundvoraussetzung und zugleich übergeordnetes Ziel für den Prozeß dieser mobilen sonderpädagogischen Beratungsarbeit sind die Zusammenführung unterschiedlicher Kompetenzen und die enge Kooperation verschiedenster Personen und Institutionen. Auf diesem Wege kann eine tragfähige Neu- bzw. Umgestaltung der Lern-, Arbeits- und Lebensumwelt gelingen und die Integration sehgeschädigter Menschen in berufliche Tätigkeit und Gesellschaft verwirklicht werden. In dieser Aussage wird der ganzheitliche Ansatz eines umfassenden sonderpädagogischen Beratungssystems erkennbar, das sich nicht auf schulische Lernprozesse beschränkt, sondern auch die außerschulische, die vor- und nachschulische Lebens- und Lernsituation zum Gegenstand seiner Arbeit macht (Appelhans u. a. 1992, 82). In der Ausführung dieser Überlegungen entstand die folgende Vorgehensweise:

Aufgabe der Beratung und Unterstützung sehgeschädigter Jugendlicher und junger Erwachsener in diesem Lebensabschnitt ist es, eine gemeinsame Auseinandersetzung mit den Anforderungen des Berufs zu ermöglichen. Die Erziehungsberechtigten und sozialen Bezugsgruppen der jungen Menschen wie auch die berufsbildenden Schulen, die Berufsberatung des Arbeitsamtes, Personen der Ausbildungsstätten, der überbetrieblichen Einrichtungen und der Werkstätten werden in die Beratungsprozesse einbezogen.

In den letzten beiden Schulbesuchsjahren und während der beruflichen Ausbildung werden den sehgeschädigten Jugendlichen und jungen Erwachsenen folgende Angebote gemacht:

(1) Beratung der Jugendlichen und jungen Erwachsenen im Hinblick auf ihre Sehschädigung, z. B. durch:
- erneute Überprüfung des funktionalen Sehvermögens und Sehhilfenberatung,
- Interpretation der Augenbefunde,
- Anleitung zu einer realistischen Einschätzung des eigenen Sehvermögens,
- Ausstattung mit Hilfsmitteln und Einführung in deren Gebrauch.

(2) Unterstützung der Jugendlichen und jungen Erwachsenen bei der Erweiterung eigener Handlungsmöglichkeiten, z. B. durch:
- sehgeschädigtengemäße Orientierungs- und Mobilitätserziehung,
- Förderung der Selbständigkeit im lebenspraktischen Bereich, Entwicklung angemessenen Verhaltens in unterschiedlichen sozialen Situationen,
- Anregungen zur kreativen Lebensgestaltung.

(3) Berufswahlvorbereitung während der Schulzeit, z. B. durch:
- umfassende Informationen (in Zusammenarbeit mit dem jeweiligen Arbeitsamt und der Berufsberatung für Behinderte),
- sehgeschädigtenpädagogische Unterstützung bei Betriebs- und Arbeitserkundungen und Praktika,
- Beratung und Unterstützung der Jugendlichen und jungen Erwachsenen bei der Berufswahl und beruflichen Aus- und Fortbildung im Sinne einer realistischen Einschätzung der individuellen Möglichkeiten,

- Informationen aus wichtigen Bereichen der Sozialgesetzgebung,
- Hilfen bei der Suche nach einem Ausbildungsplatz.

(4) Unterstützung der Jugendlichen und jungen Erwachsenen während der Ausbildung (in Zusammenarbeit mit der Arbeitsverwaltung), z. B. durch:
- Unterstützung bei der sehgeschädigtengerechten Arbeitsplatzausstattung und Arbeitsplatzgestaltung,
- Entwicklung individueller Konzepte zur beruflichen Aus- und Fortbildung,
- Hilfen bei der Auseinandersetzung mit der Ausbildungssituation,
- sehbehindertenspezifische Informationen für Lehrkräfte im berufsbildenden Schulbereich und für Ausbilder,
- Angebote an die Lehrerinnen und Lehrer der Berufsschulen, Möglichkeiten der Veränderung von Unterrichtsmethoden zu erproben, damit eine sehgeschädigte Schülerin oder ein sehgeschädigter Schüler besser die Unterrichtsanforderungen erfüllen kann (Staatliche Schule für Sehgeschädigte, Schleswig 1995).

Ähnlich wie das Gelingen der Arbeit im sozialen Netzwerk wesentlich abhängig ist von dem Zusammenführen und Verknüpfen der einzelnen beteiligten Personen, Institutionen und Systeme kommt es in der Auseinandersetzung über Netzwerkförderung vorrangig auf die transparente Verknüpfung unterschiedlichster Ansätze, Grundüberlegungen, Modelle und Konzepte an. Netzwerkförderung ist als ganzes hochkomplex und entsprechend anspruchsvoll. Die Erhöhung der systembezogenen Integrationsbereitschaft und -fähigkeit ist kennzeichnendes Ziel einer solchen Netzwerkförderung. Dies liegt in der Logik eines Beratungssystems, das sich langfristig für die Einzelsituation überflüssig machen will und dabei die Stabilität und Kompetenz anderer zu erhöhen trachtet (Braband und Düe 1994, 326). Hinter diesem Anspruch an Beratung, Unterstützung und Netzwerkförderung steht das Normalisierungsprinzip als Zentrum, Kriterium und Perspektive.

Literatur:

APPELHANS, P., Braband, H., Düe W., Rath, W.: Übergang von der Schule ins Arbeitsleben. Bericht über ein Projekt mit sehgeschädigten jungen Menschen. Hamburg 1992.

BADURA, B.: Sozialpolitik und Selbsthilfe aus traditioneller und aus sozialepidemiologischer Sicht. In: Badura, B. (Hrsg.): Soziale Unterstützung und chronische Krankheit. Frankfurt/Main 1981, 147-160.

BLASCHKE, D. und STEGMANN, H.: Verlauf und Erfolg der beruflichen Ausbildung. In: Bundesanstalt für Arbeit (Hrsg.): Behinderte Jugendliche vor der Berufswahl. Wiesbaden, Nürnberg 1993, 153 - 172.

BRABAND, H., DÜE, W.: Pädagogische Netzwerkförderung als Bedingung von Beratung und Unterstützung Sehgeschädigter beim Übergang von der Schule ins Arbeitsleben - ein Projekt und seine Folgen. In: Verband der Blinden- und Sehbehindertenpädagogen e. V. (Hrsg.): Ganzheitlich Bilden - Zukunft Gestalten. Kongreßbericht. Hannover 1994, 320 - 331.

BRONFENBRENNER, U.: Die Ökologie der menschlichen Entwicklung. Stuttgart 1981.

DAHRENDORF, R.: Lebenschancen. Anläufe zur sozialen und politischen Theorie. Frankfurt am Main 1979.

FALTIS, M., TROJAN, A., DENCKE, C., HILDEBRANDT, H.: Gesundheitsförderung im informellen Bereich. In: Stark, W. (Hrsg.): Lebensweltbezogene Prävention und Gesundheitsförderung. Freiburg im Breisgau 1989, 162 - 190.

FERBER, C. von: Soziale Netzwerke - ein neuer Name für eine alte Sache? Geistige Behinderung 22 (1983) 4, 250 - 258.

GOTTLIEB, B. H.: Assessing and strengthening the impact of social support in mental health. Social Work 30 (1985) 4, 293 - 300.

KELLY, J. G.: Die ökologischen Grundlagen präventiver Konzepte am Beispiel präventiver Beratungsarbeit. In: Stark, W. (Hrsg.): Lebensweltbezogene Prävention und Gesundheitsförderung. Freiburg im Breisgau 1989, 128 - 159.

KEUPP, H.: Soziale Netzwerke. In: Asanger R. und Wenninger, G. (Hrsg.): Handwörterbuch der Psychologie. München, Weinheim 1988, 696 - 703.

KEUPP, H.: Lebensbewältigung im Jugendalter aus der Perspektive der Gemeindepsychologie. Förderung präventiver Netzwerkressourcen und Empowermentstrategien. In: Keupp, H. u. a.: Risiken des Heranwachsens. Probleme der Lebensbewältigung im Jugendalter. München, Weinheim 1990, 1-51.

KOBI, E. E.: Integration im sozialpolitischen Netzwerk von Familie, Kommune und Staat: Ein »Rollenspiel« von Ökonomie und Ökologie. Vierteljahresschrift für Heilpädagogik und ihre Nachbargebiete, VHN 57 (1988)1, 14 - 28.

MASLOW, A. H.: Motivation und personality. New York (N. Y.) 1970.

NESTMANN, F.: Förderung sozialer Netzwerke - eine Perspektive pädagogischer Handlungskompetenz. Neue Praxis 19 (1989) 2, 107 - 123.

OECD/CERI: Behinderte Jugendliche und ihr Übergang ins Erwerbs- und Erwachsenenleben. Frankfurt am Main 1993.

SCHILLER, B.: Soziale Netzwerke behinderter Menschen. Das Konzept sozialer Hilfe- und Schutzfaktoren im sonderpädagogischen Kontext. Frankfurt/Main 1987.

STAATLICHE SCHULE FÜR SEHGESCHÄDIGTE: Informationen über die Staatliche Schule für Sehgeschädigte. Schleswig 1995.

THIMM, W.: Behinderte Menschen als »Kritische Konsumenten« sozialer Dienstleistungen. In: Bundesarbeitsgemeinschaft Hilfe für Behinderte e. V. (Hrsg.): Für ein selbstbestimmtes Leben - Werte und Zielvorstellungen in der Behindertenarbeit. Düsseldorf 1985, 9 - 22.

THIMM, W.: Normalisierung und alltägliche Lebensbedingungen. In: Bundesvereinigung Lebenshilfe für geistig Behinderte e. V. (Hrsg.): Normalisierung - eine Chance für Menschen mit geistiger Behinderung. Marburg 1986, 100 - 114.

THIMM, W.: Leben in Nachbarschaften. Hilfen für Menschen mit Behinderungen. Freiburg im Breisgau 1994.

WOLFENSBERGER, W.: Die Entwicklung des Normalisierungsgedankens in den USA und in Kanada. In: Bundesvereinigung Lebenshilfe für geistig Behinderte e.V. (Hrsg.): Normalisierung - eine Chance für Menschen mit geistiger Behinderung. Marburg 1986, 45 - 62.

Der Berufsschulbesuch von Menschen mit geistiger Behinderung

Mittel zur Normalisierung ihrer Lebensumstände

HEIKO HÖFELMANN UND KLAUS STRUVE

1. Einleitung

Menschen mit geistiger Behinderung müssen ihr Leben so normal wie möglich führen können. Das ist das Prinzip, nach dem die Hilfen für Menschen mit geistiger Behinderung zu gestalten sind. Jede Hilfemaßnahme, jede Institution ist anhand des mit ihr zu leistenden Beitrages zur Normalisierung ihrer Lebensumstände auszuwählen, zu beurteilen und ggf. zu verändern. Bisher sind v.a. die Möglichkeiten zur Normalisierung mit dem gemeinsamen Unterricht von behinderten und nicht behinderten Schülerinnen und Schülern in allgemeinen Schulen untersucht worden. Die Bedeutung der Berufsschulen für Entwicklung, Lebenstätigkeit und Perspektive von Menschen mit geistiger Behinderung muß noch erörtert werden.

Nirje hat einige Folgerungen aus dem Normalisierungsprinzip erläutert, die u.a. für den Bereich der Berufsbildung relevant sind (vgl. Thimm 1988, 19 ff.). So sind die Bedürfnisse der Menschen mit geistiger Behinderung zu respektieren. Willensäußerungen sind nicht nur zur Kenntnis zu nehmen, sondern auch zu berücksichtigen. Eine andere Folgerung ist die bewußte Trennung der Lebensbereiche Arbeit, Freizeit und Wohnen. Es hat einen Ortswechsel und einen Wechsel der Kontaktpersonen zu geben, wie sie für Menschen ohne Behinderung üblich sind. In Bezug auf den Standard von Einrichtungen sind die Maßstäbe anzuwenden, die für Nichtbehinderte gelten. Wir verstehen diese Folgerung aus dem Normalisierungsprinzip so, daß nicht nur Sondereinrichtungen zu verändern sind, sondern auch Einrichtungen, die vor allem für Menschen ohne Behinderung betrieben werden. Im folgenden ist deshalb zu fragen, wie im Rahmen der Berufsbildung vor allem Meinungsbildung und Willensäußerungen von Jugendlichen und Erwachsenen mit geistiger Behinderung unterstützt werden können. Es ist zu erörtern, ob für sie gleiche oder ähnliche Lernortkonstellationen zu schaffen sind, wie sie für Jugendliche ohne Behinderung bestehen. Zusätzlich ist zu klären, welche Anforderungen an Institutionen bzw. an die Qualifikation der in ihnen Beschäftigten gestellt werden müssen, damit Menschen mit geistiger Behinderung dort den gleichen Standard erfahren können wie er für Menschen ohne Behinderung üblich ist. In vielen Institutionen müssen die dort Beschäftigten darüber entscheiden, welche Bedingungen geschaffen werden müssen, damit Menschen mit geistiger Behinderung dort überhaupt aufgenommen werden können.

2. Der Besuch von Berufsschulen als Mittel zur Herstellung demokratischer Öffentlichkeit im Berufsbildungsprozeß der Menschen mit geistiger Behinderung

2.1 Öffentlichkeit im Berufsbildungsprozeß

Die Fragen nach der Förderung der Mitwirkung, nach den Lernorten und nach der Qualität der Institutionen im Berufsbildungsprozeß von Menschen mit geistiger Behinderung stehen in einem Zusammenhang. Sie sind mit dem Begriff Öffentlichkeit zu diskutieren. Öffentlichkeit ist als Hinweis auf die Verantwortlichkeit und als »diskursives Medium« zu verstehen (Oelkers 1988, 584). Personen müssen Meinungen bilden können, »ohne staatlicher Beaufsichtigung zu unterliegen« (ebd.). Kutscha will den Zusammenhang zwischen Berufsbildung und Öffentlichkeit nicht nur »in dem auf die Rolle des Staatsbürgers verengten Sinn« verstanden wissen (1990, 293). Er behandelt das Problem von Meinungsbildung und staatlicher Beaufsichtigung als eine Frage der Trägerschaft beruflicher Bildung, also als Frage nach der Verantwortlichkeit für den Berufsbildungsprozeß bzw. für Teile desselben. Mit dieser Frage kann der Aspekt der Meinungsbildung nicht ausreichend bearbeitet werden, da es sich gerade um einen 'staatsbürgerlichen Aspekt' handelt.

Nach Kutscha kann mit der Vermittlung bestimmter Qualifikationen in betrieblich organisierten Lernprozessen dem hier intendierten Zusammenhang von Bildung und Öffentlichkeit zumindest dort nahegekommen werden, »wo die Zielsetzung der Befähigung zum selbständigen Lernen zugleich als Voraussetzung öffentlicher Vernunft verstanden« wird (ebd.). Hier wird dagegen angenommen, daß keineswegs an alle Arbeitskräfte bzw. an alle Auszubildenden entsprechende Qualifikationsanforderungen gestellt werden. Menschen mit geistiger Behinderung können vor allem an den Arbeitsplätzen arbeiten, für die diese Qualifikationen nicht benötigt werden (vgl. Beilstein u.a. 1995, 3). Im Berufsbildungsprozeß bleibt deshalb die Gefahr bestehen, daß das diskursive Medium in Abhängigkeit von unternehmerischen Dispositionen gerät. Öffentlichkeit im Sinne von demokratischer Teilhabe kann im Berufsbildungsprozeß nur stattfinden, wenn die Meinungsbildung weder unmittelbarer staatlicher noch unmittelbarer unternehmerischer Beaufsichtigung unterliegt.

2.2 Die Bedeutung der Berufsschulen als Mittel zur Herstellung demokratischer Öffentlichkeit

Die Wahrnehmung öffentlicher Verantwortung ohne Wirkung auf das diskursive Medium ist nicht möglich. Mit öffentlicher Verantwortung kann demokratische Öffentlichkeit hergestellt und gefördert, aber auch begrenzt oder gar verhindert werden. Die Gründung und der Betrieb von Berufsschulen sind Kennzeichen öffentlicher Verantwortung im Bereich der Berufserziehung. Sie sind dann effektives Mittel zur Herstellung und Sicherung demokratischer Öffentlichkeit, wenn mit ihnen eine freie Meinungsbildung unabhängig von unmittelbarer unternehmerischer und staatlicher Beaufsichtigung gewährleistet wird. Die Unabhängigkeit von unmittelbarer unternehmerischer Beaufsichtigung kann nur garantiert werden, wenn ein Teil der Berufserziehung in der Berufsschule stattfindet. Der Berufsschulbesuch muß unabhängig von der Branchen- und Betriebszugehörigkeit der Jugendlichen möglich sein. Die Unabhängigkeit der Meinungsbildung von unmittelbarer staatlicher Beaufsichtigung ist nur möglich, wenn mit der staatlichen Verfassung der Gebrauch der Rechte im Sinne demokratischer Öffentlichkeit garantiert wird.

Die Geschichte der Etablierung von Berufsschulen als Institutionen für die Berufserziehung beginnt 1769 mit der badischen Handwerksordnung. Sie ist ein Ergebnis »von Defiziten in der betrieblichen Ausbildung« im Baugewerbe (Stratmann 1977, 117). Die Lehrherren werden verpflichtet, ihren Lehrlingen Kenntnisse und Fähigkeiten zu vermitteln, die nicht mehr am Arbeitsplatz angeeignet werden können, nämlich »rational begründete Weisen technischen Zugriffs und ökonomischen Handelns« (a.a.O., 118). Berufserziehung ist vor dem Erlaß der Handwerksordnung nicht nur die Vermittlung technischer Qualifikationen, sondern »standesgemäße soziale Integration« (a.a.O., 117): »Das vorherrschende erzieherische Prinzip war das der Imitatio, das des Vormachens und Nachahmens, des Nachahmens sowohl der beruflichen Hantierungen als auch der sozialen Handlungsmuster, die man als Erwachsener beherrschen und wiederum vorleben sollte« (ebd.). Kennzeichen des ersten öffentlichen Eingriffs in die Berufserziehung ist der »Bezug der Berufserziehung auf den Staat statt auf den Stand, auf den Staatsbürger statt auf das Mitglied eines Werkverbandes« (a.a.O., 119).

Die Ausweitung öffentlicher berufspädagogischer Eingriffe auf andere Gewerbe im 19. Jahrhundert ist »weniger zurückzuführen auf die technischen Qualifikationsbedürfnisse eines sich entwickelnden Industriestaates, sie ist vielmehr Begleiterscheinung einer umfassenden politischen Reaktion auf soziale und ökonomische Auflösungserscheinungen« (Greinert 1995, 409). Die Mehrheit des Reichstages sichert mit der Gewerbegesetzgebung zwischen 1878 und 1897 sowie im Jahr 1908 die im Mittelalter entstandene Handwerkerausbildung mit den Qualifikationsstufen 'Lehrling - Geselle - Meister', um die Proletarisierung von Handwerkern, Kleinhändlern und Kleinbauern zu verhindern und sie »in ein 'Bollwerk gegen die Sozialdemokratie' zu verwandeln« (a.a.O., 410). Die schulpolitische Ergänzung zu diesem auf die Berufserziehung bezogenen Teil der Mittelstandspolitik ist die Einrichtung von Fortbildungsschulen. In Form von Sonntagsschulen sind sie als Ergänzung für aus der Volksschule Entlassene, als gewerbliche Fortbildungsschulen (Berufsschulen) sind sie als Ergänzung zur handwerklichen Ausbildung in den Betrieben vorgesehen. Bis 1914 wird die Zahl der gewerblichen Fortbildungsschulen erhöht, der Besuch dieser Schulen für angehende Handwerker zur Pflicht gemacht. Ziel ist es, »den Beruf als moralische Kategorie zu fassen und das so, wie es der konservativen Berufstheorie entsprach: der Beruf als Lebensaufgabe bei konvergenztheoretischer Hypostasierung der Harmonie von individueller Begabung und gesellschaftlichem Spezialisierungsbedarf« (Stratmann 1988, 583).

Während der Weimarer Republik werden die Berufsschulen zu einer Institution gemacht, in der auch sogenannte allgemeine Bildung stattfindet. Die Berufserziehung für die in Industriebetrieben Arbeitenden wird zu dieser Zeit jedoch im wesentlichen ohne öffentlichen Eingriff geregelt. Die Ausrichtung der berufsschulischen Erziehung auf die Bedürfnisse der Handwerkerschaft ist in Industriebetrieben Anlaß für die Gründung von Werkschulen. Die Industrie nimmt erst »im Schatten der Weltwirtschaftskrise mit der Anerkennung der öffentlichen Berufsschule als zweiten Lernort stillschweigend die Eingliederung ihrer Facharbeiterausbildung« vor (Greinert 1995, 412). Es muß festgestellt werden, daß nur für die Zeit von 1930 bis Anfang 1933 von einem demokratisch einheitlichen Berufsschulwesen gesprochen werden kann.

Die Demokratisierung in und mit der Berufsschule wird mit der nationalsozialistischen Berufsbildungspolitik beendet. Parallel zu der am Führerprinzip orientierten Betriebsverfassung wird eine nationalsozialistische Schulverfassung erstellt. Mit der Förderung der Hitlerjugend als zusätzliche Erziehungsinstitution und der Anerkennung von Werk- und Innungsschulen als Ersatzberufsschulen wird die Bedeutung der Berufsschulen reduziert (vgl. Kell 1995, 374 f.).

Mit dem Grundgesetz, den Länderverfassungen und den Schulgesetzen der Bundesländer wird in den Schulen Meinungsbildung unabhängig von unmittelbarer staatlicher Beaufsichtigung ermöglicht. Auszubildende müssen am Unterricht der Berufsschulen teilnehmen. Im Zusammenhang mit ihrer Berufsbildung wechseln sie den Lernort. Diejenigen, die an keiner Berufsausbildung im rechtlichen Sinne teilnehmen, können nur unter bestimmten Bedingungen den Berufsschulunterricht besuchen. Zu dieser Gruppe gehören Menschen mit geistiger Behinderung. Der Besuch einer Berufsschule ist unverzichtbar, wenn ihre Meinungsbildung während ihres Berufsbildungsprozesses einer unmittelbaren unternehmerischen Beaufsichtigung unterliegt bzw. unterliegen kann. Die Gestaltung der Berufsbildungsprozesse ist abhängig vom jeweiligen Lernort: Es geht um die Berufserziehung der Menschen mit geistiger Behinderung, einerlei ob sie im besonderen oder im allgemeinen Arbeitsmarkt stattfindet.

2.3 Die Bedeutung des Besuchs von Berufsschulen für die Herstellung demokratisch Öffentlichkeit im Arbeitstrainingsbereich der Werkstatt für Behinderte

Die Meinungsbildung von Menschen mit geistiger Behinderung im Arbeitstrainingsbereich kann nur dann unmittelbarer unternehmerischer Beaufsichtigung unterliegen, wenn die Werkstatt für Behinderte ein Unternehmen ist, in dem nach gleichen oder ähnlichen Grundsätzen gehandelt wird wie in einem Unternehmen im allgemeinen Arbeitsmarkt. Diese Orientierung muß auch für den Arbeitstrainingsbereich zutreffen. Beide Fragen müssen beantwortet werden: Ist die Werkstatt eine helfende Institution bzw. ist sie ein Unternehmen?

Die Werkstatt »bietet denjenigen Behinderten, die wegen Art oder Schwere der Behinderung nicht, noch nicht oder noch nicht wieder auf dem allgemeinen Arbeitsmarkt tätig sein können, einen Arbeitsplatz oder Gelegenheit zur Ausübung einer geeigneten Tätigkeit« (§ 54 Abs.1 S.2 SchwbG). Dies »bedeutet keineswegs einen Verzicht auf Aspekte der gesellschaftlichen Eingliederung der Behinderten«(Cramer 1992, 419; im Original mit Hervorhebung). Mit der Werkstatt soll also auch die soziale Integration gefördert werden. Zu diesem Zweck muß sie über bestimmtes Fachpersonal verfügen. Sie muß »zur pädagogischen, sozialen und medizinischen Betreuung der Behinderten über begleitende Dienste verfügen, die den Bedürfnissen der Behinderten gerecht werden« (§ 10 Abs.1 S.1 SchwbWV). Die »erforderliche psychologische Betreuung« (§ 10 Abs.1 S.2 SchwbWV) und eine »besondere ärztliche Betreuung« ist sicherzustellen (§ 10 Abs.3 SchwbWV). Werkstattleiter und Fachkräfte müssen u.a. über eine sonderpädagogische Zusatzqualifikation verfügen (vgl. § 9 Abs.1 und 2 SchwbWV).

Dieses Personal wird nicht nur im Arbeitstrainingsbereich, sondern auch im Arbeitsbereich tätig. Im Arbeitstrainingsbereich sind »berufsfördernde Bildungsmaßnahmen .. unter Einschluß angemessener Maßnahmen zur Weiterentwicklung der Persönlichkeit des Behinderten durchzuführen« (§ 4 Abs.1 S.1 SchwbWV). So sind u.a. »das Selbstwertgefühl des Behinderten und die Entwicklung des Sozial- und Arbeitsverhaltens« zu fördern (§ 4 Abs.4 S.2 SchwbWV). Im Arbeitsbereich einer Werkstatt für Behinderte sind u.a. »zur Weiterentwicklung der Persönlichkeit des Behinderten« (§ 5 Abs.3 SchwbWV) geeignete arbeitsbegleitende Maßnahmen durchzuführen. Diese Vorschrift »ist Ausdruck der Tatsache, daß die Eingliederung (Rehabilitation) mit den Maßnahmen im Arbeitstrainingsbereich nicht abgeschlossen und die WfB nicht nur mit ihrem Arbeitstrainingsbereich Einrichtung zur Rehabilitation ist, also nicht etwa in Rehabilitationseinrichtung und Arbeitsstätte zweigeteilt ist« (Cramer 1992, 783).

Pünnel/Vater kommen zu der Auffassung, daß die Werkstatt keine Arbeitgeberin sein kann: »Allein die in § 10 SchwbWV für die Werkstatt normierte Verpflichtung, zur pädagogischen, sozialen und medizinischen, insbesondere psychologischen Betreuung der Behinderten begleitende Dienste einzurichten, zeigt, daß heilpädagogische und therapeutische Gesichtspunkte beim Betrieb einer Werkstatt im Mittelpunkt stehen« (1981, 233). VON Maydell/Eylert sind gar der Meinung, daß es nicht das Ziel der Werkstätten ist, »die Arbeitsleistung der Behinderten in Anspruch zu nehmen und zu verwerten« (1981, 155). Dies würde bedeuten, daß die Meinungsbildung von Menschen mit geistiger Behinderung weder im Arbeitstrainingsbereich noch im Arbeitsbereich unmittelbarer unternehmerischer Beaufsichtigung unterliegt. Der Besuch einer Berufsschule wäre jedenfalls nicht nötig, um eine demokratische Öffentlichkeit im Berufsbildungsprozeß zu garantieren.

Tatsächlich sollen Menschen mit Behinderungen Werkstätten nur besuchen, »sofern sie in der Lage sind, ein Mindestmaß wirtschaftlich verwertbarer Arbeitsleistung zu erbringen« (§ 54 Abs.3 SchwbG). Mit der Förderung im Arbeitstrainingsbereich sollen sie deshalb u.a. in die Lage versetzt werden, ein solches Mindestmaß zu erbringen (vgl. § 4 Abs.1 S.2 SchwbWV). Die Werkstatt ist »nach betriebswirtschaftlichen Grundsätzen« zu organisieren (§ 12 Abs.1 S.1 SchwbWV), zu denen es gehört, »wirtschaftliche Arbeitsergebnisse« anzustreben (§ 12 Abs.3 SchwbWV). Leisten erläutert, daß die Werkstatt aufgrund der Wettbewerbssituation und der Wichtigkeit der Einhaltung von Verträgen dazu gezwungen ist, »auf eine möglichst rationelle Produktionsweise zu achten« (1989, 112). Dies ist ohne die Verwertung der Arbeitskraft der Menschen mit Behinderungen nicht möglich. Es ist deshalb von der »Doppelgesichtigkeit der Werkstatt« auszugehen (Neumann 1981, 146), d.h. die Werkstatt kann gegenüber dem einen Menschen Arbeitgeberin, gegenüber dem anderen hingegen helfende Institution sein. Demokratische Öffentlichkeit für alle Jugendlichen und Erwachsenen im Arbeitstrainingsbereich kann also nur garantiert werden, wenn ein Teil des Berufsbildungsprozesses berufsschulisch organisiert wird.

2.4 Die Bedeutung des Besuches der Berufsschulen für die Herstellung demokratischer Öffentlichkeit im allgemeinen Arbeitsmarkt

Menschen mit geistiger Behinderung, deren Berufsbildung in Betrieben im allgemeinen Arbeitsmarkt stattfindet, können ähnliche Hilfen erhalten wie Menschen mit geistiger Behinderung im besonderen Arbeitsmarkt. Ein Teil dieser Hilfen ist anhand der den Arbeitgebern zu gewährenden Leistungen zu bestimmen (vgl. § 27 SchwbAV). So ist ggf. eine besondere Hilfskraft zu beschäftigen, die den Menschen bei der Verrichtung seiner Arbeit unterstützt. Längere oder zu wiederholende Unterweisungen sind ebenso zu geben wie allgemeine Hilfen z.B. im Zusammenhang mit dem Zurücklegen von Wegen innerhalb des Betriebes oder dem Benutzen der Toilette.

Ein anderer Teil der Hilfen ist Bestandteil der von der Hauptfürsorgestelle zu gewährenden psychosozialen Betreuung der Menschen mit geistiger Behinderung. Die Hauptfürsorgestelle kann freigemeinnützige Organisationen oder Institutionen an der Durchführung von »Hilfestellungen zur Bewältigung der instrumentellen, kognitiven und sozioemotionalen Anforderungen der Arbeitswelt« beteiligen (ARBEITSGEMEINSCHAFT DER DEUTSCHEN HAUPTFÜRSORGESTELLEN; zitiert nach Cramer 1992, 702). Diese Hilfestellungen bestehen u.a. aus einem »Training instrumenteller Fähigkeiten und Fertigkeiten«, einem »Training lebenspraktischer Fähigkeiten« und dem »Erlernen einer realistischen Selbsteinschätzung« (ebd.).

Mit der Gewährung dieser Hilfen soll erreicht werden, »daß bestehende Arbeits- und Ausbildungsverhältnisse in ihrem Bestand gesichert und neue Beschäftigungsmöglichkeiten erschlossen werden« (a.a.O.; zitiert nach Cramer 1992, 700). Die Arbeitnehmereigenschaft der Menschen mit geistiger Behinderung in Betrieben im allgemeinen Arbeitsmarkt wird also nicht aufgehoben, sondern gesichert. Es kann deshalb nicht ausgeschlossen werden, daß ihre Meinungsbildung in Betrieben der unmittelbaren unternehmerischen Beaufsichtigung unterliegt: »An einem betrieblichen Arbeitsplatz ist die Organisation des Lernprozesses restriktiven Bedingungen ausgesetzt. ... Am betrieblichen Arbeitsplatz ist das Handeln der ArbeitnehmerInnen von einer betriebswirtschaftlichen Logik bestimmt. Die Realsituation Arbeitsplatz wird durch die ökonomischen Interessen des Betriebes geprägt« (HAMBURGER ARBEITSASSISTENZ 1995, 73). Menschen mit geistiger Behinderung im allgemeinen Arbeitsmarkt müssen im Zusammenhang mit ihrer Berufsbildung deshalb ebenfalls die Berufsschule besuchen.

2.5 Die mit der Teilnahme von Menschen mit geistiger Behinderung am Berufsschulunterricht verbundenen Anforderungen an die pädagogische Arbeit der Lehrerinnen und Lehrer

Drei Gedankengänge können zu einer handlungsleitenden Strategie verknüpft werden, mit der Berufsschulunterricht auch für Jugendliche und Erwachsene mit geistiger Behinderung realisiert werden kann. Die behindertenpädagogische Qualifikation muß eine integrationspädagogische Ausrichtung erhalten. Die integrationspädagogische Qualifikation von Lehrerinnen und Lehrern für Menschen mit geistiger Behinderung ist so notwendig wie die sozial- und sonderpädagogisch orientierte Qualifikation von Berufschullehrerinnen und -lehrern (Stach 1992). Schließlich muß der personenbezogenen, individuellen behindertenpädagogischen Förderung (vgl. SEKRETARIAT 1994, 2) und der an Lebensphasen und Lebensbereichen, an Produktions- und Arbeitstätigkeit von Menschen mit Behinderungen ausgerichteten Berufs- und Behindertenpädagogik (vgl. Struve 1994, 188) in Kommunen bzw. in Regionen eine einfache wie pragmatische institutionenbezogene und bildungsorganisatorische Sicht- und Handlungsweise zugrundeliegen.

Die integrationspädagogische Ausrichtung behindertenpädagogischer Qualifikation bestimmt ihren grundlegenden und allgemeingültigen, ihren besonderen und speziellen Charakter. Die Arbeit von Behindertenpädagoginnen und -pädagogen wird inhaltlich ausgeweitet, aber nicht vermehrt. Der Blick darf nicht länger auf das Lernen und auf das Verhalten geschädigter Kinder, Jugendlicher und Erwachsener gerichtet sein. Wenn die zentrale Aufgabe behindertenpädagogischer Förderung darin bestehen soll, »behinderungsspezifische Förderschwerpunkte aus einem oder aus mehreren Entwicklungsbereichen mit erzieherischen und unterrichtlichen Aufgaben zu verknüpfen« (SEKRETARIAT 1994, 10), dann ist eine Ergänzung erforderlich: »Die spezielle Erziehung muß der sozialen Erziehung untergeordnet sein, muß mit ihr verknüpft werden - und sogar noch mehr - muß mit ihr organisch verschmelzen, muß zu ihrem Bestandteil werden« (Wygotski 1975, 71).

Ihre besonderen oder gar speziellen Wesensmerkmale bekommt eine integrationspädagogische Qualifikation durch Fähigkeiten, die auch unter schwierigen Bedingungen zum effektiven Erziehungs- und Bildungsmittel für geschädigte Kinder, Jugendliche und Erwachsene gemacht und vor allem in gemeinsam geteilter Tätigkeitsregelung mit allgemeinpädagogischer Arbeit entäußert werden können. Hofmann nennt den Überschneidungsbereich zwischen den Arbeitsfeldern Geistigbehindertenpädagogik und Sehgeschädigtenpädagogik, um die sonderschulpädagogische Qualifikation von Absolventinnen und Absolventen der zwei Phasen im Ausbildungsprozeß für das Lehramt einer Beurteilung zu unterziehen (vgl. 1991, 30 ff.). Er kommt zu dem Ergebnis, daß ihr Wissen und Können nicht hinreichend spezialisiert ist, um Menschen, die gleichzeitig geistig behindert und sehgeschädigt sind, erfolgreich und ökonomisch beim Lernen zu unterstützen. Zusätzlich fehlt Allgemein- und Sonderpädagoginnen und -pädagogen die vielfältige und breit gestreute Erfahrung mit der Verknüpfung der Elemente des Ganzen. Schon der Qualifizierungsprozeß angehender Behindertenpädagoginnen und -pädagogen muß deshalb pragmatischer z. B. auf das Tätigkeitsfeld Berufswahl- und Berufsausbildungsvorbereitung ausgerichtet werden, als das bisher der Fall ist.

Bezüglich der sozial- und behindertenpädagogischen Qualifikationen von Berufsschullehrerinnen und -lehrern sind folgende Anforderungen hervorzuheben: Der Status des Erwachsenen, den selbstverständlich auch Menschen mit geistiger Behinderung haben, muß anerkannt und im Berufsbildungssystem beachtet werden. Mit dem 18. Lebensjahr ist ein Mensch erwachsen. Auf diese allgemeine zeitliche Bestimmung können Pädagoginnen und Pädagogen nicht verzichten. Mit der noch benutzten Aussage, dieser oder jener Mensch mit geistiger Behinderung befinde sich auf dem Entwicklungsniveau z.B. eines sechsjährigen Kindes, werden die stets widersprüchlichen und komplizierten Beziehungen zwischen der Welt der Gedanken und der Welt der Gefühle der Menschen mißachtet. An dieser

Stelle müssen die Erfahrungen mit der qualifizierten Verausgabung menschlicher Arbeitskraft innerhalb von Werkstätten und im allgemeinen Arbeitsmarkt beachtet werden. Diese Verausgabung ist auf vielfältige Weise abhängig von den kognitiven Fähigkeiten und den mehr oder weniger differenzierten Gefühlen der Menschen. Berufsschullehrerinnen und -lehrer gehen immer mit Jugendlichen und Erwachsenen um. Sie sind die besten Kooperationspartner für Lehrerinnen und Lehrer an der Schule für Geistigbehinderte, die es generell schwer haben, an dem Lernort allgemeine Schule eine Nähe zur Welt der Erwachsenen und zur Arbeit herzustellen.

Alle Formen der Kooperation von allgemein und speziell qualifiziertem Personal im Bereich der Berufserziehung entlasten die Behindertenpädagoginnen und -pädagogen nur partiell, nicht grundsätzlich. Vergleichbar fast mit der Arbeit von Ärztinnen und Ärzten, Richterinnen und Richtern können Behindertenpädagoginnen und -pädagogen ihrer Arbeit nicht entkommen. Der Grund ist die oft lebenslange Fürsorge gegenüber Menschen mit Behinderungen (vgl. Hanselmann 1941, 61), auf die manche auch dann nicht verzichten können, wenn sie z.B. im allgemeinen Arbeitsmarkt tätig sind. Integrationspädagogische Arbeit ist gerade nicht an Sonderinstitutionen gebunden. Die Gestaltung des Übergangs der Jugendlichen mit geistiger Behinderung vom allgemeinen zum beruflichen Schulwesen ist Aufgabe der Lehrerinnen und Lehrer in der Schule für Geistigbehinderte. Dies hat so zu geschehen, wie schon jetzt Integrationspädagoginnen und -pädagogen in einigen Grund- und Hauptschulen gleichberechtigt mitarbeiten, Kinder und Jugendliche an weiterführende Schulen abgeben und auf der ersten Jahrgangsstufe oder dort, wo es behindertenpädagogischen Förderbedarf gibt, die neue Arbeit aufnehmen.

3. Die Möglichkeiten zur Realisierung des Berufsschulbesuchs für Menschen mit geistiger Behinderung in Niedersachsen

Im Kotext und Kontext des Grundgesetzes, des dort festgehaltenen Grundrechtskataloges und der niedersächsischen Verfassung wird der Bildungsauftrag der Schule formuliert: »Die Schülerinnen und Schüler sollen fähig werden, die Grundrechte für sich und jeden anderen wirksam werden zu lassen« (§ 2 Abs.1 S.3 NSchG). Die »sich daraus ergebende staatsbürgerliche Verantwortung« sollen sie »verstehen und zur demokratischen Gestaltung der Gesellschaft« beitragen (ebd.). Die mit dem Bildungsauftrag der Schule hergestellten Zusammenhänge zwischen Ökonomie und Ökologie, vernunftgemäßer Konfliktlösung und dem Aushalten von Konflikten, der umfassenden Information und ihrer kritischen Nutzung sollen den Jugendlichen dazu dienen, »sich im Berufsleben zu behaupten und das soziale Leben verantwortlich mitzugestalten« (ebd.). Die Schule soll sowohl den Lehrkräften als auch den Schülerinnen und Schülern »den Erfahrungsraum und die Gestaltungsfreiheit bieten, die zur Erfüllung des Bildungsauftrags erforderlich sind« (§ 2 Abs.2 NSchG). Die Schule soll also der Lernort sein, an dem Meinungsbildung und Willensäußerungen ohne unmittelbare staatliche und ohne unmittelbare unternehmerische Aufsicht möglich sind.

Im gegebenen Zusammenhang ist die Erfüllung der Schulpflicht von Jugendlichen mit geistiger Behinderung bzw. die Verknüpfung von behinderten- und berufspädagogischer Arbeit im Sekundarbereich II zu diskutieren. Die Frage nach der Erfüllung der Schulpflicht von Menschen mit geistiger Behinderung und der Erfüllung des Bildungsauftrages der Schule ihnen gegenüber und gegenüber der Gesellschaft ist mit Hilfe der Fragen nach der Dauer der Schulpflicht, den Orten der Schulpflichterfüllung und der Qualifikation der vorhandenen bzw. beteiligten Lehrerinnen und Lehrer zu beantworten. In § 65 Abs.1 NSchG wird bestimmt, daß die Schulpflicht »grundsätzlich zwölf Jahre nach ihrem Beginn« endet. Nach § 65 Abs.3 S.1 NSchG sind Auszubildende für die Dauer ihres Berufsausbildungsverhältnisses berufsschulpflichtig. Da Menschen mit geistiger Behinderung nur selten ein Berufsausbildungsverhältnis eingehen können, kommen sie auf diesem Wege nicht in den Genuß, die Berufsschule zu besuchen.

Traditionell ist der Ort zur Erfüllung der Schulpflicht von Kindern und Jugendlichen mit geistiger Behinderung die Schule für Geistigbehinderte. Die Praxis der niedersächsischen Schulen für Geistigbehinderte, ihren Schülerinnen und Schülern die Schulpflichterfüllung in dieser Institution zu ermöglichen, ist mit der Einführung der Abschlußstufe gesichert worden (vgl. NIEDERSÄCHSISCHER KULTUSMINISTER 1992, 225 f. und SCHULVERWALTUNGSBLATT FÜR NIEDERSACHSEN 1992, 243). Der Besuch einer Berufsschule kann damit nicht ersetzt werden. Dafür fehlen in der Schule für Geistigbehinderte alle sächlichen Einrichtungen und auf Seiten der Lehrkräfte die erforderlichen Qualifikationen. Mithin sind an der Schule für Geistigbehinderte allein 'Erfahrungsraum und Gestaltungsfreiheit' nicht gegeben, den die Jugendlichen brauchen, um sich im Berufsleben behaupten zu können und das soziale Leben verantwortlich mitzugestalten.

Beim Übergang der Jugendlichen in die berufliche Tätigkeit kommt der Schule für Geistigbehinderte eine »unterstützende und beratende Funktion« zu (NIEDERSÄCHSISCHER KULTUSMINISTER 1989, 106). So hat die Schule für Geistigbehinderte »insbesondere mit .. berufsbildenden Schulen« zusammenzuarbeiten (NIEDERSÄCHSISCHER KULTUSMINISTER 1992, 226). Sie ist für den Beginn einer entsprechenden Kooperation verantwortlich: »Die Initiativen müssen immer wieder von der Schule für Geistigbehinderte ausgehen, da die außenstehenden Institutionen eher andere Partner suchen« (Maeck 1989, 126). Ein mit einer solchen Kooperation anzustrebendes Ziel ist u.a. die Förderung der Durchlässigkeit (vgl. NIEDERSÄCHSISCHER KULTUSMINISTER 1989, 106), also die Förderung des Wechsels von Jugendlichen aus der Schule für Geistigbehinderte in die Berufsschule. Dieser Übergang in die Berufsschule ist im Zusammenhang mit dem Auftrag, behinderte und nicht behinderte Schülerinnen und Schüler gemeinsam zu erziehen und zu unterrichten (vgl. § 4 NSchG) und im Zusammenhang mit dem notwendigen behindertenpädagogischen Förderbedarf zu verstehen (vgl. § 14 Abs.2 NSchG in Verbindung mit § 68 Abs.1 NSchG). Die Jugendlichen müssen weder eine Sonderschule noch Sonderunterricht besuchen, wenn ihr Förderbedarf anderweitig befriedigt werden kann. Da in Niedersachsen jede Sonderschule »zugleich Förderzentrum für Unterricht und Erziehung von Schülerinnen und Schülern mit sonderpädagogischem Förderbedarf« ist, »die andere Schulen besuchen« (§ 14 Abs.4 S.1 NSchG), erhalten die Lehrerinnen und Lehrer der Schule für Geistigbehinderte besonders anspruchsvolle Aufgaben, wenn Jugendliche mit geistiger Behinderung am Unterricht der Berufsschule statt am Unterricht in der Abschlußstufe teilnehmen. Wer sich im Lernbereich Arbeit, Wirtschaft, Technik pädagogisch-didaktisch qualifiziert hat, wer es gelernt hat, mit geistig behinderten Jugendlichen umzugehen und in der Lage ist, mit ihnen Schwerpunkte ihrer geistigen und körperlichen Entwicklung auszubilden, der gehört im Sonderpädagogischen Förderzentrum zu den Fachleuten, die auf die Berufsschullehrerinnen und -lehrer zugehen müssen. Umgekehrt sind die niedersächsischen Berufsschullehrerinnen und -lehrer verpflichtet, sich Hilfe in den entsprechenden Schulen für Geistigbehinderte zu holen.

Diese Kooperation, diese Ermöglichung des Überganges der Jugendlichen in die Berufsschule vor Erfüllung ihrer Schulpflicht ist vor allem für diejenigen bedeutsam, die nach der Schule im allgemeinen Arbeitsmarkt tätig werden wollen. Menschen mit geistiger Behinderung können nämlich nur dann im allgemeinen Arbeitsmarkt tätig werden, wenn sie ihre Schulpflicht erfüllt haben (vgl. § 67 Abs.3 NSchG). Der Besuch einer Berufsschule ist für sie nur möglich, wenn sie nicht bis Klasse zwölf in der Schule für Geistigbehinderte bleiben. Dieser Berufsschulbesuch kann aufgrund der derzeitigen Regelungen nur in Form von Vollzeitunterricht erfolgen. Da der Berufsbildungsprozeß für Jugendliche und Erwachsene mit geistiger Behinderung in der Regel nicht mit dem Besuch einer Berufsschule mit Vollzeitunterricht abgeschlossen ist, muß ihnen auch die Möglichkeit des Besuchs einer Berufsschule mit Teilzeitunterricht ermöglicht werden. Für diejenigen, die bereits heute im allgemeinen Arbeitsmarkt arbeiten und lernen, kann ohne eine entsprechende Änderung keine demokratische Öffentlichkeit im Berufsbildungsprozeß hergestellt werden.

Der Besuch der Berufsschule für Jugendliche in der Werkstatt für Behinderte ist besonders geregelt. Diese Jugendlichen »erfüllen ihre Schulpflicht durch den Besuch der Berufsschule mit Teilzeit- oder Blockunterricht« (§ 67 Abs.4 S.1 NSchG). Während der Teilnahme am Arbeitstraining »sollen sie in eigenen Klassen der Berufsschule unterrichtet werden, auch wenn sie nicht mehr schulpflichtig sind« (§ 67 Abs.4 S.2 NSchG). Diese eigenen Klassen der Berufsschule dürfen in der Werkstatt für Behinderte eingerichtet werden. Die Teilnehmerinnen und Teilnehmer an Maßnahmen im Arbeitstrainingsbereich haben also die Möglichkeit, ihre Meinung ohne unmittelbare Beaufsichtigung durch das Personal der Werkstatt zu bilden und zu äußern. Dort, wo die Beteiligten sich damit nicht zufrieden geben, wo der Berufsschulunterricht außerhalb der Werkstatt, in der Berufsschule erfolgt und wo daran gearbeitet wird, den demokratischen Diskurs im Berufsbildungsprozeß von Menschen mit geistiger Behinderung gemeinsam mit Nichtbehinderten zu ermöglichen, werden die Lebensumstände normalisiert.

Literatur

ARNOLD, Rolf; LIPSMEIER, Antonius (Hrsg.): Handbuch der Berufsbildung. Opladen: Leske + Budrich 1995.

BEILSTEIN, Heidi; DANNEMANN Ute; HÖFELMANN Heiko; SRUVE, Klaus: Arbeitsassistenz für Menschen mit Behinderungen auf dem allgemeinen Arbeitsmarkt in Oldenburg. Skript. Oldenburg 1995.

CRAMER, Horst H.: Schwerbehindertengesetz mit Wahlordnung 1990, Schwerbehinderten-Ausgleichsabgabeverordnung 1988, Werkstättenverordnung 1980, Ausweisverordnung 1991 und weiteren Vorschriften des Schwerbehindertenrechts. Kommentar. München: Vahlen 1992, vierte, neubearbeitete Auflage.

GREINERT, Wolf-Dietrich: Geschichte der Berufsausbildung in Deutschland. In: Arnold/Lipsmeier 1995, 409-417.

HANSELMANN, Heinrich: Grundlinien zu einer Theorie der Sondererziehung (Heilpädagogik). Erlenbach-Zürich: Rotapfel 1941.

HAMBURGER ARBEITSASSISTENZ: Arbeitsbegleitung. - training-on-the-job und langfristige Betreuung. In: Horizon-Arbeitsgruppe 1995, 66-112.

HARNEY, Klaus; PÄTZOLD, Günter (Hrsg.): Arbeit und Ausbildung, Wissenschaft und Politik. Festschrift für Karlwilhelm Stratmann. Frankfurt am Main: Gesellschaft zur Förderung arbeitsorientierter Forschung und Bildung 1990.

HOFMANN, Rudolf: Ambulanzlehrersystem - eine Möglichkeit, Schüler/innen nicht auszusondern und ihnen trotzdem die notwendigen Hilfen zuteil werden zu lassen. In: Sonderpädagogik in Niedersachsen 21 (1991) 1, 25-36.

HORIZON-ARBEITSGRUPPE: Unterstützte Beschäftigung. Handbuch zur Arbeitsweise von Integrationsfachdiensten für Menschen mit geistiger Behinderung. Reutlingen, Berlin, Hamburg, Gelsenkirchen 1995.

KELL, Adolf: Organisation, Recht und Finanzierung der Berufsbildung. In: Arnold/Lipsmeier 1995, 369-397.

KUTSCHA, Günter: Öffentlichkeit, Systematisierung, Selektivität - Zur Scheinautonomie des Berufsbildungssystems. In: Harney/Pätzold 1990, 289-304.

LEISTEN, Leonhard: Die rechtliche Stellung der Behinderten in der Werkstatt für Behinderte. Aachen 1989.

MAECK, Ulrich: Die neuen Bestimmungen für die Schule für Geistigbehinderte. In: Schulverwaltungsblatt für Niedersachsen 41 (1989) 5, 121-126.

NEUMANN, Dirk: Beschäftigung Behinderter in Werkstätten für Behinderte. In: Recht der Arbeit 34 (1981) 3, 143-148.

NIEDERSÄCHSISCHER KULTUSMINISTER: Die Arbeit in der Schule für Geistigbehinderte. Erlaß vom 18. April 1989. In: Schulverwaltungsblatt für Niedersachsen 41 (1989) 5, 103-121.

NIEDERSÄCHSISCHER KULTUSMINISTER: Die Arbeit in der Schule für Geistigbehinderte. Hier: Einführung der Abschlußstufe und Änderung der Stundentafel. Erlaß vom 1. Juli 1992. In: Schulverwaltungsblatt für Niedersachsen 44 (1992) 8, 225-226.

NIEDERSÄCHSISCHES SCHULGESETZ. In: Niedersächsisches Gesetz- und Verordnungsblatt 47 (1993) 27, 383-424.

OELKERS, Jürgen: Öffentlichkeit und Bildung: Ein künftiges Mißverhältnis? In: Zeitschrift für Pädagogik 34 (1988) 5, 579-599.

PÜNNEL, Leo; VATER, Alexander: Rechtsbeziehungen in der Werkstatt für Behinderte nach der Werkstättenverordnung. In: Arbeit und Recht 29 (1981) 8, 230-238.

SCHRÖDER, Ulrich (Hrsg.): Entwicklungen und Haltepunkte. Erich Westphal 60 Jahre. 20 Jahre Sonderpädagogik in Oldenburg. Oldenburg: 1994.

SCHULVERWALTUNG FÜR NIEDERSACHSEN 44 (1992) 8, 243.

SEKRETARIAT DER STÄNDIGEN KONFERENZ DER KULTUSMINISTER der Länder in der Bundesrepublik Deutschland: Empfehlungen zur sonderpädagogischen Förderung in den Schulen in der Bundesrepublik Deutschland. Beschluß der Kultusministerkonferenz vom 06.05.1994.

STACH, Meinhard: Zur Ausbildung von Berufsschullehrern in Sonder- und Sozialpädagogik. In: Berufsbildung 46 (1992) 1, 47-50.

STRATMANN, Karlwilhelm: Berufspädagogische Probleme des dualen Ausbildungssystems. Teil 1. In: VBB aktuell 26 (1977) 4, 115-120.

STRATMANN, Karlwilhelm: Zur Sozialgeschichte der Berufsbildungstheorie. Professor Dr. Tadeusz Nowacki, Warschau, zum 75. Geburtstag am 23. November 1988. In: Zeitschrift für Berufs- und Wirtschaftspädagogik 84 (1988) 7, 579-598.

STRUVE, Klaus: Lehre und Studium von Pädagogik und Behindertenpädagogik - vom parallelen zum gemeinsamen Vorgehen in der Lehrerbildung und in der pädagogischen Bildung. In: Schröder 1994, 177-191.

THIMM, Walter: Das Normalisierungsprinzip - Eine Einführung. Marburg an der Lahn: Bundesvereinigung Lebenshilfe für geistig Behinderte 1988, dritte Auflage, (Kleine Schriftenreihe, Band 5).

VON MAYDELL, Bernd; EYLERT, Mario: Zum Wahlrecht der Behinderten nach dem Betriebsverfassungsgesetz in den Werkstätten für Behinderte. In: Recht der Arbeit 34 (1981) 3, 148-158.

WYGOTSKI, Lew Semjonowitsch: Zur Psychologie und Pädagogik der kindlichen Defektivität. In: Die Sonderschule 20 (1975) 2, 65-72.

Integration und Rehabilitation behinderter und chronisch kranker junger Menschen im Studium

WALDTRAUT RATH

1. Ist eine Reflexion über die Situation behinderter Studierender an deutschen Hochschulen ein geeigneter Beitrag für eine Festschrift?

Die Aufforderung, einen Beitrag für eine Festschrift zum 60. Geburtstag von Walter Thimm zu verfassen, eröffnet mir die Chance, in einem vorgegebenen, recht weit gesteckten Rahmen über ein selbst gewähltes, aus meinem aktuellen Arbeitszusammenhang heraus erwachsenes Thema zu schreiben. Darüber hinaus wird erwartet, daß ein professioneller und persönlicher Bezug zu demjenigen sichtbar wird, dem die Festschrift gewidmet ist.

Die Wahl des Themas ist naheliegend: Meine jahrelange Tätigkeit mit behinderten Menschen im Hochschulbereich, insbesondere als Behindertenbeauftragte der Universität Hamburg, hat mich mit den spezifischen Problemen behinderter und chronisch kranker Studierender konfrontiert und mich immer wieder angeregt, aktiv nach Problemlösungen zu suchen. Ich bin aufgrund über dreißigjähriger Verbundenheit mit Walter Thimm sicher, daß dieses Thema seiner humanen Grundhaltung sowie seinem professionellen Interesse entspricht und daß sich somit eine Darstellung in dieser Festschrift als gerechtfertigt erweist.

Im folgenden will ich versuchen, einen Überblick über die mit dem Thema im Zusammenhang stehenden vielfältigen Entwicklungen in Sozial-, Bildungs- und Hochschulpolitik zu geben, nationale und internationale Trends darzustellen und - last not least - persönliche Erfahrungen einzubringen. Mir ist bewußt, daß ich die komplexe Materie in dem hier vorgegebenen Rahmen nicht einmal ansatzweise bearbeiten kann und daß ich daher einige wenige Schwerpunkte setzen muß. Darüber hinaus möchte ich beispielhaft vermitteln, daß gerade wir Hochschullehrerinnen und Hochschullehrer im behindertenpädagogischen Bereich durch das alltägliche Zusammensein mit behinderten Studierenden ein Praxisfeld haben, auf dem sich unsere Lehre und unsere Theorien auch bewähren müssen. In diesem Teilbereich der Hochschultätigkeit greift die traditionelle Zuschreibung vom ehrwürdigen Professor, dem Theoretiker, der 'nur' Gedanken produziert, längst nicht mehr.

Thematisch wird das einen wichtigen Schwerpunkt bilden, was bei verschiedenen umfänglichen Befragungen behinderter und chronisch kranker Studierender eindringlich und viel deutlicher als bei anderen Studentengruppen herausgekommen ist: Viele beklagen sich über die Kälte des sozialen Klimas an den Hochschulen, über fehlende Mitmenschlichkeit, mangelnde soziale Anteilnahme und über allgegenwärtige Anonymität. Hinter dem eingangs formulierten Thema steht also durchaus ein Fragezeichen. Wie sieht es jenseits der vielfältigen Bekundungen von gelungener Integration und Rehabilitation und trotz der vielfältig organisierten Hilfen im Alltag des Hochschulbereichs aus?

Zu Beginn soll die von Fernerstehenden immer wieder aufgeworfene Frage nach der Relevanz der Gruppe aufgegriffen werden. Dahinter könnten Spekulationen darüber stehen, ob behinderte und chronisch kranke Menschen nicht nur eine verschwindend kleine Minderheit unter den Studierenden an deutschen Hochschulen darstellen, eine Gruppe, für die schon wegen ihrer geringen Quantität die Notwendigkeit eines besonderen Aufwands zu bezweifeln ist.

Der folgende Teil enthält Aussagen zur deutschen Hochschulpolitik unter besonderer Berücksichtigung der Bedürfnisse behinderter und chronisch kranker Studierender. Es kann sich in dem gegebenen Rahmen nur um einen eher fragmentarischen Aufriß von Konzepten, Problemen, Lösungswegen, Defiziten und Entwicklungstrends handeln.

Schließlich soll versucht werden, den oben bereits angesprochenen qualitativen Aspekt zu artikulieren und Gedanken zur Integration behinderter und kranker junger Menschen im Studium anzusprechen.

2. Wie viele behinderte und chronisch kranke Studierende gibt es an deutschen Hochschulen?

Die Frage nach der Anzahl behinderter und chronisch kranker Studierender wird häufig von denjenigen gestellt, die sich Klarheit darüber verschaffen wollen, ob es sich bei dieser Gruppe um mehr als ein paar exotische Ausnahmeerscheinungen handelt, oder die ganz allgemein abzuschätzen versuchen, ob die offensichtlichen Bemühungen um diese Studierenden den Aufwand und die Kosten rechtfertigen. Mit Erstaunen nehmen solche Fragesteller dann zur Kenntnis, daß es keine offizielle Erfassung gibt, keine Namenslisten und kein entsprechendes Kästchen in den Bewerbungsunterlagen, das verpflichtend anzukreuzen ist. Es folgen Vorschläge, wie solchen 'Versäumnissen' beizukommen sei: Es könne doch kein allzu großer Aufwand sein, die Rollstuhlfahrer, die Blinden mit dem weißen Stock oder die Hörgeräteträger zu zählen...

Noch erstaunlicher ist für solche Fragenden die Antwort, daß es sich um einen bewußten, begründeten Verzicht auf die genannten Möglichkeiten der Erfassung handelt. Experten wissen seit längerem, wie schwierig es ist, von dem komplex grundgelegten, national und international uneinheitlich definierten Behinderungsbegriff zu Systembildungen und statistischen Daten zu kommen. Sie hinterfragen Versuche, »to classify the unclassificable« (World Health Organization 1980, 35) und sehen die Gefahr, Taxonomien zum Bewerten von körperlichen, geistigen und seelischen Behinderungen zu schaffen, die als Instrumente zum Perfektionieren von Zuschreibungen und Stigmatisierungen mißbraucht werden könnten. Wir Deutschen haben in diesem Jahrhundert einen verheerenden Mißbrauch von angelegten »Krüppellisten« erlebt. Diese geschichtliche Kollektiverfahrung ist sicherlich nicht ohne Einfluß auf die Regelung geblieben, daß eine Meldung von Betroffenen im Hochschulbereich freiwillig durch diese selbst geschieht, daß auf den Schutz von preisgegebenen Daten besonders geachtet wird, zum Beispiel durch das Angebot anonymer Beratung.

Diese Regelungen und die zugrundeliegenden Entscheidungen sind in der Fachliteratur nicht ohne Gegenargumente geblieben. Es wurde etwa hervorgehoben, daß die Möglichkeiten, die bestehenden Verhältnisse zum Besseren zu verändern, wesentlich davon abhängen, Probleme eindeutig zu benennen und auch ihrem Ausmaß nach aufzuzeigen. Soll also auf Dauer ein Weg gefunden werden, Ressourcen zur Hilfe für Behinderte kontrolliert und angemessen einzusetzen, sind Klassifikation von Behinderungen und Aufstellung von Häufigkeiten unerläßlich. Auf der praktischen Ebene gäbe dies mehr Planungssicherheit und Argumentationshilfe beispielsweise bei der Auseinandersetzung mit Institutsdirektoren, die in nicht rollstuhlzugänglichen Hochschulgebäuden residieren und zur Frage der Häufigkeit rollstuhlfahrender Studierender mit einem »Ich habe noch nie einen Rollstuhlfahrer in unserem Institut gesehen!« (im Sinne von »also gibt es keine«) Stellung nehmen.

Um Planungssicherheit zu gewinnen, werden in regelmäßigen Abständen mit Mitteln des Bundesministeriums für Bildung und Wissenschaft finanzierte Sozialerhebungen des Deutschen Studentenwerkes (DSW) über »Das soziale Bild der Studentenschaft in der Bundesrepublik Deutschland« von der Hochschul-Informations-System GmbH (HIS), Hannover, durchgeführt. Die aktuelle Erhebung ist die 14., die nach Fertigstellung des Manuskripts erschienen ist, so daß die folgenden Aussagen auf der 13. Erhebung (1992) beruhen. Auch die 12. (1988) wird herangezogen, da in ihrem Rahmen eine Sonderauswertung zum Thema »Behinderte und chronisch Kranke im Studium« durchgeführt wurde. Die HIS-Studien sind professionell ausgewertete Studentenbefragungen im großen Stil.

Ausgegangen wird von dem bekannten Klassifikationsschema der World Health Organization (1980), das zwischen »impairments« (Schädigungen), »disabilities« (funktionellen Einschränkungen) und »handicaps« (sozialen Beeinträchtigungen) unterscheidet. Sowohl in der 12. als auch in der 13. Sozialerhebung des Deutschen Studentenwerkes wurde einerseits nach dem Vorliegen einer längerfristigen gesundheitlichen Beeinträchtigung bzw. Behinderung im Sinne einer Schädigung gefragt, andererseits auch nach dem Grad der krankheits- oder behinderungsbedingten Beeinträchtigung (im Sinne von handicaps) im Studium, wobei allerdings berücksichtigt werden muß, daß es sich bei der Ergebnisdarstellung nicht um mediziniche Gutachten, sondern um die Selbsteinschätzung der Studierenden handelt, die jedoch auf ärztlichen Fachurteilen beruhen kann. Die in der vorliegenden Untersuchung verwendeten Kategorien gesundheitlicher Schädigungen wurden auf der Grundlage der Ergebnisse der 12. Erhebung entwickelt und durch diejenigen der 13. bestätigt (Bundesministerium für Bildung und Wissenschaft 1992, 413f.).

Der den Studierenden vorgelegte Fragebogen enthält insgesamt 92 Fragen zu deren Lage (13. Erhebung). Nur drei Fragen davon (81. bis

83.) befassen sich mit gesundheitlicher Schädigung/Behinderung bzw. Beeinträchtigung. Die Fragen und ihre Ergebnisse:

81. *Frage:*
    Liegt bei Ihnen eine Behinderung oder eine längerdauernde/chronische Krankheit vor?

    Antworten:
    - ja, eine Behinderung   2,6%
    - ja, eine längerdauernde/chronische Krankheit   10,5%
    - nein   86,9%

82. *Frage:*
    Sind Sie durch Ihre gesundheitliche Schädigung im Studium beeinträchtigt?
    Antworten:
    Mit »nein« antworten 53,4 % - mit »ja« 46,6%.
    Stark beeinträchtigt fühlen sich 14,4% (4 + 5 auf einer fünfstufigen Rating-Skala).

83. *Frage:*
    Welcher Art ist Ihre gesundheitliche Schädigung?
    ... (ggf. Mehrfachzuordnung)

    Antworten:
Allergien, Atemwegserkrankungen	47,1%
Schädigung des Stütz- und Bewegungsapparates	18,2%
Sehschädigung	14,7%
Erkrankung innerer Organe/chronische Stoffwechselstörung	13,0%
Psychische Erkrankung	7,7%
Hauterkrankung	17,6%
Schädigung des Hals-, Nasen-, Ohrenbereichs	7,9%
Schädigung des zentralen Nervensystems	2,1%
Sonstige Schädigung	6,0%

Die Selbsteinschätzung mit Hilfe schriftlicher Befragung ist bei der zugrundeliegenden Fragestellung die Methode der Wahl; die bei dieser Methode immer wieder festgestellte Gefahr einer Untererfassung sollte dabei jedoch im Auge behalten werden. Das spiegeln unter anderem Rezensionen der amtlichen Mikrozensuserhebungen über Behinderte in der Bundesrepublik Deutschland von 1972, 1974, 1976 wider (zusammenfassend: Rath 1985, 39).

Die vorliegenden Daten ermöglichen eine Vielzahl von Kombinationen mit anderen erhobenen Sozialdaten, die detaillierte Aussagen zu einzelnen Untergruppen liefern können. Hier wird aus Platzmangel nur ein Beispiel aus der 12. Sozialerhebung angeführt (Budde/Leszczensky 1990, 5): »Durch unterschiedliche Kombinationen (*relevanter, Anm. W.R.*) Faktoren variiert die Wahrscheinlichkeit einer stärkeren Beeinträchtigung im Studium aufgrund gesundheitlicher Schädigungen sehr stark. Am ehesten lassen sich diese Zusammenhänge anhand der Extremausprägungen verdeutlichen: Der Anteil der mittelgradig bis stark im Studium Beeinträchtigten mit chronischer Krankheit oder Behinderung beträgt in der Gruppe der *männlichen Studierenden*, die gut mit den zur Verfügung stehenden Einnahmen auskommen und in der frühen Studienphase entweder Medizin oder ein Fach aus dem ingenieurwissenschaftlichen bzw. mathematisch-naturwissenschaftlichen Bereich studieren, etwa 16%.« Besonders benachteiligt ist die Gegengruppe: Bei *Studentinnen* der Geistes- oder Gesellschaftswissenschaften, die mit ihrem monatlichen Einkommen schlecht auskommen und in einer späteren Studienphase sind, fühlen sich 62% im Studium entsprechend beeinträchtigt.

Statistische Daten über sich selbst als behindert oder chronisch krank einstufende Studierende an Deutschen Hochschulen liegen somit vor. Sie können als Richtwerte für Planungstätigkeiten dienen. Die Eingangsvermutung, es könne sich bei Behinderten und chronisch Kranken um eine exotische Minderheit unter den Studierenden handeln, kann nicht bestätigt werden. Der Umgang mit den in der DSW-Studie erzielten Prozentwerten und deren Vergleich mit anderen Erfahrungs- und Schätzwerten für Häufigkeiten einzelner Behinderungsarten führt teilweise zu erstaunlich übereinstimmenden Ergebnissen. Allerdings müssen die Durchschnittswerte als Richtwerte gesehen werden, die im Einzelfall unter- oder überschritten werden können. Unterschiede ergeben sich zum Beispiel durch die Größe der Hochschulen: eine Massenuniversität hat andere Vorausetzungen als eine sehr kleine Hochschule. Darüber hinaus gibt es eine Verzerrung der Richtwerte durch eine Art 'Abstimmung mit den Füßen'. Einzelne Hochschulen sind für bestimmte Gruppen von behinderten Studierenden besonders attraktiv und haben einen entsprechend großen Zulauf von Studierenden dieser Gruppe. Ein Beispiel ist die Universität Marburg für sehgeschädigte Studierende; tendenziell entwickelt sich die Universität Hamburg zu einer Schwerpunkt-Universität für Hörgeschädigte.

Zusätzlich muß in bezug auf die praktische Verwendbarkeit der Prozentsätze einschränkend bedacht werden, daß Behinderungen bzw. Beeinträchtigungen im Rahmen der Hochschulbildung eine spezifische Bedeutung haben. Allgemein wird herausgestellt, daß - verglichen mit der Gesamtpopulation - behinderte und chronisch kranke Menschen in der Hochschule unterrepräsentiert sind. Dieser Effekt zeigt sich jedoch in Deutschland (alte Bundesländer) seit dem sogenannten Öffnungsbeschluß der Regierungschefs von Bund und Ländern im Jahr 1977 weniger deutlich als in anderen Ländern. (Die Zahl der Studierenden stieg seit 1977 von 16% eines Jahrgangs auf gegenwärtig 30 bis 40%.)

Als allgemeine Erfahrung wird aufgezeigt, daß junge Menschen mit Behinderungen erhebliche Vorbehalte haben, sich im Zusammenhang mit ihrem Studium als behindert oder beeinträchtigt zu erkennen zu geben. Eine eindrucksvolle Zusammenstellung von Gründen stammt von Viv Parker und Jenny Corbett aus dem Department of Education and Community Studies, University of East London (1995, unveröffentlicht): »At the stage of making an application individuals may be unaware that there is any positive purpose to be served by identifying themselves. They may feel there is any possibility of a negative reaction from the university. They may not see their own characteristic as a disability. They may be unaware of how a special need or disability may affect their studies and of the existence of any financial assistance or other form of support. They may wish to pass unnoticed, avoid any fuss or special help, wish to 'do it by myself'. All of these factors have been identified by different students and the survey of higher education institutions echoed all these reasons.«

Die Frage, wie Einzelpersonen oder Institutionen Prozesse in Gang bringen können, die einen Studierenden ermutigen, sich als jemand darzustellen, der Schwierigkeiten hat oder behindert ist, erweist sich als aktuelles Thema nationaler und internationaler Tagungen und Konferenzen.

International unterliegt die Forschung im Bereich Häufigkeit und Erfassung behinderter und chronisch kranker Studierender an Hochschulen inhaltlichen und methodischen Schwierigkeiten, wie mündliche Berichte auf einer internationalen Konferenz (Innsbruck, Juli 1995) über laufende Untersuchungen in den USA und in Kanada eindrucksvoll belegten. Bei den referierten Untersuchungsergebnissen wurde von der Anzahl der um Hilfe nachsuchenden Studierenden mit unterschiedlichen Behinderungen und Schwierigkeiten ausgegangen: ein Ansatz, der mindestens so anfällig gegen methodische Artefakte zu sein scheint, wie der in der HIS-Studie des DSW verwendete. Als Ergebnis einer großen Umfrage an 47 kanadischen Hochschulen wurden weniger als 1% (O,84%) aller Studierender ermittelt, die um behindertenspezifische Beratung und Unterstützung nachsuchten. Als häufigste Beeinträchtigungen wurden in unterschiedlichen Ländern des anglo-amerikanischen Sprachraums »Learning Disabilities« (mit einem Drittel oder mehr) angegeben, gefolgt von geringeren Anteilen an Körperbehinderungen/gesundheitlichen Problemen und sensorischen Schädigungen sowie einem sehr kleinen Teil emotionaler oder psychischer Störungen (1995, unveröffentlicht).

Folgende breit konsensfähige Definition von »Learning Disabilities« wurde gegeben (1995, mündlich): »Learning Disabilities is a general term that refers to a heterogeneous group of disorders manifested by significant difficulties in the acquisition and use of listening, speaking, reading, writing, reasoning, or mathematical abilities. These disorders are intrinsic to the individual, presumed to be due to central nervous system dysfunction, and may occur across the life span. Problems in self-regulatory behaviors, social perception, and social interaction may exist with learning disabilities but do not by themselves constitute a learning disability.«

3. Welchen Beitrag leistet die deutsche Hochschulpolitik für behinderte und chronisch kranke Studierende?

Die Bemühungen um behinderte und chronisch kranke Studierende sind eingebettet in ein komplexes Gefüge allgemeiner Sozial-, Bildungs- und Hochschulpolitik. Die Probleme des Studiums Behinderter und die besonderen Maßnahmen für behinderte Studierende sind nicht ohne den Hintergrund der allgemeinen Rahmenbedingungen von Studium zu sehen. Die Situation der deutschen Hochschulen von heute wird von vielen als Krise der Hochschulen charakterisiert.

Richtig ist an dieser Einschätzung, daß die personelle und sachliche Ausstattung der Hochschulen nicht mit den steigenden Studentenzahlen Schritt gehalten hat. Seit dem »Öffnungsbeschluß« der Regierungschefs von Bund und Ländern 1977 ist der Anteil der jährlichen Studienanfänger an den Hochschulen der alten Länder bis 1990 um 72,8% gestiegen, der des wissenschaftlichen Personals dagegen nur um 6% und die Anzahl der Studienplätze nur um 10,5%. Als Krisensymptom muß auch die stetige Verlängerung der durchschnittlichen Studienzeiten gesehen werden. Die erwartete Abnahme der Studentenzahlen ist nicht eingetreten, die Verknappung der Mittel nimmt jedoch zu; eine zügige Reform der Studienstruktur ist nicht in Sicht.

Die gegenwärtigen Verhältnisse an deutschen Massenuniversitäten und die Überlastsituation in zahlreichen Hochschulbereichen bedeuten vor allem für die behinderten und chronisch kranken Studierenden eine zusätzliche Erschwerung ihres Studiums. Verbesserungen, die allerdings erst mittel- oder langfristig wirksam werden könnten, wären für diese Gruppe von besonderer Bedeutung.

Besondere Bemühungen um behinderte und chronisch kranke Studierende an deutschen Hochschulen sind gesetzlich verankert, und zwar an maßgeblichen Stellen, wie:

- in der Menschenrechtskonvention der Vereinten Nationen, im Gleichheitsgrundsatz und dem Sozialstaatsprinzip des Grundgesetzes, indirekt in dem neu eingeführten Antidiskriminierungspassus,
- im § 10 des Ersten Buches des Sozialgesetzbuches,
- im Hochschulrahmengesetz § 2 (4),

- in entsprechenden Passagen der Länderhochschulgesetze.

Breitenwirkung erhielt diese eindeutige Gesetzeslage durch zwei wichtige bildungspolitische Verlautbarungen in den 80er Jahren:

- eine Empfehlung der Ständigen Konferenz der Kultusminister der Länder in der Bundesrepublik Deutschland aus dem Jahr 1982: Verbesserung der Ausbildung für Behinderte im Hochschulbereich (KMK-Empfehlung 1982),
- eine Empfehlung der Westdeutschen Rektorenkonferenz aus dem Jahr 1986: Hochschule und Behinderte - Zur Verbesserung der Situation von behinderten Studieninteressierten und Studenten an der Hochschule (WRK-Empfehlung 1986).

Die KMK-Empfehlung fordert konkrete Maßnahmen:

- der studienvorbereitenden, studienbegleitenden und berufsvorbereitenden Beratung,
- bei den Studien- und Prüfungsbedingungen,
- baulicher und technischer Art,
- der sozialen Integration,
- im Behindertensport,
- durch Beauftragte für Behindertenfragen,
- der Beteiligung von Behinderten,
- der Verbesserung der Information.

Die WRK (heute: HRK - Hochschulrektorenkonferenz) stellt auf die entsprechenden Aufgaben der Hochschulen ab. Die Hochschulen müssen die in beiden Empfehlungen genannten Aufgaben in ihre Verwaltungsstruktur integrieren, flankiert von Dienstleistungen anderer Institutionen, wie Studentenwerk, Sozialbehörde, Arbeitsverwaltung. Neu greifen die personellen Vorschläge der Empfehlungen in die Gesamtstruktur ein: An allen deutschen Hochschulen sollen Behindertenbeauftragte ernannt werden, für die in großer Ausführlichkeit Aussagen zur Eignung und zu Aufgaben gemacht werden. Daneben ist die eigene aktive Beteiligung der behinderten Studierenden vorgesehen, die Bildung von Interessengemeinschaften wird unterstützt (auch finanziell). Diesen beiden Gruppen - Behindertenbeauftragten an den Hochschulen und Interessengemeinschaften behinderter Studierender - gelten die folgenden Ausführungen.

Behindertenbeauftragte

Aus beiden Empfehlungen ergibt sich für die Beauftragten für Behindertenfragen an den Hochschulen folgende Tätigkeitsbeschreibung (Deutsches Studentenwerk 1993, 5):

1. Sie sind Ansprechpartner für behinderte Studierende.
2. Sie wirken mit bei der studienvorbereitenden, studienbegleitenden und berufsvorbereitenden Beratung.
3. Sie arbeiten mit dem Lehrkörper, den Selbstverwaltungsgremien und anderen zuständigen Einrichtungen der Hochschulen zusammen, um Lern-, Arbeits- und Prüfungsbedingungen zu schaffen, die die Belange behinderter Studenten berücksichtigen.
4. Sie arbeiten mit den für Baumaßnahmen zuständigen Abteilungen zusammen; sie sind initiativ bei der Einleitung baulicher Veränderungen bzw. sind rechtzeitig bei Instandsetzungs-, Unterhaltungs-, Umbau- und Neubaumaßnahmen einzubeziehen.
5. Sie initiieren die Anschaffung einer Grundausstattung von apparativen, technischen und personellen Hilfen für Behinderte.
6. Sie wirken bei der behindertenspezifischen Ausstattung der zentralen wissenschaftlichen Dienstleistungseinrichtungen mit.
7. Sie beraten über Möglichkeiten, individuelle, technische und personelle Hilfen über externe Kostenträger zu beschaffen.
8. Sie regen im Bereich der Lehre spezifische Projekte an, die Probleme von Behinderten aufgreifen.
9. Sie unterrichten die Hochschule regelmäßig über die Situation und über die Probleme der Behinderten.

10. Sie sorgen für die Möglichkeit des Erfahrungsaustausches innerhalb der Hochschule, zum Beispiel in Form von Arbeitskreisen oder Interessengemeinschaften.
11. Sie wirken bei Maßnahmen zur Integration an Hochschule und Hochschulort mit (zum Beispiel Hochschulsport, Orientierungsveranstaltungen, Freizeiten und Wochenendseminare).
12. Sie arbeiten mit anderen Hochschulen zum regionalen und überregionalen Erfahrungsaustausch zusammen.
13. Ihnen obliegt zur Erfüllung der genannten Aufgaben der Aufbau und die Pflege eines dichten Netzes von Kooperationspartnern.

Dieser Katalog von Aufgaben ist anspruchsvoll; atemberaubend wirkt er als Auftrag an eine Einzelperson: die Beauftragte bzw. den Beauftragten für behinderte Studierende an einer Hochschule. Von der Hochschulrektorenkonferenz wird ausdrücklich darauf hingewiesen, daß ein solch komplexes Aufgabenfeld eine institutionelle Verankerung dringend erforderlich macht und zumindest bei den größeren Hochschulen zusätzliche Stellen und Sachmittel für eine hauptamliche Wahrnehmung der Funktion der bzw. des Behindertenbeauftragten bereitzustellen sind.

Die Ernennung von Behindertenbeauftragten hat sich an deutschen Hochschulen breit durchgesetzt. Die Gründe sind vielfältig. Diese Lösung gilt als kostengünstige oder kostenneutrale Möglichkeit, den Forderungen von KMK und WRK nachzukommen. Es ist infolgedessen nicht erstaunlich, daß die Ernannten häufig unzureichende Sachmittelausstattung und fehlende personelle Unterstützung signalisieren. Wenn eine mangelhafte Institutionalisierung der oder des Behindertenbeauftragten gegeben ist, wird die Klage erklärlich, daß viel zu selten eigene Initiative entwickelt werde und viel zu oft nur auf Nachfrage eine Reaktion erfolge. Die Einsetzung von Beauftragten kann auch Alibifunktion haben: Immerhin zeigt die Auswertung einer bundesweiten Umfrage des Deutschen Studentenwerkes, daß fast 1/4 aller Hochschulen angeben, den Beratungsbedarf für behinderte und chronisch kranke Studierende mit der Ernennung einer bzw. eines Beauftragten gedeckt zu haben (Langweg-Berhörster 1993, 41).

Die Angaben, die bei der Befragung zur institutionellen Verankerung des Amtes der oder des Behindertenbeauftragten gemacht wurden, ergaben folgende Möglichkeiten:
- ehrenmamtliche Aufgabe oder Teilaufgabe eines Mitglieds des wissenschaftlichen Personals,
- Teilaufgabe eines Angestellten der Unversitätsverwaltung oder des Studentenwerkes,
- Teilaufgabe eines Angestellten der Studienberatung,
- hauptamtlicher Beauftragter für Behindertenfragen.

Der umgangssprachlich in diesem Zusammenhang immer wieder verwendete Begriff »ehrenamtlich« ist mißverständlich. Bei einem Hochschullehrer zum Beispiel geschieht die Wahrnehmung des Amtes des Behindertenbeauftragten im Rahmen seiner dienstlichen Verpflichtung zur Beteiligung an der Selbstverwaltung der Hochschule und ist damit bezahlte Arbeit im Sinne einer Teilaufgabe, nicht (unbezahltes) »Ehrenamt«. Die Schwierigkeiten beginnen, wenn (teilweise) Freistellung gefordert wird. Oft kann der Hochschullehrer nicht ohne weiteres durch personelle Umverteilung aus der Leitung eines langfristig angelegten Forschungsprojektes herausgezogen oder in der Lehre seines Faches durch eine andere Lehrperson ersetzt werden. Auf diese Weise kann es geschehen, daß es bei gewissenhafter Wahrnehmung der Funktion der oder des Behindertenbeauftragten zu zusätzlicher Arbeit, zu Überstunden, kommt, die dann ehrenamtlichen Charakter haben. Dennoch wird von vielen mit guten Argumenten dafür plädiert, Mitglieder der Universität, die in Lehre und Forschung eingebunden sind, in das Amt zu wählen. Angesichts der Vielfalt der Aufgaben und der Komplexität des Auftrags werden jedoch die Stimmen lauter, die hauptamtlichen, vollzeitbeschäftigten Behindertenbeauftragten den Vorzug geben.

Interessengemeinschaften behinderter und nichtbehinderter Studierender

In den oben genannten Empfehlungen wird vorgeschlagen, die behinderten Studierenden selbst bei der Planung und Ausführung behindertengerechter Maßnahmen als gleichberechtigte Partner zu beteiligen. Gedacht war dabei an Selbsthilfegruppen aus behinderten und nichtbehinderten Studierenden (KMK-Empfehlung 1982). Weiter heißt es: »Speziell auf diesem Gebiet sollte ein Erfahrungsaustausch der Hochschulen eines Landes und darüber hinaus ein länderübergreifender Erfahrungsaustausch stattfinden, um die Effizienz dieser Beteiligungsformen ermessen zu können.«

Das hinter diesem Vorschlag liegende Konzept ging davon aus, daß behinderte und nichtbehinderte Studentinnen und Studenten gemeinsam für die Belange behinderter Studierender eintreten, und zwar für Studierende mit unterschiedlichen Behinderungsarten. Beide Vorgaben haben sich nicht als durchgängig konsensfähig erwiesen.

Von den 35 Interessengemeinschaften, die auf einem Informationsblatt der »Beratungsstelle für behinderte Studienbewerber und Studenten« des Deutschen Studentenwerks angegeben sind (Stand: Juli 1995), erwähnen weniger als 1/4 die Nichtbehinderten in ihrem Namen. Einige Gruppen betonen mehr oder weniger nachdrücklich, daß ausschließlich behinderte Menschen die Belange Behinderter vertreten sollten. Sie schließen in diese Forderung nach eigener Betroffenheit auch die Behindertenbeauftragten der Hochschulen ein. (In Österreich sind beispielsweise an allen Hochschulen behinderte Menschen als Behindertenbeauftragte tätig.) Auch Gruppierungen nach Behinderungsarten sind entstanden; dies signalisieren Namen von Gruppen wie »Ohr« oder »Interessengemeinschaft sehbehinderter und blinder Studenten...«. Die Notwendigkeit des Einbezugs der großen Gruppe der chronisch Kranken mit meist nicht sichtbaren Behinderungen scheint nicht bewußtseinsnah zu sein: Das Informationsblatt weist aus, daß nur an der Universität Bremen die Gruppe der chronisch Kranken in der offiziellen Bezeichnung der studentischen Interessengemeinschaft auftaucht.

Die Anregung der KMK-Empfehlung, den Erfahrungsaustausch der Interessengemeinschaften zu fördern, ist aufgegriffen worden. Jährliche überregionale Treffen mit unterschiedlichen Themen sind in Tagungsberichten dokumentiert. 1993 fand in Berlin eine Tagung mit dem Schwerpunkt »10 Jahre KMK-Empfehlung, 10 Jahre Behindertenbeauftragte - Anspruch und Wirklichkeit« statt. Im Vorfeld der Tagung hatte eine in der Selbsthilfearbeit engagierte Gruppe behinderter Studierender eine Fragebogenaktion durchgeführt, um zu erfahren, wie die Situation behinderter Studierender aussieht. Dabei wurden betroffene Studierende unter anderem nach ihrer Einschätzung der Behindertenbeauftragten an deutschen Hochschulen gefragt, nach deren Person, deren Arbeitsweise und den Rahmenbedingungen der Tätigkeit. Die Antworten wurden folgendermaßen zusammengefaßt: »Sie scheinen überwiegend männlich sowie selbst nicht behindert zu sein, sind meistens regelmäßig einmal in der Woche zu sprechen sowie nach Vereinbarung - sind dann auch da und nehmen sich genug Zeit. Die Zugänglichkeit (*für Rollstuhlfahrer, Gehbehinderte, Anm. W.R.*) ist nicht immer und überall gewährleistet: In einem Fall ist der Behindertenbeauftragte seit zehn Jahren schon für Rollstuhlfahrer nicht erreichbar« (Walter 1993a, 12).

Die Auswertung des Komplexes »Warum werden die Behindertenbeauftragten aufgesucht?« ergab folgendes Bild: Sie werden vor allem bei speziellen Fragen herangezogen, zum Beispiel baulichen Problemen, Anträgen; die Zufriedenheit mit dem Behindertenbeauftragten hängt demzufolge auch mit der Lösung dieser jeweils konkreten Anliegen zusammen; darüber hinaus bestehen wenig Ansprüche an die Behindertenbeauftragten, und es wird auch von diesen wenig in Richtung auf grundsätzlicheres, allgemeineres (vorausschauendes) Handeln getan. Die Zufriedenheit ist insgesamt recht groß, obwohl der Gesamteindruck von der Hochschule und deren Ausstattung häufig eher schlecht ist (Walter 1993a, 13).

Allerdings sind nur wenige behinderte Studierende rundum zufrieden; das äußert sich in den Wünschen nach Eigenschaften und Merkmalen, die ein Behindertenbeauftragter haben sollte: »rechtliche Kompetenz; hauptamtliche Stelle; nicht nur Verwaltungsstrukturen verhaftet; mehr Engagement; Problembewußtsein; Interesse; Bereitschaft, sich einzuarbeiten; Einfühlungsvermögen; Kritikfähigkeit; soll selbst behindert sein; soll sich mit dem Thema auseinandergesetzt haben; Durchsetzungskraft bzw. -fähigkeit; häufiger anwesend« (Walter 1993a, 13).

Auf der Berliner Tagung diskutierte eine Arbeitsgruppe behinderter Studierender aus verschiedenen Hochschulorten die Frage: »Sollen Behindertenbeauftragte selbst behindert und hauptamtlich beschäftigt sein?« Die dargestellten Erfahrungen ließen keinen eindeutigen Trend erkennen: »ob jemand Prof war oder nicht, ob selbst behindert oder nicht, ist anscheinend nicht ausschlaggebend für 'gute' oder 'schlechte' Behindertenbeauftragte, sondern hängt - neben der Ausstattung dieser Position - vor allen vom persönlichen Engagement ab« (Walter 1993b, 78).

Obwohl einige glaubten, daß Behindertenbeauftragte nicht unbedingt eine hauptamtliche Stelle brauchten - sie wären dadurch zu weit entfernt vom ganzen Lehrbetrieb -, waren die meisten doch der Überzeugung, daß eine hauptamtliche Stelle viel intensiveres Arbeiten und eine wesentlich bessere Position in der universitären Hierarchie bedeute. Außerdem ließen sich dann etwas leichter Forderungen durchsetzen, beispielsweise nach Tutoren, Räumen oder Hilfsmitteln zur Verbesserung der Ausstattung der Stelle.

Viele Mitglieder der Arbeitsgruppe wünschten sich einen größeren Einfluß auf die Arbeit der Behindertenbeauftragten, forderten eine stärkere Kontrolle, zum Beispiel Mitwirkung bei der Einstellung, Möglichkeit der Abwahl (über eine Art Mißtrauensvotum) sowie befristete Verträge.

Die Frage, ob die oder der Behindertenbeauftragte selbst behindert sein solle oder nicht, wurde sehr kontrovers diskutiert: »Aus den geschilderten Erfahrungen ließ sich nicht erkennen, daß behinderte Behindertenbeauftragte gegenüber nichtbehinderten tatsächlich bessere Arbeit abliefern. Zum Teil wurde sogar beklagt, daß bei behinderten Behindertenbeauftragten die Sensibilität im Hinblick auf jeweils andere Behinderungsarten nicht mehr ausgeprägt sei als bei Nichtbehinderten. Die Forderung, daß Behindertenbeauftragte selbst behindert sein sollten, wurde auch als eine Art Diskriminierung Nichtbehinderter angesehen(!)« (Walter 1993b, 79).

Allgemein gilt als unbestritten, daß die Arbeit der Interessengemeinschaften wesentlich zu den Innovationen und Erfolgen im Bereich der Beratung und Unterstützung behinderter und chronisch kranker Studierender beigetragen hat. Es wurden erhebliche zusätzliche Selbsthilfeleistungen erbracht, und zwar in der Regel von Studierenden, die durch ihre eigene Behinderung oder Krankheit sowieso schon mit großen Erschwernissen ihres Lebens- und Studienalltags zu kämpfen hatten. Diese Leistungen sind den Betroffenen nicht auf Dauer zuzumuten oder gar abzuverlangen; die Interessengemeinschaften leiden nicht ohne Grund nahezu überall an Mitgliederschwund; es entstehen neue Gruppen; es besteht die Gefahr der Desintegration (Rath 1994).

4. Wie steht es um die Eingliederung behinderter und chronisch kranker junger Menschen in deutschen Hochschulen?

Das eingangs genannte Umfrageergebnis, nach dem sich über Erwarten viele behinderte Studierende über die Kälte des sozialen Klimas an den Hochschulen, über fehlende Mitmenschlichkeit, mangelnde soziale Anteilnahme und über Anonymität beklagten, lenkt den Blick weg von den vielfältigen organisatorischen, technischen und strukturellen Maßnahmen auf die qualitativen Aspekte des Alltagslebens behinderter und chronisch kranker Studierender an deutschen Hochschulen. Diese Wendung wird auch im Rahmen zweier größerer Forschungsprojekte vollzogen: Das eine zum Thema »Studienbedingungen, Studienorganisation und Studienverhalten behinderter Studierender« wird vom Bayerischen Staatsinstitut für Hochschulforschung und -planung« getragen (Meister 1995, 65ff.), das andere läuft im Auftrag des Bundesministeriums für Bildung und Wissenschaft unter dem Titel »Studieren mit Behinderungen in den neuen Bundesländern« (Adam 1995, 65ff.).

Aus der Fülle der möglichen Teilaspekte wird im folgenden die Frage nach der Eingliederung behinderter und chronisch kranker Studierender in der Hochschule herausgegriffen. In Gesprächen mit Betroffenen taucht immer wieder Ärger über den typischen, in bezug auf Behindertenfragen schlecht informierten nichtbehinderten Mitstudierenden auf, der naive Integrationsvorstellungen hegt: Erwünscht ist demnach der möglichst unauffällige und ständig um Anpassung bemühte Behinderte, dessen Verhalten so 'normal' wie möglich ist. Vor dem Hintergrund solcher Vorstellungen können die Hilfen, die behinderten Studierenden gewährt werden, eine andere Bedeutung erhalten als vom Gesetzgeber beabsichtigt.

Die Palette der möglichen Hilfen für behinderte und chronisch kranke Studierende in Deutschland ist - auch im europäischen Vergleich - breit und umfaßt alle Grundlebensbereiche junger Menschen im Studium. Bei Auswahl, Organisation und Einsatz der Hilfen ist die aktive Mithilfe des betroffenen Studierenden vorgesehen. In jedem Einzelfall sollen die Hilfen so gewählt werden, daß ein Ausgleich der behinderungsbedingten Nachteile gewährleistet ist. Die meisten der zur Zeit studierenden schwerbehinderten Menschen könnten ohne diesen gesetzlich zugesicherten Nachteilsausgleich ihr Studium nicht bewältigen.

Aus der Sicht eines nichtbehinderten Studierenden kann jedoch das Bild eines Mitstudierenden mit einer auch für ihn selbst in vielen Teilen erstrebenswerten Ausstattung in den Vordergrund rücken: Der behinderte Studierende ist umgeben von individuell zugeordnetem Hilfspersonal; er hat eine aufwendige Ausrüstung mit speziellen technischen Hilfen, z. B. Computergeräten; ihm wird einer der raren Wohnheimplätze zugewiesen; er erhält Freifahrt im Nahverkehr und einen Behindertenparkplatz. Außerdem stehen ihm individuelle Sonderregelungen in Prüfungssituationen zu.

Vergleiche mit der eigenen - oft auch nicht einfachen - Studiumssituation werden sich dem nichtbehinderten Studierenden umso eher aufdrängen, je enger die Möglichkeiten für alle an einer finanziell bedrängten Massenuniversität in der Krise werden. Die aufkommenden Gefühle werden allenfalls als Begehrlichkeit oder Neid bei sich selbst wahrgenommen, bleiben jedoch in der Regel unausgesprochen bzw. werden unter der Decke gehalten. Diese Gefühle der nichtbehinderten Mitstudierenden und der Angehörigen des Hochschulpersonals können beim Umgang mit behinderten Menschen oder deren professionellen Helfern mitspielen und zu unkontrollierten Äußerungen führen, z. B. in scheinbar zusammnenhanglos vom Zaun gebrochenen Kosten-Nutzen-Debatten oder geäußerten Zweifeln an Leistungsfähigkeit und 'Brauchbarkeit' behinderter Menschen in akademischen Berufen. Viele der behinderten Studierenden kennen diese Zusammenhänge und beklagen die 'anti-integrativen' Nebenwirkungen des für sie so unabdingbaren Nachteilsausgleichs. Besonders bei Absprachen für Sonderregelungen bei Prüfungen versuchen behinderte Studierende häufig, diesen unterschwellig wahrgenommenen Zusammenhängen Rechnung zu tragen, indem sie möglichst weitgehend auf Ausgleich verzichten, leider meist offensichtlich zu ihren eigenen Ungunsten.

Hemmschwellen für problemlose Kommunikation zwischen behinderten und nichtbehinderten Studierenden können auch die Hilfen an sich schon bilden. Der Einsatz von Gebärdensprachdolmetschern für Gehörlose ist ein Beispiel dafür, daß sprachliche Kommunikation gehörloser Studierender in der Regel über eine dritte vermittelnde Person laufen muß. Darüber hinaus werden integrative Kontakte für Gehörlose Studierende dadurch eingeschränkt, daß Dolmetschen nur in Lehrveranstaltungen, nicht jedoch in anderen Veranstaltungen der Hochschule, z. B. studentischen Vollversammlungen oder Arbeitsgruppen, vergütet wird.

Die Grundfrage, ob eine Eingliederung an deutschen Hochschulen für behinderte und chronisch kranke Studierende im Regelfall möglich ist, wird individuell sehr unterschiedlich beantwortet. Die oben bereits skizzierte naive Integrationsvorstellung ist häufig damit gekoppelt, daß den behinderten Studierenden ein Sich-integrieren oder zumindest ein Sichanpassen als zusätzliche Leistung abverlangt wird und daß dem einzelnen behinderten Studierenden ein Zusammensein mit Gleichbetroffenen als mißlungene Integration angerechnet wird. Ein eindrucksvolles Beispiel berichtet ein mehrfachbehinderter Student: Befreundete Mitstudenten gaben ihm in Würdigung seines passablen Abiturs an einem Regelgymnasium und seiner guten Erfolge im Jurastudium den ernstgemeinten Rat, sich nicht so viel um andere Behinderte zu kümmern und sich nicht mehr in der Interessengemeinschaft der behinderten Studierenden zu engagieren. »Das hätte er doch nicht nötig!« Dem Studenten war Verbitterung über diesen Ratschlag anzumerken; er fühlte sich in seinen sozialen Intentionen mißverstanden und nahm den Rat als Riß in der freundschaftlichen Beziehung wahr.

Nicht immer sind die Regelungen und Vorschläge, die mehrheitlich von nichtbehinderten Menschen ausgedacht worden sind, für behinderte Studierende akzeptabel. Zwiespältig werden z. B. die Ratschläge aufgenommen, bestimmte Schwerpunkt-Universitäten zu wählen. So werden unter Umständen bei der Beratung blinder Studierender die nachdrücklichen Hinweise auf die Philipps-Universität in Marburg oder bei Körperbehinderten auf die Ruhr-Universität Bochum als Nötigung und als Einschränkung der grundsätzlichen Wahlfreiheit empfunden. In Hamburg haben wiederum die gehörlosen Studierenden mit Hinweis auf ihre besondere Sprachsituation darum gebeten, in einem Wohnheim zusammenwohnen zu können. Dies wurde ihnen gegen die Grundregel, nach der behinderte Studierende auf alle Wohnheime verteilt werden sollen, auch ermöglicht.

Es wird von Mißverständnissen, Vorurteilen, Fehlinformation und Gleichgültigkeit berichtet: die Hochschule ein Spiegelbild der Gesellschaft! Aber Hochschule ist auch ein Feld, in dem jeder Studierende lernen kann, die einflußreichen Persönlichkeiten im jeweiligen kommunikativen Prozeß herauszufinden, die kreativen, aufgeschlossenen, vorurteilsfreien Menschen zu erkennen und als Partner und Helfer zu gewinnen. Außerdem stellt sich die Aufgabe, auch diejenigen im Blick zu behalten, die sich mit behinderten Studierenden und deren Problemen schwer tun, und zu lernen, um ihr Vertrauen zu werben, sie aufzuklären und sie so weit wie möglich einzubinden.

Literatur

ADAM, C.: Erste Ergebnisse des Forschungsprojekts »Studieren mit Behinderungen in den neuen Bundesländern". In: Meister, J.-J. (Hrsg.): Studienbedingungen und Studienverhalten von Behinderten - Dokumentation der internationalen Fachtagung 1995 in Tutzing. München 1995, 65-81.

BUDDE, H.-G./LESZCZENSKY, M.: Das soziale Bild der Studentenschaft in der Bundesrepublik Deutschland: Behinderte und chronisch Kranke im Studium - Ergebnisse einer Sonderauswertung im Rahmen der 12. Sozialerhebung des Deutschen Studentenwerkes im Sommersemester 1988 (Zusammenfassung). (Deutsches Studentenwerk) Bonn 1990.

BUNDESMINISTER FÜR BILDUNG UND WISSENSCHAFT (Hrsg.): Das soziale Bild der Studentenschaft in der Bundesrepublik Deutschland -12. Sozialerhebung des Deutschen Studentenwerkes. Reihe: Studien zu Bildung und Wissenschaft, Nr. 84. Bonn 1989.

BUNDESMINISTER FÜR BILDUNG UND WISSENSCHAFT (Hrsg.): Das soziale Bild der Studentenschaft in der Bundesrepublik Deutschland - 13. Sozialerhebung des Deutschen Studentenwerkes. Reihe: Studien zu Bildung und Wissenschaft, Nr. 103. Bonn 1992.

DEUTSCHES STUDENTENWERK (Hrsg.): Studienbedingungen behinderter Studierender an den Hochschulen der Bundesrepublik Deutschland - Ergebnisse einer Umfrage des Deutschen Studentenwerkes vom Februar 1993. Bonn 1993.

BUNDESMINISTER FÜR BILDUNG, WISSENSCHAFT, FORSCHUNG UND TECHNIK (Hrsg.): Das soziale Bild der Studentenschaft in der Bundesrepublik Deutschland - 14. Sozialerhebung des Deutschen Studentenwerkes. Bonn 1995.

LANGE, J.: Wie offen sind unsere Hochschulen für Behinderte? Bestandsaufnahme und Perspektiven aus der Sicht der Hochschulrektorenkonferenz. In: Bundesministerium für Bildung und Wissenschaft (Hrsg.): Studieren mit Behinderungen - Dokumentation der Fachtagung anläßlich des zehnjährigen Bestehens der Beratungsstelle für behinderte Studienbewerber und Studenten des DSW. Reihe: Studien zu Bildung und Wissenschaft, Nr. 112. Bonn 1993, 30-36.

LANGWEG-BERHÖRSTER, R.: 10 Jahre KMK-Empfehlung - 10 Jahre Studium Behinderter. In: Interessengemeinschaft behinderter Studierender Berlin (Hrsg.): Tagung '93 -10 Jahre KMK-Empfehlung, 10 Jahre Behindertenbeauftragte - Anspruch und Wirklichkeit. Berlin 1993, 20-47.

MEISTER, J.-J. (Hrsg.): Studienbedingungen und Studienverhalten von Behinderten. In: Meister, J.-J. (Hrsg.): Studienbedingungen und Studienverhalten von Behinderten - Dokumentation der internationalen Fachtagung 1995 in Tutzing. München 1995, 46-64.

RATH, W.: Systematik und Statistik von Behinderungen. In: Bleidick, U. (Hrsg.): Theorie der Behindertenpädagogik (Handbuch der Sonderpädagogik, Band 1). Berlin 1985, 25-47.

RATH, W.: Zur Situation behinderter Studentinnen und Studenten - Ein Bericht über die Arbeit der Behindertenbeauftragten der Universität Hamburg. In: Ellger-Rüttgardt, S. (Hrsg.): Pädagogisches Handeln in gesellschaftlicher Verantwortung - Festschrift für Walter Bärsch. Hamburg 1994, 206-221.

STÄNDIGE KONFERENZ DER KULTUSMINISTER DER LÄNDER IN DER BUNDESREPUBLIK DEUTSCH-LAND (Hrsg.): Verbesserung der Ausbildung für Behinderte im Hochschulbereich - Empfehlung der Kultusministerkonferenz vom 25.06.1982. Bonn 1982. Nachdruck in: Deutsches Studentenwerk (Hrsg.): Studienbedingungen behinderter Studierender an den Hochschulen der Bundesrepublik Deutschland - Ergebnisse einer Umfrage vom Februar 1993. Bonn 1993, 32-37.

WALTER, H.: Auswertung der Fragebogenaktion. In: Interessengemeinschaft behinderter Studierender Berlin (Hrsg.): Tagung '93 - 10 Jahre KMK-Empfehlung, 10 Jahre Behindertenbeauftragte - Anspruch und Wirklichkeit. Berlin 1993a, 10-13.

WALTER, H.: Arbeitsgruppe 2 - Sollen Behindertenbeauftragte selbst behindert und hauptamtlich beschäftigt sein? In: Interessengemeinschaft behinderter Studierender Berlin (Hrsg.): Tagung '93 - 10 Jahre KMK-Empfehlung, 10 Jahre Behindertenbeauftragte - Anspruch und Wirklichkeit. Berlin 1993b, 78-80.

WESTDEUTSCHE REKTORENKONFERENZ (Hrsg.): Hochschule und Behinderte - Zur Verbesserung der Situation von behinderten Studieninteressierten und Studenten an der Hochschule. Stellungnahme der 150. Plenarsitzung der Westdeutschen Rektorenkonferenz, 3. November 1986. Empfehlung der Westdeutschen Rektorenkonferenz (heute: Hochschulrektorenkonferenz). Bonn 1986. Nachdruck in: Deutsches Studentenwerk (Hrsg.): Studienbedingungen behinderter Studierender an den Hochschulen der Bundesrepublik Deutschland - Ergebnisse einer Umfrage vom Februar 1993. Bonn 1993, 38-40.

WORLD HEALTH ORGANIZATION: International Classification of Impairments, Disabilities, and Handicaps - A manual of classification relating to the consequences of disease. (WHO) Geneva 1980.

»Gemeindeorientierte Hilfen für Menschen mit Behinderungen und ihre Angehörigen« als Studienschwerpunkt
Ein Beitrag zur Professionalisierung im System der Behindertenhilfe unter Normalisierungsgesichtspunkten

SABINE RASCH

> »Die Durchsetzung des Normalisierungsprinzips mit seinen Forderungen nach Alltagsorientierung, und Kommunalisierung und Adressatenbeteiligung wird gebündelt in der Forderung nach gemeindeorientierten Hilfen für Menschen mit Behinderungen« (Thimm 1994, 109).

Im Bereich der Organisation von Hilfen für Menschen mit Behinderungen hat in den letzten Jahren ein Perspektivenwechsel stattgefunden, bei dem die Zielbegriffe Normalisierung und Integration als Ausgangspunkte zu betrachten sind. Gemeinsamkeiten dieses Perspektivenwechsels im gesamten Bereich der Hilfen sind nach Beck (1994, 9) »der Bezug auf die individuelle Lebenslage, auf alltagsweltliche Strukturen, die Förderung der Partizipation und der Kompetenz der Betroffenen«. Beck (ebd.) konstatiert, daß bei der (Neu)-Organisation sozialer Dienstleistungen für Menschen mit geistiger Behinderung der Leitsatz 'Integration durch Normalisierung der Hilfen' dabei als »das Reformkonzept überhaupt« angesehen werden kann. Dem liegt ein Verständnis von Professionalität zugrunde, das sich an einem »lebensweltorientierten Modell der Professionalisierung« (Dewe und Ferchhoff 1987, 173) orientiert.

Bei diesem Modell ist das professionelle Handeln sowohl auf »strukturelle Konflikte als auch auf einzelne Subjekte (gerichtet, S.R.) und versucht die Momente der klassischen Professionalisierungskonzepte, die die Autonomie der Lebenspraxis der KlientInnen respektieren, in der Figur der 'stellvertretenden DeuterIn' (Oevermann) zusammenzuführen« (Dewe u.a. 1993, 35). Dabei geht es um die Frage, wie wissenschaftliches Wissen in die alltagsweltliche und berufliche Praxis transformiert werden kann, in der es überwiegend um einzelne Fälle und Individuen in unterschiedlichen Kontexten geht. Die professionell Handelnden bilden dabei den »Ort« der Verbindung von Theorie und Praxis und beziehen sich sowohl auf wissenschaftliches Regelwissen, als auch auf fallbezogenes, alltagspragmatisches Handeln-Können, in dem das Wissen erst problemorientiert wirksam werden kann (ebd., 36).

«Stellvertretendes Deuten« heißt dann »die Adressaten, die sich-selbst-nicht (mehr)-helfen können bei der Bearbeitung ihrer sie bedrängenden lebenspraktischen Schwierigkeiten und Probleme so zu unterstützen, daß neue Problemdeutungshorizonte eröffnet und alternative Entscheidungswege zwecks Behandlung und Lösung angeboten und auch im Einverständnis mit ihnen gefunden werden« (Dewe u.a 1993, 38). Damit wird ein Gegenmodell zum klassischen Modell der Professionalisierung und der modernen Organisation des Helfens entworfen, das mit seinen negativen Merkmalen der Expertokratisierung, Verrechtlichung, Entmündigung, Differenzierung und Spezialisierung unter starke Kritik geraten ist. Das Normalisierungsprinzip setzt dagegen an der Stützung der Lebenswelt (alltagsweltliche Perspektive) und der Förderung der Selbstbestimmung und Partizipation der Betroffenen an. Es ist damit kongruent mit den Merkmalen der lebensweltlichen Professionalisierung.

Wird davon ausgegangen, daß Diplom-PädagogInnen als professionell Handelnde im Bereich der außerschulischen Behindertenhilfe diesem Modell entsprechend konzeptionell-planend, leitend, vermittelnd tätig sein und folglich Entwicklungen in der Praxis mit in diese Richtung beeinflussen sollen, so ist es unumgänglich, im Studium Inhalte und Lehr-und Lernformen zu verankern, die diesen Perspektivenwechsel im Bereich der Wissenschaft und Praxis der Behindertenhilfe berücksichtigen. Depner, Linden und Menzel konstatieren, daß die »Einschleusung von Angehörigen akademisch qualifizierter sozialer Berufe in der Behindertenhilfe keinen merklichen Effekt« in Bezug auf ein Umdenken in Richtung der Normalisierung der Lebensbedingungen gebracht hat, was eine Aufnahme der sozialen Betrachtungsweise von Behinderung und die Stärkung der sozialen Rehabilitation, im Gegensatz zur medizinisch-pflegerischen, beinhaltet (1983, 92). Sie nennen u.a. Diplom-PädagogInnen als Berufsgruppe, die »überzeugende Anwälte« einer Veränderung entsprechend des Normalisierungsprinzips sein müßten und stellen angesichts des Anstiegs »formal besser qualifizierter Mitarbeiter« in den Einrichtungen der Behindertenhilfe die Frage, aus welchem Grund so wenig Veränderungspotential erkennbar wird (ebd., 168). Sie gehen davon aus, daß das gesellschaftskritische Bewußtsein der ausgebildeten HochschulabsolventInnen nicht in adäquates Handeln umgesetzt werden konnte (ebd., 170). Bei einer am Normalisierungsprinzip ausgerichteten Betrachtungsweise von Behinderung muß die Professionalisierung der Arbeit mit den Menschen entsprechen. Aus diesem Grund sind u.a. Oldenburger Diplom-PädagogInnen so bedeutsam für die (Um)-Gestaltung eines Systems der Behindertenhilfe unter Normalisierungsgesichtspunkten.

Im Diplomstudiengang Pädagogik an der Carl von Ossietzky Universität Oldenburg wird seit 1991 in der Studienrichtung Sonderpädagogik u.a. im Schwerpunkt »Gemeindeorientierte Hilfen für Behinderte und ihre Angehörigen« versucht, dem Rechnung zu tragen. Im folgenden sollen einige Hintergründe für die Entwicklung des Schwerpunktes sowie die organisatorischen und inhaltlichen Strukturen beschrieben werden.

1970 wurde in Oldenburg noch an der Pädagogischen Hochschule der Studiengang Diplom-Pädagogik mit der einzigen Studienrichtung »Schule« eingerichtet. Nach der Einrichtung der Studienrichtungen »Weiterbildung«, »Sozialpädagogik/Sozialarbeit« und »Interkulturelle Pädagogik und Beratung« kam im Sommersemester 1980 die Studienrichtung Sonderpädagogik hinzu. Im Wintersemester 1992/93 waren von 1.342 Studierenden im Diplomstudiengang Erziehungswissenschaft 22% (289) für die Studienrichtung Sonderpädagogik immatrikuliert (Herschelmann, Rasch & Schmidt 1994, 84). Den Diplom-Studierenden mit der Studienrichtung Sonderpädagogik stehen mehr als doppelt so viele Studierende des Lehramtes Sonderpädagogik (680 Studierende 1991) gegenüber. Das bringt Probleme mit sich, die nicht oldenburgtypisch zu sein scheinen. Kerkhoff (1990, 468) schreibt in diesem Zusammenhang: »auch in der gegenwärtigen Situation sind in der Regel die sonderpädagogischen Ausbildungsstätten in erster Linie mit der Ausbildung von Sonderschullehrern befaßt. Dahingehend ist folgerichtig auch das Veranstaltungsangebot orientiert. Darunter leidet die Ausbildung für die außerschulischen Tätigkeitsfelder.« Auch die Meinung, daß Sonderschullehrerinnen ohne weiteres im außerschulischen Bereich arbeiten könnten (ebd.), ist mitunter von Studierenden und Lehrenden in Oldenburg zu hören. Martin Hahn fragte kürzlich angesichts der Lebensbedingungen geistig behinderter Menschen in Langzeiteinrichtungen nach der Verantwortlichkeit für diesen Personenkreis und spricht in diesem Zusammenhang von »vernachlässigten Feldern - respektive Leerstellen - der Sonderpädagogik« (1994, 327).

Verfolgt man das Lehrangebot der Sonderpädagogik seit dem Sommersemester 1987, läßt sich ab dem Wintersemester 1989/90 eine deutliche Veränderung im Lehrangebot beobachten. Besonders im Bereich der »Allgemeinen Behindertenpädagogik« finden sich mehr und mehr Lehrveranstaltungen, die sich explizit an Diplom-Studierende richten, d.h. auf Anforderungen einer beruflichen Praxis im außerschulischen Bereich gerichtet sind, sich auf Lebensbereiche von Menschen mit Behinderungen, wie Wohnen, Arbeit/Beschäftigung, Freizeit/Bildung beziehen und / oder an Lebensphasen, wie Kindheit, Jugend, Erwachsensein, Alter orientiert sind.

Aktivitäten, die die außerschulische Behindertenarbeit im Bereich der Sonderpädagogik und damit die Studiensituation der Diplom-Studierenden mit der Studienrichtung Sonderpädagogik seit 1990 in Oldenburg mehr und mehr ins Blickfeld des Interesses gerückt haben und in besonderer Weise mit dem Namen Prof. Walter Thimm verbunden sind, werden verdeutlicht u.a. durch:

- Das Forschungsprojekt »Quantitativer und qualitativer Ausbau ambulanter Familienentlastender Dienste (FED)« von 1990 bis 1994. Projektleiter Prof. Dr. Walter Thimm.

- Die Veranstaltung einer öffentlichen Anhörung am 23. und 24. November 1990 zum Thema »Wohnen von Menschen mit Behinderungen«. Sie wurde durchgeführt vom »Oldenburger Arbeitskreis für Behindertenfragen« in Zusammenarbeit mit dem Fach Allgemeine Behindertenpädagogik der Universität Oldenburg (Arbeitskreis für Behindertenfragen 1991).

- Die Diskussion um eine neue Prüfungsordnung für Studierende der Diplom-Pädagogik und die Forderung nach einer Auseinandersetzung mit der Studiensituation, zukünftigen Praxisfeldern und dem Verbleib von AbsolventInnen.

Es sind Beispiele, die den Anspruch und die Aufgaben des Faches widerspiegeln.

Auf letzteres möchte ich ausführlicher eingehen.

1990 wurde die (schon zehn Jahre alte) Forderung des Niedersächsischen Wissenschaftsministeriums nach einer Anpassung der Prüfungsordnung für den Diplomstudiengang Pädagogik an der Carl-von-Ossietzky-Universität Oldenburg an die Rahmenordnung für die Diplomprüfung im Studiengang Erziehungswissenschaft der »Westdeutschen Rektorenkonferenz« und der »Ständigen Konferenz der Kultusminister« von 1989 (KMK-Empfehlungen), unter Androhung eines Oktrois, energischer. Etwa zeitgleich wurde vom Ministerium bekanntgegeben, in Oldenburg die Studienrichtung Sozialarbeit/-pädagogik zu streichen. Inhaltlich begann die Diskussion um die Einführung von Schwerpunkten im Hauptdiplom innerhalb der verschiedenen Studienrichtungen. Auf der Grundlage einer inhaltlichen Kritik an den KMK-Empfehlungen und aus der Überzeugung heraus, den zentralen Grundgedanken des Oldenburger Diplom-Studiums, nämlich problembezogen, interdisziplinär, forschend lernend und in ständiger Auseinandersetzung mit der Praxis zu studieren, zu erhalten, aber auch die Notwendigkeit einer Reform des Studiums im Blick, forderten Studierende der Fachschaft Diplom-Pädagogik eine inhaltliche Auseinandersetzung um eine neue Diplomprüfungsordnung (DPO) und nicht die bloße Übernahme der KMK-Empfehlungen, sowie die parallele Erarbeitung einer Studienordnung (STO) und von Studienplänen (Rasch und Schmidt 1991; Fachschaft Diplom-Pädagogik 1990; Herschelmann, Rasch und Schmidt 1994). Auf mehreren Ebenen entstanden Arbeitsgruppen, die mit Lehrenden und Studierenden gleichermaßen besetzt waren.

Neben der Erarbeitung der Prüfungsanforderungen des studiengangsspezifischen Teils für die Studienrichtung Sonderpädagogik im Hauptdiplom hat sich parallel eine Arbeitsgruppe konstituiert, die sich die Aufgabe gestellt hat, die Möglichkeit der Herausarbeitung von inhaltlichen Schwerpunkten im Hauptstudium der Studienrichtung Sonderpädagogik zu evaluieren. Bei der Erarbeitung des Curriculums für die Studienrichtung Sonderpädagogik im Hauptdiplom war entscheidend, sich an Lebensphasen und Lebensbereichen behinderter Menschen zu orientieren und nicht an Schädigungen, wie es bei den Lehramtsstudiengängen und auch bei einigen anderen Diplom-Studiengängen in der Bundesrepublik Deutschland der Fall ist.

Als Ergebnis haben sich fünf Schwerpunkte herauskristallisiert, die nun als sogenannte Wahlpflichtfächer studiert werden können (vgl. DPO § 18, Anlage 10, 1994) und als Umsetzung einer unter Normalisierungsgesichtspunkten entwickelten Perspektive nach Lebensphasen und -bereichen bzw. als umfassende Betrachtung des außerschulischen Bereichs des Systems der Behindertenhilfe betrachtet werden können:

- Pädagogische Förderung behinderter und von Behinderung bedrohter Kinder im Früh-, Elementar- und Primarbereich,
- Gemeindeorientierte Hilfen für Menschen mit Behinderungen und ihre Angehörigen,
- Erwachsenenbildung für Menschen mit geistiger Behinderung,
- Internationale Aspekte der Behindertenarbeit,
- Berufliche Bildung und Rehabilitation behinderter Jugendlicher und Erwachsener.

Zum Wintersemester 1990/91 beschloß der erweiterte Institutsvorstand des Instituts für Sonderpädagogik, Prävention und Rehabilitation an der Carl-von-Ossietzky Universität Oldenburg die Schwerpunktbildungen einzuleiten. Das Sommersemester 1991 ist für die Einführung des Schwerpunktes »Gemeindeorientierte Hilfen für Behinderte« zu nennen. In der Kurzbeschreibung (Thimm, Struve und Beck 1991) ist die Idee und das Ziel für die Ausbildung von Diplom-PädagogInnen beschrieben:

«Orientiert an Grundsätzen des Normalisierungsgedankens und ausgerichtet auf ein individualisiertes, konkretes Ziel der gesellschaftlichen Eingliederung behinderter Menschen ergibt sich für die Zukunft eine deutliche Verschiebung außerschulischer behindertenpädagogischer Tätigkeiten von Institutionen der Behindertenhilfe zu offenen, gemeindeorientierten Strukturen (siehe u.a. Zweiter Bericht der Bundesregierung über die Lage der Behinderten und die Entwicklung der Rehabilitation 1989). Diplomierte Pädagogen (Sonderpädagogik) müssen dabei behindertenpädagogische Grundsätze und Tätigkeiten in Prozesse und schon vorhandene Strukturen der Kommunalisierung/Regionalisierung der Hilfen für Behinderte einzubringen in der Lage sein. Besondere Beachtung könnte dabei am Standort Oldenburg die Verbesserung der Behindertenhilfe in ländlichen Regionen finden.

Auf der Grundlage professioneller pädagogischer Handlungskompetenz soll eine Qualifizierung für planende, organisierende, verwaltende und leitende Tätigkeiten in gemeindeorientierten Arbeitsfeldern der Behindertenhilfe angestrebt werden.«

Der Schwerpunkt »Gemeindeorientierte Hilfen...« ist projektartig organisiert und orientiert sich an den Merkmalen des Projektstudiums, wie es im Diplom-Studiengang Pädagogik seit der Gründung vorgesehen und auch in der neuen Studienordnung erhalten geblieben ist. Es zeichnet sich aus durch:

- die Praxisorientierung, d.h. Fragestellungen der Projekte müssen auf die zukünftige berufliche und gesellschaftliche Tätigkeit der Studierenden bezogen sein;

- die Problembezogenheit, d.h. die Inhalte der Projektarbeit orientieren sich an gesellschaftlich relevanten Fragestellungen;

- die Interdisziplinarität, d.h. Projekte sind fächerübergreifend anzulegen;

- das forschende Lernen, d.h. daß studienrelevantes Wissen überwiegend durch wissenschaftlich orientierte Untersuchungen der beruflichen Arbeitsfelder erworben werden muß. Daraus ergibt sich, daß Projekte stets Praxisanteile zu enthalten haben« (§4(3)STO).

Das »Kernstück« des Schwerpunktes bildet ein sogenanntes Kolloquium, das einmal pro Woche stattfindet und für alle Studierende, die im Schwerpunkt mitarbeiten, verbindlich sein sollte. Das Kolloquium ist mit dem Projektplenum zu vergleichen. Hier werden »Erfahrungen aus anderen Veranstaltungen, aus Projekt- und Praxisbeteiligungen diskutiert, koordiniert und weiterentwickelt, neue Forschungsergebnisse sowie geplante und laufende Diplomarbeiten vorgestellt und diskutiert« (Informationen zum Wahlpflichtfach SoSe 1993). Neben dem Kolloquium werden regulär angebotene Veranstaltungen besucht, die jede/r Studierende nach individuellen Erfordernissen aussucht, je nachdem, in welchem Praxis- oder Forschungszusammenhang mitgearbeitet wird. Eine besondere Abstimmung des Lehrangebotes auf den beschriebenen und den

Schwerpunkt »Berufliche Bildung und Rehabilitation behinderter Jugendlicher und Erwachsener« findet im Bereich des Faches »Allgemeine Behindertenpädagogik« statt. Besonders wichtige Inhalte, die im regulären Angebot nicht vorkommen, werden durch Lehraufträge abgedeckt.

Inhaltlich wurden in den Informationen zum Studienschwerpunkt 1993 folgende relevante Themenbereiche umrissen:

»Das System der Behindertenhilfe in der Bundesrepublik (vertiefende Kenntnisse)

- Normalisierung als sozialpolitische und pädagogische Leitidee: Vom institutionalen zum funktionsbezogenen Denken, Planen und Handeln
- Soziale Netzwerke und soziale Unterstützung
- Zum Verhältnis von professioneller Hilfe - Selbsthilfe - Laienhilfe
- Strategien und Methoden zur Ermittlung von Hilfebedarf (z.B. epidemiologische Fragestellungen; Behinderungsstatistik; Sozialberichterstattung; Beteiligung Betroffener)
- Fragen der Implementation von Konzepten/ Diensten
- Ausgewählte Fragestellungen des Sozialleistungsrechts/Rehabilitationsrechts«

Als ein wichtiger Punkt ist die Organisation der Praxis- und Forschungsbezüge im Schwerpunkt hervorzuheben. Hier sind neben der Möglichkeit, das vorgeschriebene Praktikum im Hauptdiplom an den Schwerpunkt anzubinden, um eine Reflexion und Nachbereitung zu gewährleisten, zahlreiche weitere Praxisbezüge und -kontakte vorgesehen oder schon durchgeführt worden, z.B.:

- Vorbereitung und Durchführung eines »Planspiel-Seminars zur Planung eines differenzierten Wohnangebots für Menschen mit Behinderung« (SoSe 1994) durch eine studentische Arbeitsgruppe;
- Berichte von KommilitonInnen über Praktika, ehrenamtliche Tätigkeiten, Exkursionen etc.;
- Teilnahme an Tagungen und Seminaren von Trägern der Behindertenhilfe;

- Beteiligung von PraktikerInnen am Kolloquium oder Einladung zu Gastvorträgen (insbesondere VertreterInnen aus der Region oder ehemalige AbsolventInnen);
- Vergabe von Lehraufträgen an PraktikerInnen;
- Möglichkeit der Tätigkeit als studentisch Beschäftigte, z.B. in einem laufenden Forschungsprojekt.

Zudem weisen Diplomvorhaben, die im Bereich des Schwerpunktes angesiedelt sind, eine hohe Praxisrelevanz auf. Sie orientieren sich i.d.R. an aktuellen Problemen und Fragestellungen im Bereich der Behindertenhilfe und sind zumeist als empirische Arbeiten angelegt. In der Vergangenheit wurden beispielsweise folgende Themenbereiche bearbeitet:

- Die Entwicklung der Behindertenhilfe in den neuen Bundesländern in Zusammenhang mit der Erstellung eines Behindertenplanes für die Stadt Zerbst;
- Die Situation von geistig behinderten Kinder in der ehemaligen DDR;
- Die Funktion von kommunalen Behindertenbeauftragten in der Bundesrepublik Deutschland;
- Die Situation von Kindern und Jugendlichen mit einer geistigen Behinderung in stationären Einrichtungen;
- Die Rolle von stationären Einrichtungen für Menschen mit geistiger Behinderung.
- Professionalisierung im Bereich der Behindertenhilfe;

Die Entwicklung und Weiterentwicklung des Schwerpunktes ist natürlich an Personen gebunden. Die Mitarbeit im Schwerpunkt setzt ein hohes Engagement der Studierenden und Lehrenden voraus. Der Schwerpunkt ist u.a. durch das Engagement von Prof. Walter Thimm und seine Arbeitsschwerpunkte in der Forschung und in der Praxis entstanden.

Literatur

ARBEITSKREIS FÜR BEHINDERTENFRAGEN (Hg.): Dokumentation Wohnen von Menschen mit Behinderungen. Oldenburg 1991.

BECK, I.: Neuorientierung in der Organisation pädagogisch-sozialer Dienstleistungen für behinderte Menschen: Zielperspektiven und Bewertungsfragen. Frankfurt am Main 1994.

BECK, I., Struve, K. und Thimm, W: Orientierungen für einen Studienschwerpunkt im Studiengang Diplom-Pädagogik/Studienrichtung Sonderpädagogik. Oldenburg 1991 (unveröffentlicht).

DEPNER, R., LINDEN, H. und MENZEL, E.: Chaos im System der Behindertenhilfe? Eine empirische Untersuchung zur Professionalisierung sozialer Berufe. Weinheim und Basel 1983.

DEWE, B. und FERCHHOFF, W.: Abschied von den Professionen oder die Entzauberung der Experten - Zur Situation der helfenden Berufe in den 80er Jahren. In: Archiv für Wissenschaft und Praxis der sozialen Arbeit 3 (1987) 147-182.

DEWE, B., FERCHHOFF, W., SCHERR, A. und STÜWE, G.: Professionelles soziales Handeln. Soziale Arbeit im Spannungsfeld zwischen Theorie und Praxis. Weinheim 1993.

FACHSCHAFT DIPLOM-PÄDAGOGIK: Stellungnahme. Oldenburg Juli 1990 (unveröffentlicht).

HERSCHELMANN, M., RASCH, S. und SCHMIDT, U.: Dinosaurier einer vergangenen Studienreform oder renovierungsbedürftige Alternative? Der Diplomstudiengang Pädagogik an der Carl-von-Ossietzky Universität Oldenburg. In: Der pädagogische Blick 2 (1994) 84-93.

HAHN, M.: Wohnsituation und Autonomie bei Menschen mit schwerer geistiger Behinderung als Aufgabe der Sonderpädagogik. In: VHN 2 (1994) 327-332.

KERKHOFF, W.: Diplomstudium Erziehungswissenschaft und Sonderpädagogik. In: Zeitschrift für Heilpädagogik 7 (1990) 466-477.

RASCH, S. und SCHMIDT, U.: Stellungnahme der Fachschaft Diplom-Pädagogik zur Strukturdiskussion über den Studiengang Diplom-Pädagogik. Oldenburg 1991 (unveröffentlicht).

SONDERDRUCK AUS AMTLICHE MITTEILUNGEN DER CARL VON OSSIETZKY UNIVERSITÄT OLDENBURG: Diplomprüfungsordnung für die Studiengänge Pädagogik, Sonderpädagogik und Interkulturelle Pädagogik. Oldenburg Januar 1994.

THIMM, W.: Leben in Nachbarschaften. Freiburg 1994.

Zur Veränderbarkeit von Vorstellungen über geistige Behinderung bei Grundschulkindern durch Unterricht mit Hilfe eines Kinderbuches

SYBILLE PROCHNOW UND HEINZ MÜHL

1. Problemstellung

Für den Bereich der schulischen Integration behinderter Schüler/Schülerinnen kommt den Einstellungen nichtbehinderter Schüler/Schülerinnen eine hohe Bedeutung zu (Horne 1985). Als eine Möglichkeit, diese positiv zu beeinflussen, wird u.a. der Einsatz von Kinder- und Jugendliteratur zum Thema »Behinderung« empfohlen (Leung 1980; Beardsley 1981; Sahr 1983; Salend und Moe 1983). Enthusiastische Artikelüberschriften, wie »Bücher, die zum Besseren beeinflussen« (Orjasaeter 1981, 1375) oder »Books can break attitudinal barriers toward the handicapped« (Bauer 1985, 302) belegen dies. Ob und inwiefern dieser Enthusiasmus berechtigt ist, soll Thema dieser Studie sein. Konkret soll der Frage nachgegangen werden, inwiefern die Behandlung eines Kinderbuches zum Thema »geistige Behinderung« im Unterricht von Grundschulklassen einen Beitrag zur Vorbereitung nichtbehinderter Kinder auf mögliche Kontakte mit Kindern mit geistiger Behinderung leisten kann, indem Vorstellungen über sie positiv beeinflußt werden.

2. Einstellungen gegenüber Kindern mit geistiger Behinderung und deren Beeinflussung durch Kinderbücher

Der Begriff »Einstellung« stellt ein hypothetisches Konstrukt dar, auf das lediglich aus der Beobachtung des Verhaltens, z.B. affektiver Reaktionen oder verbaler Äußerungen geschlossen werden kann. Übereinstimmung herrscht in der Literatur darüber, daß Einstellungen erlernt und zeitlich relativ stabil sind sowie als Verhaltensbereitschaften gegenüber Einstellungsobjekten - vor allem Personen, Dingen, Situationen, Verhaltensweisen (z.B. Rauchen), Begriffen bzw. Begriffssystemen (z.B. Ideologien) fungieren (Barres 1974, 23; Horne 1985, 1ff; Schiefele 1990, 4; Tröster 1990, 56ff; Herkner 1991, 181).

Im weiteren werden drei Klassen von Reaktionen als kognitive, affektive und verhaltensmäßige Komponenten der Einstellung differenziert. Die kognitive Komponente umfaßt Wahrnehmungen, Gedanken und Vorstellungen, die aus Wissen und Informationen über ein Einstellungsobjekt anhand von verbal geäußerten Meinungen und Überzeugungen erkennbar werden. Die affektive Komponente beinhaltet emotionale Bewertungen und Gefühle, die in bezug auf das Objekt der Einstellung verbalisiert werden. Die aktionale Kompontente schließlich weist auf beobachtbares Verhalten und verbal geäußerte Verhaltensintentionen hin. Für diesen mehrdimensionalen Ansatz ist die Annahme einer prinzipiellen Konsistenz zwischen den unterschiedlichen Komponenten kennzeichnend, d.h. daß alle drei Komponenten die gleiche Ausrichtung haben. Die Analyse empirischer Befunde zeigt jedoch, daß Einstellung und Verhalten nicht zwingend übereinstimmen müssen (Schiefele 1990, 4f; Tröster 1990, 57ff).

Der Begriff des »Vorurteils« ist vom Begriff der Einstellung abzugrenzen. Ein Vorurteil ist nach Barres (1974, 30ff) gekennzeichnet durch »das intensive Haften und Festhalten an der bisherigen Auffassung«, das Leugnen neuer Fakten und den affektiven Widerstand, diese neuen Informationen in das eigene Denken und Urteilen aufzunehmen. Außerdem beruhen Vorurteile eher auf Generalisierungen.

Cloerkes (1984, 26ff) führt den Begriff der »sozialen Reaktionen« ein, der die »Gesamtheit der Einstellungen und Verhaltensweisen« eines Individuums beschreibt, wobei er originäre, offiziell erwünschte und überformte Arten von sozialen Reaktionen unterscheidet. Bei jüngeren Kindern bis zu etwa drei Jahren herrschen originäre, spontane Verhaltensweisen vor. Diese äußern sich einerseits durch von Neugierde hervorgerufenes Anstarren oder Ansprechen und andererseits durch Angst vor Andersartigkeit bedingte Aggressivität in Form von Verspottung, Erregung und Ekel. Offiziell erwünschte Reaktionen stehen den originären als entgegengesetzte gesellschaftliche Normen gegenüber; demnach müssen Behinderte akzeptiert und als gleichberechtigt anerkannt werden. Die originären Reaktionen werden hinsichtlich der sozialen Erwünschtheit bis ungefähr zum 11. Lebensjahr nach und nach überformt. Diese Entwicklung belegt auch eine Studie von Fries (1993), der nachweist, daß sieben bis acht Jahre alte Kinder körperbehinderten Kindern gegenüber nicht mit einem bereits manifestierten vorurteilshaften Verhalten begegnen, wohl aber die negativen Einstellungen der Umwelt antizipieren.

In dieser Untersuchung soll anstelle des Begriffs der Einstellung der engere Begriff »Vorstellung« verwendet werden, den Tröster zur Beschreibung der kognitiven Komponente der Einstellung heranzieht (Tröster 1990, 57). Damit soll deutlich werden, daß Einstellungen durch Kinder- und Jugendbücher wahrscheinlich nur in begrenztem Maße beeinflußbar sind. Wir beziehen uns deshalb hauptsächlich auf die Gedanken und Mutmaßungen der Kinder. Hinzu kommt, daß man bei Kindern im Grundschulalter noch nicht von manifestierten Einstellungen sprechen kann; sie bilden sie gerade erst aus (Cloerkes 1985, 243ff; Mühl 1994, 19ff). Im folgenden sollen einige wenige Studien vorgestellt werden, in denen auch die Einstellungen von jüngeren Schülern/Schülerinnen erfaßt worden sind.

Eine der wenigen Untersuchungen an Kindergartenkindern und jüngeren Schülern/Schülerinnen stammt von Graffi und Minnes (1988). Sie untersuchten die affektive, kognitive und intentionale Komponente der Einstellungen von 80 Kindergartenkindern im Alter von etwa 5 1/2 und von 80 Schüler/Schülerinnen des 3. Grundschuljahres im Alter von etwa 8 1/2 Jahren. Beide Gruppen reagierten weniger positiv auf ein Kind, das als »geistig retardiert« eingestuft wurde. Die Schüler/Schülerinnen tendierten im Gegensatz zu den Kindergartenkindern außerdem dazu, Kinder mit den Merkmalen des Down Syndroms negativer einzuschätzen. Einflüsse des Geschlechts und des Kontaktes zu Kindern mit geistiger Retardierung konnten nicht gefunden werden, ein Ergebnis, das in Widerspruch steht zu einigen Untersuchungen bei älteren Schülern/Schülerinnen.

Im Rahmen eines kooperativen Schulmodells untersuchte Rose (1978) die soziale Akzeptanz zweier Klassen von Schülern/Schülerinnen mit geistiger Behinderung in zwei Grundschulen, nachdem diese nach bestimmten Kriterien sorgfältig ausgewählt und die nichtbehinderten Schüler/Schülerinnen darauf vorbereitet worden waren. 421 Schüler des 2. bis 7. Schuljahres aus beiden Schulen beteiligten sich an einer Fragebogen-

erhebung; der Fragebogen enthielt u.a. folgende Fragen (aus dem Englischen übersetzt):
- Sind die Schüler in dieser Klasse freundlich?
- Sprichst du mit einigen dieser Schüler, wenn du sie in der Schule siehst?
- Hast du jemals mit diesen Schülern während der Pause oder beim Mittagessen gespielt?
- Hättest du etwas dagegen, wenn ein behindertes Kind in deiner Klasse wäre?
- Sind die Kinder auf dem Spielgelände freundlich zu den Schülern aus der Klasse von Frau N.N. (Namen der Lehrerinnen der Sonderklassen)?
- Kennst du die Namen von Kindern aus dieser Klasse?

Die Mehrheit der Schüler/Schülerinnen äußerte, daß die behinderten Schüler/Schülerinnen die allgemeine Schule besuchen sollten, und zwar 97% des 7. Jahrganges bis hin zu 84% im 2. Jahrgang. Ebenfalls 97% im 7. Jahrgang akzeptierten, ein behindertes Kind in der Klasse zu haben; die niedrigste Akzeptanz mit 72% fand sich im 3. Jahrgang. - Mädchen kannten zu einem höheren Prozentsatz als die Jungen die Namen von zwei und mehr Kindern aus der Sonderklasse; 100% der Mädchen des 2. Jahrganges kannten mehr als zwei behinderte Kinder, im 6. Jahrgang waren es nur 12%. Die Frage, ob sie mit den Kindern mit geistiger Behinderung spielten, bejahten 74% aus dem 2. Jahrgang, 52% aus dem 4. Jahrgang, 30% aus dem 7. Jahrgang und nur 8% aus dem 6. Jahrgang. Aus diesen Ergebnissen geht hervor, daß die beiden Klassen der Schüler/Schülerinnen mit geistiger Behinderung in ihren Gastschulen durchaus akzeptiert waren. Die Schüler des 6. Jahrganges nahmen die behinderten Schüler am wenigsten zur Kenntnis, wohl weil diese sich am meisten in den Grundschulklassen aufhielten; die Schüler/Schülerinnen des 7. Jahrganges waren als Tutoren eingesetzt.

Diese Ergebnisse werden gestützt durch eine Untersuchung von Brinker (1982) mit 328 nichtbehinderten Schülern/Schülerinnen im Alter von 5 bis 18 Jahren aus 14 unterschiedlichen Schuldistrikten in den Vereinigten Staaten. 158 Schüler (75 Mädchen, 83 Jungen) besuchten Schulen ohne Klassen mit schwerbehinderten Schülern, 170 Schüler (125 Mädchen, 45 Jungen) Schulen mit solchen Klassen, mit denen sie zudem intensiven Kontakt hatten. Es wurde eine Parallelisierung der beiden Gruppen nach Klassenstufen, Schulgröße und sozioökonomischem Status vorgenommen. Mit der Akzeptanz-Skala von Voeltz wurde im Herbst 1981 ein Vortest und im Frühjahr 1982 ein Nachtest durchgeführt. Keine signifikanten Unterschiede in der Einstellung konnten zwischen beiden Gruppen der Kindergarten- und der Schulkinder bis zur 2. Klassenstufe festgestellt werden, wohl aber bei den übrigen Klassenstufen; hier konnten eindeutig positivere Einstellungen bei den Schülern/Schülerinnen mit Kontakt zu schwerbehinderten Schülern/Schülerinnen nachgewiesen werden. Insgesamt gab es keine signifikanten Unterschiede zwischen Vor- und Nachtest; aber wie bei anderen Untersuchungen zeigten Mädchen aller Klassenstufen deutlich positivere Einstellungen als die Jungen.

In einer Studie von Siperstein und Bak (1986, 62), in der 2000 Schüler des 2. bis 8. Schuljahres befragt wurden, hatten etwa die Hälfte der Schüler des 4. bis 8. Schuljahres negative Vorstellungen hinsichtlich der Eigenschaften und Fähigkeiten der geistig Retardierten im Vergleich zu anderen Behindertengruppen; sie wurden als langsam, schwach, traurig, aber auch als freundlich eingeschätzt.

Aufgrund der Erörterung vieler empirischer Studien, auch eigener, ziehen Siperstein und Bak (1986) den Schluß, daß die Einstellung von nichtbehinderten Kindern gegenüber ihren geistig retardierten, auch geistig behinderten Gleichaltrigen ein komplexes Phänomen darstellt, das aus einer Mischung von positiven und negativen Einstellungen besteht, die sich über die Zeit hin verändern, auch von der Umgebung, dem häuslichen Hintergrund und anderen Faktoren abhängig sein können. Die Entstehung eher negativer Einstellungen ist zu erwarten bei behinderten Schülern/Schülerinnen mit geringen Schulleistungen, körperlichen Auffälligkeiten und sozialer Inkompetenz.

Maßnahmen zur Beeinflussung von Einstellungen von nichtbehinderten Schülern/Schülerinnen können in Anlehnung an Horne (1985) wie folgt eingeteilt werden:

(1)   Kontakt mit behinderten Schülern/Schülerinnen,

(2) Informationen über sie,

(3) Kontakte und Informationen,

(4) Erfahrungen in Kleingruppen bei nicht-akademischen Fächern,

(5) Kooperatives Lernen,

(6) Training sozialer Fertigkeiten der behinderten Schüler/Schülerinnen,

(7) Rollenspiele,

(8) Tutortätigkeit,

(9) Bibliotherapie.

Hier soll nur auf die Bibliotherapie näher eingegangen werden. Manche Autoren schätzen Kinderbücher als Medium ein, um Einstellungen zu verändern (Greenbaum u.a. 1980; Litton u.a. 1980; Orjasaeter 1981; Dobo 1982; Rupp 1982). Andere Forscher/Forscherinnen verwendeten u.a. Bücher in ihren umfassenden Programmen zur Einstellungsveränderung (Leyser u.a. 1986; Clunies-Ross, O'Meara 1989; Keller, Honig 1993). Die Möglichkeit, durch Bücher Einstellungen zu modifizieren, wird vor allem darin gesehen, daß nicht nur die kognitive Komponente der Einstellungen durch die im Buch vorhandenen Informationen, sondern auch die emotional-affektive Komponente durch die Identifikation mit der Buchperson und den miterlebten Gefühlen und Konflikten derselben zu erreichen sind (Beardsley 1981, 53).

Die Wurzeln dieser Methode liegen in Untersuchungen zur Einstellungsmodifikation gegenüber ethnischen Gruppen (z.B. Jackson 1975). Dabei geht man von drei Stufen der psychischen Verarbeitung aus: Identifikation, Katharsis und Einsicht. Leser/Leserinnen sowie Zuhörer/Zuhörerinnen sollen sich mit den Personen der Erzählung identifizieren und stellvertretend Gefühle, Konflikte usw. miterleben. Dies soll zur Katharsis und schließlich zur Einsicht führen.

Besondere Beachtung verdienen im Rahmen dieser Studie die von Horne (1985, 181f) unter dem Stichwort »bibliotherapy« zusammengefaßten Studien von Leung (1980), Beardsley (1981), Sahr (1983) sowie Salend und Moe (1983).

Leung (1980) verwendete ein Kinderliteratur-Programm, um die soziale Integration behinderter Schüler/Schülerinnen in drei integrativen Grundschulklassen zu fördern. Das Programm basierte auf zehn Kurzgeschichten zu unterschiedlichen Behinderungsarten mit anschließenden Diskussionen. Die Meßmethoden umfaßten Verhaltensbeobachtungen, soziometrische Verfahren, Meinungsbefragungen und schriftliche Evaluationen der Lehrpersonen. Der soziale Status der behinderten Schüler/Schülerinnen veränderte sich nicht, das Programm bewirkte wohl aber positive Meinungsänderungen und eine Erhöhung oder Beibehaltung positiver und neutraler Interaktionen bei gleichzeitiger Abnahme negativer Interaktionen.

Beardsley (1981) untersuchte die Wirkung von Büchern in einer integrativen 3. Klasse in Hinsicht auf die Akzeptanz von behinderten Schülern/Schülerinnen. Die Autorin verwendete sieben Bücher zum Thema Körper- und Sinnesbehinderungen, in denen behinderte und nichtbehinderte Kinder offen und akzeptierend interagieren. Diskussionen schlossen sich nicht an. Die Einstellungsmessung, eine Befragung mit Bildstimuli, basierend auf Likert-Skalen, ergab keine signifikanten Veränderungen. Hierfür gibt Beardsley u.a. das Alter der Kinder und einen möglichen Fehler in der Wahl der Meßmethode an.

Sahr (1983) untersuchte in einer 4., nicht integrativ arbeitenden Klasse die Wirkung des Buches »Vorstadtkrokodile« von Max von der Grün, das einen körperbehinderten Jungen in den Mittelpunkt stellt. Der Vergleich der Polaritätsprofile ergab, daß die Schüler/Schülerinnen nach der Lektüre des Buches behinderte Kinder als stärker, freundlicher, schlauer, treuer und mutiger angesehen haben, woraus Sahr (1993, 146) den Schluß zog, daß die Lektüre des Buches die Einstellung »dieser Probanden gegenüber 'normalen' Kindern nicht, gegenüber behinderten Kindern jedoch in recht deutlichem Maße beeinflussen« konnte.

Salend und Moe (1983) untersuchten die weitaus größte Stichprobe von insgesamt 240 Schülern/Schülerinnen des 4., 5. und 6. Schuljahres in integrativen Schulsituationen hinsichtlich der Wirkung von Büchern allein und Büchern im Zusammenhang mit unterrichtlichen Aktivitäten. In den verwendeten drei Büchern zum Thema Körper-, Hör- und Sehbehinderung wurden die Gemeinsamkeiten zwischen behinderten und nichtbehinderten Kindern herausgestellt. Als Meßinstrument wurde das »Personal Attribute Inventory for Children« (Paic; Taylor u.a.) verwendet. Die Gruppe, die Büchern und Aktivitäten ausgesetzt war, zeigte signifikant positivere Einstellungen; zwischen der Kontrollgruppe und der Gruppe, die nur Büchern ausgesetzt war, wurden keine Unterschiede festgestellt. Die Autoren faßten zusammen, daß vor allem Bücher über behinderte Kinder in Verbindung mit entsprechenden Aktivitäten, welche die über das Buch gelieferten Informationen unterstützen und konkretisieren, eine effektive und ökonomische Methode der Beeinflussung positiver Einstellungen gegenüber behinderten Kindern seien, was auch Horne bestätigt (Horne 1985, 182). Tröster (1990, 119) vermutet, daß multimodale Ansätze erfolgsversprechender erscheinen als eindimensionale Bestrebungen.

Nach der Analyse der Studien ist zu vermuten, daß die ausschließliche Verwendung von Büchern sich nicht modifizierend auf Einstellungen auswirkt, eher die Verwendung von Büchern in Verbindung mit unterrichtlichen Aktivitäten, wie sie Salend und Moe (1983) verwendet haben.

3. Die Untersuchung

3.1 Fragestellungen

Nach unserer Kenntnis gibt es bisher keine Untersuchungen zur Modifikation von Einstellungen bei Zweitkläßlern und jüngeren Kindern durch den schwerpunktmäßigen Einsatz von Kinder- und Jugendliteratur. Außerdem fand sich keine Studie, die die Darstellung von Menschen mit geistiger Behinderung in der Literatur berücksichtigt. Zu bemerken ist, daß Studien in Grundschulen erst ab der dritten Klassenstufe durchgeführt wurden. Dies entspricht nicht der Forderung, so früh wie möglich mit der Aufklärung zu beginnen (Esser 1975, 126), was auch Thimm (1987, 9) indirekt fordert, wenn er feststellt, daß »grundsätzliche Einstellungsstrukturen, insbesondere auf der emotionalen-affektiven Ebene, im Kindesalter erworben werden«.

Neben älteren Grundschulkindern sollten auch jüngere in die Untersuchung einbezogen werden, um die Wichtigkeit schon früher Einstellungsbeeinflussungen unterstreichen und um andererseits einen Altersvergleich anstellen zu können. Die Kinder sollten nicht aus Integrationsklassen stammen und das Thema »Behinderung« noch nicht im Unterricht behandelt haben. - Folgende Fragen sollen untersucht werden:

(1) Haben Schüler/Schülerinnen einer ersten nicht integrativ arbeitenden Schulklasse negative Vorstellungen gegenüber Kindern mit geistiger Behinderung?

(2) Haben Schüler/Schülerinnen einer vierten nichtintegrativ arbeitenden Klasse überformte Vorstellungen gegenüber Kindern mit geistiger Behinderung?

(3) Ist eine positive Veränderung von Vorstellungen bei Schülern/Schülerinnen beider Altersstufen durch die Behandlung eines Buches zum Thema »geistige Behinderung« im Unterricht möglich?

(4) Ist die Veränderung von Vorstellungen bei jüngeren Schülern/Schülerinnen deutlicher zu erkennen?

(5) Haben Schülerinnen günstigere Vorstellungen als Schüler?

3.2 Die beteiligten Klassen

In die Untersuchung wurde eine erste und eine vierte Grundschulklasse einbezogen. Die ausgewählte Schule lag in einem sozialen Brennpunkt einer Großstadt. Dies spiegelte sich in der Anzahl der ausländischen Schüler/Schülerinnen wider, die in beiden Klasse etwa ein Drittel ausmachten.

Die erste Klasse bestand aus 26 Schülern/Schülerinnen, 15 Mädchen und 11 Jungen. Die Anzahl der ausländischen Schüler und Schülerinnen betrug 8, davon waren 4 Schüler und Schülerinnen türkischer, 3 russischer und eine iranischer Nationalität. Fünf der ausländischen Schüler/Schülerinnen sprachen noch nicht flüssig deutsch, bei zweien lagen massive Verständigungsschwierigkeiten vor. Drei Schüler/Schülerinnen wurden im Zeitraum der Untersuchung für die Schule für Lernbehinderte überprüft, wobei sich bei zweien ein Überweisungsverfahren anbahnte. Zwei Schüler/Schülerinnen kamen erst nach den Erstinterviews in die Klasse. Das Alter der Schüler und Schülerinnen lag zwischen 6 und 8 Jahren.

Die vierte Klasse bestand aus insgesamt 24 Schülern/Schülerinnen, 14

Mädchen und 10 Jungen. 8 ausländische Schüler/Schülerinnen besuchten diese Klasse, davon waren 3 Schüler/Schülerinnen türkischer und je ein/e Schüler/in libanesischer, griechischer, israelischer, marokkanischer und polnischer Nationalität. Das Alter der Schüler/Schülerinnen lag zwischen 10 und 11 Jahren.

3.3 Methode zur Einstellungserhebung

Es gibt eine Vielzahl von Meßmethoden für die Erfassung von Einstellungen von Kindern und Jugendlichen (Horne 1985, 26ff), die sich weitestgehend mit denen für Erwachsene decken (Tröster 1990, 65ff). Bei Kindern und Jugendlichen kommen soziometrische Verfahren (Horne 1985, 39ff) und Bildersetverfahren (ebd., 32; Tröster 1987, 335f) hinzu. Letztere kritisiert Zimmermann (1982, 40) mit dem Hinweis auf deren Künstlichkeit. Mehrere Autoren/Autorinnen monieren, daß es bis jetzt wenig Informationen über Einstellungen von jüngeren Kindern und folglich auch keine Meßmethoden für diese gäbe (Esposito, Reed 1986; Lewis, Lewis 1988; Fries 1993). Esposito und Peach (1983) entwickelten ein Instrument, das auf mündlich gestellten Fragen basiert, die im transkribierten Zustand verkodet und bewertet werden.

Horne (1985, 54) hob hervor, daß es keine eindeutige Empfehlung für ein Instrument gebe, sondern daß dieses der Situation, den zu Untersuchenden und der Intention des Benutzers angepaßt werden müsse. Da ein Teil der Kinder noch nicht lesen konnte, Verhaltensbeobachtungen und soziometrische Verfahren wegen der fehlenden behinderten Kinder entfielen, und der Schwerpunkt auf der Qualität der Aussagen der Kinder liegen sollte, wurde als Methode das Interview gewählt. Dieses verwendeten auch McDonald u.a. (1987, 316) mit der Begründung »to ensure that the children comprehended each question, to minimize misunderstandings, and to ensure usable results for each child«, was gerade wegen des hohen Anteils von Kindern, die der deutschen Sprache noch nicht vollständig mächtig waren, wichtig war. Horne (1985, 44) faßte zusammen, daß die Methode des Interviews bei Einstellungserhebungen von Kindern, obwohl sie noch nicht häufig genutzt wurde, durchaus sinnvolle Ergebnisse bringen kann, die das Verständnis der Einstellungen dieser Zielgruppe erhöhen.

Fries (1993, 252) entwickelte für den deutschsprachigen Raum einen Interviewleitfaden, ebenfalls aus der Tatsache heraus, daß »kein Fragebogen existiert, mit dem Einstellungen nichtbehinderter Kinder zu körperbehinderten Kindern speziell der Altersstufe von 7 - 8 Jahren erfaßt werden können«. Die im Leitfaden verwendeten Fragen stellen eine »Quintessenz aus Fragen verschiedener Fragebogen aus der Literatur zum Thema Einstellungen gegenüber behinderten Menschen« dar, die entweder direkt übernommen oder aber kindgerecht verändert wurden. Die Fragen wurden in Anlehnung an das Dreikomponentenmodell der Einstellung ausgewählt. Fries begründet sein Vorgehen mit der Möglichkeit zur Vergleichbarkeit der Ergebnisse mit denen anderer Studien, auf die er ausdrücklich hinweist (Fries 1995). Ebenfalls aus diesem Grund wurde der Interviewleitfaden weitestgehend übernommen und auf die Gruppe der Kinder mit geistiger Behinderung umformuliert, um zwei Fragen aus umfänglich berücksichtigten Bereichen gekürzt und um die erste und vierte Frage erweitert. Außerdem sollten den Kindern nach dem ersten Fragenkomplex zusätzlich optische Stimuli (Bild 1: Geistig und leicht körperbehinderter Junge aus dem Buch von Tangen, Furenes 1983, Bild 2: Privatbild eines Mädchens mit geistiger Behinderung) vorgelegt werden, um einer Verwechslung der Behinderungsarten entgegenzuwirken (Fries 1993, 253).

Interviews sind verbale Verfahren, d.h., daß aus den verbalen Antworten auf die Einstellung geschlossen wird. Es wird lediglich »verbales Verhalten« (Atteslander 1992, 126) erfaßt, nonverbale Reaktionen wie Gestik und Mimik bleiben weitgehend unberücksichtigt. Von den Befragten wird eine Selbsteinschätzung gefordert, ihnen bleibt die Absicht nicht verborgen und außerdem kennen sie die Bedeutung ihrer verbalen Reaktionen, womit gewisse Gefahren, u.a. die der sozialen Erwünschtheit, verbunden sind (Tröster 1990, 64).

Die Verwendung eines Interviewleitfadens weist auf eine teilstrukturierte Interviewsituation hin. Die Erfassung qualitativer und quantitativer Daten ist in diesem Fall als komplementär anzusehen (Atteslander 1992, 153ff). Der Leitfaden besteht aus geschlossenen und offenen Fragen sowie einer Skala-Frage, die für die 1. Klasse in eine zweistufige Frage umgeformt wurde und vierstufig für die 4. Klasse beibehalten wurde. Außerdem enthält der Leitfaden indirekte und direkte Fragen (ebd., 175ff). Die indirekten Fragen werden als Möglichkeit gesehen, der sozialen Erwünschtheit entgegenzusteuern, indem versucht wird, die soziale Distanz zu Behinderten zu erfassen (Tröster 1990, 69). Das Leitfadengespräch wurde durch Tonbandaufzeichnungen festgehalten und anschließend transkribiert.

Der angestrebte Interviewstil läßt sich als »gelockerte Form des neutralen Interviews« (Atteslander 1992, 162) beschreiben. Der Interviewer muß seine eigene Einstellung zum Untersuchungsgegenstand verbergen, d.h., daß weder Mißbilligungen noch Freude an den Äußerungen der Interviewten gezeigt werden dürfen.

3.4 Interviews in einer 1. und 4. Grundschulklasse

3.4.1 Durchführung

Die Durchführung der ersten Interviews verlief im Zeitraum vom 13.03. bis 24.03.1995 (Zeitraum A); sie wurden als Einzelinterviews in einem gesonderten Raum abgehalten.

Die Frage nach der Freiwilligkeit ist schwierig zu beantworten, da zum einen die Befragung während der Schulzeit und in der Schule stattfand und somit in gewissem Maße obligatorisch war, andererseits aber alle Schüler/Schülerinnen bereitwillig und begeistert mitgemacht haben.

Die erste Instruktion an die Schüler/Schülerinnen lautete: »Ich nehme unser Gespräch auf Kassette auf, damit ich nicht alles mitschreiben muß. Ich schreibe das dann zu Hause ab. Ist das in Ordnung? Ich mache eine Untersuchung und möchte wissen, wie Schüler und Schülerinnen über behinderte Kinder denken. Mit den folgenden Fragen möchte ich deine Meinung über behinderte Kinder erfahren. Auch wenn du noch nicht oft darüber nachgedacht hast, äußere bitte zu meinen Fragen ganz frei deine Meinung. Alles, was du sagst, ist richtig, falsche Antworten gibt es nicht. Ich freue mich, wenn du mir die Fragen, so gut und ehrlich du kannst, beantwortest.«

Die Antworten der Schüler/Schülerinnen wurden zur besseren Lesbarkeit sprachlich bereinigt, d.h. ohne Pausen, Wiederholungen und Füllwörter wie »hm« o.ä. als Zitate wiedergegeben. Es wurden jedoch keine syntaktischen und grammatischen Veränderungen vorgenommen. Der kindliche Sprachduktus blieb erhalten, um den Kindern und insbesondere auch den ausländischen Schüler/Schülerinnen gerecht zu werden (z.B. »Wegen das so krank ist, ist auch ein normales Mensch«, Kind 2, 1. Kl.). Es werden geschlechtsspezifische Unterschiede in den Antworten dargestellt, sofern diese vorherrschen.

Zur Durchführung sei an dieser Stelle bemerkt, daß es nicht immer leicht war, den Interviewstil durchzuhalten und kein Befremden oder Mißbilligung zu zeigen, besonders in Situationen, in denen die Kinder offene Ablehnungen gegenüber Behinderten äußerten. Oder keine Belustigung zu zeigen, wenn Schüler/Schülerinnen ihre Wahrnehmung von Behinderung äußerten, wie z.B. »keinen Kopf« (Kind 15, 1. Kl.) mehr haben oder mit dem Begriff »geistige Behinderung« die Existenz von Geistern verbanden (Kind 6, 1. Kl.).

3.4.2 Ergebnisse und Bewertung

Zusammenfassend ist festzuhalten, daß nur etwa ein Drittel der Erstkläßler spontan Kinder mit geistiger Behinderung ablehnten und dies auch verbalisierten. Der größere Teil der Kinder äußerte sich ihnen gegenüber positiv und hilfsbereit. Sie wiesen zwar Informationslücken, z.B. in bezug auf den Schulbesuch auf, hatten aber ein durchaus realistisches Bild der Schwierigkeiten in der Interaktion mit jenen. Ihre Wahrnehmung konzentrierte sich vornehmlich auf konkret zu beobachtende Funktionsbeeinträchtigungen oder situationsspezifische Merkmale und nicht auf deren soziale Folgen. Da der Großteil der Erstkläßler keine negativ zu interpretierende Einstellungen äußerten, kann die erste Frage, die sich auf deren Vorstellungen und Meinungen bezieht, nicht uneingeschränkt bejaht werden und muß dahingehend differenziert werden, daß überwiegend noch keine negativen Einstellungen vorherrschen.

Viertkläßler orientierten ihre Äußerungen in hohem Grade an sozial erwünschten Reaktionen. In indirekten Fragen manifestierte sich aber durchaus eine ablehnende Haltung gegenüber Kindern mit geistiger Behinderung. Außerdem gewann bei ihnen das Gefühl des Mitleids eine Bedeutung, was in Anlehnung an Cloerkes (1984, 33) ein Merkmal überformter Einstellungen darstellt. Ihre Wahrnehmung orientierte sich vornehmlich an den sozialen Folgen einer Schädigung. Die zweite Frage, die sich auf die Viertkläßler bezog, konnte somit bejaht werden.

Die fünfte Frage, die sich auf den Unterschied der Einstellungen der Geschlechter bezieht, konnte nur für die 1. Klasse bejaht werden. Der Geschlechtsunterschied ist nur bei jüngeren Kindern nachzuweisen, ältere Kinder verbalisieren überwiegend sozial erwünschte Antworten. Ein Geschlechtsunterschied konnte jedoch auch bei indirekten Fragen nicht nachgewiesen werden, so daß sich der Eindruck erhärtet, daß die Orientierung an normativen Äußerungen den entscheidenden Ausschlag für die Beantwortung der Fragen gab.

3.5 Die Unterrichtseinheit

3.5.1 Auswahl eines geeigneten Buches

Der Begriff »Kinder- und Jugendliteratur« umschreibt die »Gesamtheit des Schrifttums, das als geeignete Lektüre für Kinder ... und Jugendliche ... gilt, wie auch alles von ihnen tatsächlich Gelesene« (Schweikle 1990, 236). »Intentionale« Kinder- und Jugendliteratur bezieht sich auf die ausdrücklich für Kinder und Jugendliche publizierte Literatur. Das gattungsmäßige Spektrum der Kinder- und Jugendliteratur ist weit gefächert; es reicht von Comics über Gedichte bis hin zu Schauspielen. In dieser Studie steht das Genre »Erzählung« und »Kinder- und Jugendroman« im Vordergrund.

Eine erste systematische Untersuchung der Darstellung behinderter Menschen in der deutschsprachigen Kinder- und Jugendliteratur lieferte Zimmermann (1982). Später wurde zum einen die gesamte Bandbreite der Behinderungsarten in der Kinder- und Jugendliteratur untersucht (Ammann u.a. 1987; Burchard 1994), zum anderen erfolgten Spezialisierungen auf eine bestimmte Behinderungsart (Prill 1991; Flottmeyer, Fries 1993) oder die Umsetzung eines einschlägigen Buches in den Unterricht (Beyer 1983).

Kinderbücher, in denen Menschen mit geistiger Behinderung im Mittelpunkt stehen, gibt es nach Zimmermann (1982, 113) erst seit 1965; dies hänge mit der Entwicklung der Geistigbehindertenpädagogik zusammen. Ein Großteil der einschlägigen Bücher auf dem deutschsprachigen Markt sind jedoch Übersetzungen aus dem europäischen und angloamerikanischen Ausland. Gründe hierfür könnten in der unterschiedlichen geschichtlichen und gesellschaftlichen Situation der Integration behinderter Menschen dieser Länder im Vergleich zu Deutschland liegen. Zu nennen wären hier das Normalisierungsprinzip, das seine Wurzeln im skandinavischen Raum hat (Thimm 1994) sowie das Prinzip des »mainstreaming«, das in den USA durch das Public Law 94-142 im Jahre 1975 initiiert wurde (HORNE 1985, 15ff). Die deutschen Kinder- und Jugendbuchautoren tun sich schwer mit diesem Thema, was Wildner (1973, 106) schon früh monierte: »Deutsche Kinderbuchautoren gehen dem Thema allerdings aus dem Wege«.

In die Analyse für diese Studie wurde vorrangig realistische Kinder- und Jugendliteratur einbezogen, da phantastische Literatur, wie z.B. Märchen, anderen Kriterien unterliegt (Schmetz 1987). Die realistischen Inhalte zentrieren sich um Freundschaften und Beziehungen. Das Thema »geistige Behinderung« wird in Büchern dargestellt, in denen es um das menschliche Miteinander geht, wie z.B. in den Geschwistergeschichten. Die Auseinandersetzung der nichtbehinderten Personen mit sich selbst und mit den behinderten Angehörigen oder Bekannten wird zum Dreh- und Angelpunkt.

Bücher, die »das Thema Behindertsein nicht eigens problematisieren, sondern das behinderte Kind als integriertes Kind unter anderen schildern, gibt es kaum auf dem aktuellen Buchmarkt« (Noellinger 1989, 42), obgleich dies unter Berücksichtigung von Integrations- und Normalisierungsbestrebungen angebracht wäre. Insbesondere die von Wolfensberger in seinem Normalisierungskonzept neben der Dimension »Interaktion« eingeführte Dimension »Interpretation« als die »Art und Weise, in der geistig Behinderte »nach außen« dargestellt werden, wie sie der Umwelt symbolisch repräsentiert werden« (Thimm 1994, 28), legt eine solche Sichtweise nahe.

Deshalb wurde ein Buch ausgewählt, das das behinderte Kind zumindest als integriertes Kind in einem Stadtteil beschreibt. In dem Buch »Karl-Heinz vom Bilderstöckchen« von Fährmann und Ruegenberg (1990), das für die unterrichtliche Bearbeitung ausgewählt wurde, kann der Leser/die Leserin einen Jungen mit Down-Syndrom von der Geburt bis zur Volljährigkeit begleiten. Den weitesten Raum nimmt das Alter um neun Jahre ein, in dem Karl-Heinz ein frecher, quirliger Kerl ist, der viele Streiche aushackt. Einmal täuscht er einen Herzinfarkt vor, ein andermal schummelt er sich mit einem Trick in das Jugendheim des Wohnviertels ein. Damit bietet die Buchfigur »Karl-Heinz« Identifikationsmöglichkeiten für Grundschulkinder.

Es ist ein Bilderbuch mit viel Text, das jedoch im kindlichen Sprachduktus geschrieben ist. Burchard (1994) kam nach ihrer Analyse zu dem Schluß, daß dieses Buch nicht für Kinder ab fünf Jahren, sondern eher für Jugendliche ab 12 Jahre zu empfehlen sei, wobei diese Empfehlung wohl etwas zu hoch greift. Unseres Erachtens ist das Buch Erstkläßlern mit Einschränkungen erschließbar und Viertkläßlern leicht erschließbar. Die Person mit Down-Syndrom trägt deutliche Anzeichen des typischen äußeren Erscheinungsbildes, was jedoch nicht als andersartig oder exotisch erscheint. Bei der Buchauswahl wurde auf Statusgleichheit der Schüler und Schülerinnen und der möglichen Identifikationsfigur geachtet, was Donaldson sowohl für aktuelle oder indirekte Interaktion als wichtig herausstellt (Donaldson 1980, 505).

Neben der schon erwähnten Identifikationsmöglichkeit mit der neunjährigen Hauptfigur stellt auch die Gegend, in die das Geschehen im Buch verlegt ist, eine wichtige Möglichkeit zur Identifikation. Die Handlung im Buch spielt in einem Hochhausviertel in einer deutschen Großstadt, nämlich Köln. Dies entspricht der Situation des Stadtviertels von Bremen, in dem die Untersuchung durchgeführt wurde.

Mit der Beschränkung auf ein Buch fiel zugleich auch die Entscheidung für ein Geschlecht, da die meisten Bücher nur eine Hauptperson haben. Die Entscheidung für eine männliche Identifikationsfigur könnte eine unterschiedliche Rezeption der Geschlechter nach sich ziehen, da schon junge Kinder eine eindeutige geschlechtsspezifische Orientierung zeigen (Diamond u.a. 1993). Auch die Tatsache, daß die Erstautorin als vorlesende und vermittelnde Instanz eine weibliche Person ist, könnte unterschiedlich auf die Rezeption des Buches durch die Mädchen und Jungen einwirken.

Das Buch hat den Schwachpunkt, daß es den Begriff »mongoloid« verwendet (Seite 4), wobei gleichzeitig in einem Experteninterview am Ende des Buches steht, daß diese Bezeichnung »heute konsequent vermieden« (Seite 30) werden sollte - ein Widerspruch zum Erzählteil. Das Wort wird nicht weiter erklärt; es wird den Eltern nur genannt, die unterschiedlich reagieren; die Mutter nimmt ihr Kind bedingungslos an, der Vater zeigt vorurteilshaftes Verhalten (vgl. auch Barres 1974, 42). Dieser wendet sich nach der Mitteilung der Diagnose zunächst von seinem Sohn ab, ändert jedoch später seine Einstellung.

Aus der Literatur wird deutlich, daß die Lektüre von Büchern allein wenig bewirkt. Aus diesem Grund wurde die Behandlung des Buches im Unterricht entschieden, nach der Empfehlung von Salend und Moe (1983, 26), die den Gebrauch des Kinderbuches kombinieren »with activities that highlight the critical information«.

Eine derartige Behandlung eines Buches schließt auch eine strukturierte Präsentation von Behinderten ein, was sich nach Donaldson (1980, 505) positiv auswirkt. An das Lesen des Buches schließen sich Gruppendiskussionen an (Gottlieb 1980). Westervelt und McKinney (1980, 295) fanden, daß Diskussionen und die Möglichkeit, Fragen über die Bedingungen von behinderten Kindern zu stellen, den Effekt und die Dauer der Einstellungsänderungen erhöhen. Weiterhin wird der Gebrauch von Simulationen (Clore; McMillan Jeffery 1972) und Rollenspielen (Clore; McMillan Jeffery 1972) empfohlen, wobei Tröster (1990, 147) besonders bei nicht zu simulierenden Behinderungen, wie z.B. einer geistigen Behinderung, die Möglichkeit des Rollenspiels empfiehlt.

Großer Wert wurde auf die gleichwertige Behandlung des Buches in den beiden Klassen gelegt. Die Einbindung der oben genannten Aspekte in die Unterrichtseinheit sowie deren zeitlicher Rahmen sollten bei beiden Klassen identisch sein, um den Effekt der Behandlung vergleichen zu können. Unterschiede ergaben sich bei der Erstellung von Arbeitsblättern, inhaltlich wurden jedoch keine Modifikationen vorgenommen.

3.5.2 Durchführung der Unterrichtseinheit

Die Unterrichtseinheit begann einen Monat nach Beendigung der Interviews und wurde innerhalb von zwei Schulwochen durchgeführt. Dieser zeitliche Rahmen orientierte sich an den entsprechenden Studien zum Thema.

Aus lehrplanorganisatorischen Gründen war es jedoch nicht möglich, gleichviele Stunden in beiden Klassen zu unterrichten. In der 4. Klasse waren es 14 Stunden, in der 1. Klasse nur 9, also gut ein Drittel weniger. Dies war zu Beginn der Untersuchung nicht abzusehen und aufgrund der Auswirkungen auf das Untersuchungsdesign bedauerlich. Beide Klassen sind unter diesen Umständen keiner objektiven Gleichbehandlung ausgesetzt. Zu diesem Zeitpunkt war es jedoch nicht mehr möglich, die Untersuchung noch einmal in einer anderen 1. Klasse zu starten. Eine Reduzierung der Stundenzahl der 4. Klasse zugunsten einer Gleichbehandlung konnte inhaltlich nicht vertreten werden. Diese unterschiedlichen Bedingungen müssen insbesondere bei der Interpretation der Nachfolgeinterviews berücksichtigt werden. Außerdem tritt die Betrachtung des Unterrichtes der 1. Klasse aufgrund der unvollständigen Umsetzung der Einheit in den Hintergrund.

Die Einheit ist gemäß dem Lehrplan Deutsch für Grundschulen abgesichert und umfaßt die Arbeitsbereiche mündliche und schriftliche Kommunikation sowie Lesen und Schreiben; der Bereich Reflexion über Sprache (Grammatik) wird nicht berücksichtigt (Senator für Bildung, Wissenschaft und Kunst 1984b, 69). Der Gebrauch von Büchern wird in beiden Jahrgangsstufen als Lehrziel angegeben, und ist für die vierte Klasse unter dem Themenbereich »Wir lesen, sehen, hören viel und sprechen darüber« (vgl. für die 1. Klasse ebd., 33) wiederzufinden. Außerdem schließt der Themenbereich »Wir stellen uns einer schwierigen Situation« (ebd., 71) das Stichwort »Außenseiter« ein, worunter durchaus auch behinderte Menschen zu fassen sind. Obwohl die Fächer Kunst und Sachunterricht in die Einheit einbezogen werden und sich dort auch entsprechende Lernziele finden, soll nicht von einer fächerübergreifenden Unterrichtseinheit gesprochen werden, da der Schwerpunkt im Fach Deutsch liegt. Zu betonen ist, daß auf das Thema »Behinderung« in den Lehrplänen der Grundschule für das Bundesland Bremen nicht explizit eingegangen wird, was ein Defizit darstellt.

Die Durchführung der Unterrichtseinheit orientierte sich an den Empfehlungen von Salend und Moe (1983, 26). Sie war so aufgebaut, daß täglich aus dem Buch vorgelesen wurde, sich dann eine Gesprächsrunde anschloß und im weiteren Verlauf die zentralen Punkte des Textausschnittes behandelt wurden.

Im folgenden sollen kurz alle inhaltlichen Punkte und die wichtigsten methodischen Überlegungen der Unterrichtseinheit aufgelistet werden:

1.Stunde: Erwartungen an das Buch; Einführung in das Thema durch Simulationen von Behinderungen: In dieser Stunde sollten die Erwartungen der Schüler und Schülerinnen an das Buch, die sie aufgrund der Betrachtung des Titelbildes haben, abgefragt werden. Dann wurden unterschiedliche Behinderungsarten erklärt, Blindheit und Körperbehinderung simuliert. Es schloß sich eine jeweilige Reflexion an.

2. u. 3. Stunde: Thema Familie, Geburt eines geistig behinderten Kindes: Vorgelesen wurde im Buch die Seiten 3 bis 5. Thematisiert wurden die unterschiedlichen Reaktionen der Familienmitglieder auf die Geburt eines geistig behinderten Kindes und die möglichen Gründe für diese Handlungsweisen.

4. Stunde: Thema Schule: Der Buchausschnitt von Seite 6 bis 8 wurde vorgelesen. In dieser Stunde sollten die Kinder erfahren, daß es Sonderschulen gibt, aber daß auch die Möglichkeit einer integrativen Beschulung von behinderten und nichtbehinderten Kindern besteht.

5. u. 6. Stunde: Thema Verhalten der Hauptfigur: Die Seiten 10 bis 17 des Buches thematisieren das Verhalten der Hauptfigur, wobei Gemeinsamkeiten und Unterschiede zum Verhalten der Schüler und Schülerinnen herausgearbeitet werden sollten.

7. u. 8. Stunde: Thema ich und die Buchfigur, Brief: Auf Seite 17 wird berichtet, daß die Hauptfigur gerne Briefe schreibt. Aufgabe war nun, einen Brief an diese zu schreiben. Den Fragen: »Was will ich von dieser Person wissen? und Was will ich dieser Person von mir mitteilen?«, sollte dabei nachgegangen werden. Der zweite Teil der Aufgabe bestand darin, einen Brief aus der Perspektive der Hauptfigur anzufertigen.

9. u. 10. Stunde: Thema Reaktionen der Umwelt: Aus dem Text des Buches von Seite 18 bis 23 kristallisierte sich als zentrales Thema die unterschiedlichen Reaktionen der Umwelt auf den geistig behinderten Jungen heraus. Diese werden anhand eines Rollenspiels erarbeitet und reflektiert.

3.6 Das Interview nach der Unterrichtseinheit

3.6.1 Durchführung

Die Durchführung des zweiten Interviews schloß sich direkt an die Unterrichtseinheit an und verlief im Zeitraum vom 08.05. bis 12.05.1995 und erfolgte unter den gleichen Bedingungen wie die Befragung im ersten Durchlauf.

Bei der Analyse werden nur die Interviews der Schüler/Schülerinnen berücksichtigt, die auch beim ersten Durchlauf ausgewertet wurden.

3.6.2 Ergebnisse und Bewertung

Mit hoher Wahrscheinlichkeit läßt sich feststellen, daß die befragten Schüler/Schülerinnen der 1. Klasse mehr Wissen über Kinder mit einer geistigen Behinderung erhalten haben, was sich u.a. in der Kenntnis der Bezeichnung und der Merkmale einer geistigen Behinderung sowie dem möglichen Schulbesuch und der durchaus legitimen Bestrafung eines Kindes mit geistiger Behinderung ausdrückte. Keine deutlichen Veränderungen ergaben sich im Bereich der Fragen zur sozialen Distanz oder zu den Gefühlen gegenüber ihnen; jene war bei den meisten Kindern weiterhin groß, diese waren weiterhin negativ. Zu beobachten war durchaus ein Bezug zur Buchfigur, der sich bei einem Jungen in extremer Form äußerte. Deutlich wird dadurch, daß die stellvertretende Erfahrung durch das Kinderbuch eine punktuelle Erfahrung war und Generalisierungen kaum zu leisten waren.

Für die 4. Klasse läßt sich zusammenfassend festhalten, daß die Schüler/Schülerinnen ihr faktisches Wissen über Behinderungsarten, über die Kompetenzen von Kindern und Jugendlichen mit geistiger Behinderung und deren Erziehung erweitern konnten. Als zentrales Merkmal einer geistigen Behinderung wurde die kognitive Komponente gesehen. Im Bereich der sozialen Distanz und der Gefühle gab es keine signifikanten Veränderungen. Das Antwortverhalten war jedoch nicht mehr so stark von einer sozialen Erwünschtheit geprägt. Die größte Veränderung ergab sich bei der Frage nach der Bestrafung von Kindern mit geistiger Behinderung, welche auf wiederholende Behandlungen dieser konkreten Situation im Buch und im Unterricht zurückzuführen ist. Insgesamt spiegelt das Antwortverhalten eine eher realistische Vorstellung von Menschen mit einer geistigen Behinderung wider.

Beide Altersgruppen konnten durch Informationen Wissenslücken schließen und ein sehr viel realistischeres Bild von Menschen mit einer geistigen Behinderung aufbauen. Gefühle und soziale Distanz gegenüber ihnen konnten jedoch nicht modifiziert werden.

Die 3. Fragestellung bezog sich auf die Möglichkeit zur Einstellungsänderung durch die Behandlung eines Kinderbuches zum Thema »geistige Behinderung« im Unterricht. Dabei wurden Änderungen im Bereich der kognitiven und emotional-affektiven Komponenten der Einstellung vemutet. Diese Frage muß differenziert beantwortet werden, da sich nach Analyse der Ergebnissse der Interviews lediglich eine Änderung auf der kognitiven Ebene vollzogen hatte. Die balancetheoretischen Überlegungen, daß sich durch Informationen, die ein sehr antistereotypes Bild von Menschen mit geistiger Behinderung zeigten und die Reduktion von Unbehagen durch die Möglichkeit zur Identifikation mit dieser Buchfigur, nicht nur die kognitive, sondern auch die emotional-affektive zum Positiven hin verändern, um eine Balance in der Einstellungsstruktur zu erhalten, haben sich nicht bestätigt.

Die Frage nach einer deutlicheren Einstellungsveränderung bei Erstkläßlern muß ebenfalls verneint werden. Die Betrachtung dieses Punktes ist aufgrund der ungleichen Interventionen für die Klassen unter Vorbehalt zu betrachten. Ob sich diese Frage bei Gleichbehandlung der Klassen hätte bestätigen können, ist schwer zu entscheiden. Der Aufwand, den Erstkläßlern den Inhalt verständlich zu machen, ist im Verhältnis zur 4. Klasse viel zeitintensiver. Eine wichtige Voraussetzung zur Einstellungsmodifikation stellt nach Tröster (1990) das Verstehen des Inhaltes dar. Hierfür benötigt man mit dieser Unterrichtseinheit in der 1. Klasse mehr Zeit als in einer 4. Klasse.

4. Fazit und Ausblick

Nach der Analyse der ersten Interviews für die 1. Klasse wurden Parallelen, aber auch Unterschiede zur Untersuchung von Fries (1993) deutlich, wonach die meisten nichtbehinderten Kinder keine negativen Einstellungen gegenüber - in diesem Falle - körperbehinderten Kindern haben. In unserer Untersuchung fand sich demgegenüber ein beträchtlicher Teil offen ablehnender Äußerungen. Darin kommt möglicherweise ein gradueller Unterschied der Einstellungen zu körperbehinderten und geistigbehinderten Kindern zum Ausdruck. Die Qualität des Unterschiedes bezieht sich darauf, »daß Behinderungen des Kopfes in der Vorstellung von Nichtbehinderten weit beunruhigender sind als Behinderungen, die den übrigen Körper betreffen« (Wilson u.a. nach Cloerkes 1985, 169).

Der Vergleich zwischen den Altersgruppen macht deutlich, daß Viertkläßler differenzierte soziale Normen in bezug auf behinderte Personen und speziell Menschen mit geistiger Behinderung internalisiert haben, was in überformten Einstellungen deutlich wird. Ein beträchtlicher Teil der Erstkläßler verbalisiert hingegen auch ablehnende Meinungen gegenüber dieser Personengruppe.

Zweifelsohne ergeben sich bei einer Vorbereitung von Kontakten mit Hilfe von Büchern Probleme, die sich in unserer Untersuchung teilweise im Verstehen des Inhalts geäußert haben, womit nach Tröster eine wichtige Bedingung für Programme zur Einstellungmodifikation erschwert oder nicht gegeben ist (Tröster 1990, 119). Inwiefern dies im verwendeten Buch begründet ist, kann nicht eindeutig geklärt werden. Das Bilderbuch, das eigentlich für die Adressatengruppe junger Kinder ab 5 Jahre anzusehen ist, schien für eine Bearbeitung in der 1. Klasse geeignet. Ein weiterer Grund könnte auch eine eingeschränkte Vertiefung des Inhaltes dargestellt haben, da diese überwiegend durch verbale Verfahren bewältigt werden mußten. So konnte auch die Vorbereitung des Rollenspiels nur auf verbale Verfahren zurückgreifen. Zusätzlich hierzu war kein Vergleich der Erfahrungen aus dem Buch mit realen Erfahrungen möglich, was insbesondere für die 1. Klasse wohl zu einer Erschwerung im Verständnis des Buchinhaltes geführt haben mag. Die Schwierigkeiten der Vermittlung des Buches in der 1. Klasse waren unzweifelhaft groß, was nicht zuletzt durch die erschwerten organisatorischen Verhältnisse bedingt war.

Der Einsatz von Kinderbüchern zum Thema Behinderung als eine effektive und ökonomische Maßnahme zur Förderung positiver Vorstellungen konnte bestätigt werden. Der Einfluß von Kinder- und Jugendliteratur blieb in unserer Untersuchung überwiegend auf die kognitive

Komponente der Einstellung begrenzt. Dies ist ein Erfolg und sollte nicht als unwesentlich abgetan werden. Der Einsatz von derartiger Literatur generell sollte deshalb nicht als negativ betrachtet werden.

Als Annäherung an das Thema mag solche Literatur als sinnvoll gelten können, da sie »Nähe vorbereitet und schafft« (Orjasaeter 1981, 1375). Mit der Unterrichtseinheit mit Hilfe eines Kinderbuches konnten bei den Schülern/Schülerinnen Informationslücken geschlossen und Interesse geweckt werden; nun müßten aber weitere Maßnahmen folgen. Für nicht integrativ arbeitende Klassen bieten sich Möglichkeiten von Kontakten mit einer Sonderschulklasse, gegenseitige Besuche und Aktionen oder die Einrichtung von Partnerklassen an, wobei auf eine Strukturierung der Kontakte Wert gelegt werden sollte.

Eine Relativierung des Enthusiasmus von Experten und Praktikern in bezug auf den Einfluß von Kinder- und Jugendliteratur auf die Einstellungen von nichtbehinderten Schülern/Schülerinnen gegenüber Kindern mit geistiger Behinderung ist angebracht.

Primärliteratur (Auswahl)

BOLLINGER, Max: Claudia: Ein Kind wie Du? Ill. Irène Wydler. Zürich: Schweizerisches Jugendschriftenwerk 1971. 32 Seiten. Ab 9 Jahre.
FÄHRMANN, Willi; Ruegenberg, Lukas: Karl-Heinz vom Bilderstöckchen. Köln: Middelhauve 1990. [27] Seiten. Ab 6 Jahre. Ein farbiges Bilderbuch.
JÄCKEL, Karin: Mitleid? Nein danke! Stuttgart: Spectrum 1990. 186 Seiten. Ab 14 Jahre.
KRENZER, Rolf: Und darum muß ich für dich sprechen. Ein Roman in Geschichten. Ill. Haidrun Gschwind. Recklinghausen: Bitter 1981. 128 Seiten. Ab 9 Jahre.
KRENZER, Rolf: Sollte der Fuchs einmal wiederkommen... Stuttgart: Spectrum 1986. 185 Seiten. Ab 15 Jahre.
RANDSBORG-JENSEG, Grete: Lieber Niemand. Mödling-Wien: St. Gabriel 1994. 240 Seiten. Ab 14 Jahre.
TANGEN, Ragnhild; Furenes, Odd: Michael. Wuppertal: Onken 1983. [31] Seiten. Ab 6 Jahre. Ein farbiges Fotobilderbuch.
WALLIN, Marie-Luise: Ein Pferd für Lisa? Stuttgart: Franckh 1981. 112 Seiten. Ab 9 Jahre.

WELSH, Renate: Drachenflügel. 2. Aufl. München: DTV 1993. 93 Seiten. Ab 11 Jahre.
WELSH, Renate; Schwecke, Ulrich (Fotos): Stefan. 2. Aufl. München: Jungbrunnen 1989. [30] Seiten. Ab 6 Jahre. Ein Fotosachbilderbuch (sw).

Literatur

AMMANN, W.; Backofen, U.; Klattenhoff, K. (Hrsg.): Sorgenkinder - Kindersorgen. Behindert-Werden, Behindert-Sein als Thema in Kinder- und Jugendbüchern. Oldenburg 1987.
ATTESLANDER, P.: Methoden der empirischen Sozialforschung. 7., bearb. Aufl. Berlin 1993.
BARRES, E.: Das Vorurteil in Theorie und Wirklichkeit. Ein didaktischer Leitfaden. Opladen 1974.
BAUER, C.J.: Books can break attitudinal barriers toward the handicapped. In: School-Counselor 32 (1985) 302-306.
BEARDSLEY, D.A.: Using books to change attitudes toward the handicapped among third grader. In: The Journal of Experimental Education 50 (1981/1982) 52-55.
BEYER, D.: Überlegungen zur Lektüre von Kinderbüchern im Deutschunterricht der Grundschule: am Beispiel von D. Hüttners »Los, Jürgen, spring«. Unveröffentlichte Prüfungsarbeit, Universität Oldenburg, 1983.
BURCHARD, Chr.: »Behinderung« als ein Thema im Kinder- und Jugendbuch. Versuch einer Bewertung an ausgesuchten Beispielen. Unveröffentlichte Prüfungsarbeit, Universität Oldenburg, 1994.
CLOERKES, G.: Die Kontakthypothese in der Diskussion um eine Verbesserung der gesellschaftlichen Teilhabechancen Behinderter. In: Zeitschrift für Heilpädagogik 33 (1982) 561-568.
CLOERKES, G.: Die Problematik widersprüchlicher Normen in der sozialen Reaktion auf Behinderte. In: VHN 53 (1984) 25-40.
CLOERKES, G.: Einstellungen und Verhalten gegenüber Behinderten. Eine kritische Bestandsaufnahme der Ergebnisse internationaler Forschung. 3., erweiterte Aufl. von »Einstellungen und Verhalten gegenüber Körperbehinderten«. Berlin 1985 (1979).
CLORE, G.L.; MCMILLAN Jeffery, K.: Emotional role playing, attitude change, and attraction toward a disabled person. In: Journal of Personality and Social Psychology 23 (1972) 105-111.
CLUNIES-ROSS, G.; O'MEARA, K.: Changing the attitudes of students towards peers with disabilities. In: Australian Psychologist 24 (1989) 273-284.
DIAMOND, K.E.: Preschool children's concept of disability in their peers. In: Early Education and Development 4 (1993) 123-129.
DIAMOND, K.; Furgy, W.L.; Blass, S.: Attitudes of preschool children toward their

peers with disabilities: a year-long investigation in integrated classroom. In: The Journal of Genetic Psychology 154 (1993) 215-221.

DOBO, P.J.: Using literature to change attitudes toward the handicapped. In: The Reading Teacher 36 (1982) 290-292.

DONALDSON, J.: Changing attitudes toward handicapped persons: a review and analysis of research. In: Exceptional Children 46 (1980) 504-514.

ESSER, F.O.: Soziale Einstellungen von Schulkindern zu körperbehinderten Mitschülern. Eine empirische Situationsanalyse und Folgerungen für die Strukturierung »integrativer Gruppen«. Rheinstetten 1975.

ESPOSITO, B.G.; PEACH, W.J.: Changing attitudes of preschool children toward handicapped persons. In: Exceptional Children 49 (1983) 4, 361-363.

ESPOSITO, B.G.; Reed, Th.M.: The effects of contact with handicapped persons on young children's attitudes. In: Exceptional Children 53 (1986) 3, 224-229.

FÄHRMANN, W.; RUEGENBERG, L.: Karl-Heinz vom Bilderstöckchen. Köln 1990.

FLOTTMEYER, L.; Fries, A.: Die Darstellung des Themenkreises »Körperbehinderung« in sechs ausgewählten Kinderbüchern - Eine kritische Analyse. In: Rehabilitation 32 (1993) 107-116.

FRIES, A.: Meinungen nichtbehinderter Kinder über körperbehinderte Kinder - Ergebnisse einer Befragung in einer 2. Grundschulklasse. In: Rehabilitation 32 (1993) 250-259.

FRIES, A.: Unveröffentlichte Briefkommunikation, 1995.

GOTTLIEB, J.: Improving attitudes toward retarded children by using group discussion. In: Exceptional Children 47 (1980) 106-111.

GRAFFI, S.; MINNes, P.M.: Attitudes of primary school children toward the physical appearance and labels associated with Down Syndrome. In: American Journal on Mental Retardation 93 (1988) 28-35.

GREENBAUM, J.; VARAS, M.; MARKEL, G.: Using books about handicapped children. In: The Reading Teacher 33 (1980) 416-419.

Herkner, W.: Lehrbuch Sozialpsychologie. 5., korrigierte u. stark erw. Aufl. der »Einführung in die Sozialpsychologie«. 1. Aufl. Bern 1991, 181-273.

HORNE, M.D.: Attitudes toward handicapped students: professional, peer and parent reaction. Hillsdale, N.J. 1985.

JACKSON, E.P.: Auswirkungen des Lesens auf Einstellungen gegenüber Negern. In: H.Heuermann; P.Hühn; B.Röttger: Literarische Rezeption. Beiträge zur Theorie des Text-Leser-Verhältnisses und seiner empirischen Erforschung. Paderborn 1975, 153-165.

KELLER, D.; Honig, A.St.: Curriculum to promote positive interactions of preschoolers with a disabled peer introduced into the classroom. In: Early Child Development and Care 96 (1993) 27-34.

LEUNG, E.K.: Evaluation of a children's literature program designed to facilitate the social integration of handicapped children into regular elementary classrooms. Dissertation Abstracts International 40 (1980) 8, 4528-A.

Lewis, A.; Lewis, V.: Young children's attitudes, after a period of integration towards peers with severe learning difficulties. In: European Journal of Special Needs Education 3 (1988) 3, 161-171.

Leyser, Y.; Cumblad, C.; Strickman, D.: Direct intervention to modify attitudes toward the handicapped by community volunteers: the learning about handicaps programme. In: Educational Review 38 (1986) 229-236.

Litton, F.W.; Banbury, M.M.; Harris, K.: Materials for educating nonhandicapped students about their handicapped peer. In: Teaching Exeptional Children 13 (1980) 39-43.

McDonald, S.; Birnbrauer, J.; Swerisson, H.: The effect of an integration program on teacher and student attitudes to mentally-handicapped children. In: Australian Psychologist 22 (1987) 313-322.

Mühl, H.: Einführung in die Geistigbehindertenpädagogik. 3., überarb. Aufl. Stuttgart 1994.

Noellinger, C.: Behindertsein im Kinderbuch. In: Grundschulzeitschrift 28 (1989) 42-43.

Orjasaeter, T.: Bücher, die zum Besseren beeinflussen. Literatur gegen Unwissenheit und Angst. In: Börsenblatt für den deutschen Buchhandel 37 (1981) 1375-1378.

Prill, R.: Menschen mit geistiger Behinderung in der neueren Jugendliteratur. In: Geistige Behinderung 30 (1991) 44-52 .

Rose, Ch.: The Placement Of T.M.R. Students in the Regular Elementary Schools: An Analysis of Teacher and Student Attitudes. In: B.C. (British Columbia) Journal of Special Education 2 (1978) 293-299.

Rupp, H.: Behinderte im Bilder-, Kinder- und Jugendbuch - Kann realistische Kinder- und Jugendliteratur zur Integration der Behinderten in unsere Gesellschaft beitragen? In: Jugend und Buch 31 (1982) 19-20, 43-45.

Sahr, M.: Abbau von Vorurteilen durch Kinderbücher? Betrachtungen zum Behindertenproblem am Beispiel des Buches 'Vorstadtkrokodile' von Max von der Grün. In: Die Deutsche Schule 75 (1983) 139-151.

Salend, Sp.J.; Moe, L.: Modifying nonhandicapped students' attitudes toward their handicapped peers through children's literature. In: Journal for Special Educators 19 (1983) 22-28.

Schiefele, U.: Einstellungen, Selbstkonsistenz und Verhalten. Göttingen 1990.

Schmetz, D.: »Häßlich von Angesicht, bös von Herzen« Märchen. In: W.Amman; U.Backofen; K.Klattenhoff (Hrsg.): Sorgenkinder - Kindersorgen. Behindert-Werden, Behindert-Sein als Thema in Kinder- und Jugendbüchern. Oldenburg 1987, 93-98.

Schweikle, G. u. I. (Hrsg.): Metzler Literatur Lexikon. Begriffe und Definitionen. 2., überarb. Aufl. Stuttgart 1990.

Senator für Bildung, Wissenschaft und Kunst: Leben und Lernen in der Grundschule. Bremen, 1984a.

SENATOR FÜR BILDUNG, WISSENSCHAFT UND KUNST: Lehrplan Deutsch. Bremen, 1984b.
SIPERSTEIN, G.N.; BAK, J.J.: Effects of social behavior on children's attitudes toward their mildly and moderately mentally retarded peer. In: American Journal of Mental Deficiency 90 (1985) 319-327.
SIPERSTEIN, G.N.; Bak, J.J.: Understanding Factors That Affect Children's Attitudes Toward Mentally Retarded Peers. In: C.J.Meisel (Hrsg.): Mainstreaming Handicapped Children. Hillsdale, N.J. 1986, 55-75.
SIPERSTEIN, Gary N.; Bak, J.J.; O'Keefe, P.: Relationship between children's attitudes toward and their social acceptance of mentally retarded peers. In: American Journal on Mental Retardation 93 (1988) 24-27.
TANGEN, R.; FURENES, O.: Michael. Wuppertal 1983.
THIMM, W.: »Seid nett zu Behinderten!" Soziologische Anmerkungen. In: W. Amman; U.Backofen; K.Klattenhoff (Hrsg.): Sorgenkinder - Kindersorgen. Behindert-Werden, Behindert-Sein als Thema in Kinder- und Jugendbüchern. Oldenburg 1987, 9-12.
THIMM, W.: Das Normalisierungsprinzip - Eine Einführung. 4. Aufl. Marburg 1994
TRÖSTER, H.: Einstellungen und Verhalten gegenüber Behinderten. Konzepte, Ergebnisse und Perspektiven sozialpsychologischer Forschung. Bern 1990.
TRÖSTER, H.: Sozialpsychologische Aspekte in der Rehabilitationspsychologie - Einstellungen und Verhalten gegenüber Behinderten. In: J.Schultz-Gambard (Hrsg.): Angewandte Sozialpsychologie. Konzepte, Ergebnisse, Perspektiven. München 1987, 331-358.
VOELTZ, L.: Children's attitudes toward handicapped peers. In: American Journal of Mental Deficiency 84 (1980) 455-464.
VOELTZ, L.: Effects of structured interactions with severely handicapped peers on children's attitude. In: American Journal of Mental Deficiency 86 (1982) 380-390.
WESTERVELT, Van D.; McKinney, J.D.: Effects of a film on nonhandicapped children's attitudes toward handicapped children. In: Exceptional Children 46 (1980) 294-296.
WILDNER, K.: Geistig Behinderte - in Kinderbüchern dargestellt. Ist die Auseinandersetzung eine Belastung oder eine Belehrung? In: Lebenshilfe 12 (1973) 105-107.
ZIMMERMANN, R.: Behinderte in der Kinder- und Jugendliteratur. Berlin 1982.

IV Lebenslage und soziale Veränderung

Altersbild und Generationenvertrag

CHRISTIAN VON FERBER

Eine geistige Wende in der Sozialpolitik?

Die deutsche Sozialpolitik der vergangenen 4 Jahrzehnte, von der »Neuordnung der Sozialen Leistungen« und dem »Sozialplan für Deutschland« bis hin zum Pflegegesetz, stand unter dem Programm: Ausbau des Sozialstaates. Die noch aus dem vergangenen Jahrhundert stammenden Organisationsformen wurden schrittweise den gestiegenen Einkommensverhältnissen und den neuen Bedürfnissen nach Sozialer Sicherung angepaßt: Rehabilitation, Arbeitsförderung, Prävention, Absicherung der häuslichen Pflege, Gesundheits- und Selbsthilfeförderung. Walter Thimm hat diesen Prozeß des sozialstaatlichen Ausbaus in Deutschland maßgeblich für die Verbesserung der Lebenslage behinderter Menschen wissenschaftlich - konstruktiv und kritisch zugleich - begleitet und in politischen Beratungs- und Entscheidungsgremien unterstützt. Sehr früh bereits hat er die Bedeutung der Epidemiologie als einem Instrument der Versachlichung erkannt (Thimm u.a. 1985). Epidemiologische Meßzahlen ermöglichen quantitative Abschätzungen - als solche sind sie unentbehrlich für die Planung von Versorgungseinrichtungen -, sie gestatten es internationale Vergleiche zu ziehen - als solche geben sie Auskunft über den Erfolg der Maßnahmen und führen zu realistischen Zielsetzungen.

Der Vergleich mit den nordischen Staaten weitete und öffnete den Blick für andere, anspruchsvollere und menschenwürdigere Formen des Umgangs mit behinderten Menschen. Walter Thimm wurde nicht müde, das in den nordischen Staaten entwickelte und die Politik für behinderte Menschen bestimmende Prinzip der Normalisierung in Deutschland bekannt zu machen und gegen anfängliche, z.T. massive Widerstände zu verbreiten (Thimm 1984). Sozialpolitisch zielten seine vielseitigen und geduldigen Bemühungen darauf ab, neue Formen solidarischer Beziehungen zwischen nichtbehinderten und behinderten Menschen tragfähig auch für anspruchsvollere Versorgungskonzepte, z.B. »betreutes Wohnen«, und auf Dauer zu schaffen (Thimm 1994). Seine Strategie fügte sich nahtlos in den Ausbau eines gesundheitlichen und sozialen Dienstleistungssystems, das durch eine wachsende Vielfalt von Spezialberufen (Professionalisierungsschub) und durch ein dicht geknüpftes Netz von Versorgungseinrichtungen und administrativen Zuständigkeiten gekennzeichnet ist.

Nicht allein die seit Ende der 70er Jahre sich abzeichnenden finanziellen Überforderungen des Sozialstaates durch eine gewaltige gesundheitliche und soziale Dienstleistungswirtschaft machten eine Überprüfung der sozialstaatlichen Konzepte erforderlich. Schließlich übernahm mit der Garantie eines umfassenden Dienstleistungsangebots der Sozialstaat neben der Befriedigung von gesundheitlichen und sozialen Bedürfnissen auch die wirtschaftliche Existenzsicherung von Versorgungseinrichtungen und Gesundheits- und Sozialberufen. In welche Dimensionen die Professionalisierung gesundheitlicher und sozialer Dienstleistungen hineinführt, wurde bereits Ende der 70er Jahre deutlich. Die erste Gesundheitsreform öffnete die Augen dafür, in welchem Umfang die sozialstaatliche Finanzierung der Einkommens- und Existenzsicherung von Erwerbsberufen im Gesundheits- und Sozialwesen diente. Nicht nur die Krankenhauswirtschaft, die Pharmaindustrie, Ärzte und Krankenschwestern, auch Kurheime und touristische Einrichtungen wirtschaftsschwacher Regionen, ja sogar das Bestattungsgewerbe und die Taxiunternehmen sahen sich durch den Sparkurs von Norbert Blüm bedroht. Inzwischen - unter Hans Seehofer - fürchten auch Krankenkassen um ihren Fortbestand. Der gemeinsamen Dynamik wachsender Gesundheits- und Sozialbedürfnisse einerseits und volkswirtschaftlicher Wachstumsbranchen anderseits war auf die Dauer das System Sozialer Sicherheit ohne Kurskorrektur nicht gewachsen.

Den vielen politischen Konzepten zur Anpassung der sozialstaatlichen Sicherung an den wirtschaftlichen Strukturwandel - und jede politische Richtung wetteifert inzwischen um Originalität in der Diffamierung der Konzepte der Konkurrenz - mangelt vor allem eines: das Eingeständnis, daß ohne solidarischen Verzicht vor allem von seiten der einkommensstarken Gruppen, Leistungsempfängern wie Leistungsanbietern, keine dauerhafte Anpassung an veränderte wirtschaftliche Rahmenbedingungen gelingen kann. Mit diesem Ziel gilt es die grundlegenden gesellschaftlichen Deutungsmuster zu überdenken und zu korrigieren, die den gewaltigen Umverteilungsprozeß von Erwerbseinkommen in Sozialeinkommen und sozialstaatliche Dienstleistungen jahraus jahrein begründen und legitimieren.

Eines dieser öffentlichkeitswirksamen verteilungspolitischen Deutungsmuster ist der Generationenvertrag; seine Tragfähigkeit wird nicht allein durch den ständigen Verlust an Arbeitsplätzen, durch die schleichende Erosion des Wirtschaftsstandorts Deutschland brüchig, sondern durch eine dank Wohlstand und Soziale Sicherung grundlegend veränderte soziale Lage der Menschen im Rentenalter. Im Generationenvertrag geht es nicht länger wie bei seiner Einführung 1957 darum, die Armut im Alter abzuwehren - inzwischen belehrt uns die Forschung, daß Familien und Kinder in Armut leben -, sondern es geht um Geben und Nehmen, um die Äquivalenz von Leistung und Gegenleistung zwischen breiten Schichten wirtschaftlich gesicherter, ja gut gestellter Arbeitnehmer. Eingefordert werden zunehmend die solidarischen Verpflichtungen der Menschen im Rentenalter, deren Versorgungslage durch Einkommenstransfer sowie durch gesundheitliche und soziale Dienstleistungen gesichert ist, gegenüber denjenigen, deren wirtschaftliche Existenz vom Strukturwandel unmittelbar bedroht ist. Hier tut ein Bewußtseinswandel, eine geistige Wende not.

Gesundheit im Alter und gesellschaftliches Engagement

Die Bundesrepublik Deutschland darf zu recht stolz sein auf die Erfolge einer mit langem Atem und konsequent verfolgten Politik, die gesellschaftliche Lage der alten Menschen zu sichern. Unser Thema »Gesundheit im Alter und die Erwartung eines gesellschaftlichen Engagements der Bürger und Bürgerinnen im Rentenalter« wäre noch vor 25 Jahren ins Reich der Utopie verwiesen worden. Denn Ende der 60er/Anfang der 70er Jahre stagnierte die Lebenserwartung der über 60jährigen, ja sie zeigte sogar rückläufige Tendenzen an - so damals die besorgte Auskunft der Bevölkerungswissenschaftler (Helberger 1976).

An der Sozialpolitik für die aus dem Erwerbsleben ausgeschiedenen Mitbürger und Mitbürgerinnen - dies ist ungeachtet einer nur noch computerisiert überschaubaren Altersforschung immer noch die gängigste Definition von »Alter« - wird daher heute ebenso anschaulich wie eindrücklich sichtbar, daß Gesundheit im Alter nicht allein von einer innovativen medizinischen Forschung oder von der Qualität der medizinischen Versorgung und der Intensität ihrer Inanspruchnahme abhängt, sondern von der Sozialen Sicherung - diese ist ganz wesentlich Einkommenssicherung. Die Verläßlichkeit der politisch gesetzten Rahmendaten, die die Menschen erwartet, wenn sie aus dem Erwerbsleben ausscheiden, wirkt sich auch auf den Gesundheitszustand aus - unabhängig davon, ob wir Gesundheit biomedizinisch oder im Sinne der WHO als umfassenden Ausdruck der Lebensqualität interpretieren. Rückblickend gesehen war es daher ein ebenso mutiger, wie auf lange Sicht ein weit über die angezielte Einkommenssicherung hinaus wirksamer Schritt, die Altersrentner über die »dynamische Altersrente« an dem wachsenden gesellschaftlichen Wohlstand teilhaben zu lassen. Es wurde mit dieser Politik nicht allein die drohende Verarmung durch Inflation gebannt, mit der die 1959 im Rentenalter stehende Generation zweimal in ihrem Leben bittere Erfahrungen gemacht hatte, sondern es wurde ein Weg gebahnt, die aus dem Arbeitsprozeß Ausgeschiedenen und damit von den jährlichen Tarifverhandlungen über das Arbeitseinkommen Ausgeschlossenen in einer selbstverständlichen, »politisch geräuschlosen« Weise an der Wohlstandsmehrung zu beteiligen.

Aus Untersuchungen zur Gesundheit im Alter (z.B. Sosna 1983, Häfner 1986) und aus dem hochaktuellen Vergleich mit der Entwicklung der Lebenserwartung der Rentner in der früheren DDR vor und nach der Wende (M. Geyer, E. Brähler 1995) wissen wir inzwischen, daß die Einkommenslage, auch die relative, im Vergleich zu anderen gesellschaftlichen Gruppen sich darstellende Einkommenssituation, einen wesentlichen Einfluß auf die Gesundheit hat. Zur Erhaltung und Sicherung der Gesundheit im Alter tragen allerdings nicht nur stabile, gegen die schleichende Inflation einer wachsenden Wirtschaft gesicherte Renteneinkommen bei, sondern auch der bedarfsgerechte Zugang zur medizinischen Versorgung und - z. T. bereits eine Folge der verbesserten Lebenserwartung - die finanzielle Absicherung der Pflegebedürftigkeit.

Beides, der bedarfsgerechte Zugang zu medizinisch-ärztlichen Leistungen bei Krankheit, Unfall oder Behinderung und zu sozialen Dienstleistungen bei Pflegebedürftigkeit erfüllen neben der Gewährleistung praktischer Hilfen für die älteren Menschen die wichtige emotionale Funktion, sich gegenüber auftretenden, im Alter zu erwartenden Risiken besser gewachsen zu wissen.

Die Gewährleistung der genannten sozialen Leistungen, Einkommensebenso wie Dienstleistungen, beruht auf dem »Generationenvertrag«, einem politischen Deutungsmuster, das auf eine einfache und einleuchtende Weise verständlich macht, warum die erwerbsaktive Bevölkerung fast auf ein Viertel ihres (Brutto-) Arbeitseinkommens verzichten muß, um die Lebensbedürfnisse der älteren, aus dem Erwerbsprozeß bereits ausgeschiedenen Generation auf Dauer zu sichern. In der gegenwärtigen Diskussion um den »Umbau des Sozialstaates« und um die Lohnneben- oder -»zusatz«kosten spielt der Generationenvertrag - wenn ich recht sehe - keine Rolle. Dies spricht für eine immer noch gegebene breite Akzeptanz dieses Deutungsmusters in der Öffentlichkeit.

Unter dem Thema »Gesundheit im Alter und gesellschaftliches Engagement« an diese sozialpolitischen Grundlagen eingangs zu erinnern, erscheint mir aus drei Gründen geboten.

1. Wir stehen im Begriff, ein neues umfassendes Dienstleistungsangebot für ältere Menschen zu institutionalisieren: die Geriatrie. Im System der gesundheitlichen Versorgung ist die Geriatrie ein medizinisches, multidisziplinär und multiprofessionell orientiertes Dienstleistungsangebot, um den besonderen Bedürfnissen kranker älterer Menschen angemessener zu entsprechen. Es ist aus seiner wissenschaftlichen Begründung heraus ein innovatives, bestehenden Defiziten aktiv begegnendes Hilfeangebot. Es stellt sich allerdings die Frage, wie diese neue sozialpolitische Strategie in das bestehende System der Alterssicherung einzuordnen ist. Wie multidisziplinär, wie multiprofessionell kann sich die Geriatrie entfalten? Wird es neben einer Verbesserung der Qualität - hierzu gibt es inzwischen eindrückliche Untersuchungsergebnisse - zu einer Erhöhung der Wirtschaftlichkeit des Versorgungssystems beitragen, indem es z.B. vorhandene Ressourcen besser nutzt, Synergieeffekte durch Zusammenarbeit fördert, neue Wege für die Reorganisation unseres Gesundheitssystems eröffnet?

2. Geriatrie wendet sich bevorzugt den erkrankten älteren Menschen zu. Aus ihren Erkenntnissen und spezifischen Erfahrungen werden aber auch Beiträge zur Gesundheitsförderung im Alter erwartet.

Derzeit scheinen sich an der Prävention die Geister zu scheiden (Sachverständigenrat Sachstandsbericht 1994). Auf der einen Seite werden große Erwartungen in die Fortschritte der Molekularbiologie und der Genetik gesetzt. Von ihnen erhofft man sich in der praktischen Anwendung gezielt am einzelnen Patienten einzusetzende diagnostische und präventive Strategien. In konsequenter Weiterentwicklung der 1971 erstmals in die Gesetzliche Krankenversicherung eingeführten Krankheitsfrüherkennungsuntersuchungen richten sich die Erwartungen auf standardisierte Verfahren der Befunderhebung und der ärztlichen Intervention. Das sozialmedizinische Problem dieser Untersuchung von »Gesunden« reduziert sich auf die Gewinnung der Bevölkerung für ein Screening und für die Inanspruchnahme der präventiven Leistungen sowie - mit deren Intensität zunehmend - auf aufbrechende ethische Fragen, wie z.B. das Recht auf Nichtwissen.

Auf der andern Seite richten sich die Erwartungen auf die stärkere Aktivierung der Bevölkerung in gesundheitlichen Fragen (Waller 1995). Das in Bevölkerungsumfragen dokumentierte Interesse der Menschen an ihrer Gesundheit bleibt - hier nur gemessen an dem einen Ziel »Gesundheit im Alter« - weitgehend folgenlos. Eine wichtige Zielsetzung der Gesundheitsförderung ist daher die Verbesserung der Kompetenz und des Engagements der Bürger und Bürgerinnen.

Vorausschauend und vorsorgend kann bei chronischen Erkrankungen der Patient bei entsprechender Beratung und Motivierung sehr vieles selber beitragen. Vorausgesetzt, die in der Arzt/Patientenbeziehung angelegten Möglichkeiten der Gesundheitsförderung werden konsequent entwickelt und genutzt. Die Strategie der Gesundheitsförderung setzt dabei auf dreierlei

a) auf die in den Bürgern und Bürgerinnen selbst liegenden Fähigkeiten,

b) auf die - im internationalen Maßstab - beispiellose Dichte der Arzt/-Patientenkontakte in der Primärversorgung und deren Neuorientierung: anstatt krankheits- und beschwerdebestätigend oder gar -verstärkend zu behandeln, der vorsorgenden Beratung und Aktivierung der Patienten genügend Aufmerksamkeit und Zeit zuzuwenden. Nach vorliegenden sozialmedizinischen Erfahrungen dürfte diese Neuorientierung allerdings nur dann Erfolg haben, wenn

c) durch kommunale Gesundheitsförderung die in der Bevölkerung vorherrschenden Gesundheitsprobleme aufgegriffen und in einer gemeinsamen Aktion aller beteiligten Berufe, Einrichtungen und Bürger angegangen werden (DGB-Bundesvorstand 1994).

Verstehen wir die Geriatrie als die wissenschaftlich begründete, professionelle Hilfe an der Endstrecke chronischer Krankheiten und Beschwerden, auf der sich verschiedene, z.T. interagierende Krankheitsprozesse mit den Funktionsänderungen des alternden Organismus zu hoher Komplexität verdichten (Bruder et al. 1994), so erwachsen gerade aus geriatrischen Erfahrungen die unüberhörbaren Appelle, vorbeugende und vorsorgende Strategien zu entwerfen. Dies ist jedenfalls eine Erwartung der Sozialpolitik an die Geriatrie (Erster Altenbericht 1993, 46 ff.)

Sozialpolitik für die Menschen im Rentenalter war stets vorbeugende, vorausschauende Politik. Für die Einkommenssicherung hat dieser präventive Ansatz zu kaum vorherzusehenden Erfolgen auch für die Gesundheit im Alter geführt. Für die Krankenversorgung und für den neuen Zweig der Pflegeversicherung ist die vorsorgende und vorbeugende Zielsetzung der Sozialpolitik bisher nur in wirtschaftlicher Hinsicht eingelöst. Diesen Erfolg sollten wir angesichts des wirtschaftlichen Strukturwandels und seiner allenthalben spürbaren sozialen Konsequenzen nicht geringschätzen, ihn auch nicht durch kurzsichtige fiskalische Maßnahmen aufs Spiel setzen. Jedoch ihren sozialmedizinischen Auftrag - oder wie wir heute einer politisch motivierten Semantik folgend gerne sagen - den Auftrag von Public Health hat das gesundheitswirtschaftliche Dienstleistungssystem bisher nicht oder nur in einem sehr bescheidenen Umfang eingelöst.

3. Der Generationenvertrag, der dieses gewaltige, ja historisch einmalige System einer umfassenden Daseinssicherung der Menschen gewährleistet, die von den Tarifverhandlungen über ihr Arbeitseinkommen abgekoppelt gänzlich auf das System Sozialer Sicherheit vertrauen, hat seine Überzeugungskraft bisher nur in einer Periode wirtschaftlichen Wachstums unter Beweis gestellt. Hier hat es in seiner politischen Semantik dazu gedient, den Einkommenstransfer von den Erwerbsaktiven zu den Rentnern zu begründen und zu legitimieren. Danach gehört es zu den sozialen Selbstverständlichkeiten, daß jede Generation in einer schon gigantisch zu nennenden solidarischen Aktion die Mittel

für die Daseinssicherung der älteren Generation bereitstellt. Das Altersbild, das dieser Deutung des Generationenvertrages zugrundeliegt, ist das des ruhebedürftigen, von der Last eines langen Arbeitslebens erschöpften, ja gesundheitlich aufgebrauchten, von Krankheit, zunehmender Behinderung, ja Hilfe- und Pflegebedürftigkeit heimgesuchten oder zumindest bedrohten Rentners.

Die Bewährungsprobe unter den Bedingungen des wirtschaftlichen Strukturwandels und der demographischen Entwicklung, seine Neuinterpretation angesichts eines veränderten Altersbildes steht dem Generationenvertrag derzeit ins Haus. Auf welche Weise und mit welchen politischen Rahmenbedingungen ist der Generationenvertrag auf die Beziehungen zwischen den »jungen« Alten und den Betagten und Hochbetagten zu erweitern? Ist das schlichte und einprägsame Bild der Solidarität zwischen Erwerbsaktiven und Rentnern angesichts der eingetretenen Differenzierung, auch in der Gruppe der Alten selbst, noch aufrechtzuerhalten? Wird im »gesellschaftlichen Engagement im Alter« und seiner Förderung durch Seniorenbüros und Seniorengenossenschaften nicht unüberhörbar bereits die Solidarität in der Bevölkerungsgruppe der Alten selbst eingefordert (vgl. z. B. das Vorwort zum Ersten Altenbericht 1993)?

Ich möchte im folgenden versuchen, auf die wichtigsten der aufgeworfenen Fragen in gebotener Kürze einzugehen.

Wie steht es um das gesellschaftliche Engagement der Menschen im Rentenalter?

Dank einer bemerkenswerten Förderung des - wie es bezeichnender Weise in der politischen Semantik heißt - *»freiwilligen* sozialen Engagements« sind wir über die Erfahrungen recht umfassend informiert, die mit dieser neuen gesellschaftspolitischen Intervention derzeit in Deutschland gemacht werden. Die Seniorenbüros oder - eine baden-württembergische Variante - die Seniorengenossenschaften und Bürgerbüros erfüllen mehrere Funktionen

a) Sie ergänzen das Angebot der offenen Altenarbeit der Wohlfahrtsverbände, Kommunen und freien Initiativen in der Engagementförderung.

Dies ausdrücklich zu betonen, ist nicht nur zum Vermeiden von Mißverständnissen wichtig, sondern ist auch angesichts der - gemessen an der mit der Aufgabe verfolgten Zielsetzung - bescheidenen personellen Ausstattung dieser Einrichtungen geboten.

b) Sie wollen den Bedarf an Engagement unter den Älteren ermitteln und mit dem Angebot an ehrenamtlichen Leistungen zur Deckung bringen, das Ältere bereit sind untereinander, aber auch für andere auf Dauer bereitzuhalten.

c) Sie wollen die Älteren zum Engagement ermutigen, die Rahmenbedingungen für ehrenamtliche Tätigkeit erkunden und verbessern und

d) sie wollen nicht zuletzt durch eine breit gestreute Sammlung von praktischen Erfahrungen - das Bundesministerium für Familie, Senioren, Frauen und Jugend fördert in allen Teilen Deutschlands derzeit 44 Seniorenbüros - feststellen, ob für Seniorenbüros - wie aus der Aufgabenbeschreibung hervorgeht -, eine Vermittlungsagentur und ein Aktivierungszentrum von Älteren für Ältere, auf Dauer gesehen ein Bedarf neben der traditionellen offenen Altenarbeit besteht. Bei dem derzeitigen Stand des Modellvorhabens kann man diese Frage bereits positiv beantworten.

Aus der wissenschaftlichen Begleitung des Förderprogramms durch das Institut für Sozialwissenschaftliche Analysen und Beratung (ISAB) in Köln liegen inzwischen Halbjahresberichte für 1994 und 1995 aus allen in einer ersten Phase geförderten 33 Seniorenbüros vor. Diese Berichte kommen der Realität insofern sehr nahe, weil sie an einer Nahtstelle entstanden sind, an der sich Wunsch und Wirklichkeit, Erwartungen an, ja Nachfrage nach Engagement mit der bekundeten und eingelösten Bereitschaft zum Engagement der Älteren begegnen. Ohne diese in ihrer Repräsentativität wissenschaftlich nur beschränkt verwertbaren Berichte in ihrer Aussagefähigkeit zu überfordern, können wir für unser Thema Folgendes festhalten.

Engagementförderung, die nur das an Engagement aufnehmen, klären, beraten und weitervermitteln will, was sich von selbst anbietet, wird dem Bedarf an ehrenamtlich zu leistender Hilfe kaum gerecht werden können. Regelmäßige Besuche bei älteren Hilfebedürftigen, Entlastung pflegender Angehöriger, Begleitung Sterbender, die Gründung von Wohngemeinschaften Alleinstehender stoßen auf hohe Schwellen. Die Bereitschaft, feste Verbindlichkeiten gegenüber kranken, hilfebedürftigen Mitbürgern und Mitbürgerinnen einzugehen, bleibt auch dann gering, wenn von Seiten der Seniorenbüros eine fachkundige Vorbereitung auf diese Aufgaben, begleitende Beratung und Unterstützung angeboten werden. Dagegen gelingt es wesentlich leichter, Engagement im gegenseitigem Geben und Nehmen auf den Gebieten zu entwickeln, die eine Teilnahme an der soziologisch diagnostizierten »Erlebnisgesellschaft«, an einer Erlebniskultur erleichtern und steigern: gemeinsame Unterhaltung, Reisen und Besuche von Bildungsveranstaltungen, aber auch Selbstdarstellung im künstlerischen Feld.

Gerade unter der ständigen Betonung der alten Forderung der Politik für Menschen im Rentenalter, die ältere Generation nicht auszugrenzen, sie am Lebensstil »unserer« Konsum- und Erlebnisgesellschaft möglichst unverkürzt teilhaben zu lassen, kann uns dieses Ergebnis eigentlich nicht überraschen. Die jungen und »fit« gebliebenen Alten orientieren sich an den Verhaltensnormen der Gesunden und Erwerbsaktiven und nutzen den mit dem Ausscheiden aus dem Arbeitsleben gewonnenen zeitlichen Spielraum ausdrücklich, nicht zuletzt vor der stets hintergründigen, durch Familienereignisse überdies bewußt gehaltenen Erfahrung, daß die Lebensspanne sich dem Ende zuneigt. Aufhorchen läßt in diesem Zusammenhang die wiederholt in den Berichten aufscheinende Bemerkung: »Nein, mit kranken alten Menschen möchte ich nichts zu tun haben, das belastet mich zu sehr, dem fühle ich mich nicht gewachsen«. Dabei sollten wir gerechter Weise allerdings nicht übersehen, daß die älteren Menschen, die hilfebedürftige Familienangehörige betreuen, die Freiräume ihres Engagements bereits in eine im Übergangsfeld von familialer Verpflichtung und sozialem Engagement liegende Aufgabe fest eingebracht haben, den Seniorenbüros daher eher als Nachfrager denn als Anbieter von ehrenamtlichen Leistungen bekannt werden.

Die hier aufscheinende Kluft zwischen den zu den Gesunden, zu den (noch) fit Gebliebenen sich zählenden Alten und ihren bereits hilfebedürftig gewordenen Generationsgefährten und -gefährtinnen sollten wir nicht mit vorschnellen Appellen an Solidarität zuschütten, sondern nach verläßlichen Brücken suchen, über die Wunsch nach Solidarität und eigene Erwartungen an »freiwilliges soziales Engagement« zueinander finden können. Die Seniorenbüros sind ein solcher Brückenschlag.

Die in den Berichten aus den Seniorenbüros aufscheinende Kluft zwischen den Erwartungen der Sozialpolitik und denen der älteren Menschen ist allerdings nicht neu. Vor 35 Jahren kamen die Hamburger Soziologen Rudolf Tartler (1959) und Helmut Schelsky (1961) in ihren Untersuchungen zum »Alter in der modernen Gesellschaft« zu sehr ähnlichen Ergebnissen. Unter dem Leitgedanken der »Paradoxien« des Alters gaben sie der sozialwissenschaftlichen Altersforschung und nicht nur dieser eine wichtige, aber auch schwierige Aufgabe auf den Weg.

Die einfühlsame und auf den ersten Blick überzeugende Formulierung, die der Altersforscher Hans Tews für Seniorenbüros und Seniorengemeinschaften als Lösung vorgeschlagen hat, reicht ganz offensichtlich nicht aus. Tews (1995, 53) gibt der Engagementförderung im Alter den Weg vor, die Älteren anzuregen, etwas für sich selber, z.B. für ihre Gesundheit, zu tun, auf diesem Niveau des Engagements mit anderen gemeinsam etwas für sich zu tun, z.B. in einer Selbsthilfegruppe, um auf dieser schrittweisen Steigerung des Engagements gemeinsam mit anderen etwas für sich und andere zu tun, die gegenseitige Hilfe also mit der ehrenamtlichen Hilfe zu verbinden. Nach dieser Maxime arbeiten Seniorenbüros. Einen Schwerpunkt ihrer Arbeit sehen sie in der »Aktivierung der Älteren im Vorfeld der Engagementförderung«. Diese Strategie ergibt sich nicht zuletzt aufgrund der Erfahrungen mit ihren Klienten, d. h. mit den Senioren, die sich angesprochen fühlen. Daß diese Maxime der Engagementförderung keine lebensfremde Utopie ist, zeigt die Selbsthilfebewegung, die schrittweise diesen Weg beschritten hat. Zwei Drittel aller derzeit bekannten Selbsthilfegruppen helfen sich gegenseitig in der Gruppe, handeln aber zugleich für alle Gleichbetroffenen, unabhängig davon ob diese Mitglieder sind oder nicht.

Doch ob diese in ihrer sozialpsychologischen und pädagogischen Logik überzeugende Maxime nicht nur in Modellerprobungen oder in der Selbsthilfebewegung, also einem letztlich kleinen Ausschnitt aus der Bevölkerung (Forschungsverbund Laienpotential 1987, 79 ff.; Braun, Kettler 1994), sondern auch in der Breite wirksam werden kann, sollten wir ernsthaft prüfen. Dabei werden wir uns auf die gesundheitliche Situation der Menschen im Rentenalter beschränken.

Hat die Gesundheitsförderung im Alter eine Chance?

Wenn am Anfang des Engagements für andere, also dessen, was als »freiwilliges soziales Engagement« bezeichnet und angestrebt wird (Vorwort der Bundesministerin zum Ersten Altenbericht 1993), die Weckung des Interesses an sich selbst steht, zunächst für sich selber etwas zu tun, dann dürfte es eigentlich um die Gesundheitsförderung im Alter nicht schlecht bestellt sein. Daß das Interesse an der eigenen Gesundheit groß ist - das belegen die Umfragen unter Älteren zu dem Thema Gesundheit und das zeigt die starke Inanspruchnahme ärztlicher und medizinischer Leistungen. Untersuchungen zur Nutzung der Leistungen der Gesetzlichen Krankenversicherung durch die 60 Jahre und Älteren weisen auf eine hohe Aufmerksamkeit für die eigene Gesundheit hin, verbunden mit einer großen Bereitschaft, ärztliche Beratung sowie medikamentöse Hilfen in Anspruch zu nehmen.

Einer repräsentativen Untersuchung aus der Universität zu Köln (Arbeitsgruppe Primärmedizinische Versorgung an der Klinik und Poliklinik für Psychiatrie und Psychotherapie des Kindes- und Jugendalters) entnehmen wir hierzu die folgenden Angaben. Bei dieser Untersuchung handelt es sich um eine repräsentative Längsschnittstudie, in die 6 478 durchgängig Versicherte der Gesetzlichen Krankenversicherung einbezogen sind, darunter 1 578 älter als 60 Jahre [Liselotte von Ferber (Hg.) 1994].

Diese »Alten« standen während eines Jahres (1988) zu mehr als 90 % in ständiger ärztlicher Behandlung. Ärztliche Beratung und Behandlung während 3 und 4 Quartalen nahmen 75 - 90 % der »Alten« in Anspruch. Durchschnittlich suchen die Versicherten dieser Altersgruppe im Quartal 5 bis 6 Mal eine ärztliche Praxis auf, also alle 15 bis 18 Tage.

Die medikamentöse Versorgung ist dementsprechend intensiv. 87-91 % der Versicherten älter als 60 Jahre erhalten Medikamente, pro Jahr sind dies 21 bis 33 Verordnungen, die im Durchschnitt auf einen Versicherten dieser Altersgruppe entfallen (ebd. 383 ff.).

Angesichts dieser Angaben aus der ärztlichen Versorgung der Alten liegt die eingangs gestellte Frage nach dem Altersbild auf der Hand. Entläßt das Arbeitsleben die Rentner eben doch gesundheitlich aufgebraucht, erschöpft und krank, auf ständigen ärztlichen Beistand und medikamentöse

Hilfen angewiesen? Wie zuverlässig, wie realitätsnah sind unsere Vorstellungen von den »jungen Alten«?

Wenn es das ausgesprochene Ziel der Gesetzlichen Krankenversicherung im Sinne des Generationenvertrages ist, den älteren Menschen einen ungehinderten Zugang zur medizinischen Versorgung zu garantieren (Sozialgesetzbuch V. Buch), so ist dieses Ziel zweifellos erreicht. Außer bei den Schulkindern - hier besteht überdies eine Schulpflicht - gibt es keine so enge und dichte Beziehung einer Altersgruppe zu einem öffentlichen Dienstleistungssystem. Die ambulante oder primärärztliche Versorgung ist ein niedrigschwelliges Angebot, das offen ist für die Beratung bei gesundheitlichen Beschwerden ebenso wie bei schwerwiegenden Krankheiten (Liselotte von Ferber 1988). Es wäre daher ein großer Fehler, der gerade die sozialpolitische Aufgabe und die spezifische Leistung der Gesetzlichen Krankenversicherung übersieht, aus der Dichte der Inanspruchnahme einen besorgniserregenden Gesundheitszustand der älteren Menschen in unserer Gesellschaft herzuleiten. Vielmehr ist diese Versorgungsdichte zunächst ebenso als ein Anzeichen für die Wichtigkeit anzusehen, die ältere Menschen ihrer Gesundheit beimessen, wie für das große Vertrauen, das sie in die ärztliche Beratung und Hilfe für die Erhaltung ihres Gesundheitszustandes setzen.

Diese Funktion der primärärztlichen Versorgung wird unmittelbar einsichtig, wenn wir nach dem Anteil der Patienten fragen, deren Zustand eine intensive ärztliche und/oder pflegerische Betreuung erfordert. Die Epidemiologie verwendet als ein bevölkerungsbezogenes Maß für die Betroffenheit von einer Krankheit den Fachausdruck Prävalenz. Er bezeichnet den Anteil der Bevölkerung, der während eines definierten Zeitraums von einem Krankheitsereignis betroffen ist.

Die erwähnte Kölner Studie macht repräsentative Angaben zur Morbidität; danach erreichen die Prävalenzen für einige schwerwiegende Krankheiten: Apoplexie und transitorische ischämische Attacken, Myocardinfarkt, Maligne Neoplasien, Insulinpflichtiger Diabetes die folgenden Werte (Abb. 1).

Abb. 1 Krankheiten im Alter (Prävalenzraten)

	Männer		*Frauen*	
	60-69	*70-79*	*60-69*	*70-79*
Apoplexie und Trans. ischäm. Attacken	1,83	5,88	0,64	2,85
Myokardinfarkt	6,39	8,50	1,71	2,61
Insulinpflichtiger Diabetes	2,7	0,7	2,3	3,8
Maligne Neoplasien	5,4	9,4	5,1	8,6
Oral oder diätetisch behandelter Diabes	11,00	18,3	10,7	18,3

Quelle: Liselotte von Ferber (Hg.) 1994, S. 158 Tab. 3, S. 182 Tab. 1, S. 258 Tab. 3. Angaben zum Diabetes Forschungsgruppe Primärmedizinische Versorgung, Köln.

Quantitativ bedeutsamer als die genannten 4 Krankheiten ist allerdings der oral oder diätetisch behandelte Diabetes. Hier erreichen die Prävalenzraten 1 % und mehr. Besonders stark sind die Männer und Frauen älter als 70 Jahre betroffen.

Diese 4 Krankheiten haben - daran kann kein Zweifel bestehen - eine große Bedeutung für die Morbidität im Alter, sie prägen aber nicht das Bild der gesundheitlichen Lage im Alter - selbst dann nicht, wenn wir die Häufigkeit der Krankenhausaufenthalte der »Alten« berücksichtigen (Abb. 2).

Abb. 2	Stationäre Aufenthalte Versicherte der AOK Dortmund (1989) 60 Jahre und älter in Prozent	
	männlich	*weiblich*
60-64 Jahre	22,5	15,8
65-69 Jahre	18,3	12,6
70-74 Jahre	34,4	18,9
75-79 Jahre	19,7	22,6
80 Jahre und älter	20,8	22,4

	Anzahl der Aufenthalte pro Patient	
	männlich	*weiblich*
60-80 Jahre und älter	1,63	1,5

Quelle: Projektgruppe Primärmedizinische Versorgung, Universität zu Köln   PMV

Was die alten Menschen zum Arzt führt, sind überwiegend chronische Beschwerden, Gesundheitsstörungen der verschiedensten Art des Herz/-Kreislaufsystems, der Halte- und Bewegungsorgane und des Magen/Darmtraktes. Bei diesen Beschwerden steht die symptomatische, beschwerdelindernde Therapie im Vordergrund. Die Indikationstellung gestaltet sich dementsprechend für die Primärärzte schwierig und - wie Untersuchungen zeigen (Liselotte von Ferber und Ingrid Köster 1994) - unsicher. Hier bedürfen die Primärärzte einer gezielten geriatrischen Beratung, vor allem auf pharmakotherapeutischem Gebiet. Die Pharmakotherapiezirkel, die die KV Hessen gemeinsam mit der Arbeitsgruppe Primärmedizinische Versorgung der Universität zu Köln durchführt, belegen sehr eindrücklich, welche Verbesserungen in der Qualität der Arzneitherapie erreichbar sind, aber auch welche Wirtschaftlichkeitsreserven durch Qualitätszirkel erschlossen werden (ebd. 40 ff.).

Angesichts der Kosten in der Gesetzlichen Krankenversicherung, ihrer ganz offensichtlich schwer zu beherrschenden Dynamik, aber auch angesichts des Umfanges, den der Generationenvertrag für die Finanzierung zu leisten hat, stellen sich auf dem Hintergrund solcher Analysen für die Gesundheitsreform die beiden unausweichlichen Fragen

- nach dem Verhältnis von Kosten und Wirksamkeit, nach dem Verhältnis von erreichtem und erreichbaren Ergebnis und - eng verknüpft damit -

- nach dem Engagement der Älteren für ihre eigene Gesundheit und - aus der Sicht der Engagementförderung - nach dem Engagement für die eigene Gesundheit gemeinsam mit anderen und für andere.

Zwei Aussagen aus dem Ersten Altenbericht (1993) unterstreichen die Dringlichkeit, eine Antwort auf diese Fragen zu finden.

Der Erste Altenbericht beziffert den Umfang des Generationenvertrages in der Gesetzlichen Krankenversicherung wie folgt:

«Von den Beitragseinnahmen im Jahr 1992 wurden rund 16 % durch Rentner aufgebracht, dagegen entfielen auf sie etwa 42 % der Ausgaben« (Erster Altenbericht S. 21). M.a.W. 26 % der Ausgaben, das sind bei einem 210,5 Mrd Haushalt der Gesetzlichen Krankenversicherung 54,7 Mrd. DM, wurden im Rahmen des Generationenvertrages von den Erwerbsaktiven aufgebracht. (Berechnet nach dem Sachstandsbericht 1994 des Sachverständigenrates S. 59 Tz. 66 und 68).

Die Kurzfassung des Berichts der Sachverständigenkommission im Ersten Altenbericht stellt zu den »Möglichkeiten der Prävention« lapidar fest:

»Die Bedeutung der Prävention für die Gesundheit und Leistungsfähigkeit im Alter wird nur von einem Teil der Ärzte und der älterwerdenden Menschen wirklich erkannt und in praktisches Handeln umgesetzt. Die Erkenntnis, daß die Lebensqualität im Alter erheblich durch den eigenen Lebensstil in früheren Lebensabschnitten beeinflußt wird, gehört noch lange nicht zum eigenen Wissen.« (S. 46)

Zu einem ähnlichen Ergebnis kommen die bereits erwähnten Berichte der Seniorenbüros. Freiwilliges soziales Engagement in der Gesundheitsförderung, der eigenen ebenso wie der anderer, ist rar.

Welche Schlußfolgerungen können wir aus den empirischen Untersuchungen zum gesellschaftlichen Engagement und zur gesundheitlichen Lage der Älteren ziehen?

Empirische Untersuchungen erfüllen die wichtige Funktion, theoretische Vorstellungen und politisches Wunschdenken an der vorfindbaren gesellschaftlichen Realität zu kontrollieren. In einer sozialstaatlich hoch entwickelten Gesellschaft wie der unseren, in der viele Einrichtungen wie die primärärztliche Versorgung, die Seniorenbüros, aber auch die Geriatrie gesellschaftspolitisch anerkannte Ziele zu ihrer eigenen Sache gemacht haben, also der professionelle, ja wissenschaftlich begründete Anspruch an die eigene Arbeit sich mit dem Gemeininteresse identifiziert und legitimiert, ist die Empirische Sozialforschung eine Methode der Evaluation, ein unentbehrliches Mittel für die Wirkungsforschung der öffentlicher Programme (Badura et al. 1995).

Im Hinblick auf die Revision des Deutungsmusters »Generationvertrag« ergeben sich einige Schlußfolgerungen, die abschließend als Thesen formuliert werden.

1. Der Generationenvertrag unserer Sozialen Sicherung hat in der Einkommenssicherung, aber auch in der Erhaltung der Gesundheit der älteren Generation unerwartet breite Chancen für ein freiwilliges soziales Engagement im Alter geschaffen. Finanzielle Sicherheit und Gesundheitszustand erlauben es den Alten sich zu engagieren, für sich selbst und gemeinsam mit anderen für andere. Das Altersbild ist im Sinne einer stärkeren Differenzierung der gesundheitlichen und sozialen Lebenslage der Älteren zu konkretisieren (Ulf Fink 1988). Es erscheint daher an der Zeit, die als politische Deutungsmuster verwendeten Altersbilder einmal generell unter Ideologieverdacht zu stellen, um sie durch realitätsnähere Altersbilder zu ersetzen.

2. Die Ressourcen für die Engagementförderung im Alter sind ungleich verteilt. Wenige Seniorenbüros eines Modellprogramms - in ihren finanziellen Möglichkeiten und in ihrer professionellen Kompetenz überfordert - bemühen sich um eine Aktivierung im »Vorfeld freiwilligen sozialen Engagements«, wie es bei realistischer Einschätzung des Erreichbaren heißt, während ein auch im internationalen Maßstab hervorragend ausgestattetes primärärztliches Versorgungssystem zu einem wichtigen Engage-

ment der Älteren in eigener Sache, der Gesundheitsförderung, seinen Beitrag schuldig bleibt - und möglicher Weise unter den organisatorischen Rahmenbedingungen - hierzu rechnet auch das professionelle Selbstverständnis (Arztbild der Zukunft 1995) - schuldig bleiben muß.

3. Das bisherige Gefälle der Sozialpolitik für die älteren Menschen, auf dem durch ständig neue Einrichtungen und durch eine immer weiter vorangetriebene arbeitsteilige Spezialisierung der Berufe die Lebenslage der alten Menschen verbessert werden soll, ist nicht allein durch den wirtschaftlichen Strukturwandel, sondern auch der Sache nach an seinem Endpunkt angekommen. Es macht wenig Sinn, daß jeder neue Beruf, jede neue Einrichtung in der Alterssicherung die Zielvorstellung einer umfassenden Versorgung, welche die Grenzen des eigenen, arbeitsteilig spezialisierten Auftrags sprengt, neu entdeckt, aber nicht die Verantwortung für die notwendige Gestaltung der multiprofessionellen, einrichtungsübergreifenden Zusammenarbeit übernehmen will oder kann.

Die Gesetzliche Krankenversicherung als Finanzier der primärärztlichen Versorgung und als Garant des Generationenvertrages in der Krankenversicherung ist nicht in der Lage, eine solche Regie und die damit verbundenen Koordinationsaufgaben zu übernehmen, mit den im Zuge des Kassenwettbewerbs entstehenden, managementorientierten Großkassen noch weniger als früher. Die einzige Instanz in unserem Gesundheitssystem, die eine patientenorientierte Koordination der Spezialberufe und Einrichtungen für die ins Unübersichtliche zerfließende Gesundheitswirtschaft ausüben könnte, ja zu einer Regie geradezu berufen ist, ist die Gemeinde (Chr. von Ferber 1995, Chr. von Ferber und J. Braun 1995).

Die Geriatrie, die versorgungspolitisch in der Tradition der Sozial- und Gemeindepsychiatrie steht, ist sicher ein Weg, auf dem den Sozial- und Gesundheitspolitikern bewußt werden kann, daß jede Gesundheitsreform, die nicht die Kommunen als aktive Partner in die Steuerung der Gesundheitswirtschaft einbezieht, zum Scheitern verurteilt ist.

4. Der Eckpfeiler unseres Sozialen Sicherungssystem für die Alten ist der Generationenvertrag. Nach 46 Jahren ist er allerdings im Lichte der veränderten wirtschaftlichen Strukturen, des demographischen Wandels, aber auch des eingetretenen Wertewandels (H. Klages 1984 und Th. Gensicke 1993) neu zu interpretieren und zu konkretisieren.

Transferleistungen in den Systemen Sozialer Sicherheit von den Erwerbsaktiven zu den Älteren sind keine Expertensache, sondern eine Angelegenheit öffentlichen Diskurses. Die Notwendigkeit ihres Umfangs ist dabei ebenso zu diskutieren und zu begründen wie die auf diesem Wege erreichten Ergebnisse. Der Generationenvertrag - darin lag zweifelsohne eine seiner Stärken - schuf eine neue, von reiner marktwirtschaftlicher Kalkulation unabhängige Bemessungsgrundlage für »erworbene« Ansprüche im Alter. Für die Einkommenssicherung haben wir uns inzwischen an eingespielte Fiktionen gewöhnt (z. B. Anrechnung »beitragsfreier« Zeiten). Für die Dienstleistungswirtschaft der Gesetzlichen Krankenversicherung reichen die Fiktionen, die von 1941 an schrittweise zur Einführung und Ausgestaltung der Krankenversicherung der Rentner geführt haben (Chr. von Ferber 1985), sicher nicht mehr aus.

Die Besinnung auf einen alten ärztlichen Grundsatz könnte dabei den Weg zu einem neuen Verständnis bahnen. Der jeweils erreichbare Gesundheitszustand eines Menschen oder einer Bevölkerungsgruppe hängt danach von dem Verhältnis ab, in dem drei Arten von Hilfen für den Kranken zu einander stehen:
- ärztlich medizinische Hilfen,
- soziale Hilfen und
- die Gesundheitsselbsthilfe.

Wenn es gelänge, die professionellen Hilfen auf ihre dienende, unterstützende Rolle der Hilfe zur Selbsthilfe zu verpflichten und der Gesundheitsselbsthilfe im Alter wieder die ihr zukommende Anerkennung im Alltag der medizinischen Versorgung und der sozialen Betreuung zu sichern, wäre bereits eine erste Schneise zu einem neuen Verständnis des Generationenvertrages im Gesundheitswesen, zu einem freiwilligen sozialen Engagement im Alter geschlagen. Aus ihrer ganzheitlichen Sicht vom Menschen versteht sich die Geriatrie als ein Licht auf dem Wege zu einer Gesundheitsreform von innen heraus - möge es von vielen Sozialpolitikern bemerkt werden.

Literatur

DAS ARZTBILD DER ZUKUNFT: Analysen künftiger Anforderungen an den Arzt. Konsequenzen für die Ausbildung und Wege zu ihrer Reform. 3. vollständig überarbeitete Auflage. Beiträge zur Gesundheitsökonomie Bd. 26. Robert Bosch Stiftung. Gerlingen 1995.

BADURA, Bernhard, Gesine GRANDE, Heinz JANSSEN, Thomas SCHOTT: Qualitätsforschung im Gesundheitswesen. Weinheim und München (Juventa) 1995.

BRAUN, Joachim und Joachim KETTLER (Hg.): Praxishandbuch für Selbsthilfekontaktstellen. Köln und Leipzig (ISAB) 3. Aufl. 1994.

BRUDER, Jens, C. LUCKE, A. SCHRAMM, H.P. Tews, H. WERNER: Was ist Geriatrie? Expertenkommission der Deutschen Gesellschaft für Geriatrie und Deutschen Gesellschaft für Gerontologie und Geriatrie zur Definition des Faches Geriatrie. Rügheim 1991. 3. überarbeiteter Nachdruck 1994.

BUNDESMINISTERIUM FÜR FAMILIE UND SENIOREN: Erster Altenbericht. Die Lebenssituation älterer Menschen in Deutschland. Bonn 1993.

DGB BUNDESVORSTAND: Zukunftsaufgabe Gesundheitsförderung in Kooperation. Empfehlungen von Bad Breisig 14./ 15. April 1994. In: Soziale Sicherheit 43. Jg. 1994, S. 241 - 245.

DGB BUNDESVORSTAND: Neue Wege der Zusammenarbeit von Selbstverwaltung und Selbsthilfe »Zukunftsaufgabe Gesundheitsförderung in Kooperation« Düsseldorf (DGB) 1994.

VON FERBER, Christian: Soziale Krankenversicherung im Wandel - Weiterentwicklung oder Strukturreform?. In: WSI Mitteilungen, 38. Jg. Heft 10, 1985, S. 584-594.

VON FERBER, Christian: Gesundheitsberichterstattung als Grundlage für Management und Steuerungsaufgaben in der kommunalen Gesundheits- und Sozialpolitik. In: Symposion zum Wissenstransfer der Public Health Forschung am 2. März 1995. Deutsches Institut für Urbanistik, Materialien 5/95 hgg. von Michael Bretschneider.

VON FERBER, Christian und Joachim BRAUN: Kommunale Krise und die Gestaltung der Sozial- und Gesundheitsdienste. In: Carl Böhret und Volker J. Kreyher (Hg.) Gesellschaft im Übergang - Problemaufrisse und Antizipationen. Baden-Baden 1995.

VON FERBER, Liselotte, Die ambulante ärztliche Versorgung im Spiegel der Verwaltungsdaten einer Ortskrankenkasse. Stuttgart 1988.

VON FERBER, Liselotte: Häufigkeit und Verteilung von Erkrankungen und ihre ärztliche Behandlung. Epidemiologische Grundlagen eines Qualitätsmonitoring. Köln und Leipzig (ISAB) 1994.

VON FERBER, Liselotte und Ingrid Köster: Qualitätsbewußte Arzneimitteltherapie ist wirtschaftlich. Evaluation der Pharmakotherapiezirkel. Köln und Leipzig (ISAB) 1994.

FINK, Ulf (Hg.): Der neue Generationenvertrag. Die Zukunft der sozialen Dienste. Ich für Dich. München (Piper) 1988.

FORSCHUNGSVERBUND LAIENPOTENTIAL: Patientenaktivierung und Gesundheitsselbsthilfe (Hg.), Gesundheitsselbsthilfe und professionelle Dienste. Soziologische Grundlagen einer bürgerorientierten Gesundheitspolitik. Heidelberg 1987.

GENSICKE, Thomas: Wohlfahrt und Gesundheit. Der Lebensbereich »Gesundheit« im Lebensgefühl der Bürger der Wohlfahrtsgesellschaft. Speyer (Forschungsinstitut für Öffentliche Verwaltung) 1993.

GEYER, M. und E. BRÄHLER: Veränderungen ausgewählter sozialer und gesundheitlicher Parameter nach der Vereinigung im Ost-West-Vergleich. In: W. Senf und G. Heuft (Hg.) Gesellschaftliche Umbrüche - Inidviduelle Antworten. Frankfurt (VAS) 1995, S. 22 - 37.

HÄFNER, Heinz: Psychische Gesundheit im Alter. Stuttgart (Fischer) 1986.

HELBERGER, Christoph: Soziale Indikatoren für das Gesundheitswesen der BRD. In: Allgemeines Statistisches Archiv 60. Jg. 1976, Heft 1, S. 19 - 63.

INSTITUT FÜR SOZIALWISSENSCHAFTLICHE ANALYSEN UND BERATUNG (ISAB): ISAB - Informationsdienst Nr. 03 und 04. Tätigkeitsberichte und Materialien der Seniorenbüros. Köln Februar 1995 und Köln Juli 1995.

Klages, Helmut: Wertorientierungen im Wandel, Frankfurt/Main (Campus) 1984.

SACHVERSTÄNDIGENRA T für die Konzertierte Aktion im Gesundheitswesen: Sachstandsbericht 1994. Gesundheitsversorgung und Krankenversicherung 2000, Baden-Baden 1994.

SCHELSKY, Helmut: Die Paradoxien des Alters in der modernen Gesellschaft (1959) Aufgenommen in: Ders. Auf der Suche nach der Wirklichkeit, Gesammelte Aufsätze, Düsseldorf-Köln 1965.

SOSNA, Ute: Soziale Isolation und psychische Erkrankung im Alter. Frankfurt/Main (Campus) 1983.

TARTLER, Rudolf: Das Alter in der modernen Gesellschaft, Stuttgart (Enke) 1961.

TEWS, Hans Peter, Zielgruppe ältere Menschen und bürgerschaftliches Engagement. Kap. 10 in: Die Bürgerbüros. Bürgerschaftliches Engagement 1. Zwischenbericht der Initiative 3. Lebensalter herausgegeben von Matthias Bullinger, Gisela Diringer, Ursula Frenz, Hans-Peter Tews und vom Ministerium für Arbeit, Gesundheit und Sozialordnung Baden-Württemberg, Geschäftsstelle Bürgerschaftliches Engagement/Seniorengenossenschaften, März 1995.

THIMM, Walter: Das Normalisierungsprinzip - Eine Einführung. Bundesvereinigung Lebenshilfe für geistig Behinderte e.V. Bd. 5 Kleine Schriftenreihe. Marburg/Lahn 1984.

THIMM, Walter, Christian VON FERBER, Burkhard SCHILLER, Rainer WEDEKIND: Ein Leben so normal wie möglich führen...Zum Normalisierungskonzept in der Bundesrepublik Deutschland und in Dänemark. Bundesvereinigung Lebenshilfe für geistig Behinderte e.V. Bd. 11 Große Schriftenreihe. Marburg/Lahn 1985.

THIMM, Walter: Leben in Nachbarschaften. Freiburg 1994.

WALLER, Heiko: Gesundheitswissenschaft. Eine Einführung in Grundlagen und Praxis. Stuttgart 1995.

Gesundheitswissenschaften und Behindertenpädagogik: Ansätze zur Kooperation

MATHILDE NIEHAUS

Mit großem personellem und finanziellem Aufwand wurden an vielen deutschen Hochschulen neue Studiengänge »Gesundheitswissenschaften - Public Health« eingerichtet. Hier können beispielhaft die Universitäten Bielefeld, Dresden, Hannover und Bremen genannt werden. Die Studiengänge sind so ausgerichtet, daß Forschung und Lehre interdisziplinär und praxisorientiert angelegt sind. Neben der interdisziplinären Ausrichtung des neuen Arbeitsgebietes sollen auch die sozialen, medizinischen und anderen Einrichtungen und Institutionen im Gesundheitssektor mit der Lehre und Forschung verzahnt sein. Bei der Betrachtung der Studienpläne fällt auf, daß behindertenpädagogische Fragestellungen und Forschungen anscheinend keinen systematischen Eingang in die Ausbildung der Studierenden der Gesundheitswissenschaften gefunden haben. (Forum Gesundheitswissenschaften 1992). Woran liegt diese Ausblendung? Gibt es keine inhaltlichen Gemeinsamkeiten? Haben denn Fragen nach dem Verständnis von Gesundheit und Krankheit nichts mit dem Verständnis von Behinderung zu tun?

Den Fragen, ob Überschneidungsbereiche zwischen den Gesundheitswissenschaften und der Behindertenpädagogik entdeckt werden können und ob die Ansätze gegenseitig fruchtbar gemacht werden können, wird im folgenden nachgegangen. Im Mittelpunkt der Ausführungen stehen somit die potentiellen Verflechtungen zwischen den Arbeitsgebieten der Gesundheitswissenschaften und der Behindertenpädagogik. Dabei wird zunächst auf die Gesundheitswissenschaften eingegangen und aufgezeigt, welche Zielgruppen sie anvisieren, welche Gegenstandsbereiche und Fragestellungen bearbeitet werden. Ansatzpunkte einer Kooperation zwischen den Gesundheitswissenschaften und der behindertenpädagogischen Forschung werden benannt.

1. Terminologische Vorbemerkungen: Die Wissenschaften von der Krankheit, Gesundheit und Behinderung

»Krankheit«, »Gesundheit« und »Behinderung« sind verwandte Begriffe, die nicht trennscharf definiert werden und große Überschneidungsbereiche aufweisen (Krebs 1993). In vielen sozialwissenschaftlich orientierten Theorieansätzen wird von einem Kontinuummodell der Gesundheit und Krankheit gesprochen. Dagegen scheinen allerdings den einzelnen Begrifflichkeiten unterschiedliche Wissenschaftsbereiche zugeordnet zu sein. Hier sind die Krankheitswissenschaften, die Gesundheitswissenschaften und die Rehabilitationswissenschaften zu nennen.

Die **Krankheitswissenschaften,** vertreten durch die Humanmedizin und die angrenzenden Fachgebiete stellen die Leitfragen nach der Entstehung und Heilung von Krankheiten (vgl. Hurrelmann & Laaser 1993, 7). Dabei richtet sich das Erkenntnisinteresse auf das einzelne Individuum und seine somatischen Prozesse. Die Grundlage und den Bezugsrahmen der Leitfragen in den Krankheitswissenschaften bildet das sogenannte biomedizinische Paradigma.

Demgegenüber greifen die **Gesundheitswissenschaften** auf ein grundlegend anderes Paradigma zurück. Es wird von einem bio-öko-psycho-sozialen Modell ausgegangen. Die Gesundheitswissenschaften verstehen sich als Querschnittsfach und sind interdisziplinär ausgerichtet. Entsprechende Veröffentlichungen im gesundheitswissenschaftlichen Bereich boomen und neue Fachzeitschriften entstehen. Es kam beispielsweise 1993 zur Gründung der Zeitschrift für Gesundheitswissenschaften und der Zeitschrift für Gesundheitspsychologie.

Im Gegensatz zu den Termini »Krankheitswissenschaften« und »Gesundheitswissenschaften« hat sich allerdings analog der Terminus »Behinderungswissenschaften« nicht entwickelt. Dafür hat sich in den letzten Jahren der Begriff der **Rehabilitationswissenschaft** etabliert (Schuntermann 1993, Verband Deutscher Rentenversicherungsträger 1992). Zur Gründung einer neuen Fachzeitschrift für Rehabilitationswissenschaften ist es bisher noch nicht gekommen, obwohl eine Vielzahl von Vorbildern im anglo-amerikanischen Sprachraum existiert. Bestimmungsversuche der Rehabilitationswissenschaften in Deutschland sind ebenso nur vereinzelt unternommen worden. Laut Schuntermann und Schott (1992) befassen sich die Rehabilitationswissenschaften in Anlehnung an die Weltgesundheitsorganisation (WHO) mit den nachteiligen körperlichen, geistigen und psychischen Folgezuständen und Folgeprozessen von Krankheiten und Schädigungen im Sinne von funktionellen Einschränkungen und Fähigkeitsstörungen (Disabilities) sowie von sozialen Beeinträchtigungen (Handicaps). Das Hauptaugenmerk liegt auf der Betrachtung von Disabilities und Handicaps. Zum Gegenstandsbereich der Rehabilitationswissenschaften zählen die Entstehungszusammenhänge, Verläufe und Prognosen sowie die Prävention und Feststellung von Disabilities und Handicaps. Ein bio-psycho-soziales Modell wird als Bezugsrahmen angenommen (Niehaus 1994). Einige Vertreter der Behindertenpädagogik sprechen sich ebenfalls für ein solch umfassendes Rahmenparadigma aus und ordnen sich den Rehabilitationswissenschaften zu.[1] Das Verhältnis der Rehabilitationswissenschaften zu den Gesundheitswissenschaften ist bislang noch nicht ausreichend geklärt.[2] Es wird davon ausgegangen, daß das Gebiet der Rehabilitation systematisch integriert sein sollte. Allerdings wird im Gegensatz zur Prävention als Arbeitsgebiet der Gesundheitswissenschaften die Rehabilitation als weiteres Arbeitsgebiet gegenwärtig nur unzureichend berücksichtigt. Deshalb erscheint es angemessen, die Rehabilitation als Forschungs- und Lehrgebiet zunächst gezielt durch eigenständige Konzepte zu fördern. Die Erfahrungen mit der Forschungsförderung in Deutschland lassen den Promotor der Rehabilitationswissenschaften - die Reha-Kommission - vermuten, »daß die Rehabilitationsforschung mit einer eindeutigen Konzeption effektiver in die Förderung eingebracht werden könnte« (Verband Deutscher Rentenversicherungsträger 1992, 255). Die zukünftigen Entwicklungen in der Forschungslandschaft werden zeigen, ob die Rehabilitationswissenschaften sich nur unter den momentanen Forschungsbedingungen als eigenständig zu akzentuierendes Arbeitsgebiet verstehen oder ob die Gesundheitwissenschaften die Rehabilitationswissenschaften grundsätzlich integrieren können. Ungeachtet der strategischen Überlegungen im Hinblick auf die Forschungsförderung

---

[1] In dem aktuellen Verzeichnis der Rehabilitationswissenschaftler in Deutschland (Ausgabe 1995) haben von 263 aufgeführten Personen knapp 10 Prozent das Gebiet der Behindertenpädagogik angegeben.

[2] Auch die Überschneidungsbereiche mit den Pflegewissenschaften sind noch zu benennen.

bleibt die Aufgabe, die Ansatzpunkte einer Kooperation zwischen Gesundheitswissenschaften und Behindertenpädagogik als Teilgebiet der Rehabilitationswissenschaften zu benennen.

2. Paradigma und Gegenstandsbereiche der Gesundheitswissenschaften

2.1 Zur Entwicklung der Gesundheitswissenschaften

Als Teil der Gesundheitspolitik fördert die Bundesrepublik die Gesundheitsforschung mit dem Programm »Gesundheitsforschung 2000«. Die Forschung soll dazu beitragen, die Prävention und Gesundheitsvorsorge zu verbessern, Ursachen und Behandlungsmöglichkeiten von Krankheiten zu erkennen sowie die Effizienz im Gesundheitswesen zu sichern. Als Zielgruppen werden Kinder und Jugendliche, Frauen, alte und behinderte Menschen benannt. Das Programm widmet also den Personengruppen besondere Aufmerksamkeit, bei denen durch spezifische soziale oder geschlechtsspezifische Besonderheiten typische gesundheitliche Probleme auftreten.

Das Programm steht damit in der Tradition der Weltgesundheitsorganisation, deren Mitgliedsstaaten in den 70er Jahren der Deklaration »Gesundheit für alle bis zum Jahr 2000« zugestimmt haben. Dort wurde die Erkenntnis zum Ausdruck gebracht, daß Gesundheit mehr ist als die Abwesenheit von Krankheit. Vielmehr geht es neben dem physischen um das psychische und soziale Wohlbefinden. In der Ottawa-Charta wurden dann in den 80er Jahren Strategien zur Förderung der Gesundheit und damit zur Unterstützung gesundheitsförderlicher Lebenswelten verabschiedet. Mit der Analyse der Gesundheits- und Krankheitsdaten unterschiedlicher Nationen wurde deutlich, daß man in allen politischen und gesellschaftlichen Systemen Differenzen im Gesundheitszustand verschiedener sozialer Gruppen innerhalb einer Bevölkerung und in verschiedenen geographischen Regionen feststellen kann. Unter Zuhilfenahme ökonomischer und humanitärer Argumente entwickelte die Weltgesundheitsorganisation Prinzipien, um die Unterschiede im Gesundheitsprofil verschiedener sozialer Gruppen aber auch verschiedener Nationen anzugehen. So heißt das erste Ziel der Weltgesundheitsorganisation »Chancengleichheit auf dem Gebiet der Gesundheit«: Bis zum Jahr 2000 sollten die derzeit bestehenden Unterschiede im Gesundheitszustand zwischen den Ländern sowie verschiedener Gruppen innerhalb der Länder um mindestens 25 Prozent verringert werden, und zwar durch Verbesserung des Gesundheitsniveaus der benachteiligten Völker und Gruppen (WHO 1985, zitiert in Whitehead 1991). Chancengleichheit wird verstanden als gleiche Möglichkeiten zur Nutzung gesundheitlicher Dienstleistungen sowie gleicher Zugang zur verfügbaren Versorgung und gleiche Qualität der Versorgung für alle. Andererseits bedeutet Chancengleichheit auch, daß jeder Mensch die Chance haben soll, sein gesundheitliches Potential auszuschöpfen. Niemand soll durch Benachteiligungen daran gehindert werden, diesen Zustand zu erreichen, wenn es sich vermeiden läßt (Skrinjar 1985, Whitehead 1991)[3]. Dieses weitgefaßte Verständnis von Gesundheit ist auch für die deutschen Gesundheitswissenschaften maßgeblich.

Den Blick auf die biologischen, ökologischen, psychischen und sozialen Bedingungen der Gesundheit zu lenken, ist das zentrale Anliegen der Gesundheitswissenschaften. Im Gegensatz zu dem bio-medizinischen Modell der Krankheitswissenschaften liegt den Gesundheitswissenschaften ein bio-öko-psycho-soziales Modell zugrunde, wie es Hurrelmann und Laaser (1992, 1993) als Vertreter der Gesundheitswissenschaften postulieren. Dabei sind die einzelnen Komponenten gleichberechtigte konstitutive Elemente des Modells. Die Gesundheitswissenschaften knüpfen an die Entwicklungen der Sozialmedizin in den zwanziger Jahren in Deutschland an (Siegrist 1991). Für den Neubeginn spricht, daß das Krankheitsspektrum sich verändert hat. Da chronisch-degenerative Erkrankungen dominieren, wächst auch der Bedarf an Rehabilitation und Pflege und die Kosten steigen. Mit den bisherigen Ansätzen der Krankheitswissenschaften allein können keine effizienten Lösungen gefunden

---

[3] Die Chancengleichheit im Gesundheitsbereich meint dabei nicht die natürlichen biologischen Variationen. Manche Unterschiede im Gesundheitszustand von Frauen und Männern beispielsweise fallen unter die Kategorie der biologischen Variation und können nicht auf ungerechte soziale, benachteiligende oder umweltbedingte Einflüsse zurückgeführt werden, so z. B. die höhere Inzidenz von Osteoporose bei älteren Frauen im Vergleich mit männlichen Altersgenossen. Zur Erklärung der Variationen im Gesundheitszustand sind vielmehr kulturelle, ökologische, soziale und psychische Merkmale von Bedeutung.

werden. Die Krankheitswissenschaften beschäftigen sich - verkürzt ausgedrückt - mit der Pathogenese, derweil die Gesundheitswissenschaften die Fragen nach der Salutogenese stellen. Die hier verankerte Forschung zielt auf die somatischen, psychischen, sozialen und ökologischen Bedingungen zur Erhaltung der Gesundheit und der Vermeidung von Krankheit. Es geht vorrangig um die Betrachtung der Gesundheit und nicht der Krankheit, es geht um die Identifikation von gesundheitsförderlichen Faktoren.

2.2 Gegenstandsbereiche der Gesundheitswissenschaften

Neben den Aspekten der Definition, Ätiologie, Genese und Diagnose von Gesundheit und der Analyse der Gesundheitssysteme gehört zu den zentralen Gegenstandsbereichen der Gesundheitswissenschaften die primäre Prävention. Das Erkenntnisinteresse richtet sich dabei nicht nur auf das einzelne Individuum, sondern auch besonders auf ganze Bevölkerungsgruppen und ihre ökologischen und sozialen Lebensbedingungen. Sozialepidemiologische Forschungsansätze und Methoden erhalten hier einen besonderen Stellenwert, da sozialepidemiologische Studien von Kovariationen zwischen ökologischen und sozialen Lebensbedingungen und Störungen der Gesundheit ausgehen. Einzelne und Gruppen von Menschen sind je nach spezifischen umweltbezogenen und gesellschaftlichen Bedingungen vermehrt von gesundheitlichen Störungen betroffen. Das wird immer wieder in den Studien der Weltgesundheitsorganisation hervorgehoben. Diese Gruppen oder Personen können nicht auf genügend Ressourcen zur Bewältigung der Anpassungsanforderungen zurückgreifen. Die Daten nationaler und internationaler Gesundheitssurveys zeigen, daß gesundheitliche Risiken, Inzidenz- und Prävalenzraten gesellschaftlich ungleich verteilt sind (von Ferber 1992, Hurrelmann und Laaser 1993, Reddy, Fleming und Adesso 1992). Es ergeben sich ungleiche Risiken abhänig von der sozialen Lage, der kulturellen Einbindung, der geographischen Zugehörigkeit, dem Geschlecht und Alter. Mit Hilfe des Schichtkonstrukts oder der Geschlechtszugehörigkeit allein können ungleiche Lebensbedingungen allerdings nur mangelhaft erfaßt werden. Solche und andere monokausale Erklärungsvarianten greifen zu kurz. Borges und Steinkamp (1994, 137) plädieren deshalb für ein Mehrebenenmodell: »Auf der obersten Analyseebene (Makroebene) wird die

Ungleichheit objektiver Lebensbedingungen zu erfassen versucht; Ebene 2 (Mesoebene) umfaßt die Lebenskontexte, in denen strukturell vermittelte ungleiche Belastungen und Ressourcen ihre Wirkung entfalten. Auf der Ebene 3 (Mikroebene) werden die Auseinandersetzungsprozesse des Individuums mit Belastungen und Ressourcen thematisiert und die Folgen nicht gelingender Bewältigungsprozesse für die individuelle Befindlichkeit zu erfassen versucht«. Auf der Makroebene kann auf ein Modell sozialer Ungleichheit zurückgegriffen werden, das sich »zu gruppenspezifischen Bündelungen typischer Konstellationen ungleicher Lebensbedingungen« hin entwickeln sollte (Borges und Steinkamp 1994, 139). Hier sind also Konstellationen horizontaler Disparitäten wie Alter, Geschlecht, Geburtskohorte, Familienstand und Region mit vertikalen Ungleichheitsstrukturen wie Bildung, Beruf und Einkommen zu berücksichtigen. Auf der Mesoebene können zur Bilanzierung von sozialen Ressourcen und Belastungen Social-Support-Ansätze (z. B. Unterstützungsleistungen aus dem primären sozialen Netz) und auf der Mikroebene können zur Bestimmung von personalen Ressourcen Ansätze aus der Copingforschung (z. B. personale Bewältigungskompetenzen) herangezogen werden. Zur Analyse eignen sich insbesondere transparadigmatische Ansätze (vgl. Hurrelmann und Laaser 1993, 12).

Mit Hilfe dieses Mehrebenenmodells lassen sich Gruppen von Menschen nach typischen Konstellationen ungleicher Lebensbedingungen identifizieren, die in besonderer Weise gesundheitlich beeinträchtigt und in ihrer gesundheitsrelevanten Handlungsfähigkeit eingeschränkt sind (Borges und Steinkamp 1994). In der folgenden Abbildung werden die Ansatzpunkte zur Identifikation von Zielgruppen, von Interventionen und Evaluationen zusammengestellt.

Abbildung 1: Mehrebenen-Analyseraster

	Makroebene	Mesoebene	Mikroebene
Trans-paradigmatische Ansätze	horizontale und vertikale Disparitäten, z. B. Lebensstil	Belastungen und Ressourcen, z. B. Social-Support-Networks	Bewältigungs-kompetenzen, z. B. Coping-strategien
Identifikation von Zielgruppen	Zielgruppen und -personen		
Zielebenen der Intervention	verhältnisorientierte / verhaltensorientierte Intervention		
Evaluation	Qualität des Gesundheitssystems	Qualität der Versorgungsstruktur, Institution	Qualität der Dienstleistung

Mit diesem bio-öko-psycho-sozialen Basismodell lassen sich nicht nur Zielgruppen differenzieren und spezifizieren, sondern auch die Zielebenen präventiver, korrektiver und kompensatorischer Interventionen benennen. Die Interventionsmaßnahmen können verhältnisorientiert auf die ökologischen, institutionellen und sozialen Bedingungen oder verhaltensorientiert auf das Verhalten der Person und die subjektiv wahrgenommenen Handlungsspielräume zielen (Laaser, Hurrelmann und Wolters 1993). Neben der Identifikation der Zielgruppen und der Zielebenen der Interventionen können innerhalb des Basismodells ebenso die Interventionen hinsichtlich der Zielerreichung evaluiert werden. Das Angebot und die Qualität institutioneller Interventionen, die Dienstleistungen sowie die Versorgungsstrukturen werden hinsichtlich ihrer Bedarfsgerechtigkeit und Kosteneffizienz analysiert. Damit ist die Gesundheitssystemforschung ein weiterer Schwerpunkt der Gesundheitswissenschaften.

Können diese Grundannahmen der Gesundheitswissenschaften für die Behindertenpädagogik fruchtbar gemacht werden?

3. Zur Notwendigkeit einer Kooperation

Das dargestellte Analyseraster der Gesundheitswissenschaften zur Identifikation der Zielgruppen, der Zielebenen von Interventionen und der Evaluation der Versorgungsqualität sowie der Versorgungssysteme kann im Rahmen der behindertenpädagogischen Forschung genutzt werden. Ansatzpunkte zur Kooperation zwischen den Gesundheitswissenschaften und der Behindertenpädagogik lassen sich exemplarisch für folgende Problembereiche benennen:

a) Identifikation von Zielgruppen

Für die Zielgruppendifferenzierung in der behindertenpädagogischen Forschung können ebenso wie in den Gesundheitswissenschaften sozialepidemiologische Zugänge, die eine Verknüpfung von Makro-, Meso- und Mikroebene als Analyseebenen leisten, herangezogen werden. Die sich daraus ergebenden typischen Konstellationen ungleicher Lebensbedingungen wurden in einer eigenen Erhebung von Lebenslagen behinderter Menschen im erwerbsfähigen Alter deutlich (Niehaus 1993). Es lassen sich beispielsweise Verknüpfungen zwischen der Makro-, Meso- und Mikroebene mit Hilfe von statistischen Zusammenhängen zwischen sozioökonomischen und soziodemographischen Merkmalen sowie Merkmalen sozialer Ressourcen und dem Gesundheitszustand zeigen. Bei einer repräsentativen Stichprobe von amtlich anerkannten Schwerbehinderten wurden der amtliche Grad der Behinderung, der subjektive Gesundheitszustand, der Familienstand, das Alter, der Beruf, die Erwerbsbeteiligung und die sozialen Unterstützungsressourcen erhoben. Eine Kombination strukturell nachteiliger Lebensbedingungen zeigt sich für die Schwerbehinderten, die alleinstehend und nicht erwerbstätig sind. Sie erhalten besonders wenig Hilfeleistungen aus dem Kreis der Bekannten und der Verwandten. Hier sind Frauen mit Beeinträchtigungen besonders betroffen. Zusätzlich haben sie noch einen schlechten Gesundheitszustand und hohen Hilfebedarf. Die Mehrebenenanalyse verdeutlicht die Kumulation von Problemlagen. Knappe Netzwerkressourcen kumulieren mit schlechtem Gesundheitszustand und Nichterwerbstätigkeit (Braun und Niehaus 1992, Niehaus 1993). Hier wird sichtbar, daß die bisherigen Versorgungsstrukturen nicht ausreichen. Zusätzliche Versorgungsangebote zur Bewältigung behinderungsspezifischer Bedarfssituationen benötigen die Behinderten, die alleinstehend und nichterwerbstätig sind. Dies sind insbesondere

Frauen (Niehaus 1995). Mit Hilfe des Analyserasters können somit spezifische Zielgruppen behindertenpädagogischer Hilfen aufgedeckt werden.

Die Mehrebenenanalyse kann nicht nur zur Identifikation von Frauen mit Behinderungen als spezifische Zielgruppe beitragen, sondern kann beispielsweise auch zur differenzierten Beschreibung der Herkunftsfamilien von Kindern und Jugendlichen mit Lernbehinderungen genutzt werden. Hier sollten neben den sozioökonomischen Makrostrukturen, in die die Familien eingebettet sind, auch ihre sozialen Ressourcen und Belastungen sowie die personalen Bewältigungskompetenzen in die Forschung als gleichwertige Elemente eingebracht werden.

b) Salutogenese

Ansatzpunkte für eine Kooperation von Gesundheitswissenschaften und Behindertenpädagogik ergeben sich auch im Hinblick auf die Entwicklung von Gesundheitsmodellen. Modelle der Gesundheit gehen auf medizinsoziologische Arbeiten aus den 70er Jahren zurück (Siegrist 1991). Antonovsky (1979) leistete hier Pionierarbeit. In seinem Salutogenese-Modell stellt Antonovsky die Fragen zur Diskussion, wie und warum die meisten Individuen trotz vielfältiger Belastungen gesund bleiben. Er versucht den vorherrschenden pathogenetischen Ansätzen eine salutogenetische Denkfigur gegenüberzustellen. Dabei geht er davon aus, daß Gesundheit und Krankheit nicht disjunkte Ereignisse sind, sondern die Individuen eher auf einem Gesundheits-Krankheits-Kontinuum verortbar sind. Er spricht von einem sogenannten »health eas/dis-eas continuum« (Antonovsky 1987, 3). Zentrale Konstrukte im Salutogenese-Modell sind nach Antonovsky (1979, 182) der »sense of coherence« und die »generalized resistance ressources«: Ein stark ausgeprägter Kohärenzsinn mobilisiert die generalisierten Widerstandsquellen der Person, so daß die Wahrscheinlichkeit für eine erfolgreiche Bewältigung von Belastungen steigt und es zu einer günstigen Plazierung der Person auf dem Krankheits-Gesundheits-Kontinuum kommt. Der Kohärenzsinn wird als globale Orientierung verstanden, die ein grundsätzliches Vertrauen der Person in die Verständlichkeit und Bewältigbarkeit von Ereignissen und Anforderungen ausdrückt. Demgegenüber stellen neuere Modelle den Einfluß externer Faktoren auf die Gesundheit heraus. Hier sind sozialepidemiologisch-ökologische Modelle von Gesundheit zu nennen, die die sozialen Netzwerke als Ressource von Gesundheit in den Mittelpunkt stellen.

Indem behindertenpädagogische Forschung immer wieder aufgezeigt hat und aufzeigt, wie angesichts erschwerter Lebensbedingungen bei Behinderungen Gesundheit und Lebensqualität gestaltet werden können, steht sie in der Tradition der Salutogenese-Ansätze (vgl. Thimm 1993). Die sich konstituierenden Gesundheitswissenschaften können somit von den Erkenntnissen der Behindertenpädagogik profitieren.

c) Ethik

Für die Gesundheitswissenschaften wie für die Behindertenpädagogik gleichermaßen von großer Bedeutung sind die Fragen nach den Grenzen und der Legitimität des eigenen Handelns in Forschung und Praxis. Die Relevanz verdeutlicht sich bei den aktuellen Berichten zu Fragen der Euthanasie oder Gentherapie. Insbesondere der umstrittene Entwurf zur »Europäischen-Bioethik Konvention« drückt den breiten Diskussionsbedarf aus. Die Diskussionen um ethische Grundpositionen werden angesichts des medizinisch-technischen Fortschritts eines der drängenden Problemfelder (vgl. Zwierlein 1993). In diesem Zusammenhang schlägt Thimm (1993) eine Institutionalisierung der Kooperation vor. Interdisziplinäre Antworten sind erforderlich. Die Gesundheitswissenschaften und die Behindertenpädagogik sind gemeinsam gefordert, ethische Grundpositionen zu entwickeln.

Die aufgeführten Ansatzpunkte verdeutlichen exemplarisch, daß eine Kooperation nicht nur gegenseitig fruchtbringend sein kann, sondern auch angesichts der aktuellen Problemlagen dringend notwendig ist.

Literatur

ANTONOVSKY, A. (1979): Health, Stress, and Coping. New Perspectives on Mental and Physical Well-Being. San Francisco: Jossey-Bass.

ANTONOVSKY, A. (1987): Unraveling the Mystery of Health. How People Manage Stress and Stay Well. San Francisco: Jossey-Bass.

BORGES, D. & STEINKAMP, G. (1994): Sozialepidemiologie: Gesundheitsforschung zu Krankheit, Sozialstruktur und gesundheitsrelevanter Handlungsfähigkeit. In: Lehrbuch der Gesundheitspsychologie. Hrsg. P. Schwenkmezger & L. R. Schmidt, Stuttgart: Enke, S. 133-148.

BRAUN, H. & NIEHAUS, M. (1992): Lebenslagen behinderter Frauen. Idstein: Schulz-Kirchner.

BUNDESMINISTERIUM FÜR FORSCHUNG UNDTECHNOLOGIE (Hrsg.) (1993): Gesundheitsforschung 2000. Programm der Bundesregierung. Bonn: BMFT.
VON FERBER, C. (1992): Die Verheißungen von Public Health. In: Sozialpolitik als Gestaltungsauftrag. Hrsg. R. Müller & M. F. Schuntermann, Köln: Bund-Verlag, S. 19-40.
FORUM GESUNDHEITSWISSENSCHAFTEN (1992): Heft 2. Bielefeld: Institut für Dokumentation und Information, Sozialmedizin und öffentliches Gesundheitswesen.
HURRELMANN, K. & LAASER, U. (1992): Perspektiven für die Gesundheitswissenschaften in Deutschland. In: Forum Gesundheitswissenschaften, 2, 10-12.
HURRELMANN, K. & LAASER, U. (1993): Gesundheitswissenschaften als interdisziplinäre Herausforderung: Zur Entwicklung eines neuen wissenschaftlichen Arbeitsgebietes. In: Gesundheitswissenschaften: Handbuch für Lehre, Forschung und Praxis. Hrsg. K. Hurrelmann & U. Laaser, Weinheim: Beltz, S. 3-25.
KREBS, H. (1993): Gesundheit - Krankheit - Behinderung. Kritische Betrachtungen aus sozialmedizinischer und sozialethischer Sicht. In: Gen-Ethik. Zur ethischen Herausforderung durch die Humangenetik. Hrsg. E. Zwierlein, Idstein: Schulz-Kirchner, S. 47-56.
LAASER, U., HURRELMANN, K. & WOLTERS, P. (1993): Prävention, Gesundheitsförderung und Gesundheitserziehung. In: Gesundheitswissenschaften: Handbuch für Lehre, Forschung und Praxis. Hrsg. K. Hurrelmann & U. Laaser, Weinheim: Beltz, S. 176-206.
NIEHAUS, M. (1993): Behinderung und sozialer Rückhalt. Frankfurt: Campus.
NIEHAUS, M. (1994): Soziale Ressourcen behinderter Frauen und Männer: Zur Social-Support-Forschung in den Rehabilitationswissenschaften. In: Entwicklungen und Haltepunkte - 20 Jahre Sonderpädagogik. Hrsg. U. Schröder, Oldenburg: BIS-Verlag, S. 97-107.
NIEHAUS, M. (1995): Wer unterstützt Frauen mit Handicaps? Ergebnisse aus der Forschung zum sozialen Netzwerk. In: Tagungsband »Frauen mit Beeinträchtigungen in den östlichen Bezirken von Berlin«. Technische Universität Berlin: Institut für Gesundheitswissenschaften.
REDDY, D. M., Fleming, R. & Adesso, V. J. (1992): Gender and Health. In: International Review of Health Psychology, Vol. 1. Hrsg. S. Maes, H. Leventhal & M. Johnston, Chichester: J. Wiley & Sons, S. 3-32.
SCHUNTERMANN, M. F. (1993): Zur Begründung der interdisziplinären Rehabilitationswissenschaften. In: Zeitschrift für Gesundheitswissenschaften, 1, 161-171.
SCHUNTERMANN, M. F. & Schott, J. (1992): Rehabilitationswissenschaften: Wie lange noch ein Stiefkind der Humanwissenschaften? In: Sozialpolitik als Gestaltungsauftrag. Hrsg. M. F. Schuntermann & R. Müller, Köln: Bund-Verlag, S. 54-74.
SIEGRIST, J. (1991): Warum ist soziogenetische Forschung in der Medizin so schwierig? In: Kritik und Engagement: Soziologie als Anwendungswissenschaft.

Hrsg. R. P. Nippert, W. Pöhler & W. Slesina, München: R. Oldenbourg, S. 49-57.
SKRINJAR, B. (1985): Health for all by the year 2000 - what information is required, what data is available? In: Von Gesundheitsstatistiken zu Gesundheitsinformation. Hrsg. E. Schach, Berlin: Springer-Verlag, S. 272-286.
THIMM, W. (1993): Medizinethik und Behindertenpädagogik. Anmerkungen aus der Sicht der Behindertenpädagogik. In: Gen-Ethik. Zur ethischen Herausforderung durch die Humangenetik. Hrsg. E. Zwierlein, Idstein: Schulz-Kirchner, S. 81-91.
VERBAND DEUTSCHER RENTENVERSICHERUNGSTRÄGER (1992): Bericht der Reha-Kommission des Verbandes Deutscher Rentenversicherungsträger. Empfehlungen zur Weiterentwicklung der medizinischen Rehabilitation in der gesetzlichen Rentenversicherung. Frankfurt: VDR.
WHITEHEAD, M. (1991): Die Konzepte und Prinzipien von Chancengleichheit und Gesundheit. Kopenhagen: Weltgesundheitsorganisation Regionalbüro für Europa.
ZWIERLEIN, E. (Hrsg.) (1993). Gen-Ethik. Zur ethischen Herausforderung durch die Humangenetik. Idstein: Schulz-Kirchner.

Lebenslauf und Behinderung
Aspekte des demographisch-gesellschaftlichen Umbruchs und seine Bedeutung für die soziale Integration

HEINZ WIELAND

Eine Rückschau auf das bisherige wissenschaftliche Werk von Walter Thimm zeigt, daß er immer ein Gespür für Problemstellungen hatte, die häufig entweder noch nicht allgemein sichtbar waren oder nicht recht wahrgenommen wurden. Unsere erste berufliche Begegnung im Sommer 1971 fürte dazu, daß er mir Gelegenheit gab, für seinen Sammelband »Soziologie der Behinderten« (Thimm 1972) mein alterssoziologisches Anomiekonzept beizusteuern. Dies war zu einer Zeit, als man unter Sonderpädagogen noch belächelt wurde, wenn man die Themen Alter(n) und Behinderung miteinander verknüpfte. Die hier behandelte Thematik reiht sich in diesen inhaltlichen Kontext von Altwerden und Behindertsein ein.

Zu den Errungenschaften unserer Gesellschaft gehört der deutliche Anstieg der allgemeinen Lebenserwartung, von dem, das ist mittlerweile bekannt, auch schwer und lebenslang behinderte Menschen profitieren. Gleichwohl wird diese Entwicklung in Politik, öffentlicher Meinung, in der Wissenschaft zunehmend als Problem, ja als Bedrohung für unser Gemeinwesen verstanden. Natürlich ist es nicht das Älterwerden der Individuen, das die Befürchtungen speist, sondern die demographische Entwicklung insgesamt, das sog. Altern der Gesellschaft. Es scheint mir unumgänglich, daß auch der Behindertensektor, insbesondere die Sonderpädagogik die daraus resultierenden grundlegenden Veränderungen der Sozialstruktur und ihre Auswirkungen auf den Lebenslauf der behinderten Individuen zur Kenntnis nimmt und ihre Konzepte insbesondere zur sozialen Integration dieser Menschen überdenkt. Auf die gleichzeitig ablaufenden, mit den von mir genannten Prozessen interagierenden Veränderungen unserer Gesellschaft, die sich u. a. aus der technologisch-wissenschaftlichen Entwicklung ergeben, und ihre z. T. katastrophalen Auswirkungen auf den Arbeitsmarkt kann ich hier nur hinweisen.

Die wissenschaftliche Arbeit von Thimm, davon zeugt diese Festschrift, wurde und wird immer auch geleitet von der Frage, wie die gesellschaftliche Integration behinderter Menschen und ihrer Familien umfassend zu bewerkstelligen sei. Nach wie vor scheinen viele Sonderpädagogen anzunehmen, daß die Eingliederung im wesentlichen über den Beruf bewirkt werde. So fordert z. B. Kanter (1992, 79f.) von der Sonderpädagogik eine »Rückbesinnung auf die Bedeutung beruflich-gesellschaftlicher Integration«, denn »diese ist nur über sinnvolles Tätigsein und anerkannte Mitarbeit zu erreichen. Mehr noch, Erfolge in diesem Bereich sind ein Maßstab für geglückte rehabilitative Arbeit und erfolgreiches sonderpädagogisches Bemühen«.

Sicher ist dies als Aufforderung an die Sonderpädagogik zu verstehen, das Thema Integration aus der zeitweisen Zentrierung auf die Schule zu lösen und stärker auf die nachschulische Lebensphase zu beziehen. Zugleich kann man diese Aussage programmatisch verstehen. Sie unterstellt, daß die Eingliederung behinderter und benachteiligter Menschen in die Gesellschaft, vielleicht sollte man hier besser sagen, in Gesellschaft und Gemeinschaft, letztlich nur über ihre Eingliederung in die Berufs- oder Arbeitswelt zu erreichen sei. Diese zu bewirken sei daher Erfolgsmaßstab des sonderpädagogischen Bemühens.

Ich will dagegen im folgenden unter Einbeziehung soziologischer und gerontologischer Erkenntnisse, vor dem Hintergrund des sich bereits vollziehenden demographisch-gesellschaftlichen Umbruchs zu begründen versuchen, warum eine soziale Eingliederung der behinderten wie der nichtbehinderten Menschen nicht mehr allein auf dem Beruf basieren kann.

Grundsätzlich wird niemand die Forderung nach einer »beruflich-gesellschaftlichen Integration« in Frage stellen wollen und können. Sie ist ohne Zweifel eine zentrale Aufgabe für Sondererziehung und Rehabilitation. Kann diese aber heute noch im traditionellen Sinne verstanden bzw. angestrebt werden? D. h. kann die Berufs- und Erwerbstätigkeit in ihrer gegenwärtigen Organisationsform, so wie sie den menschlichen Lebenslauf strukturiert, noch länger uneingeschränkt und unverändert das Medium der sozialen Integration des Menschen und damit letztlich seiner Lebensgestaltung sein? Gibt es einen Zeitpunkt im menschlichen Leben, in der eine so angestrebte Eingliederung als erfolgreich abgeschlossen betrachtet werden kann? Wann und unter welchen Umständen erreicht sie eine solche Qualität und Stabilität, daß sie nicht nur in alle anderen Lebensbereiche des (behinderten) Menschen ausstrahlt, sondern auch noch Krisen und Brüche in seiner Tätigkeitsbiographie, z. B. in Zeiten der Arbeitslosigkeit, überdauert? Trägt sie auch noch, wenn die Menschen endgültig aus dem Arbeitssystem ausgegliedert werden, z. B. im Ruhestand?

Ich will zu zeigen versuchen, daß sich Sonderpädagogik und Rehabilitationswissenschaften stärker für eine lebenslaufbezogene Betrachtung öffnen müssen, also nicht nur über die Schul- und Jugendzeit, sondern auch über das frühe Erwachsenenalter - die Phase, in der die berufliche Integration gemeinhin als abgeschlossen gilt - hinausblicken sollten. Denn abgesehen davon, daß heute und wohl auch in Zukunft eine bruchlose und kontinuierliche berufliche Tätigkeit für eine wachsende Zahl von Menschen nicht mehr zu erreichen scheint, wird auch die gewaltige Ausdehnung der Lebensspanne des Menschen andere Anforderungen an die Sonderpädagogik stellen, als diese mit einer faktischen Gleichsetzung von Beruf und Integration, i. e. einer Fixierung auf Jugend, frühes und vielleicht noch mittleres Erwachsenenalter einlösen kann.

Lohnarbeit und Erwerbstätigkeit bilden in »Arbeitsgesellschaften« - als solche gilt unsere Gesellschaft vielen Sozialwissenschaftlern immer noch - das zentrale System, deren Institutionen und Werte auch die anderen gesellschaftlichen Lebensbereiche beeinflussen, wenn nicht gar prägen. Soziologisch kann man es als ein System auffassen, das den Menschen vergesellschaftet, was nichts anderes heißt, als daß es ihm neben Einkommen und Konsum auch Alltagsstruktur, soziale Beziehungen, Wertvorstellungen und Normen, Status und Identität, ja vielfach Lebenssinn sichert. M. a. W., es schafft die Voraussetzungen für die Integration, also für die Einheit der Gesellschaft insgesamt wie für die Eingliederung der Individuen in diese.

Deshalb ist es so bedeutsam, an der Erwerbsarbeit beteiligt zu sein. Die Position derjenigen, die dem Erwerbssystem nicht angehören oder es auf Dauer verlassen haben, ist daher in solchen Gesellschaften unbestimmt. Damit ist aber auch ihr Handlungsspielraum vage, ja in besonders zugespitzten Fällen anomisch.

Wenn man die Integration in Beruf und Arbeit als Maßstab für geglückte rehabilitative Arbeit nimmt, dann entspricht dies also noch unseren Wertvorstellungen, noch unserer gesellschaftlichen Realität. Man läuft aber Gefahr, eine überkommene, wahrscheinlich sogar überholte, weil relativ starre Organisation des Lebenslaufs zu reproduzieren, wie sie sich im Laufe dieses Jahrhunderts in modernen Gesellschaften herausgebildet hat. Diese Strukturierung des menschlichen Lebens entsprechend der Erfordernisse der industriegesellschaftlichen Arbeitsteilung stößt jetzt an Grenzen, die nicht zuletzt von der demographisch-gesellschaftlichen Entwicklung gezogen werden. Angesichts eines massenhaften und zeitlich ausgedehnten Ruhestandes zeigt sich nämlich die Kehrseite der Anpassung der Normalbiographie an die Arbeitsorganisation. Die gesellschaftlichen Strukturen sind nach wie vor auf eine wesentlich jüngere Bevölkerung zugeschnitten. Die Altersstruktur der möglichen sozialen Rollen hat nicht mit der schnellen Veränderung der Form des heutigen Alterns Schritt gehalten.

Riley und Riley (1992) sprechen in diesem Zusammenhang idealtypisch von der »altersdifferenzierten Sozialstruktur« der Industriegesellschaft. In ihr sind die sozialen Rollen und ihre Träger gewissermaßen in drei voneinander geschiedene Blöcke aufgeteilt: An Lern- und Bildungsinstitutionen gebundene Rollen sind im wesentlichen »reserviert« für die jungen Menschen, Berufsrollen für Menschen im mittleren Erwachsenenalter, Ruhestands- oder Freizeitrollen für die Älteren. Noch bis in unser Jahrhundert gab es die letztgenannten Rollen für die Mehrheit der Bevölkerung nicht; die durchschnittliche Lebenserwartung der Menschen war gering, Arbeit bis zum Tode war im allgemeinen eine Notwendigkeit.

Diese Gliederung der heutigen Gesellschaft nach Lebensaltern, die erst punktuell durchbrochen wird, erscheint uns zwar als etwas Natürliches, aber sie ist doch vor allem eine von Menschen geschaffene Ordnung, eine »Dimension der Gesellschaftsstruktur« (Kohli 1992, 231). Der Stellenwert eines Menschen in dieser Gesellschaft und seine Handlungsmöglichkeiten werden nicht zuletzt über sein Lebensalter bestimmt.

Problematisch scheint mir nun erstens, daß mit einer Fokussierung von Sondererziehung und Rehabilitation auf die berufliche Integration nichtberufsbezogene, gleichwohl sonderpädagogisch relevante Probleme des Erwachsenenalters oder solche, die nur mittelbar mit der beruflichen Integration zusammenhängen, aus dem Blickfeld der Sonderpädagogik geraten könnten. Nehmen wir als Beispiel einen 40jährigen sprachbehinderten Mann. Er ist in einem Alter, das nach Schulze (1992, 368) »als wichtigste Grenzzone zwischen den Altersgruppen« die Grenze zwischen Jungsein und Altsein darstellt. Er muß, beruflich abgesichert, die schmerzliche Erfahrung verarbeiten, daß alle Therapien, denen er sich in der Erwartung einer Beseitigung oder Besserung seiner Sprachstörung unterzogen hat, nicht den erhofften Erfolg gebracht haben. Die Bewältigung dieser Einsicht und einer damit einhergehenden Lebenskrise kann eben auch ein »Maßstab für geglückte rehabilitative Arbeit und erfolgreiches sonderpädagogisches Bemühen sein«. Sie wird sicher durch eine berufliche Integration begünstigt, läßt sich dadurch aber bei weitem nicht erklären.

Vor allem aber steht zweitens zu befürchten, daß über die Eingliederung von Behinderten in den traditionellen Lebenslauf - Ausbildung, Beruf und Ruhestand als voneinander geschiedene Lebensabschnitte - eine lebenslange gesellschaftliche Integration nicht nur nicht gesichert, sondern vielleicht sogar erschwert werden kann. Gründe dafür sind, wie gesagt, zum guten Teil im demograpischen Umbruch zu finden, den alle Industriegesellschaften gegenwärtig erleben. Es genügt, ihn im folgenden nur ganz kurz zu skizzieren. Seine Auswirkungen, auf die ich abschließend eingehe, werden sowohl die gesellschaftliche Organisation von Arbeit als auch den Lebenslauf und die Lebensqualität der Menschen, besonders der behinderten berühren.

Aspekte des demographischen Umbruchs in unserer Gesellschaft

Nach einer Modellrechnung des Statistischen Bundesamtes zur Bevölkerungsentwicklung wird der Anteil der unter 20jährigen an der Gesamtbevölkerung unseres Landes zurückgehen von 24% im Jahre 1985 auf 20% im Jahr 2000 und 15% im Jahr 2030. Gleichzeitig wird vermutlich der Anteil der 60jährigen und Älteren ansteigen von 20% auf 25% und dann auf 37% (Wingen 1988). Nur jeder zweite Mitbürger wird dann im erwerbsfähigen Alter (20-60 J.) sein.

Ursachen für diesen Alterungsprozeß der Gesellschaft sind u. a. der längerfristig anhaltende Geburtenrückgang und die Zunahme der Lebenserwartung.

Zu Beginn dieses Jahrhunderts wurden nur 36% der neugeborenen Knaben und 44% der neugeborenen Mädchen 65 Jahre alt. Im Zeitraum 1985/1987 jedoch erreichten über 75% der Knaben und 87% der Mädchen dieses Alter.

Männer und Frauen scheiden heute im statistischen Durchschnitt mit 61 bzw. 60 Jahren aus ihrem Beruf aus. Sie haben zu diesem Zeitpunkt noch eine weitere Lebenserwartung von 16; 7 bzw. 21 Jahren.

Die sog. Hochaltrigkeit, d. h. die Wahrscheinlichkeit, sehr alt zu werden, steigt dramatisch an. Gegenwärtig gibt es bereits mehr als 2,2 Millionen 80jährige und Ältere in der gesamtdeutschen Bevölkerung. Man rechnet mit 3,1 Millionen im Jahr 2010.

Die Zahl der alleinstehenden Menschen wächst mit zunehmendem Alter. Singularisierung im Sinne von Alleinleben scheint bei allen Generationen gleichermaßen ein durchgängig zu erwartender, wachsender Trend zu sein. Menschen ohne eigene Kernfamilie, ohne Nachkommen werden in Zukunft daher zahlreicher sein.

Familien werden infolge des Geburtenrückgangs kleiner. Auch diese Entwicklung führt zu einem Schrumpfen der Verwandtschaftsnetzwerke, m. a. W. zu einer Reduzierung informeller Hilfssysteme bzw. sozialer Ressourcen.

Wie sich die Lebenserwartung von Menschen mit einer lebenslangen oder im Laufe des Lebens eintretenden Behinderung entwickelt, kann man nur abschätzen. Ich gehe aber davon aus, daß sie, je nach Art und Schwere der Behinderung den gleichen oder zumindest ähnlichen Verlauf nimmt wie bei den Nichtbehinderten. Für diese Annahme spricht, daß bei Personen mit geistiger Behinderung eine zunehmende Angleichung ihrer Altersstruktur an die der Wohnbevölkerung zu verzeichnen ist, obwohl man bei ihnen von einer kumulativen Benachteiligung ausgehen kann.

So waren in Schweden 1988 bereits 7,3% aller Geistigbehinderten über 65 Jahre alt. Ihre absolute Zahl ist in nur 15 Jahren um 30% gestiegen. Diese Entwicklung ist auch bei uns zu erwarten; sie wird sich noch verstärken, wenn die »Baby-Boom«-Jahrgänge ins Rentenalter kommen. Die nachberufliche Lebensspanne behinderter, auch schwerbehinderter Menschen wird also eine ähnliche Ausdehnung erfahren, wie sie sich bereits jetzt bei der nichtbehinderten Population zeigt.

Konsequenzen für die soziale Integration von behinderten Menschen

Der skizzierte demographisch-gesellschaftliche Umbruch ist zweifellos für die Gesellschaft insgesamt in mancherlei Hinsicht problematisch. Darauf kann ich hier nicht näher eingehen. Er hat nicht zuletzt auch Konsequenzen für die soziale Integration der Gesellschaftsmitglieder, insbesondere auch der behinderten aller Schweregrade und Altersgruppen. Daraus ergeben sich wiederum Folgerungen für das System der sonderpädagogischen und rehabilitativen Hilfen. Diese Auswirkungen will ich gewissermaßen vom letzten Lebensabschnitt, vom Alter her näher betrachten.

An den beschriebenen Wandel und insbesondere die gewaltige Ausdehnung der nachberuflichen Lebensphase, die ja eine soziale Errungenschaft darstellt, haben sich die gesellschaftlichen Strukturen bisher kaum angepaßt. »Obwohl die Menschen heutzutage länger leben als früher und auf ganz andere Weise altern, werden sie nach wie vor so sozialisiert, daß sie ihre Lebensplanung strukturell auf diese drei Stadien« (Riley und Riley 1992, 455) Lernen, Arbeit und Ruhestand ausrichten.

Nur: Der Übergang in die ausgedehnte Altersphase ist in solchen altersdifferenzierten Gesellschaften zumeist gleichbedeutend mit einer völligen Aufgabe der dominierenden Berufsrolle und mit einem bisher weitgehend unvorbereiteten Übergang in »inhaltsleere Rollenstrukturen« (Riley und Riley 1992, 453). Diese aber können keine Verhaltenssicherheit geben, m. a. W. die Basis für soziale Beziehungen, für soziale Integration wird sehr viel schmaler. Es handelt sich hier also um einen langen Lebensabschnitt, der mehr oder weniger leistungsfähige Menschen weitgehend ohne sozial geregelte, anerkannte Handlungsbereiche läßt.

Der Eintritt in den zeitlich ausgedehnten Ruhestand ist heute folglich eine Entwicklungsaufgabe für die Individuen geworden. In seiner Bedeutung übertrifft er vielleicht sogar die Statuspassage vom Jugend- in das Erwachsenenalter, denn es fehlt bisher jegliche rituelle Abfederung und die Verheißung der vollen Teilhabe an klar definierten Erwachsenenrollen. Handlungsbereiche müssen von den Betroffenen quasi erobert - siehe etwa das Seniorenstudium -, Handlungsmöglichkeiten von ihnen selbst neu gestaltet werden.

Wenn diese Entwicklungsaufgabe schon für sogenannte normale Menschen schwer zu bewältigen ist, um wieviel mehr dann erst für Personen, deren Leben nicht selten von einer »Kumulation von Vulnerabilitätsfaktoren« (Kruse 1992, 26) geprägt ist, also v. a. auch für Behinderte? Als Beispiele für solche Faktoren seien genannt: frühkindliche Deprivation, Schwierigkeiten beim Berufseintritt, Stigmatisierung, schlechte Gesundheit, niedriger sozialer Status, lebenslange Institutionalisierung, erschwerte sekundäre Sozialisationsprozesse, Mobilitätseinschränkungen, Einsamkeit, außergewöhnliche emotionale Belastungen.

Behindert und alt sein, das beinhaltet nur zu oft ein doppeltes Risiko, strukturellen Zwängen unterworfen zu sein. Nehmen wir als Beispiel die Menschen mit einer geistigen Behinderung. Ihr Rollenspektrum im Alter ist ja noch weitaus schmaler als das der sog. normalen Alten. Sie haben in der Regel keine der zentralen Familienrollen (Ehepartner, Eltern, Großeltern), kaum andere Erwachsenenrollen (Vereinsmitglied, Autofahrer, Wähler) und im allgemeinen nicht die Möglichkeit, die Freizeit- und Konsumentenrolle auszufüllen. Für sie bedeutet der Ruhestand meist eine äußerst einschneidende Zäsur, die eine vorher erreichte berufliche Integration, wenn man von einer solchen sprechen kann, schwerlich überdauern wird.

Ähnliches gilt aber auch für andere sozial benachteiligte und behinderte Menschen. Es ist klar, daß es einen Unterschied macht, ob die Behinderung die gesamte Sozialisation beeinflußt hat, ob mit ihr eine starke soziale Abhängigkeit verbunden war, ob die Chance zur Entwicklung einer unbeschädigten Identität gering war, ob die Schädigung mit einer starken gesellschaftlichen Abwertung bzw. Stigmatisierung einhergeht oder ob die Behinderung »in der Blüte der Jahre« eingetreten ist und einen Menschen in seinen sozialen Rollen und Bindungen, also in einer Situation sozusagen »normaler« Integration tangiert hat. Entlang dieser Unterscheidungen sind ihre Grundprobleme aber prinzipiell gleich, wenngleich individuell und gesellschaftlich verschieden zu gewichten.

Sie alle haben im Alter mit Verlusten zu kämpfen, die über die Aufgabe des Arbeitsplatzes hinausgehen, etwa durch Verwitwung, altersbedingte Mobilitätseinschränkung usw.. In einer Gesellschaft der schrumpfenden familiären bzw. verwandtschaftlichen Netzwerke, einer Reduzierung der überkommenen informellen Sozial- und Hilfssysteme, einer Zunahme von Alleinstehenden sind solche Verluste nicht leicht zu kompensieren. Besonders diese Menschen, die oft nur über eingeschränkte außerfamiliäre Sozialbeziehungen verfügen, sind im System unserer altersdifferenzierten Sozialstruktur bei Berufsaufgabe von Desintegration und ihren Folgeproblemen bedroht. Die Bedrohung scheint mir um so größer, je zentraler die Bedeutung der »anerkannten Mitarbeit« oder der beruflichen Leistung für die soziale Integration und das Selbstwertgefühl der Menschen ist.

Ein weiteres kommt hinzu: Es gibt keinen Grund zu der Annahme, Alter sei bei behinderten Menschen von vornherein nur gleichzusetzen mit Verlust, Einschränkung und Abbau körperlicher und geistiger Potentiale. Hierbei handelt es sich um ein Vorurteil, welches sich besonders gegen lebenslang Schwerbehinderte richtet. Auch ihre Probleme und Bedarfslagen sind prinzipiell nicht verschieden von den Problemen der sog. Normalen, wohl aber unterschiedlich in den Ausprägungen und in der Verfügbarkeit von personalen und sozialen Ressourcen zu ihrer Bewältigung. Das aber heißt, daß diese Menschen besonderer Hilfen bedürfen. Doch auch diese müssen angesichts der erwähnten Heterogenität der von Behinderung betroffenen Personen sehr verschieden sein.

Daraus ergeben sich m. E. Aufgaben bzw. Ziele für Sonderpädagogik und Rehabilitationswissenschaften. Nicht nur die Integration in den Beruf, sondern ebenso das Ausscheiden aus der Arbeitswelt müssen mit sonderpädagogischen und rehabilitativen Bemühungen vorbereitet, erleichtert, begleitet und unterstützt werden. Dies gilt vor allem bei endgültigem Übergang in die ausgedehnte Ruhestandsphase. Die genannte Zäsur kann mit Mitteln, die erst im Alter einsetzen, nicht oder kaum überbrückt werden.

Ein Weg, den drohenden Rückfall in die Desintegration zu vermeiden, könnte sein, daß man die soziale Integration nicht länger im Rahmen der herrschenden, sich nur allmählich und punktuell lockernden Altersgliederung des menschlichen Lebens anstrebt. Gerade auch für behinderte Menschen brächten »altersintegrierte Strukturen« große Chancen, die Riley und Riley (1992, 454) eigentlich für die »Neuen Alten« propagieren, die leistungsfähig, gut gebildet und fit sind.

»Altersintegrierte Strukturen« bedeuten ein Aufbrechen der starren

Dreiteilung des menschlichen Lebenslaufs in Lernen, Erwerbstätigkeit und Ruhestand sowie die Ermöglichung eines flexiblen Rollenspiels in diesen Bereichen unabhängig vom Lebensalter, je nach den individuellen Bedürfnissen und Fähigkeiten. Auf das Alter bezogen bedeutet das z. B., daß die Arbeit oder Berufstätigkeit nicht automatisch bei Erreichen einer bestimmten Altersgrenze beendet werden muß, sondern weitergeführt oder schrittweise reduziert werden kann. Das kann etwa in Form eines Besuchsrechts für ehemalige Mitarbeiter der Werkstatt für Behinderte geschehen, wie es die Bundesvereinigung Lebenshilfe fordert. Auf diese Weise könnte ein Rest von »beruflich-gesellschaftlicher Integration« erhalten bleiben.

Jeder Mensch braucht für den Umgang mit Lebensanforderungen, also z. B. den Übergang in das höhere Alter und für die Verarbeitung von Verlusterfahrungen personale und soziale Ressourcen. Mit ersteren sind der persönliche Verarbeitungsstil und die individuell zur Verfügung stehenden Handlungskapazitäten zur Bewältigung von Lebenssituationen gemeint (vgl. Hurrelmann 1991, 196). Sie beruhen u. a. auf den Sozialisations- und Lebenserfahrungen und sind bedeutsam für das Gefühl, eine schwierige oder unbekannte Situation bewältigen zu können.

Um diese personalen Ressourcen zu stärken, ist geradezu ein Recht auf Bildung für das Alter und Bildung im Alter für Behinderte zu fordern. Darunter verstehe ich z. B.: Nachholen, Stabilisierung, Aktivierung und Ausbau von Erfahrungen und Wissen im Sinne von Weiterbildung; Förderung der kommunikativen Kompetenz; Entdeckung der eigenen Potentiale und Entwicklung der Kreativität; Verarbeitung von Ängsten, Einsamkeit und Schmerz im Austausch mit anderen; intergeneratives Lernen.

Für die Menschen bedeuten altersintegrierte, d. h. durchlässige vertikale Strukturen im Idealfall eine Vielzahl von erreichbaren Rollen, m. a. W. sie ermöglichen soziale Beziehungen mit anderen Menschen, die nicht nur in der Berufssphäre begründet sind.

Die Subjekte brauchen, so Agnes Heller, »ein Netz von Freunden, die sie bei der Hand halten können« (zit. n. Keupp 1993). Das Schrumpfen der informellen Verwandtschaftsnetzwerke habe ich schon angesprochen. Weitere Einschränkungen sind also besonders schmerzlich und in ihrer

Wirkung desintegrierend. Es gilt daher, schwindende oder nicht vorhandene familiäre Unterstützung zu kompensieren. Dazu können altersintegrierte Strukturen wahrscheinlich ebenfalls beitragen, da sie durch ihre Offenheit ein ausgedehntes Netz sozialer Beziehungen ermöglichen. So können sie eher eine Integration von Behinderten in den verschiedenen gesellschaftlichen Bereichen gewährleisten und auf diese Weise ein Mittel sein, ihre sozialen Ressourcen zu verstärken. Arbeit und berufliche Tätigkeit würden in ihrer integrativen Funktion sozusagen entlastet und ergänzt.

Die Bedeutung der beruflich-gesellschaftlichen Integration von behinderten Menschen ist nicht zu bestreiten, sie kann aber im Rahmen der noch geltenden altersabhängigen Dreiteilung der Gesellschaft für die Schwachen und Behinderten nur schwer eine stabile, langfristige Integration bewirken. Spätestens in der letzten Phase des menschlichen Lebens, dem Alter, droht eine ausschließlich über den Beruf oder eine »anerkannte Mitarbeit« vermittelte soziale Eingliederung zusammenzubrechen. Meine Argumentation von der demographischen Entwicklung und vom Alter her sollte nicht nur zeigen, daß die Sonderpädagogik auch andere Integrationsfelder hat, sondern daß damit zugleich eine »Öffnung in den Lebenslauf«, gewissermaßen zum Ende hin, verbunden ist. Mit dieser Hinwendung zur Lebensgeschichte bekommen die frühkindlichen und schulischen, aber auch die lebensbegleitenden sonderpädagogischen und rehabilitativen Hilfen einen besonderen Akzent. Die beruflich-gesellschaftliche Integration wird nicht grundsätzlich in Frage, sondern in einen weiteren Zusammenhang gestellt.

Literatur

HURRELMANN, K.: Gesundheitswissenschaftliche Ansätze in der Sozialisationsforschung. In: Neues Handbuch der Sozialisationsforschung. Hrsg.: K. Hurrelmann, D. Ulich. Weinheim, Basel 1991, 189-213.

KANTER, G.: Brennpunkte veränderter Theorie und Praxis in der sonderpädagogischen Förderung. Zeitschrift für Heilpädagogik 44 (1993) 74-82.

KEUPP, H.: Die Suche nach Netzen. Wege zu einer sozialen Individualität. Süddeutsche Zeitung vom 20./21. 3. 1993.

KOHLI, M.: Altern in soziologischer Perspektive. In: P. B. Baltes, J. Mittelstraß (Hrsg.): Zukunft des Alterns und gesellschaftliche Entwicklung. Berlin, New York 1992, 231-259.

KRUSE, A.: Kompetenz im Alter in ihren Bezügen zur objektiven und subjektiven Lebenssituation. Darstellung einiger Ergebnisse der Untersuchung. In: R. M. Schütz, A. Kuhlmey, H. P. Tews (Hrsg.): Altern in Deutschland. Berlin 1992, 25-32.

RILEY, M. WHITE, RILEY, J. W. JR.: Individuelles und gesellschaftliches Potential des Alterns. In: P. B. Baltes, J. Mittelstraß (Hrsg.): Zukunft des Alterns und gesellschaftliche Entwicklung. Berlin, New York 1992, 437-459.

SCHULZE, G.: Die Erlebnisgesellschaft. Kultursoziologie der Gegenwart. Frankfurt, New York 1992.

THIMM, W.: Soziologie der Behinderten. Neuburgweier/Karlsruhe 1972.

WINGEN, M.: Altern heute und morgen - demographische Entwicklungen. In: Altern als Chance und Herausforderung. Bericht im Auftrag der Landesregierung von BW. Stuttgart 1988, 23-33.

Epilog: Konstruktive Dialoge

Wissenschaftliches Zitieren
Versuch einer Konversationsanalyse am Beispiel behindertenpädagogischen Wissen

ULRICH BLEIDICK

> Die echte Konversation
> Hält weder früh noch Abend Stich;
> In der Jugend sind wir monoton,
> Im Alter wiederholt man sich.
>
> Goethe, Zahme Xenien

Der Anlaß ist ärgerlich genug. Es wurmt mich, ständig: Ich registriere falsches Zitieren; ungenaue Belege; Verschweigen, wo etwas geklaut worden ist. Besonders schlimm, wenn das Plagiat als Frucht eigenen Nachdenkens ausgegeben wurde, und richtige Wut packt mich, wenn ich selbst darin verwickelt bin. Das alles verlohnt, der Sache einmal gründlich nachzugehen. Walter Thimm spielt für eine redliche Art von Konversation, wie ich am Schluß zeigen werde, für mich eine wichtige Rolle.

1. Zitieren als wissenschaftliche Konversation

Im gegenseitigen Zitieren verkehren die Wissenschaftler miteinander, im schriftsprachlichen Gespräch. Das Wesen des Zitats liegt in der Konversation: »Daß die echten Menschen aller Zeiten einander voraus verkünden, aufeinander hinweisen, einander vorarbeiten«, sagt Goethe in der Geschichte der Farbenlehre. Allerdings verwenden wir damit einen Begriff von gehobener Konversation, der über die abschätzige Definition des Fremdwörter-Dudens als »oberflächliches Gespräch«, als unverbindliches Smalltalk hinausgeht. Oder liegt im Zitierwesen nicht doch etwas Seichtes, der Aufguß gegenüber der selbständig formulierten Meinung? Das Problem sei zunächst offengelassen.

Meine Eltern besaßen das 24bändige Meyers Konversationslexikon. Die ständig klemmende Glastür des Bücherschranks verbindet sich in der ehrfürchtigen Erinnerung mit dem Staunen, was eine enzyklopädische

Sammlung des Wissens alles beinhaltet. In den Kriegs- und Nachkriegswirren ging das Werk verloren. Geblieben ist für mich die Faszination der schriftlich niedergelegten Konversation. In den folgenden Jahrzehnten habe ich mich bemüht, selbst Wissenschaftler mit polygraphischen Ambitionen zu sein. Gegenseitiges Zitieren und Zitiertwerden wurde für mich die ausgeprägte Form wissenschaftlichen Verkehrs.

Die soziologische Konversationsanalyse (Bergmann 1980; 1987) verwendet das Erklärungsmuster der sequentiellen Organisation; die »spezifische Verkoppelung von Äußerungen zu einem genuinen Abfolgemuster« (Bergmann 1991, 310). Die Struktur der wechselseitigen wissenschaftlichen Beachtung lautet: Wen zitiere ich, und von wem erwarte ich meinerseits Reverenz? Die Reihenfolge kann auch mit dem wissenschaftlichen Anderen beginnen. Der Ton muß nicht immer im freundschaftlichen Anerkennungsverhalten gipfeln. Man wird an Poppers treffendes Wort von der »freundlich-feindlichen Arbeitsteilung der Wissenschaftler, ihres Zusammenarbeitens und auch ihres Gegeneinanderarbeitens« erinnert (1972, 112).

Diese wissenschaftliche Kommunikationsstruktur ist aus mancherlei Gründen - Eitelkeit und Karrierezwänge sind die hauptsächlichen - als verbreitete Technik festgelegt: »Nur indem wir zitieren, scheinen wir schreiben zu können« (Laermann 1984, 672). Das Ritual ist keineswegs neu. Der Kronzeuge für eine solche Beweisführung, auf den ich fortan frequent zurückgreifen werde, ist Johann Wolfgang von Goethe (Dobler 1991): »Der Schriftsteller soll bis in sein höchstes Alter den Vorteil nicht aufgeben, sich mit denen, die eine Neigung zu ihm gefaßt, auch in die Ferne zu unterhalten« (Dichtung und Wahrheit). Mitunter war es auch schon zu früheren Zeiten köstlich, wenn Prominente übereinander urteilten, so Goethe über Schopenhauer: »Man muß abwarten, ob ihn die Herren vom Metier in ihrer Gilde passieren lassen; ich finde ihn geistreich, und das übrige lasse ich dahingestellt« (an Knebel, 1813). Die Paradigmendiskussion mit dem Hinweis auf die Geltungsrelativität der Scientific community ist kaum je besser vorweggenommen worden.

2. Wissenschaftskartelle und Paradigmenbildung

Wir müssen, wollen wir wissenschaftlich etwas gelten, für die Verbreitung unserer Meinungen und für eine Anhängerschaft sorgen. Häufiges Zitieren schafft Klassiker, und wer Klassiker werden will, muß zitierfähig sein (Scheuerl 1995). Seit Kuhn (1967) sprechen wir von Paradigmen der Forschung, worunter die wissenschaftliche Schulbildung in Meinungslagern verstanden wird. Ihre leitenden Ideen sind weniger Resultat fachlicher Entdeckungen als vielmehr das gesammelte Selbstverständnis einer Forschergemeinschaft, die unter sich die szientifischen Pfründe verwertet: Publikationen, Stellenbeschaffung, Drittmittel, Mitgliedschaft in Gremien. Kuhn hat denn auch darauf hingewiesen, daß das Ende einer Epoche nicht schon dann einsetzt, wenn ihre Positionen fachlich obsolet sind, sondern erst, wenn ihre Vertreter aussterben.

Herrschende Paradigmen einer Wissenschaft und die in ihr versammelten Gesinnungsgenossen stellen ein wirksames System sozialer Kontrolle dar, das noch besser funktioniert, wenn es einen institutionalisierten Segen erhält - so in den Lehrstühlen, auf deren Besetzung die Kirche oder eine Partei Einfluß ausüben (wofür keine der bekannten Beispiele aufgezählt werden müssen). Mullins (1973) hat drei Kriterien für Bildung wissenschaftlicher Schulmeinungen und für gegenseitig zitierfähige Theoriegruppen am Beispiel der amerikanischen Soziologie benannt: 1. Man muß aus ähnlichen Quellen zitieren; 2. die Kollegen und Kolleginnen sollten einander bekannt sein; 3. sie müssen Vergleichbares forschen. Daraus entstehen theoriespezifische Selektionskriterien für eine Zitatentnahme.

Die Zitierkartelle haben eine identitätsstiftende Funktion, für eine Fachrichtung, eine Weltanschauung, ja für ein gesamtes Fach, das eine eigenständige Tradition zu begründen sucht. Sie erlauben die Identifizierung eines eigenen Standortes, der Zugehörigkeit zu einem Lager. Es macht einen Unterschied, ob ich mich in der Geistigbehindertenpädagogik auf Speck oder auf Feuser beziehe. Die Visitenkarte meiner Zitate gibt das wissenschaftliche Netzwerk zu erkennen. Es »etabliert die Elite der Experten und dient ihr als Ressource« (Pörksen 1988, 38). Auf die Weise dürften sektenartige Selbstbestätigungskartelle entstanden sein, deren esoterische Sprache ihre Mitglieder eint. Ohne Zweifel trifft das für neo- und orthodox-marxistische Splittergruppen zu, aber auch für manche

Facetten der Psychoanalyse, vielleicht auch die Kooperative Pädagogik, die Gestaltpädagogik und anderes mehr.

Manchmal wehren sich die Angehörigen einer Gruppe gegen die kollegiale Zuschreibung. Gerhard Heese ist, seit er nach Zürich gewechselt war, nicht müde geworden, mir zu sagen, daß es keine »Schweizer Schule« der Heilpädagogik gäbe (vgl. Bleidick 1984, 139 ff.). Offensichtlich war ihm das Statusmerkmal hoher Binnendifferenzierung wichtiger. Es kommt auf die Perspektive von Komplexitätsreduktion an, mit der ich paradigmatische Einordnungen vornehme.

Im einheitsstiftenden Zitierrahmen gibt es Gründer und Jünger. Manche erringen ihren Ruhm durch fleißiges Nachbeten, womit sie an der Aura einer prominenten Lehrmeinung teilhaben. Auch das hat Goethe gewußt: »Was die Wissenschaften am meisten retardiert, ist, daß diejenigen, die sich damit beschäftigen, ungleiche Geister sind« (Maximen und Reflexionen).

Die Beachtung im Zitierkartell läßt sich objektivieren. Der Blick ins Autorenregister bestätigt - oder enttäuscht - Eitelkeiten. Soll sich der Autor eigentlich selbst im Register anführen? Darüber gibt es keinen Konsens. Das Fehlen von Namen- (und Sach-)Registern bei Büchern mit vielen Belegen ist nicht entschuldbar. Die systematische Analyse von Zitation ist vor allem in den USA zur Routine geworden. Wissenschaftlicher Erfolg wird quantitativ an der Häufigkeit der Zitierungen in Büchern und Periodica gemessen. Dreimal jährlich erscheint der Social Sience Citation Index mit einer Rangliste der Fachprominenz. Das Verfahren ist strittig, weil es eher kartellierte Modetrends widerspiegelt und zum anderen nichts über die tatsächliche rezeptionsrelevante Wirkung aussagt. Eine Längsschnittbetrachtung - Zitiertwerden eines Autors über einen längeren Zeitraum hinweg - vermittelt sicher schlüssigere Ergebnisse. Bekanntlich sind aber die meistgelesenen populären Schriftsteller nie mit dem Nobelpreis für Literatur ausgezeichnet worden; noch wurde jenen Kandidaten die Ehre zuteil, denen nach vermeintlichem Expertenurteil die Würde zugekommen wäre. Insofern scheue ich mich, das mir bekanntgewordene Ergebnis einer Befragung von 49 Professorinnen und Professoren für Sonderpädagogik, wer die bedeutendsten Vertreter des Fachs in Vergangenheit, Gegenwart und Zukunft seien, mitzuteilen. Die Resultate sind überraschend, und ich bin gespannt, wie die Autorin bei einer beabsichtigten Veröffentlichung den zu erwartenden methodischen Einwänden begegnen wird (Hoyningen-Süess 1995).

3. Funktion, Technik und Typologie des Zitierens

Die Motive des Zitierens sind vorweg mehrfach angedeutet worden. Zitate über uns sind wertvolle Hinweise. Sie sagen uns indirekt, im Spiegel, was wir uns selbst oft nicht eingestehen wollen: »Und man gewinnt immer, wenn man erfährt, was andere von uns denken« (Goethe, Die guten Weiber). Gefallsucht ist durchweg im Spiel: »O, wie süß ist es, seine eigene Überzeugung aus einem fremden Munde zu hören« (Wilhelm Meisters Lehrjahre). Auch um die Identitätsstärkung hat Goethe gewußt: »Wie werden wir erst recht wir selbst, wenn uns ein anderer vollkommen recht gibt« (Lehrjahre). Die Analyse enthüllt das reziproke Verhältnis: Wir zitieren, um zitiert zu werden. Natürlich bilden studentische Examensarbeiten eine Ausnahme. Die Schriftsteller stehen ja erst am Anfang ihrer Karriere.

Hinsichtlich der Zitiertechnik sind ein paar Quisquilien nachzutragen. Der exakte Beleg gehört in doppelte Anführungsstriche: » «. Ein Zitat im Zitat kann naturgemäß nur einfache Anführungsstriche haben: ' '. Hervorgehobene Begriffe ebenfalls, Beispiel: 'Modefloskeln'. Das indirekte Zitat - Goethe war der Ansicht, daß ... - wird uns noch beschäftigen. Sinngemäße Verweise erhalten eine Klammer: der Begriff des Stigmas (Goffman), die Risikogesellschaft (Beck), mit der auf einen Autor hingewiesen wird. Seit einiger Zeit hat sich eine Modetorheit eingeschlichen: (vgl. Meyermüller 1989). Wer soll vergleichen? Das »vgl.« ist nur in seltensten Fällen angebracht, etwa wenn ich eine empirische Arbeit über Rechenleistungen von Jungen zitiere und den Leser auffordere, zum Vergleich die Parallelarbeit über Rechenleistungen von Mädchen heranzuziehen.

Ich habe etwas gegen Anmerkungen. Sie stören den Lesefluß, und wenn ich hinten im Buch nachblättern muß, lasse ich es erst recht. Was wichtig ist, kann auch im üblichen Textlayout stehen. Bei Doktorarbeiten sollte die Unsitte abgeschafft werden. Das Übel ist übrigens alt; schon Goethe wußte es zu geißeln: »Ein andermal verglich er die Professoren und ihre mit Zitaten und Noten überfüllten Abhandlungen, wo sie rechts und links abschweifen und die Hauptsache vergessen machen, mit Zughunden, die, wenn sie kaum ein paarmal angezogen hätten, auch schon wieder ein Bein zu allerlei bedenklichen Verrichtungen aufhöben, so daß man mit den Bestien gar nicht vom Flecke komme, sondern über Wegstunden tagelang zubringe« (J. D. Falk, Letzte Lebensjahre).

Von großer Wichtigkeit ist die kontextuale Einbettung eines Zitats in meinen Gedankengang. Es darf nicht isoliert dastehen und zumal nicht an Stelle der eigenen Gedanken des Verfassers. Die Einfügung kann mit einem simplen Trick erfolgen, indem das Zitat mit einem Doppelpunkt eingeleitet wird: »...«. Fußnoten, auf Anmerkungen hinweisende Nummern und dergleichen sind untauglicher Zierrat. Für (immer vorkommende) Ungenauigkeiten gibt es allerdings Entschuldigungen. Von Shakespeare wird berichtet, er habe keinen sehr strengen Begriff von literarischem Eigentum gehabt. Ein Autor warf ihm eines Tages vor, er habe eine ganze Szene entwendet. Shakespeare erwiderte: »Das ist ein Mädchen, das ich aus schlechter Gesellschaft entfernt und in gute Gesellschaft gebracht habe« (Frey 1991, 213).

Es gibt keine neutralen, objektiven Zitate. Jedes Zitieren selektiert, gewichtet. Zitate verfolgen einen doppelten Zweck. Sie wollen einen Gedanken argumentativ stützen, belegen oder kontrastieren. Sie sollen zugleich den Diskurs ein Stück weiterbringen, wie Mephisto im Faust sagt: »Es käme nur auf Euresgleichen an, mich eines Bessern zu belehren.«

Wieweit man in der Erklärung eines Sachverhalts auf die gleichsinnigen Verdienste anderer Autoren Rücksicht nehmen muß, indem man sie zitiert, ist eine Geschmacksfrage. Kleinliche Geister wollen alles berücksichtigen, zugleich aber sind sie zuverlässige Wissenschaftler. Souveräne Nichtbeachtung kann schlicht Unwissenheit bedeuten. Es kommt auf den Zusammenhang an, und dabei ist zweierlei zu bedenken. Die Geschaftelhuberei der bloßen Zitatenansammlung ist wissenschaftlich ohne Wert: »Alle Gelehrsamkeit ist noch kein Urteil« (Goethe zu Eckermann, 1827). Des weiteren muß ein Zitat passen, und zwar zu mir als Verfasser, weniger zu dem Autor, von dem es stammt: »Die Intentionen des Autors liegen uns nicht so nahe, als unser Vergnügen, und wir verlangen einen Reiz, der uns homogen ist« (Wilhelm Meisters Lehrjahre).

Ich kenne Bücher, die so stark im Stil ihres Doktorvaters verfaßt sind, daß der Unterschied von gewollter stilistischer Reverenz und unbeabsichtigter Internalisierung der Denk- und Sprachgewohnheiten des Meisters vermutlich nicht einmal den Akteuren selbst bewußt geworden ist. Nota bene: In gewissem Sinne dürfte es uns allen einmal so ergangen sein, als wir die Phase des Lernens am Modell von ehrfurchtgebietenden Autoritäten durchgemacht haben. Es sei daran erinnert, daß in den Rhetorikschulen des Mittelalters die 'Alten' von Aristoteles bis zur Scholastik das wissenschaftliche Ideal abgegeben haben, denen nachzueifern das Gütesiegel der Szientifik verlieh.

In den Lehrbüchern und Aufsätzen in der ehemaligen DDR spielte die Zitation der offiziellen Parteidoktrin eine entscheidende Rolle zur Zensur und Publikationslizenz. Hier zeigt sich, welches dogmatische Gewicht zitatengestützte Autorität hat, wie freie Wissenschaft zum Büttel der Herrschenden werden kann. Der Leser außerhalb des Landes hat die Pflichtübung, mehr oder minder passend einen Parteitagsbeschluß oder die Rede der Ministerin anführen zu müssen, meist kopfschüttelnd zur Kenntnis genommen. Wer weiß, wie wir in solchen diktatorischen Drucksituationen gehandelt hätten.

Eine Typologie des Zitierens zählt die Motive auf, mit denen wir auf andere Aussagen verweisen. Grundsätzlich hat das Zitat in der wissenschaftlichen Konversation die Aufgabe einer Reinterpretation von Forschungsergebnissen. Die Anlässe können ineinander übergehen:

(1) Bestätigung, Wiederholung eines eigenen Gedankens, Verstärkung, Legitimation meiner Aussage.

(2) Kontrast, Gegenteil zur eigenen Meinung, die dadurch umso heller wirkt.

(3) Profilierung in der Polemik: »Es ist ganz einerlei, ob man das Wahre oder das Falsche sagt: beidem wird widersprochen« (Goethe, Maximen und Reflexionen).

(4) Konservierung und Verbreitung von Lehrmeinungen: »Doch hat das Geschriebene den Vorteil, daß es dauert und die Zeit abwarten kann, wo ihm zu wirken gegönnt ist« (Maximen und Reflexionen).

(5) Kontrolle, Beleg bei empirischen Erhebungen, wobei mitunter zu fragen ist: Hat er das wirklich so gesagt?

(6) Imponiergehabe, was ich alles gelesen habe, wie belesen ich bin.

(7) Reverenz an Autoritäten, nie ganz ohne Zweck: »Ebenso kann und muß auch der Gelehrte seine Vorgänger benutzen, ohne jedesmal ängstlich anzudeuten, woher es ihm gekommen; versäumen wird er aber niemals, seine Dankbarkeit gelegentlich auszudrücken gegen die Wohltäter, welche die Welt ihm aufgeschlossen« (Goethe, Schriften zur Natur- und Wirtschaftslehre). Isaak Newton hat seine Schuldigkeit klassisch formuliert: »Wenn ich weiter gesehen habe (als andere), so deshalb, weil ich auf den Schultern von Riesen stehe« (Kaiser; in Merton 1983, 7).

(8) Sich-Verstecken hinter den Aussagen anderer, mit denen man sich zwar identifiziert; aber das Schlupfloch bleibt offen, weil man es 'selbst nicht so sagen würde'. Für diese ebenso feige wie subversive Art des Argumentierens, meist im indirekten Stil, gibt es etliche Beispiele. Ich wähle ein besonders anrüchiges von Singer aus, dessen Sophismus erreichen will, zwar die Stellungnahme zur Kinder-Euthanasie unmißverständlich auszudrücken, aber letztlich selbst nicht verantwortlich zu sein: »Einige Ärzte, die an schwerer Spina bifida leidende Kinder behandeln, sind der Meinung, das Leben mancher dieser Kinder sei so elend, daß es falsch wäre, eine Operation vorzunehmen, um sie am Leben zu erhalten« (1984, 181). Nicht Singer sagt das, sondern »einige Ärzte«. Die Folgerung ist nichtsdestoweniger trotz aller Indirektheit eindeutig: »... dann legen utilitaristische Prinzipien den Schluß nahe, daß es richtig ist, solche Kinder zu töten« (ebenda). Bergmann charakterisiert die Konversationsstruktur treffend: »Das Zitatformat kann also als Mittel der Lockerung von Zensurregeln und Ausdrucksrestriktionen fungieren« (1991, 317).

Es gibt Extremvarianten von Zitierkunst. Da ist zunächst das esoterische Zitat aus entlegenen, kaum kontrollierbaren Quellen. Es zeugt von Originalität und Energie der Spurensuche. Wenn Zitate allzu geläufig und konventionell sind, verlieren sie an Beweiskraft. Das kann so weit gehen, daß gar nicht zitiert wird, und wenn, dann nie seitengenau. Bei Studierenden verfolge ich die Unzulänglichkeit unnachsichtig. Aber manchmal steckt ein unabhängiger Geist dahinter, der das Nichterwähnte (trotz evidenter Anlehnung an Vorbilder) durch das Verdikt der geringschätzigen Weglassung straft. Es gibt (ältere) Standardwerke unseres Faches, etwa Moor (1965), die keinen einzigen Literaturbeleg enthalten und nur ein sparsames Namenregister. Als wissenschaftliches Werkzeug zur Belegkontrolle sind solche Elaborate untauglich. Es gibt aber auch Bücher, die zu einem Viertel aus Literaturangaben bestehen, ohne daß sie daraus zitieren oder eine Quellensammlung beanspruchen.

Die raffinierteste Zitiertechnik sei nicht unerwähnt. Wem es um massive Kritik, wenn nicht gar 'unter dem Strich', geht, der sollte zweckmäßigerweise die höfliche Verpackung nicht unterlassen. Man beginne mit lobender Feststellung von positiven Leistungen. Umso mehr wirkt dann der Tiefschlag, der anschließend auf Fehler, Unvollständigkeit und unhaltbare Interpretationen hinweist. Und wenn ein Autor dann ganz als Wiederkäuer oder schludriger Handwerker oder Populist abgestempelt ist, dann kann man sich als souveräner Zensor noch einmal Milde leisten: Trotzdem hat das Buch das Verdienst... Der kritisierte Autor darf aber nicht den Tasso kennen: »Denn er weiß so glatt und so bedingt zu sprechen, daß sein Lob erst recht zum Tadel wird.«

4. Die geflügelten Worte der Behindertenpädagogik

Was wird zitiert? Ich habe schon seit langem die - schwer zu realisierende - Idee der Zusammenstellung von geflügelten Worten[1], eines »Büchmanns« der Behindertenpädagogik. Ich hoffe, um mir Ärger zu ersparen, daß er nie fertig wird.

Die geflügelten Worte, die in unserem Fach genannt zu werden pflegen, können als Pyramide von Allgemeinem und Besonderem aufgebaut werden: 1. allgemeine philosophische und sozialwissenschaftliche Zitate: Der Mensch als Zoon politikon (Aristoteles); Zurück zur Natur (Rous-

---

[1] Ganz exakt müßte es heißen »Wörter«. - »Worte« ist die poetische, hier nicht gemeinte Form. - In der Neuausgabe zum Büchmann findet sich ein gescheites Vorwort zur Literaturgeschichte und Definition des Zitats: »Zitieren heißt, einen Ausdruck wiederholen, den ein anderer geprägt hat« (1977, 5).

seau); Marx' Feuerbachthesen, und selbstverständlich bestimmt das Sein das Bewußtsein; Der Mensch als Mängelwesen (Gehlen) und vieles mehr; 2. pädagogische Weisheiten: Bildung mit Herz, Kopf und Hand (Pestalozzi); Das Jahrhundert des Kindes (Key); Der fruchtbare Moment im Bildungsprozeß (Copei); Das exemplarische Lernen (Wagenschein); Bildungsreform als Revision des Curriculum (Robinsohn) und so weiter; 3. sonderpädagogische geflügelte Worte. Die Spitze der Pyramide wird jetzt heikler, denn Zeitzeugen sind (einschließlich meiner selbst) betroffen. Viele sonderpädagogische Zitate, die übrigens jetzt als Schlagworte ohne » ... « angeführt werden können, befinden sich gerade im Schnittfeld zur Allgemeinen Pädagogik: Integration, Soziales Lernen, Förderdiagnostik, aber auch Stigma und die totale Institution (Goffman).

Ich wage also die - zugestanden sehr subjektive - Zitation einiger geflügelter Worte für die Behindertenpädagogik:
- Heilpädagogik ist Pädagogik und nichts anderes (Moor);
- Strukturwandel der Hilfsschule (Hofmann);
- Begemann erfand die »sozio-kulturell benachteiligten Schüler«;
- Klein benannte die »potentiell Lernbehinderten«;
- Kanter operationalisierte Lernbehinderung als »schwerwiegendes, umfängliches und dauerhaftes Lernversagen«;
- das Dänische Konzept der Normalisierung (Thimm 1990; Thimm u. a. 1985);
- Behinderung als Arbeitskraft minderer Güte (Jantzen);
- Behinderung als intervenierende Variable des Erziehungsgeschehens (um mich selbst zum Kanon der jüngsten Klassiker zuzählen zu können; Bleidick 1984).

Natürlich gibt es viel mehr salonfähige Schlagworte bzw. zitierwürdige Begriffe. Es ist bezeichnend, daß sie oft im Zwischenbereich der Behindertenpädagogik mit Nachbardisziplinen kursieren. Einige seien wahllos herausgegriffen: Risikogesellschaft und Wendezeit, Lebenswelt und Postmoderne, Ökologie und Soziales Netzwerk, Komplexitätsreduktion und Anything goes, Emanzipation und Identität, Restringierter Code und Sensorische Integration, schließlich Handelndes Lernen und Offener Unterricht. Die Bezugsautoren wechseln wie die Mode. Verblichene Werke werden wiederbelebt; in der Pädagogik Siegfried Bernfeld, in der Heilpädagogik Heinrich Hanselmann. Selbst aktuelle Handbücher mit Vollständigkeitsanspruch kommen andererseits nicht nach. Die Enzyklopädie der Sonderpädagogik (Dupuis/Kerkhoff 1992) enthält weder Ökologie noch Lebenswelt. »Und wie dem Walde geht's den Blättern allen; sie knospen, grünen, welken ab und fallen«, sagt Goethe vieldeutig (Zu meinen Handzeichnungen). Die überlegene Gestik, es sei alles schon einmal dagewesen - Pestalozzis Trias von Herz, Kopf und Hand ist nichts anderes als die Taxonomie von emotionalen, kognitiven und motorischen Lernzielen - sie verdeckt mitunter konservative Kulturkritik: »Neuere Poeten tun viel Wasser in die Tinte« (Maximen und Reflexionen).

Die Gefahr der geflügelten Worte liegt im Jargon des Eigentlichen, den Adorno nicht müde wurde, sarkastisch zu entlarven. Allerdings erlitt gerade sein berühmtestes Zitat jenen Grad von Abnutzung, der zur inhaltsleeren Floskel verkommt: »Die Forderung, daß Auschwitz nicht noch einmal sei, ist die allererste an Erziehung« (Adorno 1967, 111). Allzu viele Unbedachte haben es seitdem im Munde geführt. Es wurde sogar zur Rechtfertigung der integrativen Unterrichtung behinderter Schüler in allgemeinen Schulen herangezogen, in schon peinlicher Unkenntnis historischer Bedingungslagen. Inzwischen gibt es eine literarisch aufbereitete Diskussion darüber, inwieweit das Diktum Adornos als »Situationsdefinition« transferierbar ist (Peukert 1990).

Bleiben wir noch bei der Verselbständigung des Geredes zum pseudowissenschaftlichen Gelaber. Empfindsame Naturen mögen zu dem neuen Medium »Skeptiker« greifen, das dem Abusus den Kampf angesagt hat. Man wird recht stutzig, wenn aus unserem weiteren Fachkreis auch Anthroposophie, Hypnose, Graphologie, Psychoanalyse, Transzendentale Meditation und Wissenschaftlicher Sozialismus auf den Index gesetzt werden (Vollmer 1994, 95). Somit ist auch der Pfad zur Satire schnell eingeschlagen. Aus der genialen Zusammenstellung von Hankinson (1994) kann man eine Gebrauchsanweisung entnehmen, welche philosophischen Schlagwörter im gehobenen wissenschaftlichen Party-Smalltalk ungefährdet dialektisiert werden können. In der Erziehungswissenschaft gibt es etwas Ähnliches, wenngleich lange nicht so gut (Henningsen 1980). Der Kanon der geflügelten Wörter für die Behindertenpädagogik ist Desiderat.

5. Fehlformen, Pseudowissenschaft und Mißbrauch

Daß Zitate mißbraucht werden können, dürfte als roter Faden meiner Argumentation erkannt worden sein. Einiges soll noch einmal systematisch zusammengestellt sein.

Die Frage, wieviel zitiert werden muß, führt in einen Zwiespalt. Kühne philosophische Thesen mögen unter Umständen ohne jede Literaturangabe auskommen. Quellengeschichtliche Untersuchungen erfordern dagegen detaillierte Belege zur Nachkontrolle. Letztlich entscheidet - wie in diesem Artikel - der zur Verfügung stehende Platz. Die Nachweispflicht kann, wenn die Suche in Bibliotheken mühsam ist, eine Bürde sein: »Alle Männer vom Fach sind darin sehr übel dran, daß ihnen nicht erlaubt ist, das Unnütze zu ignorieren« (Goethe, Maximen und Reflexionen). Jeder Schriftsteller wird mit seiner Akribie und mit seiner Großzügigkeit sowie mit den Erwartungen seiner Kritiker Kompromisse schließen müssen. Es gibt allerdings ein Kriterium, das Goethe uns mit der Warnung des 'Nicht zuviel' liefert: »Bei wissenschaftlichen Streitigkeiten nehme man sich in acht, die Probleme nicht zu vermehren« (Maximen und Reflexionen).

Nahezu unverzeihlich ist das Zitieren aus einem Buch, das man selbst nicht gelesen hat. (Sekundärzitieren wird weiter unten besprochen.) Ich wage nicht zu schätzen, wie oft es geschieht. Es gibt Autoren, die sich mehr für Zitate aus ihren ungelesenen Schriften anbieten als andere, weil sie besonderes Renommee verleihen. Habermas gibt das beste Beispiel ab. Er ist allerdings auch schwer zu lesen.

Sinnwidriger Kontext kann ein Zitat inhaltlich verfälschen. Man sagt, eine Aussage sei 'aus dem Zusammenhang gerissen': »Für mich hab' ich genug erworben, Soviel auch Widerspruch sich regt. Sie haben meine Gedanken verdorben, Und sagen, sie hätten mich widerlegt« (Goethe, Zahme Xenien). Es gibt in unserem Fach viele Beispiele für hanebüchene Sinnentstellungen von Zitaten, meist durch Weglassen eines Teils des gesamten Wortlauts oder des erläuternden Kontextes. Der klassische Fall ist Herbarts Zitat: »Pädagogik als Wissenschaft hängt ab von der praktischen Philosophie (Ethik) und Psychologie; jene zeigt das Ziel der Bildung, diese den Weg, die Mittel und die Hindernisse.« Damit ist scheinbar die heteronome Abhängigkeit der Pädagogik von ihren Grundlagendisziplinen Philosophie und Ethik behauptet. Erst wenn man Herbarts Gedankengang insgesamt zur Kenntnis nimmt, wird deutlich, daß er im Gegenteil die Forderung nach einer Autonomie der Pädagogik vorwegnimmt. Gegenüber der Ausgangsthese im »Umriß pädagogischer Vorlesungen« (1835) wird bereits ergänzt: »Soll die Pädagogik ihre Hilfswissenschaften, anstatt sie vorauszusetzen, vielmehr selbst hervorbringen; so gilt dies nicht bloß von der Ethik, sondern auch von der Psychologie« (1832; Ausgabe von Bartholomäi 1896, 2. Bd., 368).

In vielen Lehrbüchern ist nachzulesen, eine Begriffsbestimmung von Stutte sei bezeichnend für ein medizinisches Wissenschaftsverständnis der Behindertenpädagogik: »Heilpädagogik ist angewandte Kinderpsychiatrie.« Genau davon will sich der Autor eher distanzieren, was beim Weiterlesen des Zitats deutlich wird: »Heilpädagogik ist angewandte Kinderpsychiatrie, bedeutet: von biologischen und psychologischen Einsichten durchdrungene Pädagogik für behinderte und psychisch auffällige Kinder« (1960, 1070). So ist es schließlich auch nicht ganz richtig zu behaupten, Bopps Werk »Allgemeine Heilpädagogik« (1930) sei die erste theoretische Grundlegung dieser Disziplin. Erst der Untertitel des Buchs, der in der Literaturangabe nicht fehlen darf, informiert über ein wesentlich praxisbezogenes Anliegen: »Allgemeine Heilpädagogik in systematischer Grundlegung und mit erziehungspraktischer Einstellung«. Die selektive Besprechung von Autoren mit besonders gewichteten Zitaten wird 'Steinbruch-Interpretation' genannt. Man wählt das aus, was paßt, und nicht das, was die vollständige Meinung des zitierten Autors ist. Ein jüngeres Beispiel steht für eine solche Technik, in der ein Drittel eines Buches von 300 Seiten der gezielten Auswertung von zwei anderen Werken gewidmet ist, und der Leser (wiewohl auch die betroffenen Autoren) müssen sich wundern, was dabei herauskommt (Rödler 1993).

Zitate als Ersatz für eigene Gedanken disqualifizieren jede wissenschaftliche Veröffentlichung - darauf wurde bereits hingewiesen: »Eine nachgesprochene Wahrheit verliert schon ihre Grazie, aber ein nachgesprochener Irrtum ist ganz ekelhaft« (Goethe, Maximen und Reflexionen). Durch die Ansammlung fremden Gedankengutes im Zitieren kann sogar Hochstapelei betrieben werden. Der Spötter Kishon handelt das unter »Geistesblitze« ab: »Der unbefangene Leser kann ... geistvolle Äußerungen von sich geben, wenn er sie vorsichtshalber mit einer respektablen

Quellenangabe versieht. Die Erfahrung lehrt uns, daß fast jedem Wort Flügel wachsen können, wenn man behauptet, daß es von George Bernard Shaw oder von Winston Churchill stammt.« Beispiel: »Eine Straße überqueren (Nietzsche)« (Kishon 1984, 37-38). Die Individualpsychologie nannte eine solche Methode das 'Erschleichen von Geltung'.

Sich-selbst-Zitieren - hier möchte ich mal sehr streng sein - halte ich für eine Unsitte. Gemeint ist das wörtliche Zitat, mit dem ich von mir wie der Papst in der dritten Person spreche: »Bleidick hat nachgewiesen ...« (1998, 2000). Gegen Klammerverweise auf das eigene Verdienst habe ich nichts; ich benutze sie öfters: »Nur die Lumpe sind bescheiden, Brave freuen sich der Tat« (Goethe, Rechenschaft). Aber auch hier kommt es auf die Dosierung an. Offensichtliche Selbstbespiegelung ist nicht tragbar. Das muß man sich von guten Freunden sagen lassen, die wichtige Texte vor jeder Veröffentlichung durchsehen sollten. Selbst merkt man es erst zuletzt: »Jedermann glaubt dasjenige mitteilbar, was er selbst besitzt« (Dichtung und Wahrheit). Ich kenne ein Lehrbuch von einem, ansonsten von mir hochgeschätzten Kollegen, dessen »Grundriß« im Literaturverzeichnis »berücksichtigte Arbeiten des Verfassers« aufzählt. Dazu Goethe: »Das ist eine von den großen Taten, sich in seinem Fett zu braten« (Sprichwörtlich).

Die Tendenz zu sich verselbständigendem und in Zitaten ein Eigenleben führendem Denken wird Selbstreferenz genannt. Referenz meint Beziehung, Empfehlung; Selbstreferenz ein 'Stehen für sich selbst'. Das pädagogische Establishment betreibt Selbstreferenz: »Als 'Establishment' bezeichne ich alles, was im Erziehungssystem für das Erziehungssystem arbeitet, aber nicht selbst erzieht oder unterrichtet ... Die Pädagogik produziert laufend Aussagen im System für das System und nimmt diese Form von Selbstreferenz in der Produktion vorweg« (Schorr 1979, 887, 890). Zitierweise kann Selbstzweck eines sterilen Glasperlenspiels werden. Wir sprechen nach, wir schreiben auf; nicht immer wird auch mitgedacht: »Die verwaltete Welt bringt vielfach eine Aufschwellung und zugleich eine Entleerung der Sprache mit sich« (Korn 1959, 131). Epplers Satire über die »Kavalleriepferde beim Hornsignal« (1992) zeigt die Gefahren des ritualisierten Nachsprechens auf. Zitieren ist wie Gift: In angemessener Dosis ist es anregend; wenn zu viel Zitate aneinandergereiht werden und ein Eigenleben führen, geht die wissenschaftliche Konversation verloren.

6. Rezensionen als konversativer Tummelplatz

»Schlagt ihn tot, den Hund! Es ist ein Rezensent«, heißt es in Goethes gleichnamigem Gedicht. Rezensionen und Rezensenten haben nicht immer einen guten Ruf. Entweder kritisieren sie zu viel, oder sie denaturieren zur Gefälligkeitsrezension: »Widerspruch und Schmeichelei machen beide ein schlechtes Gespräch« (Goethe, Wahlverwandtschaften). Die eindringlichste Warnung verdanken wir Georg Christoph Lichtenberg (1798), und man darf sie nicht wörtlich verstehen, sondern im Gewissen der Gründlichkeit, mit der ein Zensor das zu besprechende Buch gelesen habe: »Unter die größten Entdeckungen, auf die der menschliche Verstand in der neuesten Zeit gefallen ist, gehört meiner Meinung nach wohl die Kunst, Bücher zu beurteilen, ohne sie gelesen zu haben« (Zubke 1993, 70).

Rezensionen sollten wörtliche Zitate enthalten, damit der Leser auch semantisch in die Gedankenwelt des besprochenen Buches eingeführt wird. Ich halte es jedoch nicht für nötig, Seitenangaben in Klammer zu setzen (128). Wer schlägt schon das rezensierte Buch nach? Und wenn er es liest, dann darf er es ohnehin gründlich tun.

In diesem Kapitel soll nun nicht über das Wesen der Rezension gehandelt werden. Es geht allein um den Zusammenhang mit Zitieren. Der Charakter der Konversation schlägt wieder durch: »Bücher werden jetzt nicht geschrieben, um gelesen zu werden, um sich daraus zu unterrichten und zu belehren, sondern um rezensiert zu werden, damit man wieder darüber reden und meinen kann« (Goethe zu Riemer, 1806). Der Unterton ist skeptisch, ob Rezensionen überhaupt etwas bringen: »Eigentlich lernen wir nur von Büchern, die wir nicht beurteilen können. Der Autor eines Buchs, das wir beurteilen können, müßte von uns lernen« (Goethe, Maximen und Reflexionen). Oder noch deutlicher: »Gewisse Bücher scheinen geschrieben zu sein, nicht damit man daraus lerne, sondern damit man wisse, daß der Verfasser etwas gewußt hat« (ebenda).

Ein gutes Kriterium für die Beurteilung eines Buchs ist bekanntlich der Versuch, sich an die Stelle des Autors zu versetzen: Möchte ich so ein Buch geschrieben haben? Ich selbst erlebe solche Situationen öfter: Ich bin verblaßt vor Neid über eine literarische Leistung, die vor mir liegt; meine Achtung ist groß, und der Vergleich mit meinen Möglichkeiten macht mich bescheiden. Zur Beruhigung gibt es - ich wage nicht zu bilanzieren, ob seltener oder öfter - auch das Gegenteil: Ich bin froh, so etwas nicht geschrieben zu haben. Goethe konnte sich das Urteil erlauben: »Wie mir das Buch gefällt? Will dich nicht kränken; Um alles in der Welt, Möcht' nicht so denken« (Zahme Xenien). Das Bewußtsein des eigenen Wertes ist zwangsläufig eine Geringschätzung der anderen: »Aus einer großen Gesellschaft heraus ging einst ein stiller Gelehrter zu Haus. Man fragte: Wie seid ihr zufrieden gewesen? 'Wären's Bücher', sagt' er, 'ich würd' sie nicht lesen'« (Goethe, Gesellschaft).

Mitunter finden wir uns zitiert und sind darüber gar nicht glücklich. Es gibt einen Beifall von der falschen Seite: »Es ist was Schreckliches um einen vorzüglichen Mann, auf den sich die Dummen was zugute tun« (Wahlverwandtschaften). Was wir brauchen, das ist Bestätigung von unseresgleichen oder Höherem. »Gute Ansichten sind wertlos, es kommt darauf an, wer sie hat«, wußte Karl Kraus (1986, 224). Bei Lichtenberg überschlägt sich der Spott schon: »Wenn ein Buch und ein Kopf zusammenstoßen, und es klingt hohl, ist es allemal das Buch?«

In der Forschung gibt es den Begriff der Meta-Analyse: das Sammelreferat, das alle bisherigen Forschungen zum Thema noch einmal nacharbeitet und zusammenfassend auswertet. Es nimmt nicht wunder, daß in der selbstreferenten Wissenschaft auch die Rezensionen zu einem Thema einen Forschungspool darstellen. Ein vorzügliches Beispiel dafür liefert Brill (1994), der die Rezeption von Strömungen der Eugenik und Euthanasie unter den Sonderschullehrern der zwanziger Jahre anhand der Buchbesprechungen in den Zeitschriften »Die Hilfsschule« und »Zeitschrift für Kinderforschung« rekonstruiert hat. Eine Meta-Rezension zur Abkanzelung angeblich unsachlicher Kritiker gibt es natürlich auch, wobei aus einem eher singulären Anlaß »Literaturkritik als Hexenjagd« entlarvt wird (Moser 1994).

7. Marginalien: Irrtümer, Druckfehler, Sekundärzitieren

Falsche Zitate können irreführende Fährten legen, mit denen man/frau dann noch lange zu tun hat. In der Geschichte der Legasthenieforschung gibt es dafür ein Exempel. Valtin berief sich in der Definition der Legasthenie auf eine seinerzeit mit breitem Konsens versehene Umschreibung von Linder: als »eine spezielle, aus dem Rahmen der übrigen Leistungen fallende Schwäche im Erlernen des Lesens (und indirekt auch des selbständigen orthographischen Schreibens) bei sonst intakter (oder im Verhältnis zur Lesefähigkeit relativer) Intelligenz« (Valtin 1970, 15). An der entscheidenden Stelle des Zitats von Linder heißt es jedoch »(oder im Verhältnis zur Lesefähigkeit) relativ guter Intelligenz« (Linder 1951, 100). Die ätiologische Theorie der Legasthenie kommt damit auf ein ganz anderes Gleis; denn es ging Linder gerade um den Nachweis der speziellen, von der Intelligenz und der kognitiven Schwäche isolierten Lese-Rechtschreibschwäche. Nach Drucklegung des Buchs gestand mir Valtin, sie habe sich immer (fälschlich) gewundert, warum die anerkannte Definition von Linder nicht das aussage, was ihr die Forschung zuschreibe.

Nun kann der Irrtum sogar sein Gutes haben. Die Richtigstellung macht erst recht auf das Problem aufmerksam. »Es ist sehr gut, wenn man sich einmal mißversteht, daraus kommt manch gute Erklärung, und man sieht erst, daß man recht einig ist«, schreibt Goethe an Fr. Müller, 1780. Ich pflege oft wegen eines tautologischen Zitats (dessen sinngemäße Aussage übrigens bei mehreren Autoren schon vorher zu finden ist) kritisiert zu werden: »Lernbehindert ist, wer eine Schule für Lernbehinderte besucht« (Bleidick 1989, 96). Wer den gesamten Abschnitt liest, müßte redlicherweise bemerken (und auch korrigierend zitieren), daß ich die Aussage als Provokation einer institutionellen Zuschreibung benutze. In der vierten Auflage 1995 habe ich mich (seit 1977) endlich entschlossen, auf den problembewußteren Gebrauch des Zitats aufmerksam zu machen.

Sogar Druckfehlern läßt sich etwas Positives abgewinnen, zeigen sie doch, wie verbesserlich die Welt ist: »Auch darf nicht geleugnet werden, daß wir persönlich einem Buche gar manchen Druckfehler verzeihen, indem wir uns durch dessen Entdeckung geschmeichelt fühlen« (Goethe, Westöstlicher Diwan). Die Kreativität der Druckfehler ist geläufig: Hörigkeit steht für Höflichkeit, veraltet für verachtet. In meinem Institut lese ich: »Die Vorlesungen von Prof. Fischer fallen vom 11.-18.11 aus (vollständige Heiterkeit)«. Erst einige Tage später ist, rot, korrigiert: »Heiserkeit«. Die Zeitschrift »Behindertenpädagogik in Bayern« bringt in 1/94 ein Erratum für 4/93: Entlastungssituation statt Entlastungsinstitution. Wer hat das schon bemerkt? Aber nun verunglückt die Sache gründlich, indem sie sich »Behindertepädagogik in Bayern« tituliert! Nochmals Goethe: »Ich denke immer, wenn ich einen Druckfehler sehe, es sei etwas Neues erfunden« (Maximen und Reflexionen).

Bekanntlich ist es der Fluch der bösen Tat, daß sie »fortzeugend Böses muß gebären«. Fehler pflanzen sich fort - in Sekundärzitaten. Der Zitator übernimmt ein Zitat vom - als seriös angenommenen - Gewährsmann. Man kann nicht alles selbst nachschlagen, und die Bibliotheken sind unvollständig. Was aber ist, wenn auch der Kronzeuge nachlässig war? In Doktorarbeiten sollte Sekundärzitieren grundsätzlich nicht erlaubt sein. An Groteske nicht zu überbieten ist der Fall Cyril Burt. Allerdings steht er in der Wissenschaftsgeschichte auch für bewußte Täuschung: So entlarvte Kamin die berühmte Zwillingsstudie von Burt 1974 als Fälschung. Der Beweis für die Allmacht der Gene war simuliert; Burt hatte den Großteil seiner 53 eineiigen Zwillinge erfunden. Ganze Generationen von Wissenschaftlern hatten die Ergebnisse über die Erblichkeit der Intelligenz abgeschrieben, insbesondere Jensen (1973).

8. Epilog: Der konstruktive Dialog

Ich habe in diesem Beitrag viel zitiert; zu viel, nach meinen eigenen Maßstäben. Ich nehme jedoch die Ausnahme für mich in Anspruch: Zu didaktischen Zwecken wollte ich zeigen, wie zitiert wird. Zum anderen mochte ich meine Verehrung für Goethe ausdrücken.

Es gibt ein längeres Wechselgespräch zwischen mir und Walter Thimm über die Paradigmen von Behinderung. Ich sehe es als Beleg für die Rolle des Zitierens in der wissenschaftlichen Konversation an. Thimm bescheinigt der Sonderpädagogik - soviel ich sehe zum ersten Male - ein »Stadium unreflektierter Paradigmakonkurrenz« (1975, 154). Mein Referat über Theorien der Behinderung und ihre Verknüpfung (1977) zählt vier Paradigmen auf, die ich unter den Einwänden der Diskussion, namentlich durch Thimm, auf drei reduziert habe (1985, 254). Letzteres wird selten beachtet, obwohl darin eine entscheidende Änderung liegt. Neben die Heilpädagogik als medizinisches Modell und die Sonderpädagogik als systemsoziologisches Modell von Institutionendifferenzierung tritt die Behindertenpädagogik als interaktions- und gesellschaftstheoretisches Modell. Meine Einteilung war überdies von Hurrelmann (1975) angeregt (vgl. Bleidick 1977, 228, Anm. Nr. 2).

Thimms Eingehen auf meine ursprüngliche Handhabung des Paradigma-Konzepts ist beispielhaft für konstruktive Kritik (Thimm 1979 a, 169 f.). Er dringt auf eine Erweiterung des verkürzt dargestellten interaktionistischen Ansatzes; er kritisiert die Reduzierung des gesellschaftstheoretischen Ansatzes auf eine polit-ökonomische Theorie; er verweist auf die Überschneidung und Nähe systemtheoretischer und gesellschaftsanalytischer Erklärungen. Ein grundsätzlicher Einwand ist die Forderung nach einer Präzisierung der Paradigmen für unterschiedliche Behinderungsarten. Die Unterscheidung von defektivem und culpativem Stigma liegt in der Richtung (Thimm 1979 b, 705; mit Hinweis auf Lipp).

Nach meiner Wahrnehmung ist jener Artikel von 1977 die Veröffentlichung von mir, die am meisten zitiert zu werden pflegt. Nur - damit bin ich gar nicht zufrieden. Die Wiedergabe erfolgt kommentarlos, ablehnend (meist ohne Begründung), oder sie übersieht gerade die seitdem wesentliche Veränderung des Paradigma-Konzeptes (Bleidick 1985, 267 f.; Bleidick/Hagemeister 1995, 75 ff.). Walter Thimm hat meines Wissens als einziger die Diskussion fortgeführt. Als entscheidendes Problem für die Konstitution eines umfassenden, pädagogisch relevanten und sozialtechnologisch brauchbaren Behinderungsbegriffs wird die Schwierigkeit angesehen, unterschiedliche Theorieansätze durch einen gemeinsamen, handlungsorientierten Bezugsrahmen zusammenzufassen: »Dem Praktiker präsentiert sich .. Praxis nicht in diesen theoretischen Konstruktionen (Behinderung als medizinisch-psychologische, als gesellschaftliche Kategorie, als Folge von Etikettierungsprozessen, als Systemfolge). Sie 'springt' ihn vielmehr in den professionellen Alltagssituationen in der Regel nicht perspektivisch an, sondern global, diffus, unstrukturiert, ja chaotisch. Er muß, basierend auf einer individualistischen professionellen Ethik, sein Handeln in eine heterogene Wissensbasis integrieren unter Beachtung organisationsspezifischer Regeln« (Thimm 1979 a, 172).

Der Einwand hat mich seitdem beschäftigt. Die praktische Handlungsebene wird in meinem System von der theoretischen Reflexion getrennt. Im erziehungstheoretischen Überbau gilt die reinliche Trennung von wertfreier Erziehungswissenschaft und normativer Erziehungsphilosophie, die erst im praktischen Erziehungsvollzug wieder vereinigt werden (Bleidick 1984, 388). Thimm hält die Umsetzung für ungelöst, weil »erst die sozialtechnologische Transformation der wertfreien wissenschaftlichen Aussagen .. den potentiellen Handlungswert zu unmittelbaren Handlungswerten .. aufschließt ... Die Transformation .. in konkrete Handlungsregeln für den Praktiker wird nicht mitgeliefert« (1979 a, 170, 172). Ich stimme dem zu, ohne eine Lösung zu wissen.

In Weiterführung der Überlegungen von Thimm hat sich Beck (1994, 52 ff.) der Frage gewidmet. Sie weiß ebenfalls, daß »die Problematik der Begriffsbildung als ungelöst angesehen werden muß, ebenso wie das Problem der Verknüpfung mikro- und makrosoziologischer Begriffssysteme oder der Verknüpfung erfahrungswissenschaftlicher und normativer Ansätze« weiterbesteht (54). Die Forderung nach theoretisch begründetem praktischem Handeln mündet nicht in rezeptologische Anwendungsregeln: »Behinderungsparadigmen sind zusammengenommen als mögliche Erklärungsfaktoren komplex, und gleichzeitig sind sie kontingent« (59-60). Ich denke, daß in dem Fazit von Beck die von Thimm und mir antithetisch auseinandergefaltete Diskussionslage weitergebracht wird: »Da die pädagogische Theorie Behinderung nicht erklären kann, werden Dimensionen von Behinderung jeweils in die pädagogische Theorie, deren Reichweite und wissenschaftstheoretische Begründung die Verwendung bestimmt, zweckbestimmt eingebunden. Die Zielbestimmung leitet sich dann aus der jeweils maßgeblichen Dimension ab, die so doppelt zweckbestimmt wird und schließlich noch zur Legitimation der Sonderpädagogik dient« (58-59).

Die Wissenschaftler, die Hochschullehrer der Behindertenpädagogik befinden sich in einem Dilemma. Sie sind vor dem Hintergrund eines historisch-kritischen Bewußtseins, das um die Relativität aller Lehrmeinungen weiß, dem Pluralismus unterstellt und ausgeliefert. Angesichts eines gesellschaftlichen Auftrags und ob der persönlichen Verpflichtung, etwas zur Verbesserung der tatsächlichen Lage von Behinderten zu tun, ist dieser »Zustand professioneller Anomie« (Thimm 1979 a, 171) unhaltbar. Denn »die sich wissenschaftlich verstehende Behindertenpädagogik sieht sich offensichtlich nicht bemüßigt, nennenswert erziehungsphilosophisch tätig zu werden. Hier klafft ein Vakuum« (ebenda, 170-171). Wir sind uns auch bewußt, daß die »Individualisierung grundlegender Probleme«, die »Abschiebung gesamtgesellschaftlicher Verantwortlichkeit auf den Einzelnen .. zur Entsolidarisierung der Gesellschaft führt« (Thimm 1994, 31). Um das zu verhindern, möge das im gegenseitigen Zitieren verwörterte Zwiegespräch weitergeführt werden.

Literatur

ADORNO, Th.: Erziehung nach Auschwitz. In: Heydorn, H. J. u. a. (Hrsg.): Kritische Beiträge zur Bildungstheorie. Frankfurt 1967, 111-123.
BECK, I.: Neuorientierung in der Organisation pädagogisch-sozialer Dienstleistungen für behinderte Menschen: Zielperspektiven und Bewertungsfragen. Frankfurt 1994.
BERGMANN, J. R.: Ethnomethodologische Konversationsanalyse. In: Schröder, P./Steger, H. (Hrsg.): Dialogforschung. Jahrbuch 1980 des Instituts für Deutsche Sprache. Düsseldorf 1980, 9-51.
BERGMANN, J. R.: Klatsch. Zur Sozialform der diskreten Indiskretion. Berlin 1987.
BERGMANN, J. R.: Goffmans Soziologie des Gesprächs und seine ambivalente Beziehung zur Konversationsanalyse. In: Hettlage, R./Lenz, K. (Hrsg.): Erving Goffman - ein soziologischer Klassiker der zweiten Generation. Bern 1991, 301-326.
BLEIDICK, U.: Pädagogische Theorien der Behinderung und ihre Verknüpfung. In: Zeitschrift für Heilpädagogik 28 (1977) 207-229.
BLEIDICK, U.: Pädagogik der Behinderten. Grundzüge einer Theorie der Erziehung behinderter Kinder und Jugendlicher. Berlin ^{5}1984.
BLEIDICK, U.: Historische Theorien: Heilpädagogik, Sonderpädagogik, Pädagogik der Behinderten. In: Bleidick, U. (Hrsg.): Theorie der Behindertenpädagogik (Handbuch der Sonderpädagogik, Band 1). Berlin 1985, 253-272.
BLEIDICK, U.: Lernbehindertenpädagogik. In: Bleidick, U./Hagemeister, U./Kröhnert, O./von Pawel, B./Rath, W.: Einführung in die Behindertenpädagogik. Band II. Stuttgart 1977. ^{3}1983. ^{4}1995.
BLEIDICK, U./HAGEMEISTER, U.: Einführung in die Behindertenpädagogik. Band I: Allgemeine Theorie der Behindertenpädagogik. Stuttgart ^{5}1995.
BOPP, L.: Allgemeine Heilpädagogik in systematischer Grundlegung und mit erziehungspraktischer Einstellung. Freiburg 1930.
BRILL, W.: Pädagogik im Spannungsfeld von Eugenik und Euthanasie. Die »Euthanasie«-Diskussion in der Weimarer Republik und zu Beginn der neunziger Jahre.

Ein Beitrag zur Faschismusforschung und zur Historiographie der Behindertenpädagogik. St. Ingbert 1994.

BÜCHMANN, G.: Geflügelte Worte. Neuausgabe München 1977.

DOBLER, R. (Hrsg.): Lexikon der Goethe-Zitate. Augsburg 1991.

DUPUIS, G./KERKHOFF, W. (Hrsg.): Enzyklopädie der Sonderpädagogik, der Heilpädagogik und ihrer Nachbargebiete. Berlin 1992.

EPPLER, E.: Kavalleriepferde beim Hornsignal. Die Krise der Politik im Spiegel der Sprache. Frankfurt 1992.

FREY, U. H.: Die richtige Anekdote. Amüsante Weisheiten zum Nachschlagen nach Stichworten und Autoren geordnet. Herrsching 1991.

HANKINSON, J.: !Alles Bluff? Mitreden beim Thema: Philosophie. München 1994.

HENNINGSEN, J.: Sprachen und Signale der Erziehungswissenschaft. Stuttgart 1980.

HERBART, J. F.: Rezension der Erziehungslehre von F. H. Ch. Schwarz, 1832. In: J. Fr. Herbarts Pädagogische Schriften, hrsg. von Fr. Bartholomäi. 2. Band. Langensalza ^{6}1896.

HERBART, J. F.: Umriß pädagogischer Vorlesungen, 1835. In: J. Fr. Herbarts Pädagogische Schriften, hrsg. von O. Willmann/Th. Fritzsch. Zwei Bände. Osterwieck ^{3}1914.

HOYNINGEN-SÜESS, U.: Befragung Allgemeine Sonderpädagogik - gestern, heute, morgen. (Unveröffentlicht) Zürich 1995.

HURRELMANN, K.: Erziehungssystem und Gesellschaft. Reinbek 1975.

JENSEN, A. R.: Wie sehr können wir Intelligenzquotient und schulische Leistung steigern? In: Skowronek, H. (Hrsg.): Umwelt und Begabung. Stuttgart 1973, 63-155.

KISHON, E.: Abraham kann nichts dafür. 66 neue Satiren. München 51.-100. Tausend 1984.

KORN, K.: Sprache in der verwalteten Welt. Freiburg 1959.

KRAUS, K.: Aphorismen. Sprüche und Widersprüche, Pro domo et mundo, Nachts. Frankfurt 1986.

KUHN, TH. S.: Die Struktur wissenschaftlicher Revolutionen. Frankfurt 1967.

LAERMANN, K.: Vom Sinn des Zitierens. In: Merkur 38 (1984) 672-681.

LINDER, M.: Über Legasthenie (spezielle Leseschwäche). In: Zeitschrift für Kinderpsychiatrie 18 (1951) 97-143.

MERTON, R. K.: Auf den Schultern von Riesen. Ein Leitfaden durch das Labyrinth der Gelehrsamkeit. Frankfurt 1983.

MOOR, P.: Heilpädagogik. Ein pädagogisches Lehrbuch. Bern 1965.

MOSER, T.: Literaturkritik als Hexenjagd. München 1994.

MULLINS, N. C.: Theories and Theory Groups in Contemporary American Sociology. New York 1973.

PEUKERT, H.: »Erziehung nach Auschwitz« - eine überholte Situationsdefinition? Zum Verhältnis von Kritischer Theorie und Erziehungswissenschaft. In: Neue Sammlung 30 (1990) 345-354.

PÖRKSEN, U.: Plastikwörter. Die Sprache einer internationalen Diktatur. Stuttgart ²1988.
POPPER, K.: Die Logik der Sozialwissenschaften. In: Adorno, Th. u. a.: Der Positivismusstreit in der deutschen Soziologie. Neuwied 1972, 103-123.
RÖDLER, P.: Menschen, lebenslang auf Hilfe anderer angewiesen. Grundlagen einer allgemeinen basalen Pädagogik. Frankfurt 1993.
SINGER, P.: Praktische Ethik. Stuttgart 1984.
SCHEUERL, H.: »Was ist ein pädagogischer Klassiker?" In: Zeitschrift für Pädagogik 41 (1995) 155-160.
SCHORR, K. E.: Wissenschaftstheorie und Reflexion im Erziehungssystem. In: Zeitschrift für Pädagogik 25 (1979) 883-891.
STUTTE, H.: Kinder- und Jugendpsychiatrie. In: Gruhle, H. W. (Hrsg.): Psychiatrie der Gegenwart. Forschung und Praxis. Band II: Klinische Psychiatrie. Berlin 1960, 952-1087.
THIMM, W.: Behinderung als Stigma. Überlegungen zu einer Paradigma-Alternative. In: Vierteljahresschrift Sonderpädagogik 5 (1975) 149-157.
THIMM, W.: Zur Handlungsrelevanz von Behinderungsbegriffen. In: Vierteljahresschrift Sonderpädagogik 9 (1979a) 169-175.
THIMM, W.: Die pädagogische Förderung Behinderter im Aufgabenfeld praxisorientierter Wissenschaften: Aufgabenfeld Soziologie am Beispiel Stigma-Management. In: Zeitschrift für Heilpädagogik 30 (1979b) 704-711.
THIMM, W.: Das Normalisierungsprinzip - eine Einführung. Marburg ⁴1990.
THIMM, W.: Leben in Nachbarschaften. Hilfen für Menschen mit Behinderungen. Freiburg 1994.
THIMM, W./VON FERBER, CH./SCHILLER, B./WEDEKIND, R.: Ein Leben so normal wie möglich führen ... Zum Normalisierungskonzept in der Bundesrepublik Deutschland und in Dänemark. Marburg 1985.
VALTIN, R.: Legasthenie - Theorien und Untersuchungen. Weinheim 1970.
VOLLMER, G.: Wozu Pseudowissenschaften gut sind. Argumente aus Wissenschaftstheorie und Wissenschaftspraxis. In: Skeptiker 7 (1994) 94-101.
ZUBKE, F.: Im Dialog mit Georg Christoph Lichtenberg. Weinheim 1993.

Bibliographie WALTER THIMM

1. Einzelveröffentlichungen

Blinde in der Gesellschaft von heute. Untersuchungen zu einer Soziologie der Blindheit. Berlin 1971 (Marhold).

(Herausgeber): *Soziologie der Behinderten - Materialien.* Neuburgweier 1972 (Schindele).
- Soziologie - Soziologie der Behinderten-Rehabilitation, 9-22,
- Die amtliche Behindertenstatistik in der Bundesrepublik Deutschland, 42-65.
- Sehschädigungen als Ursache für die divergente Strukturierung sozialer Situationen, 246-260.

Mit Behinderten leben. Hilfe durch Kommunikation und Partnerschaft. Freiburg 1977 (Herder), Herderbücherei Bd. 604 (Reihe 'menschlicher leben').

(Herausgeber): *Erwachsenenbildung im Problemfeld 'Behinderte unter uns'.* Bericht über ein Modellseminar. Bildungszentrum Heidelberg, März 1977. Kurzbericht in: Erwachsenenbildung 4/1977, S. 210-214.

Auf dem Weg zum Beruf. Ausgabe C für blinde und hochgradig sehbehinderte Jugendliche. Hrsg. von der Bundesanstalt für Arbeit Nürnberg 1978/1981.

(mit Ernst Dupré): *Empirische Untersuchungen* zur Verwendung und Wirksamkeit der Orientierungsschrift zur Berufswahl - Ausgabe C - für Abgänger der Schule für Blinde und hochgradig Sehbehinderte. Forschungsprojekt im Auftrag der Bundesanstalt für Arbeit Nürnberg 1981.

Kurseinheiten im Studiengang Sonderpädagogik der Fernuniversität-Gesamthochschule-Hagen 1979-1981:
- Lernbehinderte. Versuch einer soziologischen Beschreibung. 3351/04.
- Lernbehinderung - Versuch einer soziologischen Erklärung. 3351/05.
- Zur sozialen Lage ehemaliger Schüler der Schule für Lernbehinderte. 3357/01.

- Zur beruflichen Situation ehemaliger Schüler der Schule für Lernbehinderte. 3357/02.
Diese vier Kurseinheiten zusammengefaßt: *Soziologische Aspekte der Lernbehinderung.* Oldenburg 1983 (Universität Oldenburg, ZpB).
- Berufsvorbereitung und Berufsausbildung ehemaliger Schüler der Schule für Lernbehinderte. 3368/02.
- Zur Effektivität berufsvorbereitender Maßnahmen für ehemalige Schüler der Schule für Lernbehinderte. 3371/01.
- Sozialpädagogische Aufgaben der Schule für Lernbehinderte im Hinblick auf die berufliche Eingliederung. 3374/01.
- Aspekte zur Sozialisierung Geistigbehinderter. 3501/01.

(mit Chr. von Ferber): *Integration geistig Behinderter durch Normalisierung der Hilfen.* Bericht über ein Forschungsprojekt (März 1981). Oldenburg 1982 (BIS der Universität Oldenburg).

Auf dem Wege zur Gemeinde - Ansprache zum 125jährigen Jubiläum von Haus Hall. (Eigenverlag Haus Hall) Gescher 1980.

Das Normalisierungsprinzip - Eine Einführung.
Marburg/Lahn 1984[1]; 1995[6] (Kleine Schriftenreihe der Lebenshilfe e. V., Bd. 5).

Princip normalizácie (slowakische Übersetzung), Bratislava 1993.

(mit Chr. v. Ferber, B. Schiller, R. Wedekind): *Ein Leben so normal wie möglich führen...* Zum Normalisierungskonzept in der Bundesrepublik Deutschland und in Dänemark. Marburg/Lahn 1985 (Große Schriftenreihe der Lebenshilfe e.V., Bd. 11).

(Hrsg. mit Iris Beck): *Ethische Aspekte der Hilfen für Behinderte*: unter besonderer Berücksichtigung von Menschen mit geistiger Behinderung. Marburg/Lahn 1989 (Große Schriftenreihe der Lebenshilfe e. V., Band 19), 3-11; 38-43; 137-138; 181-183.

Entwicklungsperspektiven kommunaler Behindertenpolitik. In: Sozialreferat der Stadt München (Hrsg.): Zur Situation Behinderter in München. Bericht des Hearings vom 14. April 1989. München 1989.

(Hrsg. mit Iris Beck): *Integration heute und morgen.* Kongreßbericht

REHA 89. Düsseldorf 1990. <Novea Messegesellschaft>, (deutsch-englisch), 4-7; 30-48.

(mit G. Wachtel): *Bedarfs- und Aufbauplan* für gemeindeorientierte Dienste für Familien mit behinderten Angehörigen in *Cottbus* (Brandenburg) - Behindertenplan Cottbus. Oldenburg 1992.

Leben in Nachbarschaften. Hilfen für Menschen mit Behinderungen. Freiburg (1994) (Herder Spektrum Bd. 4272).

»Integration« - unBehindert miteinander leben. Zur Woche für das Leben. Vechta 1994 (Eigendruck Andreaswerk).

(gemeinsam mit M. Hupasch-Labohm, Ch. Meyners, G. Wachtel): *FED - Familienentlastende Dienste.* Ergebnispräsentation Dresden, Arbeitsstelle REHAPLAN, Universität Oldenburg 1995.

(gemeinsam mit A. Akkermann, M. Hupasch-Labohm, S. Krauledat, Chr. Meyners, G. Wachtel): *Familienentlastende Dienste - FED. Zur Entwicklung einer neuen Hilfeform für Familien mit behinderten Angehörigen.* Projektbericht. Schriftenreihe des Bundesministeriums für Gesundheit, Baden-Baden 1996 (Nomos) (im Erscheinen).

2. Beiträge zu Sammelbänden

Untersuchungen zur sozialen Eingliederung Blinder. XXV. Deutscher Blindenlehrerkongreß Hamburg 1965, Hannover 1967, 56-65.

Sehschäden und sozialer Wandel. Probleme der Professionalisierung im Sehgeschädigtenwesen. XXVII. Deutscher Blindenlehrerkongreß Wien 1973. Hannover 1974, 270-277.

Lernbehinderung als Stigma. In: Stigmatisierung I. Zur Produktion gesellschaftlicher Randgruppen, hrsg. v. M. Brusten / J. Hohmeier, Neuwied/Darmstadt 1975 (Luchterhand), 124-144. Wiederabdruck in: Heilpädagogik, Hrsg.: A. Leber, Darmstadt 1980, S. 168-190.

Sinnesbehinderte. In: Handbuch der Sozialmedizin Bd. III, Hrsg.: Blohmke / v. Ferber / Kisker / Schäfer, Stuttgart 1976 (Enke), 758-776.

Zur Soziologie der Behinderten. In: Informationen zum Studium der Sonderpädagogik. Hrsg.: H. Stadler, Rheinstetten 1976 (Schindele).

Sie haben Mühe mit uns und wir mit ihnen. In: Gott für das andere Kind. Hrsg.: Katechetisches Institut Zürich 1976, 5-19.

Soziologische Aspekte. In: Kommunikation zwischen Partnern, Teil I, Wissenschaftliche Aspekte der Behindertenarbeit - Gesamtüberblick, Hrsg.: Bundesarbeitsgemeinschaft 'Hilfe für Behinderte e. V.' Düsseldorf 1976, 44-53.

(mit E. H. Funke): *Soziologische Aspekte der Lernbehinderung.* In: Lernbehindertenpädagogik, Hrsg.: G. O. Kanter und O. Speck, Handbuch der Sonderpädagogik Bd. 4, Berlin 1977, 581-611.

Höhere und weiterführende berufliche Bildung für Blinde in einer sich wandelnden Arbeitswelt. Symposion des Verbandes der blinden Geistesarbeiter. Tagungsbericht. Rheinstetten 1977 (Schindele), 31-40.

Zur sozialen Herkunft behinderter Kinder. Ergebnisse und offene Fragen. Wiss. Jahrestagung der Deutschen Gesellschaft für Sozialmedizin in Heidelberg 1976. Tagungsbericht. Stuttgart 1977 (Gentner).

Behinderungsbegriff und Lebensqualität. Ansätze zu einer Vermittlung zwischen sonderpädagogischer Theorie und Praxis. In: Brennpunkt Sonderschule - Sonderschultag '77 -. Hrsg.: Verband Bildung und Erziehung, Bonn-Bad Godesberg 1977, 24-30.

Lebensbedingungen behinderter Kinder und Jugendlicher. Intern. Seminar der EASE, Kassel 1977. Gesamtbericht: Verband Deutscher Sonderschulen, 148-159.

Familie und Umwelt geistig behinderter Kinder. Grundlagentext für: Geistigbehinderte. Hrsg.: Diakonisches Werk der Evgl. Kirche in Deutschland, Stuttgart 1978, 37-46.

Versuch einer Ortsbestimmung professioneller Behindertenhilfe. Dokumentation Werkstättentag '78. BAG Werkstätten für Behinderte. Osnabrück 1978, 299-313.

Die soziale Rolle des sehgeschädigten Menschen unter besonderer Berücksichtigung der Sexualität. In: Sexualpädagogik bei Behinderten. Hrsg. Nikolaus Hartmann. Rheinstetten 1978.

(mit H. Wieland): *Soziologische Aspekte der Körperbehinderung.* Handbuch der Sonderpädagogik Bd. 8, Berlin 1982, 439-448.

Soziologisch-anthropologische Überlegungen zur Entstigmatisierung. In: Plastische Chirurgie bei Menschen mit Down-Syndrom. Marburg 1983 (Große Schriftenreihe der Lebenshilfe e. V., Bd. 9), 101-110.

Standortbestimmung und Neuorientierung: Freizeit und Alltagsbereich. In: XXIX. Kongreß für Sehgeschädigtenpädagogik Würzburg, Hannover 1983, 34-37.

Rehabilitation von Lernbehinderten als Aufgabe von Schule und Gesellschaft. In: Das behinderte Kind in der Rehabilitation. Hrsg. H. Neseker. Heidelberg 1984.

Soziologische Aspekte der Sehschädigung. Handbuch der Sonderpädagogik Bd. 2, Berlin 1985, 535-568.

Für ein selbstbestimmtes Leben. Behinderte Menschen als »kritische Konsumenten« sozialer Dienstleistungen. In: BAG »Hilfe für Behinderte« Düsseldorf (Hrsg.), Düsseldorf 1985, 9-22.

Berufsbezogene Bildungsgänge für Sehgeschädigte. Handbuch der Sonderpädagogik Bd. 2, Berlin 1985, 349-358.

Das Normalisierungsprinzip: zum interkulturellen Transfer eines sozialpolitischen und sonderpädagogischen Reformkonzeptes. In: Sonderpädagogische Theorie und Praxis. Hrsg.: Oldenburger Institut für Sonderpädagogik. Heidelberg 1985. Edition Schindele.

Menschen mit geistiger Behinderung: sozialepidemiologische Aspekte. In: Entwicklungsstörungen des Zentralnervensystems. Hrsg.: G. Neuhäuser. Stuttgart 1985 (Kohlhammer), 208-215.

Normalisierung und alltägliche Lebensbedingungen. In: Normalisierung - eine Chance für Menschen mit geistiger Behinderung. Kongreßbericht (1.

Europäischer Kongreß der ILSMH, Hamburg), Marburg 1986 (Große Schriftenreihe der Lebenshilfe, Bd. 14), 27-29; 100-114; 228-233.

(mit H. Wieland): *Epidemiologische Gesichtspunkte zum Altern von geistig behinderten Menschen.* In: Geistig behinderte Menschen im Alter. Hrsg. H. Wieland, Heidelberg 1987 (Edition Schindele), 43-65.

Zur Normativität heil- (sonder-, behinderten-)pädagogischen Handelns. In: Forschung und Lehre für die Sonderpädagogische Praxis. Hrsg.: Urs Haeberlin u. Christine Amrein. Freiburg (Schweiz) 1987 (Haupt), 66-76.

»Seid nett zu Behinderten« - Soziologische Anmerkungen. In: Sorgenkinder - Kindersorgen. Hrsg.: W. Ammann u. a. Oldenburg 1987 (Bibliotheks- u. Informationssystem der Universität, BIS).

Hilfen für behinderte Menschen nach dem Prinzip der Normalisierung. In: Familie oder Heim - Unzulängliche Alternativen für das Leben behinderter Menschen? Hrsg.: E. Wacker. Frankfurt 1989, 231-244.

Epidemiologie und soziokulturelle Faktoren. In: Geistige Behinderung. Hrsg.: G. Neuhäuser und H. C. Steinhausen. Stuttgart 1990, 9-23, überarbeitete 2. Auflage 1996.

Humangenetische Beratung und pränatale Diagnostik. Zur Pädagogisierung einer medizinischen Domäne. In: Bildungs- und Sozialpolitik für Behinderte. Hrsg.: S. Ellger-Rüttgart (Festschrift für Ulrich Bleidick), München 1990, 272-283.

Das 'Blindness-System' und die Weisen. In: Selbstbestimmung und Offenheit. Festschrift für Waldtraut Rath; Hamburg 1990 (Feldhaus), 61-77.

Lebensperspektiven behinderter Menschen - Anspruch und Wirklichkeit. In: Bleidick, U.; Friis, H. (Hrsg.), Gesellschaft, Leistung, Behinderung. Beiheft 17 der Zeitschrift für Heilpädagogik. Nienburg 1990, 19-26.

Die Behinderten und die Soziologie. Zur Lage der Behinderten in der Bundesrepublik. In: Nippert, Pöhler, Slesina (Hrsg.), Kritik und Engagement. Soziologie als Anwendungswissenschaft. Festschrift für Christian v. Ferber. München 1991 (Oldenburg), 509-526.

Ambulante/mobile Dienste für Menschen mit Behinderungen - Hilfen für die Zukunft? In: dialog 18, Ev. Heimvolkshochschule Bederkesa (Hrsg.), 1993, 11-27; 40-43.

Medizinethik und Behindertenpädagogik. In: E. Zwierlein (Hrsg.), Philosophisches Forum Universität Kaiserslautern. Idstein 1993, 81-93.

Soziologische und sozialpolitische Aspekte. In: Kommunikation zwischen Partnern. Schriftenreihe der BAG Hilfe für Behinderte, Teil 1. Düsseldorf 1994, 62-78.

Was ist Würde? Der Mensch als des Menschen »heilige« Sache. In: Die Würde des Menschen ... ein unantastbarer Wert? Tagungsbericht, hrsg. v. Verband Katholischer Einrichtungen für Lern- und Geistigbehinderte, Gescher 1994, 16-26

3. Beiträge in Zeitschriften

Blinde im Bewußtsein der Sehenden. Der Blindenfreund 1964, 137-146.

Die soziale Einschätzung von Blindenberufen durch blinde Schüler. Der Blindenfreund 1967, 15-24.

Vorüberlegungen zu einer 'Soziologie der Sehschädigung'. Der Blindenfreund 1967, 145-153.

Kritische Anmerkungen zum Blindheitsbegriff. Z. Heilpäd. (1971), 793-799.

Minderheitensoziologische Überlegungen zur Lage berufstätiger Blinder. - Rehabilitation 9 (1971), 21-32.

Zum Verhältnis von Soziologie und Rehabilitation. Z. Heilpäd. (1971), 793-799.

Zum Begriff der Rehabilitationsbedürftigkeit. Sehgeschädigte, Intern. Wiss. Archiv No. 2 (1973), 31-48.

Zur sozialen Situation der Familien mit behinderten Kindern. Vierteljahresschrift für Heilpädagogik und ihre Nachbargebiete (VHN) 43 (1974), S. 11-18.

Behinderung als Stigma. Überlegungen zu einer Paradigma-Alternative. - Sonderpädagogik 5 (1975), 149-157.

Einstellungen zu Behinderten und Möglichkeiten der Änderung von Einstellungen. Rehabilitation 15 (1976), 1-11.

Sozialpsychologische Prozesse in Schulklassen. Sehgeschädigte, Intern. Wiss. Archiv No. 9 (1976), 45-58.

Soziale Rahmenbedingungen der Sondererziehung und Rehabilitation Sinnesgeschädigter. Zeitschrift für das Blinden- und Sehbehindertenbildungswesen 97 (1977), 74-83 (Heft 3/4), gleichzeitig in Hörgeschädigtenpädagogik 1977, Heft 4.

Zur Handlungsrelevanz von Behinderungsbegriffen. 6. Kongreß der Deutschen Gesellschaft für Erziehungswissenschaft Tübingen 1978, Sonderpädagogik 8 (1978), 169-175.

Integration Blinder - Gedanken zur Neuorientierung der Blindenhilfe und Blindenpolitik. In memoriam Günter Hartfiel. HORUS 1979, Heft 2, S. 4-8. Wiederabdruck in Z. Heilpäd. 38 (1987), 123-131.

Stigma-Management. Z. Heilpäd. 30 (1979), 704-711.

Konzepte der Behindertenhilfe im Wandel. Lebenshilfe 19 (1980), 80-87.

Die Rehabilitation Sinnesgeschädigter - Was wissen Sonderpädagogen vom Leben ihrer erwachsen gewordenen Klienten? Z. f. d. Blinden- und Sehbehindertenbildungswesen 101 (1981), 61-69.

Normalisierung der Hilfen für geistig Behinderte. Sind kleine Institutionen billiger als große? Geistige Behinderung 1981 (1). S. 1-5.

Normalisierung. Erste Ergebnisse eines Forschungsprojektes. Geistige Behinderung 1981 (3). S. 145-157.

(mit Wedekind, R.; Frank, H.). *Normalisation and rehabilitation* as objects of socio-political measures concerning the mentally retarded in Denmark and the Federal Republic of Germany: An intercultural comparative study. International journal of rehabilitation research. 1980 (3), 327-338.

Normalisierung in der Sackgasse? Kleine Nachlese zum Kongreß der IASSMD in Toronto 1982. Geistige Behinderung 1983 (2), 142-143.

Tendenzen der Professionalisierung in der Arbeit mit geistig Behinderten aus soziologischer Sicht. - Helfen als Beruf. Geistige Behinderung 1983 (3), 204-210.

(mit Burkhard Schiller) *Social networks of disabled people*: an empirical approach to the living conditions of disabled people. International journal of rehabilitation research 1985 (2), 212-215.

Leiden und Mitleiden: ein unbewältigtes Problem der Behindertenpädagogik. Vierteljahresschrift für Heilpädagogik und ihre Nachbargebiete (VHN) 1985, 127-141. Wiederabdruck: Zur Orientierung 3-4/1985, 290-304

Normalisierung - eine Chance für Menschen mit geistiger Behinderung. Erste Ergebnisse des europäischen Kongresses vom 14.-18.10.1985 in Hamburg. Geistige Behinderung 1986 (1), 3-7.

Ethische Aspekte der Hilfen für Behinderte. 2. wissenschaftliches Expertengespräch. - Editorial -. Geistige Behinderung 1988 (2), 81-82.

(mit P. Dürkop und S. Ruf): *Ethische Überlegungen zu humangenetischer Beratung und pränataler Diagnostik.* Geistige Behinderung (1990), 361-368.

Familienentlastende Dienste - ein Beitrag zur Neuorientierung der Behindertenhilfe. Geistige Behinderung 1991 (2), 146-157.

Integration, oder: ein Versuch, etwas Diffuses auf den Begriff zu bringen. Sonderpädagogik 21 (1991), 4-11.

Pränatale Diagnostik - Kritische Anmerkungen eines Nichtmediziners. Civitas, 12 (1991), Zeitschrift des Schweizerischen Studentenverbandes.

Normalisierung in der Bundesrepublik. Versuch einer Bestandsaufnahme. Geistige Behinderung 1992 (4), 283-291

Familienentlastende Dienste in der Behindertenhilfe - und wer bezahlt das? Selbsthilfe BAGH 1994 (3), 26-29.

4. Gutachten, Stellungnahmen (Auswahl)

»*Ehrenamtliche soziale Dienstleistungen*«. Bericht eines Arbeitskreises der Gesellschaft für Sozialen Fortschritt. Stuttgart 1989 (Mitglied des Arbeitskreises).

Niedersächsisches Sozialministerium (Hrsg.): *Leitlinien und Empfehlungen zur Behindertenpolitik in Niedersachsen*. Bericht der Fachkommission. Hannover 1993 (Mitglied der Fachkommission).

Bundesministerium für Arbeit und Sozialordnung (Hrsg.): *Die Lage der Behinderten und die Entwicklung der Rehabilitation*. Dritter Bericht der Bundesregierung. Bonn 1994. Vorlage zum Abschnitt 9 (Behinderung und Familie).

Autorinnen und Autoren

Prof. Dr. Iris Beck
Universität Hamburg
Institut für Behindertenpädagogik
Sedanstraße 19
20146 Hamburg

Prof. Dr. Dr. h.c. Ulrich Bleidick
Kornblumenweg 49
21217 Seevetal

Willi Düe
Oberstudienrat, Diplom-Handelslehrer
Staatl. Schule für Sehgeschädigte
Lutherstraße 14
24837 Schleswig

Werner Eike
Diplom-Pädagoge,
Referatsleiter Sucht-, Psychiatrie- und Behindertenarbeit
Arbeiterwohlfahrt Kreisverband Bremen
Auf den Häfen 30-32
28203 Bremen

Prof. Dr. Christian von Ferber
Forschungsgruppe Primärmedizinische Versorgung
Klinik für Psychiatrie und Psychotherapie des Kindes- und Jugendalters der Universität zu Köln
Robert-Koch-Straße 10
50931 Köln

Gerhard Haack
Geschäftsführer
Gemeinnützige Gesellschaft für paritätische Sozialarbeit mbH
Banter Weg 12
26389 Wilhelmshaven

Monika Hupasch-Labohm
Diplom-Pädagogin,
ehem. wissenschaftliche Mitarbeiterin des Projekts »Familienentlastende Dienste (FED)«
Wardenburgstraße 14
26121 Oldenburg

Heiko Höfelmann
Diplom-Pädagoge,
Wissenschaftl. Mitarbeiter
Institut für Didaktik der Mathematik, Naturwissenschaften, Technik und des Sachunterrichts
Universität Hamburg
20146 Hamburg

Robert Lenfers
Direktor von »Haus Hall«
Tungerloh-Capellen 4
48712 Gescher

Christel Meyners
Diplom-Pädagogin,
ehem. wissenschaftliche Mitarbeiterin des Projekts
«Familienentlastende Dienste (FED)«
Fedelhören 103
28203 Bremen

Prof. Dr. Heinz Mühl
Institut für Sonderpädagogik,
Prävention und Rehabilitation
Fachbereich Erziehungswissenschaft
Carl-von-Ossietzky-Universität
Oldenburg
26111 Oldenburg

Dr. Mathilde Niehaus
Diplom-Psychologin
Institut für Sonderpädagogik,
Prävention und Rehabilitation
Fachbereich Erziehungswissenschaft
Carl-von-Ossietzky-Universität
Oldenburg
26111 Oldenburg

Stephanie Pohl
Diplom-Psychologin, »Haus Hall«
Tungerloh-Capellen 4
48712 Gescher

Sybille Prochnow
Lehramtsanwärterin
Rosenplatz 8
49074 Osnabrück

Sabine Rasch
Diplom-Pädagogin,
Pädagogische Leiterin im
Fachbereich für Soziale Rehabilitation der Landesklinik Eberswalde
Bergmannstrasse 107
10961 Berlin

Prof. Dr. Waldtraut Rath
Hagedornstr. 27
20149 Hamburg

Dr. Burkhard Schiller
Geschäftsführer
Arbeiterwohlfahrt Kreisverband
Bremen e.V.
Auf den Häfen 30-32
28203 Bremen

Dr. Klaus Struve
Akademischer Rat
Institut für Sonderpädagogik,
Prävention und Rehabilitation
Fachbereich Erziehungswissenschaft
Carl-von-Ossietzky-Universität
Oldenburg
26111 Oldenburg

Prof. Dr. Heinz Wieland
Institut für Interdisziplinäre Gerontologie
Hochschule Vechta
49364 Vechta